里耶秦簡新研

何有祖 著

本書爲武漢大學自主科研項目（人文社會科學）研究成果，得到"中央高校基本科研業務費專項資金"資助（supported by"the Fundamental Research Funds for the Central Universities"），得到中國歷史研究院"蘭臺青年學者計劃（LTQN2021LX603）"項目、"古文字與中華文明傳承發展工程"規劃項目"近出秦漢簡帛叢考"（G3456）及"里耶秦簡牘校釋綴合"（G3457）、國家社科基金一般項目"已刊里耶秦簡文本再整理與分類研究"（19BZS015）資助。

前　言

　　2002 年 6 月，湖南省文物考古研究所等單位在湖南省龍山縣里耶鎮里耶古城 1 號古井中出土了一批秦簡牘，總數約 38 000 枚，連同 2005 年 12 月出土於北護城壕 11 坑中的 51 枚，一般被稱爲里耶秦簡牘（以下簡稱里耶秦簡）。[1] 里耶秦簡爲秦洞庭郡遷陵縣的官方文書檔案，主要包括户口、土地開墾、物産、田租賦税等方面内容，對秦文字、文獻、歷史等方面的研究具有重要價值。[2] 2012 年出版的《里耶秦簡（壹）》公布了第 5、6、8 層 2627 枚簡牘的圖版、釋文，[3] 2017 年出版的《里耶秦簡（貳）》公布了第 9 層 3423 枚簡牘的圖版與釋文。[4] 2012、2018 年，里耶秦簡牘校釋小組整理、出版的《里耶秦簡牘校釋（第一、二卷）》，對公布的里耶秦簡進行斷句、注釋。[5] 2016 年出版的《里耶秦簡博物館藏秦簡》公布了 208 枚簡牘的圖版、釋文，並予以注釋。[6]

---

[1] 湖南省文物考古研究所編：《里耶秦簡（壹）》，文物出版社 2012 年，第 1 頁。

[2] 湖南省文物考古研究所編：《里耶秦簡（壹）》第 4 頁。

[3] 湖南省文物考古研究所編：《里耶秦簡（壹）》。

[4] 湖南省文物考古研究所編：《里耶秦簡（貳）》，文物出版社 2017 年。

[5] 陳偉主編，何有祖、魯家亮、凡國棟撰著：《里耶秦簡牘校釋（第一卷）》，武漢大學出版社 2012 年；陳偉主編，魯家亮、何有祖、凡國棟撰著：《里耶秦簡牘校釋（第二卷）》，武漢大學出版社 2018 年。

[6] 里耶秦簡博物館、出土文獻與中國古代文明研究協同創新中心中國人民大學中心編著：《里耶秦簡博物館藏秦簡》，中西書局 2016 年。

已公布的里耶秦簡，引起學界熱烈討論，根據李官麗先生的統計，里耶秦簡校釋小組、楊先雲、謝坤、雷海龍、李美娟、趙粲然、李若飛、平曉婧、蔡萬進等做了大量綴合的工作。[1] 唐强先生對里耶秦簡壹公布以來的文字考釋成果進行了細緻梳理。[2]

學者們利用里耶秦簡在秦文獻、秦史研究等方面也取得了大量成果，如張春龍、廣瀨薰雄、黎明釗、王子今、邢義田、劉欣寧、張榮强、沈剛等先生對户籍簡的研究，[3] 黄浩波等先生對"出糧券"簡的研究，[4] 梁煒傑、高震寰、陳偉、沈剛等先生對"徒簿"類文書的整理研究，[5]

---

[1] 詳見李官麗：《已刊里耶秦簡牘所見綴合與編連簡輯録》，碩士學位論文，武漢大學2021年；李官麗：《里耶秦簡綴合概覽》，《簡帛》第23輯，上海古籍出版社2021年。

[2] 唐强：《〈里耶秦簡（壹）〉釋文校補》，碩士學位論文，西南大學2020年。

[3] 張春龍：《里耶秦簡校券和户籍簡》，《中國簡帛學國際論壇2006論文集》，武漢大學簡帛研究中心2006年11月；廣瀨薰雄：《里耶秦簡户籍芻議》，收爲"中國里耶古城‧秦簡與秦文化國際學術研討會"會議論文，2007年10月；黎明釗：《里耶秦簡户籍簡牘的探討》，收爲"中國里耶古城‧秦簡與秦文化國際學術研討會"會議論文，2007年10月，又載於《里耶秦簡：户籍檔的探討》，《中國史研究》2009年第2期；王子今：《試説里耶户籍簡所見"小上造""小女子"》，"2007中國簡帛學國際論壇"，武漢大學簡帛研究中心2007年11月，又載於《出土文獻》第1輯，中西書局2010年；邢義田：《龍山里耶秦遷陵縣城遺址出土某鄉南陽里户籍簡試探》，簡帛網2007年11月3日；劉欣寧：《里耶户籍簡牘與"小上造"再探》，簡帛網2007年11月20日；張榮强：《湖南里耶所出"秦代遷陵縣南陽里户版"研究》，《北京師範大學學報（社會科學版）》2008年第4期；陳絜：《里耶"户籍簡"與戰國末期的基層社會》，《歷史研究》2009年第5期；王彦輝：《出土秦漢户籍簡的類別及登記内容的演變》，《史學集刊》2013年第3期；沈剛：《里耶秦簡所見民户籍管理問題》，《中國經濟史研究》2015年第4期。

[4] 黄浩波：《〈里耶秦簡（壹）〉所見稟食記録》，《簡帛》第11輯，上海古籍出版社2015年；平曉婧：《里耶秦簡所見秦的出糧方式》，《魯東大學學報（哲學社會科學版）》2015年第4期。

[5] 梁煒傑：《讀〈里耶秦簡（壹）〉札記——"作徒簿"類型反映的秦"冣"意義》，簡帛網2013年11月9日；高震寰：《從〈里耶秦簡（壹）〉"作徒簿"管窺秦代刑徒制度》，載中國文化遺産研究院編：《出土文獻研究》第12輯，中西書局2013年；陳偉：《里耶秦簡所見秦代行政與算術》，簡帛網2014年2月4日，收入陳偉：《秦簡牘校讀及所見制度考察》，武漢大學出版社2017年，第159—160頁；沈剛：《〈里耶秦簡〉（壹）所見作徒管理問題探討》，《史學月刊》2015年第2期；劉自穩：《里耶秦簡牘所見"作徒簿"呈送方式考察》，《中國人民大學學報》2018年第3期；趙瑜：《里耶秦簡牘所見"徒簿"類文書研究》，碩士學位論文，河北師範大學2020年。

等等。學界已做了很好的梳理總結，[1] 如秦其文先生從職官、行政文書、法律、户籍、歷史地理、祠先農、郵驛、賦税、醫藥、教育等方面對里耶秦簡研究成果進行了梳理。[2] 蔡萬進、李若飛先生從文本復原、行政、法律、軍事、地理、經濟、社會、文化等方面對里耶秦簡的研究成果進行細緻梳理。[3] 可參看。儘管如此，已公布里耶秦簡仍存在大量殘簡及未釋字，尚有較大的工作空間。

本書基於《里耶秦簡（壹）》《里耶秦簡（貳）》《里耶秦簡博物館藏秦簡》所公布的里耶秦簡，在殘簡綴合、字詞考釋、醫藥、歷史地理等方面進行研究，共分五章：

第一章對已刊里耶秦簡殘簡加以綴合，共三節：第一、二節分別對《里耶秦簡（壹）》《里耶秦簡（貳）》殘簡加以綴合，並從茬口等物理特徵方面的吻合、文例的切合等方面加以論證；第三節對與"物故"有關的多處殘簡加以綴合，並加以考證。

第二章對里耶秦簡竹簡之間以及竹簡正面、背面之間的關係加以考察，提出新的編聯意見，調整簡正面、背面之間的閱讀順序，共三節：第一節對雇傭"寄"的文書的關係加以分析，嘗試編聯；第二節對《里耶秦簡（壹）》幾組連讀簡之間的關係加以分析，嘗試編聯；第三節對 8－650+8－1462 的閱讀順序加以討論。

---

[1] 凌文超：《近年來龍山里耶秦簡研究綜述》，《湖南科技學院學報》2006 年第 2 期；伍成泉：《近年來湘西里耶秦簡研究綜述》，《中國史研究動態》2007 年第 6 期；郭艾生、趙松濤：《2007 年度里耶秦簡研究綜述》，《雲夢學刊》2008 年第 S1 期；凡國棟：《里耶秦簡研究回顧與前瞻》，《簡帛》第 4 輯，上海古籍出版社 2009 年，第 37—58 頁；楊廣成：《里耶秦簡"户籍簡"研究綜述》，《黑龍江史志》2010 年第 13 期；趙岩：《里耶秦簡專題研究》，博士後出站報告，吉林大學 2014 年；秦其文：《里耶秦簡研究述評》，《南都學壇（人文社會科學學報）》2014 年第 2 期；蔡萬進、李若飛：《〈里耶秦簡（壹）〉研究綜述》，《魯東大學學報（哲學社會科學版）》2016 年第 5 期；華楠：《已刊里耶秦簡所見簿、籍、券、計、課和志文書的分類整理與研究》，博士學位論文，武漢大學 2022 年。

[2] 秦其文：《里耶秦簡研究述評》，《南都學壇（人文社會科學學報）》2014 年第 2 期。

[3] 蔡萬進、李若飛：《〈里耶秦簡（壹）〉研究綜述》，《魯東大學學報（哲學社會科學版）》2016 年第 5 期。

第三章分三節分別對《里耶秦簡（壹）》《里耶秦簡（貳）》《里耶秦簡博物館藏秦簡》存在問題的字詞進行討論。

　　第四章對里耶秦簡中記錄藥物、藥方的簡牘加以綴合、考釋，共三節：第一節對記錄藥物"析冥"摘取、加工等細節的竹簡加以綴合，並分析考證；第二節對記錄"地漿水"方的竹簡加以考釋、考證；第三節對記錄"赤雞冠丸"方的竹簡加以綴合、考證。

　　第五章對里耶秦簡與歷史地理、職官有關的內容加以研究，分兩節：第一節對里耶秦簡誤釋的縣名加以考訂；第二節對記載"讒曹"職責的類似律令文本的簡牘加以綴合、考釋。

　　小書各章節內容撰寫跨十多年，其表述、體例、格式等方面差異大，雖盡可能調整，但仍難免有遺漏，給讀者閱讀帶來不便，尚請諒解。另外，受本人學時學力所限，小書一定還有很多不足之處，敬請方家指教！

凡　例

一、本書在《里耶秦簡》公布的簡牘圖版、釋文基礎上，綴合殘簡、復原簡册、校訂釋文。第一章綴合圖見於附錄一，第二章綴合圖見於附錄二，文中不另出注。

二、簡牘編號沿用原釋文的編號。正面書寫者，只用基本編號。正反兩面書寫時，反面用基本編號加"背"字表示。凡由多片綴合者，簡牘編號按實際綴合的簡的順序寫在全部釋文之後，在相關編號之間用"+"號相連。由多枚簡牘編聯時，簡號標在各簡牘釋文之後。

三、簡牘分欄、分行書寫時，釋文分欄、分行錄寫。欄號用A、B、C表示，行號用Ⅰ、Ⅱ、Ⅲ表示，如第二欄第二行標作BⅡ。

四、釋文一般用通行字寫出。合文、重文直接析開錄寫。衍文、訛字照錄，相關問題在校釋中交待。根據殘畫擬釋的字，用【　】表示。不能辨識的字，一字用一個"□"表示。原文殘斷或字數不能確定的場合，用"……"表示，簡牘殘缺可確定有文字殘去時，用"☑"表示。簡牘中表示題記的墨塊和表示提示的墨點，用●（圓形墨塊）、■（方形墨塊）、·（墨點）表示，斜綫用"/"表示。圖案、花紋用［圖案］表示。簡牘中的其他標記不錄。文字中的空白處，無論原簡空白大小，一律空二字位。

目　錄

前言 ………………………………………………………………… 1

凡例 ………………………………………………………………… 1

第一章　里耶秦簡新綴 …………………………………………… 1
　　第一節　《里耶秦簡（壹）》殘簡新綴 ……………………………… 1
　　第二節　《里耶秦簡（貳）》殘簡新綴 ……………………………… 98
　　第三節　與"物故"有關里耶秦簡牘的綴合、釋讀 ……………… 124

第二章　里耶秦簡簡册編聯、閱讀新解 ………………………… 135
　　第一節　里耶秦簡"取寄爲傭"記録的復原與研究 ……………… 135
　　第二節　《里耶秦簡（壹）》幾組連讀簡 ………………………… 146
　　第三節　8-650+8-1462閱讀順序調整 …………………………… 152

第三章　里耶秦簡字詞新釋 ……………………………………… 173
　　第一節　《里耶秦簡（壹）》字詞新釋 …………………………… 173
　　第二節　《里耶秦簡（貳）》字詞新釋 …………………………… 289
　　第三節　《里耶秦簡博物館藏秦簡》字詞新釋 …………………… 323

第四章　里耶秦簡所見醫藥簡新解 ·················· 331
　　第一節　里耶秦簡所見草藥"析冥"加工記錄 ·········· 331
　　第二節　里耶秦簡所見解毒方"地漿水" ············ 343
　　第三節　里耶秦簡所見"赤鷄冠丸"方 ············· 351

第五章　里耶秦簡所見歷史地理與職官新研 ············ 357
　　第一節　散見秦縣名雜考 ··················· 357
　　第二節　里耶秦簡所見"讒曹""讒書" ············ 369

附錄一：《里耶秦簡（壹）》新綴圖版 ·············· 378
附錄二：《里耶秦簡（貳）》新綴圖版 ·············· 412
附錄三：本書綴合編聯成果文章出處 ··············· 420
附錄四：本書文字考釋成果文章出處 ··············· 423

參考文獻 ···························· 426

後記 ······························ 439

第一章　里耶秦簡新綴

《里耶秦簡（壹）》《里耶秦簡（貳）》所公布的里耶秦簡，殘簡頗多，本章對這些殘簡加以綴合，並分析、考證。

第一節　《里耶秦簡（壹）》殘簡新綴

本節擬對《里耶秦簡（壹）》92組殘簡加以綴合，並從茬口等物理特徵以及文例等方面加以論證。[1]

一、5-9+6-35

里耶5-9號簡：

　　　☑意以公命告☑ 5-9

　　　☑□□　　☑ 5-9背

下端斷口處存留殘筆，下部殘斷明顯。背面隱約猶有筆墨，但皆已漫漶，不可辨識。

里耶6-35號簡：

　　　☑□□□☑ 6-35

　　　☑歸□☑ 6-35背

---

[1] 本章綴合圖版，皆見於附錄一，不另注。

上端斷口處所留殘筆可與5-9號簡下端斷口處所留殘筆拼合爲一字，圖片作：

其寫法類楚簡以下字形：

包山文書89號簡　　上博周易30號簡

字當釋作"妾"。

總的看來，二片寬度接近，正面紋路及左側茬口吻合，可復原"妾"字，疑可綴合。其釋文作：

☑意以公命告妾□□☑ 5-9+6-35
☑□□　□逞（歸）□☑ 5-9背+6-35背

6-35背原釋文所釋之"歸"，字左从辵，可釋作"逞（歸）"。

二、5-16+5-30

☑□陽□到□□☑ 5-16+5-30

二片茬口截圖如下：

茬口、紋路吻合，可綴合。

三、8-5+8-37

里耶8-5號簡：

者　　牒令☑

下端殘。今有 8-37 號簡釋文作：

　　☐佐莊。

與 8-5 號簡茬口截圖如下：

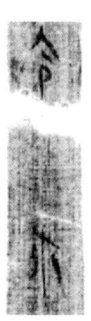

其茬口、紋路、色澤等方面吻合，當可綴合。8-5+8-37 釋文作：

　　者　牒令佐莊。

8-5 號簡《里耶秦簡牘校釋（第一卷）》（以下徑稱《校釋一》）注曰：[1]

　　牒，簡札。《左傳》昭公二十五年："右師不敢對，受牒而退。"孔穎達疏："牒，札也。於時號令輸王粟具戌人。宋之所出入粟之數書之於牒。"[2]《漢書·路溫舒傳》："取澤中蒲，截以爲牒，編用寫書。"顏師古注："小簡爲牒，編聯次之。"秦漢時書寫一份文書所用簡牘的數量，每稱"××牒"，如里耶 8-42+8-55 "事志一牒"，8-135 "今寫校券一牒上謁言之"，8-183+8-290+8-530 "上卅三年黔首息耗八牒"。

牒、者連用的例子，見於里耶簡：

　　今上當令者一牒，它毋 8-175

────────

[1] 陳偉主編，何有祖、魯家亮、凡國棟撰著：《里耶秦簡牘校釋（第一卷）》，武漢大學出版社 2012 年，第 29 頁。

[2] "出"下一字，《校釋一》作"人"，今改，見李學勤主編：《十三經注疏》，北京大學出版社 2000 年，第 1676 頁。

☒陵守丞衡敢言之：【令】☒Ⅰ
　　☒守府・今上當令者二☒Ⅱ 8－359+8－343
　　☒□□今上當令者三牒☒ 8－369+8－726
　　・今牒書當令者三牒，署苐（第）上。敢言之。☒ 8－1514

本簡"者牒令佐莊"上端完整，推測應接在末尾寫有"當令"內容的簡的後面，或者可能寫在本簡的另一面。

四、8－45+8－270

里耶 8－270 號簡：

　　☒□出稟牢監裹、倉佐□。[1] 四月三日。Ⅰ
　　☒　感手。Ⅱ

上揭簡文第二列有"感手"，其中人名"感"是比較重要的綫索。8－763 號簡作：

　　粟米一石二斗半斗。　・卅一年三月癸丑，倉守武、史感、稟人援出稟大隸妾幷。Ⅰ令史狂視平。感手。Ⅱ

8－763 號簡"感手"之"感"，與"史感"之"感"爲同一人，二者對應。由此可知 8－270 號簡殘掉的部分應有"史感"二字。循此思路，我們找到 8－45 號簡，其釋文作：

　　稻四。　　卅一年五月壬子朔壬戌，倉是、史感、稟人□☒Ⅰ
　　令史尚視平。☒Ⅱ

8－45 號簡茬口能和 8－270 號簡吻合，吻合部位可復原"出"字。8－270 號簡"出"前原未釋之字，其實是"稟人"之"人"的筆畫，茬口截圖如下：

---

[1] "佐"後一字，《校釋一》疑是"主"字。見陳偉主編，何有祖、魯家亮、凡國棟撰著：《里耶秦簡牘校釋（第一卷）》第 126 頁。

如此通過8-45、8-270二支簡的綴合，可以復原"人""出"二字。現將復原了的8-45+8-270釋文書寫如下：

　　稻四。卅一年五月壬子朔壬戌，倉是、史感、稟人出稟牢監襄、
　　倉佐☒。四月三日。Ⅰ
　　　令史尚視平。感手。Ⅱ

上揭簡文"稟人"下脫一人名，類似的情形也見於8-81號簡：

　　☒佐富、稟人出稟屯戍☒

"稟人"直接後接"出稟"二字，未見"稟人"的名，當存在省寫。
8-45+8-270"四月三日"後似脫一"食"字，如：

　　粟米十三石八斗。卅五年四月己未朔庚申，倉衡、佐☒Ⅰ
　　三月、四月食。令☒Ⅱ 8-1167+8-1392
　　☒夫，三月、四月食。Ⅰ
　　☒臂手。Ⅱ 8-1809

"三月、四月"後即有"食"字。

　　8-45+8-270"四月三日"似指稟給牢監、倉佐四月份的食三日。8-1550號簡：

　　稻三石泰半斗。卅一年七月辛亥朔己卯，啓陵鄉守帶、佐最、
　　稟人☒出稟佐蒲、就七月各廿三日食。Ⅰ

>　　　令史氣視平。冣。Ⅱ

即記載了稟給蒲、就二人七月份各廿三日食。但8－45+8－270號簡記載中的受稟者是兩個人，却只有三日食，所稟食似過少，這二人如何再分配三日食，簡文未作交代。這裏可能還有脱文。據8－1550號簡，有可能在"四月"後脱一"各"字。至於在"三日"前是否漏寫"廿"或"十"等字，則還待更多材料驗證。

五、8－51+8－641+8－640

里耶8－641號簡：

>　　　☒□卒□發□☒

《校釋一》注曰："卒，原釋文未釋。"[1] 今按："發"下的未釋字殘。8－640號簡釋文作：

>　　　☒敢言☒

"言"上的"敢"字殘，可與8－641"發"下的未釋字拼合，復原"敢"字。二片茬口、紋路、色澤皆能吻合，當能綴合。8－641+8－640釋文作：

>　　　☒□卒□發，敢言☒

8－51與8－641+8－640在形制、紋路等方面頗接近。但從現有殘筆來看，8－51不能與8－641+8－640直接綴合，[2] 如第一列，"卒"上殘筆，與"辰"不能直接相接。第二列，"盈"後似殘去"夷鄉"。8－51與8－641+8－640中間應還有殘片待補，可遥綴。其釋文作：

>　　　☒□險。/五月丙辰……卒□發，敢言☒Ⅰ
>　　　☒月甲子日中過盈……☒Ⅱ 8－51+8－641+8－640

---

[1] 陳偉主編，何有祖、魯家亮、凡國棟撰著：《里耶秦簡牘校釋（第一卷）》第188頁。
[2] 此蒙魯家亮先生2013年11月23日電郵告知，謹致謝忱。

六、8－53+8－88

里耶 8－53+8－88 號簡：

　　受受受令，今公有令

殘片 8－53 第三個"受"下近茬口處有一點，應屬殘片 8－88 第一個令字上部的筆畫，如下截圖所示：

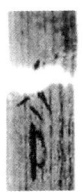

二片茬口吻合，復原"令"字，可綴合。從簡文內容看，"受"字重複書寫三次，這應是一枚習字簡。

七、8－77+8－108+8－2

里耶簡有三殘片，其釋文作：

　　☐☐計叚（假）丞☐Ⅰ
　　☐計☐問☐☐Ⅱ8－2
　　☐辰朔☐Ⅰ
　　☐☐☐☐Ⅱ8－77
　　☐令史☐☐8－77 背
　　☐☐☐☐☐Ⅰ
　　☐☐☐☐☐Ⅱ8－108

8－2、8－108 號簡均有明顯褶皺形紋路，茬口吻合，其截圖如下：

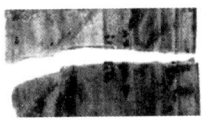

復原"將""計"二字,當可綴合。"遷"上第一未釋字似是"戊",但有筆畫殘去,"戊"下是"辰"。而8-77號簡與8-108+8-2簡圖雖在比例上有差別,但在紋路、茬口方面皆能吻合,其截圖如下:

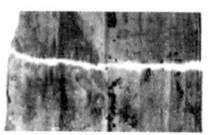

疑可綴合,復原"戊"字。8-77+8-108+8-2當可綴合,其釋文作:

☐辰朔戊辰,遷陵將計叚(假)丞☐Ⅰ
☐☐☐數,與計偕。·問之☐Ⅱ 8-77+8-108+8-2
☐令史☐☐ 8-77背

"將",從《校釋一》釋。[1] 遷陵,原釋文未釋,今據殘筆釋出。8-164+8-1475有"遷陵將計丞",9-2106有"☐☐陵將計叚(假)丞☐☐"可參看。簡文"將計叚(假)丞",當是暫代"將計丞"之職。

數,原釋文未釋。與、偕,原釋文未釋。與計偕,見於9-1439,《漢書·武帝紀》:"徵吏民有明當時之務、習先聖之術者,縣次續食,令與計偕。""與計偕",《禮記·射義》正義:"漢時謂郡國送文書之使爲計吏,其貢獻之物與計吏俱來,故謂之計偕物也。"簡文中的"☐數",爲某類統計數字,即文獻所說的"計偕物"。嶽麓伍60-61號簡:"御史請:至計,令執灋上冣(最)者,各牒書上其餘獄不決者,一牒署不決歲月日及繫(繫)者人數,爲冣(最),偕上御‧史。[御史,御史]奏之,其執灋不將計而郡守丞將計者,亦上之。制曰:可。　·卅六。"[2] 陳偉老師認爲:"上冣(最),原注釋:上報簿籍綱要。《漢書·嚴助傳》:'願奉三年計最。'顏師古注引晉灼曰:'最,凡要也。'今按,《史記·絳侯周勃世家》:'最從高帝得相國一人,丞相二人,將

---

[1] 陳偉主編,何有祖、魯家亮、凡國棟撰著:《里耶秦簡牘校釋(第一卷)》第28頁。
[2] 陳松長主編:《嶽麓書院藏秦簡(伍)》,上海辭書出版社2017年,第58—59頁。

軍、二千石各三人。'索隱：'最，都凡也。謂總舉其從高祖攻戰克獲之數也。''上最'的'最'，是各地統計資料的匯總，即計簿。'上最'猶'上計'。下文'一牒署不決歲月日及穀（繫）者人數爲冣（最）'的'最'，則是'各牒書上其餘獄不決者'的合計。"[1] 把"最"解釋作"統計資料的匯總"，當是。此處提及執法"署不決歲月日及穀（繫）者人數，爲冣（最），偕上御史"，並且提及"其執法不將計而郡守丞將計者，亦上之"，即上計時將"餘獄不決者"之"最"偕上御史。8-77+8-2+8-108 由遷陵將計假丞來主持上計，大致會在洞庭郡匯總，然後由郡向上呈報，當包含在"其執法不將計而郡守丞將計者，亦上之"這一類中。

需要指出的是，王偉先生曾認爲："'各牒書上其餘獄不決者，一牒署不決歲月日及穀（繫）者人數爲冣（最）'，也是'牒書……署……'結構。里耶秦簡簡 8-1514 有'今牒書當令者三牒，署苐（第）上'，9-2284 有'令曰：以二尺牒疏書見芻槀、茭石數，各別署積所上，會五月朔日廷'，爲'牒……書……署……'結構。"[2] 今由里耶秦簡簡 8-1514 "今牒書當令者三牒，署苐（第）上"之"三牒"屬上讀，而"署"屬下讀，且 9-2284 "令曰：以二尺牒疏書見芻槀、茭石數，各別署積所上，會五月朔日廷"之"署"也屬下讀，可知"各牒書上其餘獄不決者，一牒署不決歲月日及穀（繫）者人數"之"一牒"當屬上讀，而"署"屬下讀，即斷句作"各牒書上其餘獄不決者一牒，署不決歲月日及穀（繫）者人數"。嶽麓肆 357 號簡"縣桓以十月鄰牒，書署當賣及就食狀"，[3] 王偉斷句爲"縣桓以十月鄰，牒書署當賣及就食狀"，[4] 當改斷句爲"縣桓以十月鄰，牒書，署當賣及就食狀"。

"·"，原釋文未釋。"之"，原釋文未釋。8-62 有"令曰上葆繕牛

---

[1] 陳偉：《〈嶽麓書院藏秦簡〔伍〕〉校讀（續三）》，簡帛網 2018 年 3 月 21 日。
[2] 王偉：《嶽麓書院藏秦簡札記（四則）》，簡帛網 2020 年 4 月 27 日。
[3] 陳松長主編：《嶽麓書院藏秦簡（肆）》，上海辭書出版社 2015 年，第 213、214 頁。
[4] 王偉：《嶽麓書院藏秦簡札記（四則）》，簡帛網 2020 年 4 月 27 日。

車薄（簿），恒會四月朔日泰（太）守府。·問之遷陵毋當令者，敢言之。"即有"·問之"可參看。

總的來說，8－77+8－2+8－108 號簡是一份由遷陵將計假丞主持的與上計有關的文書。

八、8－98+8－1168+8－546

里耶簡有三殘片，其釋文作：

☐廷吏曹當上尉府 8－98
☐計者行齎☐ 8－1168
☐勿亡☐ 8－546

上揭殘片中，8－98、8－1168 二殘片茬口吻合，可綴合。8－1517 有"吏徒上事尉府者牘"，可參看。"吏"前一字原釋文未釋，游逸飛先生曾面告疑是"廷"。其説可從。8－241 有"廷吏曹"，可證。8－546 與 8－98+8－1168 色澤、質地、紋路等方有明顯相類之處，茬口可吻合，且"勿"前一未釋字即"齎"所從"貝"下端所缺一撇一捺，當可綴合。

8－98+8－1168+8－546 釋文作：

☐廷吏曹當上尉府計者行齎勿亡。

齎，《説文》："持遺也。"《禮記·奔喪》"則成服而往"，鄭玄注："成服乃行容待齎也。"陸德明音義："齎，子西反，資糧也。"行齎勿亡，似指上尉府計的廷吏曹出發帶着齎糧不要遺亡。嶽麓伍 48－49 號簡"●監御史下劾郡守┘，縣官已論，言夬（決）郡⸗守⸗。[郡守，郡守]謹案致之，不具者，輒却，道近易具。[具，具]者，郡守輒移御史，以齍（齎）使及有事咸陽者，御史橡平之如令，有不具不平者，御史却郡而歲郡課，郡所移"，即提及"以齍（齎）使及有事咸陽"。

九、8－117+8－89

☐☐利足行洞庭 8－117+8－89

二片寬度、紋路、茬口吻合，其截圖如下：

綴合可復原"行"字。簡文可參看8－90"遷陵以郵利足行洞庭"，8－527"遷陵以郵利足行洞"。利足，指善於行走。《荀子·勸學》："假輿馬者，非利足也，而致千里。"

一○、8－143+8－2161+8－69

卅四年九月癸亥朔乙酉，畜……獲敢言之：乃四月乙未，言曰☒Ⅰ

蓋侍食羸病馬無小，謁令官遣□更繕治，致（至）今弗遣，步冬多雨，韓□☒Ⅱ

病者無小，今止行書徒更戍城父柘里士五（伍）辟繕治，謁令尉定，☒Ⅲ

之。／卅五年十一月辛卯朔朔日，遷陵【守】丞繹告尉主，聽書從事，它Ⅳ 8－143+8－2161+8－69

如律令。／履手。／十一月【壬】□日入，隸妾規行。☒Ⅰ

十一月辛卯旦，史獲以來。／□發。　　【獲】☒Ⅱ 8－143背+8－2161背+8－69背

三殘片紋路、質地、色澤大致吻合，其中8－69"士五"上的殘字可與8－143"柘"下的殘筆拼合復原"里"字，而8－2161、8－69拼合可復原"謁"字。此外，三者綴合後的文句"它如律令"，里耶簡中常見。凡此可知這三殘片當綴合。已有綴合中間部分靠右仍有殘缺，下段中右部也有殘缺，待考。

"畜"下一字，據里耶簡多見的"畜官"一詞，似可補"官"字。

無小，《校釋一》注："病馬之名。敦煌懸泉漢簡《傳馬名籍》所記傳馬多有名字，如12號簡'名曰全厩'、14號簡'名曰黃雀'、18號簡'名曰完幸'。"[1] 今按："無小"一詞兩見，作"羸病馬無小""病者無小"，文例相似，兩處"無小"似非馬名。"無小"一詞也見於《左傳》哀公二年："趙孟曰：'國無小。'"《左傳》僖公二十二年："臧文仲曰：'國無小，不可易也。'"《韓非子·內儲說上》："夫治無小而亂無大。"這裏"羸病馬無小""……病者無小"當是在說馬生病不是小事。

　　步，《校釋一》屬上讀，認爲"步，似爲人名"。[2] 今按：《說文》："步，行也。""步"疑屬下讀。我們曾擬讀作"涉"，經歷、度過。涉冬，見於《史記·司馬相如列傳》："於是乎背秋涉冬，天子校獵。"《後漢書·張衡列傳》："夫玄龍，迎夏則陵雲而奮鱗，樂時也；涉冬則淈泥而潛蟠，避害也。"但"步"上古音在鐸部並紐，"涉"在葉部禪紐，聲韻關係不近。且"涉冬"似指經過整個冬季，與此處語義不夠貼合，此說不妥。步，疑讀作甫。甫在魚部幫紐，與"步"聲紐同屬唇音，韻部爲陰入對轉，古音較近。步與從甫的酺有通作的例子，如《周禮·地官·族師》："春秋祭酺亦如之。"鄭注："故書酺或爲步，杜子春云：當爲蒱。"[3] 步，可讀作甫。《玉篇·用部》："甫，始也。""步（甫）冬多雨"似指剛入冬時多雨。此外，"步"也有可能用作動詞，指步入。

　　"謁令尉定"下殘，根據 8－1511"有不定者，謁令感定。敢言之"，可補"敢言"二字，與Ⅳ列第一字"之"連讀，作"敢言之"，以與簡第Ⅰ列"敢言之"相呼應。

　　"遷陵"與"丞"之間有一字殘缺，今據殘筆及文例補作"守"。

---

[1] 參看陳偉主編，何有祖、魯家亮、凡國棟撰著：《里耶秦簡牘校釋（第一卷）》第83頁。

[2] 陳偉主編，何有祖、魯家亮、凡國棟撰著：《里耶秦簡牘校釋（第一卷）》第439—440頁。

[3] 高亨纂著，董治安整理：《古字通假會典》，齊魯書社1989年，第916頁。

簡文大意是卅四年四月份，養馬的建築壞了，導致馬生病，於是申請修繕，但直到九月份仍未遣人來修繕，考慮到冬天過後雨水多，故而再次申請讓行書徒來修繕，並呈送給尉來定。卅五年十一月遷陵守丞繹才下書給尉答覆。

一一、8－160+8－363

里耶 8－160 號簡：

☒舍夷陵☒Ⅰ
☒治所☒Ⅱ

里耶 8－363 號簡：

☒□獄☒Ⅰ
☒□☒Ⅱ

二者形制、紋路、色澤相近，茬口吻合，綴合可復原陵、所二字。8－160+8－363 釋文作：

☒舍夷陵獄☒Ⅰ
☒治所☒Ⅱ

相似內容可參看 8－940 "【傳】舍沅陵獄史治所☒"。

一二、8－181+8－1676

里耶 8－181 號簡：

遷陵洞 8－181
揚觳受□□□☒Ⅰ
之。Ⅱ 8－181 背

此簡正面 "洞" 下殘，有明顯紋路。里耶簡多見 "遷陵洞庭" 一類語句，大字書寫，如 8－305 "遷陵洞庭"。此簡正面殘去的恐是 "庭"

字。8－1676 號簡：

  ☐庭 8－1676

  ☐☐☐☐☐☐☐☐8－1676 背

正面正殘存一"庭"字，茬口、紋路皆與 8－181 吻合，當能綴合。8－181+8－1676 釋文作：

  遷陵洞庭 8－181+8－1676

  揚敖受☐☐☐☐☐☐☐☐Ⅰ

  之。Ⅱ 8－181 背+8－1676 背

利用"遷陵洞庭"這一文例，結合紋路和茬口吻合的情況，我們還找到以下綴合：

  ☐遷陵洞☐ 8－382+8－398

至於 8－1638 號簡釋文作：

  遷陵☐

參考 8－264 號簡"遷陵發丞前，洞庭"，可知"遷陵"後可能是"發丞前"，我們據此找到 8－1670 號簡釋文作：

  ☐發丞前

與之茬口吻合，當能綴合。8－1670+8－1638 釋文作：

  遷陵發丞前。

一三、8－259+8－1229

  卅五年正月庚寅朔癸巳，遷陵主守府廼世☐Ⅰ

  ☐☐☐☐☐Ⅱ 8－259+8－1229

二片寬度、形制相同，其中 8－259 左側有殘字，右側的字從上往下有逐漸向左邊斜着寫的趨勢，寫到 8－1229 因爲左側没有殘字而空間大

了，所以字也寫得偏大。二片茬口左中部吻合，右部略有缺失。可復原"遷"字，疑可綴合。簡文文意仍不大明朗，可能没有寫完。

"守府"後一字，原釋文作"迺"。《校釋一》改釋作"旦"。[1] 今按：字當是"迺"，此從原釋文。劉樂賢先生曾指出：乃，同於古書的"乃者"。《廣雅·釋詁》："乃，往也。"王念孫疏證："乃者，《衆經音義》卷十八引《倉頡篇》云：'迺，往也。'《説文》：'卤，往也。'迺、卤並與乃同。《趙策》：'蘇秦謂趙王曰：秦乃者過柱山。'《漢書·曹參傳》："乃者我使諫君也。'師古注云：'乃者猶言曩者。'是乃爲往也。"上引諸例用"迺"或"乃"時都是追述已經發生過的事情，將"迺"或"乃"訓爲"往"是合適的。[2] "迺""迺"爲一字，只是隸定方式不同。可見"迺"後所接時間是一個較早的時間。

"迺"後一字原釋文未釋，即"卅"字。"迺"後所接的時間應該不晚於"卅五年正月"，"卅"後疑可接"數字（0－4）＋年"。

最後討論"遷陵主守府"。里耶秦簡出現"遷陵主"的有兩種情形：一類如 8－303 "遷陵主薄（簿）"、8－579 "遷陵主倉"，是對遷陵縣各曹主事者的表述；一類如 9－1874 "遷陵邦候守臣敢告遷陵主"、9－2287 "酉陽齮敢告遷陵主"，是對主持遷陵縣政務的吏員的表述。守府，在里耶簡中，一爲 "泰守府"的省稱，如 8－768 云："遷陵守丞有敢言之：守府下四時獻者上吏缺式曰放式上，今牒書應書者一牒上，敢言之。"另外一種見於 8－141 背 "守府定以來"，8－1477 背 "守府交以來"。8－756、8－757 記令曰："吏僕養、走、工、組織、守府門、刖匠及它急事不可令田，六人予田徒四人，徒少及毋徒薄（簿）移治虜御史，御史以均予。" 守府定、守府交，指縣府差遣之人。"守府門"似指縣府守門之人。如然，這種"守府"似指"縣府"，屬縣令、長的幕府

---

[1] 陳偉主編，何有祖、魯家亮、凡國棟撰著：《里耶秦簡牘校釋（第一卷）》第 295 頁。
[2] 劉樂賢：《秦漢文獻中的"迺"與"乃者"》，《出土文獻與古文字研究》第 1 輯，復旦大學出版社 2006 年，第 208 頁。

機構。"遷陵主守府"之"守府"應即遷陵縣縣府。他處迄今尚未見到"遷陵主守府"這樣的表述。考慮到"倉"等多屬政府機構,而里耶簡多見的"守府"較多具有政府機構的性質,"遷陵主守府"似指遷陵縣縣府的主事吏員。此外還有可能斷作"遷陵主:守府廼世",這裏是"遷陵主"在提及"守府"某年如何如何,"遷陵主"後疑省"曰"。

一四、8-271+8-29

里耶 8-271 號簡:

　　　　☒二。　　卅一年十月庚寅☒

"寅"下殘。8-29 號簡:

　　　　☒遷陵司空守茲付洞庭都☒

"遷"上殘,與 8-271"寅"下茬口吻合,當能綴合。8-271+8-29 釋文作:

　　　　☒二。　　卅一年十月庚寅,遷陵司空守茲付洞庭都☒

一五、8-294+8-40+8-93+8-292+8-113

里耶簡中有幾處形制比較接近的殘片,如 8-40、8-93、8-113、8-292、8-294。這些殘片成兩列書寫,字距皆較大,紋路、色澤比較一致,現匯集一處討論。需要特別指出的是,張春龍先生曾在《里耶秦簡(壹)》"簡牘綴合表"中指出 8-292、8-294 可綴合。《里耶秦簡牘校釋(第一卷)》按語也指出:"二簡紋路、字體都很接近,有綴合的可能,但茬口未能密合。"現在看來,這兩枚殘簡雖不能直接綴合,但應屬同一枚簡。

先看 8-93 號簡,其釋文作:

　　　　☒辭☒Ⅰ
　　　　☒弦少☒Ⅱ

從圖版看，"弦""少"各有筆畫缺失，其中"弦"右部缺"糸"的上部，"少"的最後一撇，收筆處缺。所缺位置皆位於茬口處。這些缺失的殘筆是綴合的重要綫索。

我們發現 8－40 號簡：

☑忠☑Ⅰ
☑長☑☑Ⅱ

上揭簡文"長"下一筆，能和"弦"字右部的"糸"吻合，可知 8－93 號簡應接在 8－40 號簡的下面。而 8－292 號簡：

☑曰　　史☑Ⅰ
☑以竹☑Ⅱ

第二列"以"字上部有筆畫，與 8－93 號簡第二列"少"字吻合，可知 8－292 號簡應接在 8－93 號簡的下面。此外，8－113 號簡：

☑公卒☑☑Ⅰ
☑爲蘭、枝☑Ⅱ

茬口可與 8－292 號簡吻合，二片綴合後釋文作"以竹爲蘭、枝"，其中"以竹爲蘭"可以和 8－26+8－752"竹蘭"相對應。可證此綴合不誤。

"公卒"後一字作：

僅剩上部少許殘筆，將其與里耶秦簡"居"字 （8－135）、 （8－197）比較可知，殘筆爲"尸"，有可能是"居"字之殘。此字疑釋作"居"。"公卒"，身份名稱，張家山漢簡《二年律令》312 號簡："公卒、士五（伍）、庶人各一頃，司寇、隱官各五十畝。"整理者注："自關內侯至公士爲二十級爵的第十九級至第一級。一頃半頃，一頃半。士伍，《漢舊儀》：無爵爲士伍。或指削爵者，《史記·淮南厲王傳》注如淳引律：'有罪失官爵稱士伍。'"[1] "公卒、士五（伍）、庶人"身份接近，都屬無爵者。里耶秦簡訊辭多會提及爵位等身份信息，如：

> 司空訊却，辤（辭）曰：士五（伍），居城父。9-1410
> 卅年□月丙申，遷陵丞昌、獄史堪【訊】昌。辤（辭）曰：上造，居平陸侍廷，爲遷陵丞。8-754+8-1007

一般"辭曰"的後面記錄身份（如爵稱）、居住縣鄉里等信息，如9-1410"却"身份是士伍，"居城父"，指却的居縣（即原户籍所在縣[2]）爲城父。8-40+8-93+8-292+8-113"辭"後交代"忠"的身份信息、居縣情況，所以"公卒"後一字當釋作"居"。

此外，還有8-294號簡：

> ☑訊☑ Ⅰ
> ☑弦☑ Ⅱ

其下端茬口能與8-40號簡上端茬口吻合，應能綴合。如此，我們可得到比較確定的一組綴合，即8-294+8-40+8-93+8-292+8-113。當然，現有綴合仍未完備，剩餘殘片還有待尋找。

8-294+8-40+8-93+8-292+8-113釋文作：

> ☑訊忠，辤曰：史，公卒，【居】☑ Ⅰ
> ☑弦、長弦少，以竹爲蘭、枝☑ Ⅱ

"訊忠，辤曰"，里耶簡審訊記錄中頗多類似表述，如：

> 廿七年【八月丙戌，遷陵拔】訊歐，辤曰：上造，居成固畜
> □□□ Ⅰ
> 欣獄，歐坐男子毋害諅（詐）僞自☑ Ⅱ 8-209

---

[1] 張家山二四七號漢墓竹簡整理小組編：《張家山漢墓竹簡［二四七號墓］》，文物出版社2001年，第176頁。
[2] 陳偉：《秦漢簡牘"居縣"考》，《歷史研究》2017年第5期。

·鞠歐：失捼（拜）騎奇爵，有它論，貲二甲，與此同☐ 8-209 背

上揭簡文中，"歐"因"失捼（拜）騎奇爵"而貲二甲。"歐"與 8-210 所提及的"遷陵丞歐"或爲同一人。"辭曰"後的內容是"歐"個人信息，如爵位、居處以及官職的記載。如然，本簡"訊忠，辭曰：史公卒☐"中"辭曰"後的內容很可能是對"忠"個人信息的介紹，對"忠"官職的記載是"史"。里耶 8-269 號簡：

資中令史陽里釦伐閱：AⅠ
十一年九月隃爲史。AⅡ
爲鄉史九歲一日。AⅢ
爲田部史四歲三月十一日。AⅣ
爲令史二月。AⅤ
爲計。[1] BⅠ
年卅六。BⅡ
戶計。CⅠ
可直司空曹。DⅠ

記載了資中令史陽里釦官職變動的詳細時間表，其中"史"是其整個仕途中值得記錄在案的起點。

公卒，身份用語。張家山漢簡有關於"公卒"的記載，如《二年律令》311-312、315-316 號簡記載"公卒"與士伍、庶人在受田、受宅上相當，但在介紹的時候排名在士伍、庶人前面。至於《二年律令》354、355 號簡，則記載了同一年齡階段的公卒、士伍受稟䊮米、受杖。此時未提及庶人。356 號簡在免老的認定上，緊接著"公士"的表述是"公卒"。"公卒"當如《校釋一》所指出"其地位低於公士，比士伍、庶人略高"。[2] 當然這是從漢初律令推知的。新出秦律中也有材料可資

---

[1] "爲"字參看何有祖：《〈里耶秦簡（壹）〉校讀札記（三則）》，《出土文獻研究》第 14 輯，中西書局 2015 年。

[2] 陳偉主編，何有祖、魯家亮、凡國棟撰著：《里耶秦簡牘校釋（第一卷）》第 65 頁。

驗證，如嶽麓書院藏秦簡肆有公卒、士五並列的記載，如：[1]

  而勿予老。公大夫以上擅啓門者附其旁｡里｡〔旁里，旁里〕典、老坐之。置典、老，必里相誰（推），以其里公卒、士五（伍）年長而毋（無）害 143/1405

  置吏律曰：縣除小佐毋（無）秩者，各除其縣中，皆擇除不更以下到士五（伍）史者爲佐，不足，益除君子｡〔子子〕、夫｡〔大夫〕子、小爵及公卒、士五（伍）子年十八歲以上備員，其新黔首勿強，年過六十者勿以爲佐。210/1396、211/1367

其中，210/1396、211/1367"夫｡〔大夫〕子、小爵……"，把"大夫"以下爵位簡稱爲"小爵"。"公卒、士五（伍）"爲無爵者由此可知。上揭二條材料中"公卒"也排在士伍之前。總的來看，"公卒"雖不是爵位，但排名在士伍之前，也應是"忠"身份方面的記錄。

  簡文"訊忠，辭曰：史，公卒□"中"忠"的職務是"史"，其身份是"公卒"。此類記載還可以參看里耶秦簡 8-232"丞遷，大夫，居雒陽城中，能入貲，在廷"，丞是職務，大夫是爵位。

  "弦、長弦少"與下文"蘭"同見一牘，而里耶秦簡 8-26+8-752"弦"與"蘭"連言，此外肩水金關漢簡 73EJT21：46+73EJT23：1062 號簡"梟長弦二""大黃承弦二"與"蘭二完四"也同見一牘，[2]可知本簡二見的"弦"也當皆指弓弦。秦漢簡關於"弦"的種類有較多記載，如里耶秦簡 8-26+8-752"弦三，旌弦一"、8-439+8-519+8-537"絲弦四"。肩水金關漢簡 73EJT21：107、73EJT22：112、73EJT35：15、73EJT21：66 有"承弦""梟長弦"，73EJT4H：2+11 有"弩長弦"，73EJT21：210B 有"卒承弦四"。本簡"長弦"與"梟長弦""弩長弦"的關係待考，不過本簡"長弦"與上文所缺的某"弦"是並列關係，同

---

[1]釋文參看陳松長主編：《嶽麓書院藏秦簡（肆）》。
[2]綴合與釋文從姚磊：《〈肩水金關漢簡（貳）〉綴合（二十八）》，簡帛網 2020 年 6 月 28 日。

時用"少"來形容其數量。"弦、長弦少"大意指某弦、長弦數量較以前少。

蘭，背在身上盛放弩箭的器具。《説文》竹部："蘭，所以盛弩矢，人所負也。"[1]《漢書·韓延壽傳》："令騎士兵車四面營陳，被甲鞮鍪居馬上，抱弩負蘭。"顔師古注："蘭，盛弩矢者也，其形如木桶。""以竹爲蘭"，即用竹製作竹蘭。里耶秦簡8-26+8-752"☒弦三，旌弦一，矢五十，枲參一，竹蘭一，凡百八"，即有"竹蘭"，可證。"以竹爲……枝"，文獻有"竹箭"的説法，如《管子·山至數》："皮革筋角，羽毛竹箭，器械財物，苟合於國器君用者，皆有矩券於上，君實鄉州藏焉。"《國語·楚語》："又有藪曰雲連徒洲，金木竹箭之所生也。"不過這兩處所見"竹箭"，分別與"羽毛"和"金木"製作箭杆的材料並言，似即箭竹。文獻還有"竹矢"的説法，《漢書·地理志下》有"兵則矛、盾、刀、木弓弩、竹矢，或骨爲鏃"一句，"或骨爲鏃"單獨另言，此"竹矢"似不帶鏃，通體用竹製作。孫機先生介紹過一件出土於居延甲渠候官遺址的箭矢，全長67厘米，裝三棱銅鏃，竹杆，有三條尾羽，鏃和羽均纏絲塗漆以與杆相固著。[2] 本簡"以竹爲……枝"，似指用竹來製作箭杆。

綜上所述，本簡二行書寫，是一段審訊記録。涉案人員身份爲公卒，其涉案事由似與兵器的製作有關。其詳情如何，還有待進一步研究。

一六、8-306+8-282

里耶8-306號簡：

　　卅五年☒

此簡下殘。

8-282號簡：

---

[1]〔漢〕許慎撰：《説文解字》，中華書局1963年版、1978年4刷，第98頁。
[2] 孫機：《漢代物質文化資料圖説》，文物出版社1991年，第138頁。

五月巳事束☐

此簡上下殘，上端茬口與 8－306 號簡下部殘口吻合，二片紋路、色澤皆能吻合，當可綴合。綴合後 8－306+8－282：

　　卅五年五月巳事束☐

"巳事"見於以下簡：

　　卅年十月盡九月，群往來書巳事倉曹☐笥。8－1777+8－1868
　　卅三年十一月盡正月，吏戶巳事。8－214

"束"見於以下簡：

　　鼠券束。[1] 8－1242
　　史象巳訊獄束十六，巳具☐ 8－1556
　　卒束☐ 8－1728
　　☐及雞遣市束一薄（簿）。8－419+8－612

張春龍先生曾指出，束與它所揭示的公文衣籍等捆綁極緊密牢靠。這裏應是集中捆縛，集中之意。[2] 其說可從。8－306+8－282 簡首有黑頭。"卅五年五月巳事束"似指卅五年五月巳事的文書已經集中捆縛。

一七、8－359+8－343

里耶 8－359 號簡：

　　☐陵守丞衡☐ I
　　☐守府·☐☐ II

《校釋一》注曰："墨點，原釋文未釋。其下一字，原釋文作'令'。今

---

[1]《校釋一》指出："鼠券，有關'鼠'的券書。"見陳偉主編，何有祖、魯家亮、凡國棟撰著：《里耶秦簡牘校釋（第一卷）》第 298 頁。

[2] 張春龍：《里耶一號井的封檢和束》，《湖南考古輯刊》第 8 集，嶽麓書社 2009 年，第 65—70 頁。

按：此字僅存頭端，也可能是'今'。"[1] 此簡上、下皆殘。第一列簡末"銜"字稍殘，第二列《校釋一》所釋的"今"字亦殘。8-343號簡：

☑敢言之【令】☑Ⅰ
☑上當令者二☑Ⅱ

此簡上殘，下部有進一步刪削的痕跡。第一列"敢"上仍有一殘筆，可與8-359號簡第一列簡末"銜"字拼合，復原"銜"字；第二列"上"前也有一殘筆，可與8-359號簡第二列簡末"今"字拼合，復原"今"字。二片紋路、筆迹、色澤皆能吻合，當可綴合。綴合後組成文句"守府·今上當令者"，也見於8-175號簡：

☑守府，今上當令者一牒，它毋

綴合後8-359+8-343的釋文作：

☑陵守丞銜敢言之：【令】☑Ⅰ
☑守府·今上當令者二☑Ⅱ

一八、8-361+8-95

里耶8-361號簡：

衡一。☑Ⅰ
角弢二。☑Ⅱ
厄二。☑Ⅲ

我們注意到第一、三列文字書寫完後有標識符號"━━"，循此綫索，找到8-95號簡，其釋文作：

☐一。AⅠ
輪二。AⅡ

---

[1] 陳偉主編，何有祖、魯家亮、凡國棟撰著：《里耶秦簡牘校釋（第一卷）》第138頁。

24　里耶秦簡新研

　　　張一司。AⅢ
　　　☐☐☒ BⅠ
　　　䩞二☒ BⅡ
　　　鞪四☒ BⅢ

二者截圖如下：

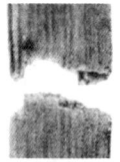

其紋路、色澤、茬口皆吻合，可綴合。新綴合 8－361+8－95 的釋文作：

　　　衡一。☒ AⅠ
　　　角𢎡二。☒ AⅡ
　　　厄二。☒ AⅢ
　　　☒一。BⅠ
　　　輪二。BⅡ
　　　張一司。BⅢ
　　　☐☐☒ CⅠ
　　　䩞二☒ CⅡ
　　　鞪四☒ CⅢ

一九、8－380+8－593

　　　給事故，毋它解，它如前。8－380+8－593

事，原釋文作"專"。今從《校釋一》。[1]

8－380、8－593 綴合見於《校釋一》綴合表，[2] 但《校釋一》正

---

[1] 陳偉主編，何有祖、魯家亮、凡國棟撰著：《里耶秦簡牘校釋（第一卷）》第 140 頁。
[2] 陳偉主編，何有祖、魯家亮、凡國棟撰著：《里耶秦簡牘校釋（第一卷）》第 482 頁。

文漏收，今補。二者厚度相同，寬度接近，茬口、紋路相合，"它如前"也合乎文例：

   ☒解，它如前☒8－1711

二〇、8－401+8－437

  ☒【千】四百九，萬六千一百卅七 8－401+8－437

  8－401、8－437二片茬口吻合，拼合可復原第二個"千"字，當可綴合。這應是兩組數字，類似的例子也見於8－684號簡："萬二千七百卅四人。·四萬二千四百卅四☒"，是對人的統計數。比較而言，8－401+8－437沒有看到"人"一類字樣，可能在前面另有名目。如8－1023："付鄤少内金錢計錢萬六千七百九十七。 ☐。"還有待進一步的綴合加以證明。

二一、8－498+8－2037

里耶8－2037號簡：

  吏貧當展約。☒8－2037
  ☒六錢8－2037背

簡下殘。8－2037背面文字做二列書寫，第一列作"六錢"，第二列其實還有一字，作"一"。正面文字和背面文字書寫方向相反。8－498號簡釋文作：

  十五分日二四斗者☒Ⅰ
  二斗八十分日五十☒Ⅱ

下殘。合文"八十"之"八"撇和捺並不對應，撇近直豎而捺呈弧筆，且豎筆上隱約有一橫，頗疑當改釋作"九"。8－498號簡下部茬口可與8－2037號簡茬口吻合，二片紋路也吻合，當可綴合。綴合後的釋文作：

>　　吏貧當展約。☒ 8-2037
>
>　　十五分日二四斗者六錢。Ⅰ
>
>　　二斗九十分日五十一。Ⅱ 8-498+8-2037 背

"吏貧當展約"前有黑頭，應可當作正面。背面記載"展約"具體細節，倒書。8-1563 號簡有"謁令倉貧食，移尉以展約日"，《校釋一》指出：[1]

>　　展，記錄，校錄。《周禮·夏官·祭僕》："凡祭祀致福者，展而受之。"鄭玄注："展，謂錄視其牲體數。"《儀禮·聘禮》："史讀書展幣。"鄭玄注："展，猶校錄也。"約日，疑指署遷陵的日期。

我們初稿曾指出，"展約日"似指"展約"之日，即校錄"約"的日期。伊強先生指出，"展約日"大概就是"延期"之意。[2] 其說可從。

二二、8-514+8-378+8-131+8-22

里耶 8-514+8-378 號簡：

>　　卅五年八月丁巳朔甲申，遷陵丞遷下辤（辭）少內☒

此二殘簡由《校釋一》綴合。[3] 但下仍有殘缺。

8-131 號簡：

>　　☒以律令從事。／【俱】[4] ☒

8-131 與 8-514+8-378 形制接近，文意順暢，疑可綴合。8-514+8-378+8-131 號簡釋文作：

>　　卅五年八月丁巳朔甲申，遷陵丞遷下辤（辭）少內，以律令從

---

[1] 陳偉主編，何有祖、魯家亮、凡國棟撰著：《里耶秦簡牘校釋（第一卷）》第 361 頁。
[2] 伊強：《里耶秦簡"展……日"的釋讀》，《簡帛研究二〇一六（秋冬卷）》，廣西師範大學出版社 2017 年。
[3] 陳偉主編，何有祖、魯家亮、凡國棟撰著：《里耶秦簡牘校釋（第一卷）》第 140 頁。
[4] 俱，原釋文未釋，此從陳偉主編，何有祖、魯家亮、凡國棟撰著：《里耶秦簡牘校釋（第一卷）》第 69 頁釋。

事。/【俱】☒

我們注意到末端"俱"字仍殘。從文例看，"以律令從事。/"下一般會接"某手"，如：

　　·七月甲子朔乙亥，遷陵守丞𧿃告倉Ⅲ主：下券，以律令從事。/**壬手**。/七月乙亥旦，守府印行。Ⅳ8-1525

　　九月庚戌朔丁卯，遷陵丞昌告尉主，以律令從事。/**氣手**。/九月戊辰旦，守府快行。Ⅴ8-140

依此思路，找到8-22號簡，其釋文作：

　　☒□手。

《校釋一》指出："手"上一字，疑爲"行"。[1] 今按：8-22號簡與8-378+8-514+8-131茬口、紋路、色澤皆吻合，其綴合部位圖片作：

8-22"手"上的殘筆當是"俱"字右下部所從"廾"的部分筆畫。

8-378+8-514+8-131+8-22釋文作：

　　卅五年八月丁巳朔甲申，遷陵丞遷下辥（薛）少内，以律令從事。/俱手。

這是一份由遷陵丞遷下達給少内的文書，書手是"俱"。

此外，8-155："遷陵守丞色下少内，謹案致之。書到言，署金布發，它如律令。"其中"下少内"，《校釋一》"下"字屬上讀。[2] 今可

---

[1] 陳偉主編，何有祖、魯家亮、凡國棟撰著：《里耶秦簡牘校釋（第一卷）》第34頁。
[2] 陳偉主編，何有祖、魯家亮、凡國棟撰著：《里耶秦簡牘校釋（第一卷）》第94頁。

與本簡互證,"下少內"可連讀。

二三、8－517+8－619

☑萬毋見錢謁☑ 8－517+8－619

8－517、8－619二片茬口吻合,拼合復原"錢"字,當可綴合。類似的文例可見8－560號簡"用錢八萬,毋見錢。府報曰取臧錢臨沅五"。

二四、8－547+8－1068

里耶8－547號簡:

敢言之。問容道臨沅歸。審。容及□☑

此簡"及"以下殘斷,"及"下一字只餘留左部一角,從殘筆看或是"其"字。里耶8－1068號簡作:

☑其贖前書

此簡"贖"字以上殘,"贖"上一字作"其",殘去左部一角,正可與8－547末字殘筆拼合成"其"字。加上二片茬口、紋路、字迹皆吻合,當可綴合。8－547+8－1068釋文作:

敢言之:問容道臨沅歸。審。容及其贖前書

這裏所提及的"前書",在里耶簡中多見,如:

寇將詣貳春鄉,如前書。8－1456

七月乙卯,啓陵鄉趙敢言之:恐前書不到,寫上。敢言之。8－1562背

似指說話人時間點前之文書。8－1958號簡:

朐忍令入贖、遣戍,及問容此前☑

這裏的"令人贖、遣戍"似與"前書"有關。

二五、8－559+8－367

☒十月户芻錢三百八十四。　卅五年三月☐☒ 8－559+8－367

户，原釋文未釋，此從《校釋一》。[1]

8－367、8－559，原釋文未綴合。按：殘片8－559"百"中下部殘，可與8－367"八"字之上、近茬口的殘留筆畫復原"百"字，如下截圖所示：

二片茬口吻合，復原"百"字，可綴合。

二六、8－585+8－238

里耶8－585號簡：

☒大夫强下☒

此簡上下皆殘。8－238號簡：

☒妻曰京癘卅四年

《校釋一》注曰：[2]

簡文或讀作："妻曰京，癘，卅四年。"《法律答問》121號簡云："癘者有罪，定殺。"整理小組注釋説："癘，麻風病。"

---

[1] 陳偉主編，何有祖、魯家亮、凡國棟撰著：《里耶秦簡牘校釋（第一卷）》第179頁。
[2] 陳偉主編，何有祖、魯家亮、凡國棟撰著：《里耶秦簡牘校釋（第一卷）》第120頁。

簡上部殘，茬口部分可與8-585下部茬口吻合，二片紋路也吻合，當能綴合。綴合後組成的"下妻"一詞，也見於8-1027：

  成里戶人司寇宜。☒ I
  下妻㘽。☒ II

我們注意到此例"下妻"下直接接人名，但也有如8-1873作：

  ☒妻曰備，以戶墨（遷）廬江，卅五年☒

"妻"和人名"備"之間用"曰"連接。但8-1873"曰"字的寫法與8-585+8-238"曰"字的寫法不同，前者是"曰"字無疑，後者其實是"田"字。可見，8-585+8-238"大夫強"的下妻的名字不是"京"，而是"田京"。8-585+8-238釋文作：

  ☒大夫強，下妻田京，癘，卅四年☒

二七、8-596+8-452

  粟：十石。卅五年八月丁巳朔丁丑，倉茲付司空守俱。8-596+8-452

丁丑，八月二十一日。茲、俱，人名。
二者厚度、寬度相同，紋路相合。此條綴合見於《校釋一》綴合表，[1]但《校釋一》正文漏收，今補。

二八、8-597+8-102

  凡出錢千三百一十三。 ·賣牛及筋☒ 8-597+8-102

二片茬口、紋路、形制吻合，可綴合。文例方面，"三"作爲個位數，接在"千三百一十"後，也頗順適。

---

[1] 陳偉主編，何有祖、魯家亮、凡國棟撰著：《里耶秦簡牘校釋（第一卷）》第482頁。

二九、8-598+8-624

里耶8-598號簡：

> 柏☐

上部完整，下部殘，"柏"下近茬口處有殘筆。8-624號簡：

> ☐所幸賜文黑☐

上下皆殘，上部茬口處的"所"字有少許筆畫殘缺。現存"所"字可與8-598號簡"柏"下的殘筆拼合，復原"所"字。可知8-624號簡應該綴在8-598號簡的下面。8-624號簡下部茬口處的"黑"也有少許筆畫殘缺。

8-227號簡：

> ☐□得□☐

上部殘，"得"上有少許筆畫，我們曾懷疑8-227可與8-624號簡下部的"黑"字拼合，復原"黑"字，其截圖如下：

現在看來，二者筆畫並不能吻合，不能綴合。

總的來說，8-598+8-624紋路、茬口皆吻合，當可綴合，其釋文作：

> 柏所幸賜文【黑】☐

"柏"在這裏當是人名。里耶簡名"柏"的人較多，如趙柏（8-83）、何柏（8-2049、8-1193）、呂柏（8-771）、王柏（8-1232），這裏的"柏"具體所指何人，尚待更多材料佐證。黃浩波先生指出里耶秦簡

7-4"欣敢多問吕柏：得毋病？柏幸賜欣一牘"，其中"柏幸賜欣一牘"與8-598+8-624號簡"柏所幸賜文【黑】"句式相近，"柏"讀作"伯"，以排行作爲稱謂。[1] 其說可從。

三〇、8-600+8-637+8-1890

里耶8-600號簡：

聽勿□☒

《校釋一》指出："'勿'下一字，疑是'敢'。"[2] 今按：從殘存筆畫來看，釋作"敢"字當是。里耶8-637號簡：

☒□聽☒

《校釋一》注："以，原釋文未釋。"[3] 今按：從殘存筆畫來看確實類"以"。我們注意到8-637所謂的"以"，實際上可以和8-600殘存的"敢"字拼合，即所謂的"以"，實際上是"敢"字中下部寫法。這種從"敢"字中下部斷裂，下部筆畫寫法類"以"的情況也見於8-733+8-2157。[4] 8-600、8-637二片寬度接近，紋路、茬口吻合，拼合部位復原"敢"字，可綴合。8-600+8-637釋文作：

☒聽勿敢聽☒

里耶8-1890號簡：

☒不從令，訾二甲。

簡左側近上端茬口處有偏暗的色斑，右側近上端茬口處有兩條内凹的紋路，與殘片8-600+8-637下端近茬口處對應部位吻合，茬口亦能吻

---

[1] 黄浩波：《秦簡私人書信中的"季"與"柏"》，《文史》2021年第4輯，第241—250頁。
[2] 陳偉主編，何有祖、魯家亮、凡國棟撰著：《里耶秦簡牘校釋（第一卷）》第184頁。
[3] 陳偉主編，何有祖、魯家亮、凡國棟撰著：《里耶秦簡牘校釋（第一卷）》第187頁。
[4] 何有祖：《里耶秦簡牘綴合（八則）》，簡帛網2013年5月17日。

合,當可綴合。這三片綴合後所得簡,首端和尾端皆平直無損,當是一枚完整簡。

8-600+8-637+8-1890 新釋文作:

聽勿敢聽,不從令,貲二甲。

張家山漢簡《二年律令》216:"官各有辨,非其官事勿敢爲,非所聽勿敢聽。諸使而傳不名取卒、甲兵、禾稼志者,勿敢擅予。"可與之參看。相較於《二年律令》216"官各有辨,非其官事勿敢爲,非所聽勿敢聽",里耶簡 8-600+8-637+8-1890"聽勿敢聽,不從令,貲二甲"内容並不完整,該簡前面應該至少還有一支簡。另外,與《二年律令》216 相比較可知,8-600+8-637+8-1890"聽勿敢聽,不從令,貲二甲"在内容上似多了在處罰方面的規定,也多一分可操作性。

三一、8-625+8-1067

里耶 8-625 號簡:

上從□☒

簡面有黑白夾雜的麻點紋,略顯亮。

里耶 8-1067 號簡:

☒□五歲以來見船數具言歲☒

《校釋一》注:"第一字,似爲'事'字殘畫。"[1] 今按:8-1067 簡面也有黑白夾雜的麻點紋,與 8-625 形制接近。同時二片茬口吻合,8-1067 第一字可以和 8-625 末字拼合,確即"事"字。此外,簡文所見"上……數"一類表述較爲常見,8-154 有"上所買徒隸數",可參看。二片當可綴合。8-625+8-1067 釋文作:

---

[1] 陳偉主編,何有祖、魯家亮、凡國棟撰著:《里耶秦簡牘校釋(第一卷)》第 272 頁。

☒上從事五歲以來見船數，具言歲☒

從事，辦事、行事，這裏指任某項工作。見，現成。《後漢書·光武帝紀下》："其令郡國收見田租三十稅一，如舊制。"《漢書·項籍傳》："今歲飢民貧，卒食半菽，軍無見糧。"顏師古注："無見在之糧。"上從事五歲以來見船數，似爲統計任職五年至今現存船的數量並上報給上級。

三二、8－632+8－631

里耶 8－632 號簡：

御史覆獄治充☒

簡文"充"字殘。8－631 號簡作：

☒☒故令人行

"故"前殘存一長捺，可與 8－632 "充"字拼合，復原"充"字。考察二片，其紋路、茬口皆能吻合，當能綴合。8－632+8－631 釋文作：

御史覆獄治充故令人行。

三三、8－675+8－2020

里耶 8－675 號簡：

……Ⅰ

……Ⅱ

☒官☒　如是言☒Ⅲ

……Ⅳ 8－675

☒胸☒Ⅰ

☒☒Ⅱ 8－675 背

此簡上下皆殘，簡上紋路明顯，分布規整。8－2020 號簡釋文作：

☐陵☐

此簡也上下皆殘，上端茬口與8－675號簡下端茬口大部分能密合，紋路、色澤也吻合，當能綴合。二片綴合後的釋文作：

　　……Ⅰ
　　……Ⅱ
　　☐官☐　　如是言☐Ⅲ
　　……Ⅳ 8－675
　　☐胸　　陵☐Ⅰ
　　☐☐☐Ⅱ 8－675 背+8－2020

三四、8－694+8－85

里耶8－694號牘，分三列書寫，背面第一、二列字迹尚能辨識，其餘則模糊難辨。該牘可釋寫作：

　　☐☐年十二☐Ⅰ
　　死歸☐[1]☐Ⅱ
　　復傳，敢☐☐Ⅲ 8－694
　　更戍士五（伍）☐☐Ⅰ
　　……Ⅱ
　　……Ⅲ 8－694 背

"歸"下一字原未釋，是"寄"字，8－1883號簡有"寄"字可以參看。"士五（伍）"下一字原未釋，是"陽"字。8－694號簡下端殘。簡背有三列文字。

8－85號牘，上下殘，分三列書寫。該牘可釋寫作：

---

[1] 歸，原釋文未釋。此從陳偉主編，何有祖、魯家亮、凡國棟撰著：《里耶秦簡牘校釋（第一卷）》第205頁。

36　里耶秦簡新研

　　　☐☐癸☐朔丁巳,[1] 尉守☐Ⅰ
　　　☐☐☐☐物色,[2] 恒[3]☐Ⅱ
　　　☐☐　　☐Ⅲ 8-85
　　　☐☐☐☐赤色☐☐Ⅰ
　　　☐☐遷陵守丞都敢告☐☐Ⅱ
　　　☐……☐Ⅲ 8-85 背

"癸"上殘存筆畫模糊,據文例可補"月"字。"物色"上三字,原釋文未釋,是"今追書"。9-21 有"今問前書、券不到,追書卅二年三月戊子到",可參看。簡背第一列首字,原釋文未釋,是"陵"字。簡背第三列,原釋文未釋,今據殘筆可辨是"月更戍士五陽陵"。

　　8-85 號牘上下皆殘,寬度與 8-694 號牘接近,茬口部分除中段有缺失外,其餘大致能吻合。下面先把二殘牘綴合後的釋文寫出來:

　　　☐☐年十二月癸☐朔丁巳,尉守☐Ⅰ
　　　死歸寄,今追書物色,恒☐Ⅱ
　　　復傳,敢言之[4]☐Ⅲ 8-694+8-85
　　　更戍士五(伍)陽陵☐☐赤色☐☐Ⅰ
　　　……☐遷陵守丞都敢告☐☐Ⅱ
　　　……月更戍士五陽陵☐Ⅲ 8-694 背+8-85 背

綴合之後所得釋文"☐☐年十二月癸☐朔丁巳""更戍士五(伍)陽陵""今追書物色"。文意大致連貫,此外正面第一列所見"更戍士五(伍)陽陵",在牘背第三列下段也出現。這增加了二片能綴合的可能性。

---

[1] 朔丁巳,原釋文未釋。此從陳偉主編,何有祖、魯家亮、凡國棟撰著:《里耶秦簡牘校釋(第一卷)》第 59 頁。
[2] 物色,原釋文未釋。此從陳偉主編,何有祖、魯家亮、凡國棟撰著:《里耶秦簡牘校釋(第一卷)》第 59 頁。
[3] 恒,原釋文未釋。此從陳偉主編,何有祖、魯家亮、凡國棟撰著:《里耶秦簡牘校釋(第一卷)》第 59 頁。
[4] "敢"下似是"言之"。

"今追書物色"，即追書言及"物色"。里耶秦簡8－769："卅五年八月丁巳朔己未，啓陵鄉守狐敢言之：廷下令書曰取鮫魚與山今盧（鱸）魚獻之。問津吏徒莫智（知）。·問智（知）此魚者具署物色，以書言。·問之啓陵鄉吏、黔首、官徒，莫智（知）。敢言之。"其中"問智（知）此魚者具署物色，以書言"，指要求知曉"山今盧（鱸）魚"之人寫出該魚之"物色"，用"書"報告。有相似之處，可以參看。《校釋一》已指出："物色，……也可以用於人，如《二年律令·津關令》498號簡云：'御史請諸出入津關者，皆入傳，書囗囗、里、年、長、物色、疵瑕見外者及馬職物關舍人占者。'這裏似與背面簡文'赤色'相關。"[1] 簡文中的"赤色"被用於形容人的膚色。8－439+8－519+8－537有"赤色"，8－534有"白皙色"，8－894有"黃晰色"，9－142+9－337有"黑色"，也被用來形容人的膚色，可參看。

8－694+8－85正面"尉守"追書"更戍士五（伍）陽陵"某某的物色，簡背文本即告知其色爲"赤色"。由這一對應關係可知，簡背"遷陵守丞都敢告"的對象顯然爲"尉守"，那麼"遷陵守丞都敢告"下一未釋字，應是"尉"字。同時也對該簡正、背面現有閱讀順序的確認提供了邏輯上的證據。

簡文大意是遷陵尉守把陽陵士伍更戍卒某某的尸體寄運回其户籍所在縣之前，向遷陵守丞確認該死者的特徵等身份信息。因簡本身仍有殘缺，字迹有較多脱落，對死者身份信息及死因等尚缺乏瞭解。

8－694+8－85號簡記載的秦遷陵縣官方對它縣來遷陵縣戍守的士伍的處置，也見於里耶秦簡及秦漢律令記載。如里耶秦簡8－648載："卅一年七月辛亥朔甲子，司空守囗敢言之：今以初爲縣卒癘死及傳楬書案致，毋應（應）此人名者。上真書。書癸亥到，甲子起，留一日。案致問治而留。敢言之。"[2] 8－648號簡記載了秦始皇三十一年七月一日遷

---

[1] 陳偉主編，何有祖、魯家亮、凡國棟撰著：《里耶秦簡牘校釋（第一卷）》第59頁。
[2] 陳偉主編，何有祖、魯家亮、凡國棟撰著：《里耶秦簡牘校釋（第一卷）》第190頁。

陵縣司空守核查"卒瘨死及傳槥書"之事。至於嶽麓肆364－365號簡云："●內史吏有秩以下□□□□□□爲縣官事□而死所縣官，以縣官木爲槥，槥高三尺，廣一【尺】八寸，袤六尺，厚毋過二寸，毋木者，爲賣（買）出之，善密緻其槥，以枲堅約兩敦（椯），勿令解絕。"[1]記載了官方提供的盛放死者尸體槥槨的規格及捆縛的辦法。嶽麓伍131－132號簡："●令曰：諸軍人、漕卒及黔首、司寇、隸臣妾有縣官事不幸死，死所令縣將吏劫〈刻〉其郡名槥及署送書，可以毋誤失道、回、留。　·卒令丙卅四。"這條律文記載了軍人、漕卒等因縣官事而死亡的時候，死所縣傳送死者槥槨到死者戶籍縣的細節，其中"劫〈刻〉其郡名槥及署送書"，涉及死者身份信息，爲將死者準確運輸回其戶籍縣提供了前提條件。8－694+8－85號簡尉守在寄回盛放更戍士伍陽陵縣某某尸體的槥槨之前，向遷陵守丞查詢該死者身份信息，這顯然是爲在其槥槨上刻書其所屬郡縣及"署送書"做準備。

三五、8－725+8－1528

☐三月癸丑朔甲子，田毚☐Ⅰ

☐□□□□□Ⅱ 8－725+8－1528

☐□【田毚敢言】之。☐Ⅰ

☐子，□佐□以來。／□□Ⅱ 8－725 背+8－1528 背

二片茬口、色澤、紋路吻合，綴合處復原"甲"字，可綴合。

甲，原釋文未釋，《校釋一》釋作"甲"。[2] 今綴合後可知釋"甲"可從。甲子，三月十二日。

敢言之，原釋文未釋，此從《校釋一》釋。[3]

簡背的"田毚"，原釋文未釋，今據殘筆以及簡正面釋文補釋。

---

[1] 陳松長：《嶽麓書院藏秦簡（肆）》第215—216頁。

[2] 陳偉主編，何有祖、魯家亮、凡國棟撰著：《里耶秦簡牘校釋（第一卷）》第350頁。

[3] 陳偉主編，何有祖、魯家亮、凡國棟撰著：《里耶秦簡牘校釋（第一卷）》第1528頁。

子，原釋文未釋。

佐，原釋文未釋。

三六、8－738+8－74

里耶 8－738 號簡：

　　☑十二月乙☑水十一刻刻下九☑Ⅰ

　　☑☑☑【罷及徒四人略二人】[1]　☑Ⅱ 8－738

　　☑刻刻下☑，牢臣臣以來。[2]／元☑ 8－738 背

里耶 8－74 號簡：

　　☑遷陵小☑Ⅰ

　　☑去田官☑Ⅱ 8－74

　　☑發☑ 8－74 背

二片茬口吻合，可綴合。下面先寫出綴合簡的釋文，再談其中的幾處改釋。

　　☑十二月乙☑水十一刻刻下九，遷陵小☑Ⅰ

　　☑☑☑【罷及徒四人略二人】去，田官守☑Ⅱ 8－738+8－74

　　☑刻刻下☑，牢臣臣以來。／元發☑ 8－738 背+8－74 背

"官"下一字，原釋文未釋，從殘存筆畫看，可補"守"字。"田官守"也見於 8－672、8－764。"去田官守"原未斷讀，現在看來，"田官守"應屬下讀。

"罷"可作人名，如元年六月"司空守罷"（9－1146+9－1684）、

---

[1] 二人，原釋文未釋。此從陳偉主編，何有祖、魯家亮、凡國棟撰著：《里耶秦簡牘校釋（第一卷）》第 213 頁。

[2] 臣，原釋文作"二"，《校釋一》："'二'也許是重文符。如然，當讀作'牢臣臣'。"（見陳偉主編，何有祖、魯家亮、凡國棟撰著：《里耶秦簡牘校釋（第一卷）》第 213 頁）趙岩贊同後一意見（趙岩：《里耶秦簡札記（十二則）》，簡帛網 2013 年 11 月 19 日）。我們這裡采用"牢臣臣"的意見。

元年八月令佐"罷"（9-1265）以及某鄉佐罷（9-1120）。也可用作動詞，常與"去"並提。如 8-1977"☒☒今捕者罷去"，《校釋一》："罷去，離開。《史記·高祖本紀》：'匈奴圍我平城，七日而後罷去。'《奏讞書》案例十八云：'及屯卒奔敬（警），卒已罷去。'"[1] 簡文"罷"是何種用法，還需根據語境進一步推敲。

"罷"上原作二未釋字，第一字是"田"，第二字初看似是"徒"，不過因"及"下已有"徒"，此處再提"徒"，在語義上有重複，同時從字形上看，該字與"及"下的"徒"殘存的右部相比較，所從不類"走"，倒是近"左"，字疑是"佐"。"田佐"一詞見於 8-1610 號簡"田佐囚吾死"。需要指出的是，田、佐之間的字距較佐、罷之間的字距大。田、佐之間似可能存在一字。因同簡有"田官守"，這裏似可補"官"字。"田官佐"，即田官之佐。8-149+8-489 有"田官佐賀"，8-580 號簡有田官佐"壬"，可參看。

"田（或田官）佐罷及徒四人略二人去"，可斷句作"田（或田官）佐罷及徒四人略，二人去"。略，用作動詞，可訓作治。《奏讞書》146 號簡"庫挌掾獄"，整理小組："挌，《後漢書·鍾離意傳》注：'執拘也。'"《二年律令與奏讞書》："'挌'與 144 號簡'視事'相當，疑當讀爲'略'。"《廣雅·釋詁》："略，治也。"9-1444"軍人略地"、9-2301"已盡略齊地"之"略"，似皆指此。"略"還可指強取，《方言》二："求也。就室曰搜，於道曰略。略，強取也。"《二年律令》66 號簡"略賣人若已略未賣"、67"智（知）人略賣人而與賈"、175"坐奸、略妻及傷其妻以收"等所見"略"似皆指強略人。本簡"田（或田官）佐罷及徒四人略，二人去"之"略"語境不完整，但從"略"前所出現人的身份看，似可排除"略地"之"略"以及"略人"之"略"的可能。

---

[1] 陳偉主編，何有祖、魯家亮、凡國棟撰著：《里耶秦簡牘校釋（第一卷）》第 412 頁。

三七、8-743+8-79

里耶 8-743 號簡：

☑朔【甲午[1]】☑☑Ⅰ
☑卒長主☑☑Ⅱ 8-743
☑☑☑之☑☑☑☑Ⅰ
……Ⅱ 8-743 背

里耶 8-79 號簡：

☑☑　　卅五年Ⅰ
☑☑當購錢[2]Ⅱ 8-79
☑☑敢言之上[3] 8-79 背

二片茬口吻合，復原"非""購"，可綴合。下面先寫出綴合簡的釋文，再談其中的幾處改釋。

☑朔【甲午】購。　　卅五年☑Ⅰ
☑卒長主非當購錢☑Ⅱ 8-743+8-79
☑☑丞·問之毋當入☑[4]☑Ⅰ
☑居貲士五☑☑☑☑敢言之,[5] 上Ⅱ 8-743 背+8-79 背

"甲午"下一字，原釋文未釋，當是"購"字，與第二列"購錢"對應。"卒長主"下的"非"，原釋文未釋，今據綴合簡釋出。"非當"，

---

[1] 甲午，原釋文未釋。此從陳偉主編，何有祖、魯家亮、凡國棟撰著：《里耶秦簡牘校釋（第一卷）》第 214 頁。
[2] "當"下一字，《校釋一》指出似爲"購"（見陳偉主編，何有祖、魯家亮、凡國棟撰著：《里耶秦簡牘校釋（第一卷）》第 58 頁）。其說可從。
[3] 敢言之上，原釋文未釋，參看何有祖：《讀里耶秦簡札記（一）》，簡帛網 2015 年 6 月 17 日。
[4] "丞·問""毋當入"，原釋文未釋，今據殘筆釋出。
[5] 居貲士五，原釋文未釋，今據殘筆釋出。

不當，見於張家山漢簡《奏讞書》19 號簡"闌非當得取（娶）南爲妻也"。《二年律令·傳食律》230 號簡："非當發傳所也，勿敢發傳食焉。"卒長，軍官名。《周禮·夏官·司馬》："凡制軍……百人爲卒，卒長皆上士。"《管子·小匡》："鄉有行伍，卒長則其制令，且以田獵因以賞罰，則百姓通於軍事矣。"

里耶秦簡"卒長"數見，如 8－130+8－190+8－193"倉及卒長髟所"，其中"卒長髟"與"倉"並列，並參考 8－754+8－1007"鄉渠、史獲誤詣它鄉"之"鄉渠"，可知"卒長髟"指"卒長"的官守是髟，"卒長"在這裏用作機構名或職官名。8－657 背"下卒長奢官"等簡中的"卒長"也用作機構名或職官名，由 9－1771"以令予遷陵卒屬卒長"可知，"卒長"的職責在於管理卒。

本簡是秦始皇三十五年對一次不當購錢行爲的審查文書。簡文提及某次"甲午"購賞行爲，還提及卒長主不當購錢。《二年律令·捕律》154－155 號簡："數人共捕罪人而獨自書者，勿購賞。吏主若備盜賊、亡人而捕罪人，及索捕罪人，若有告劾非亡也，或捕之而非群盜也，皆勿購賞。"即提及認定捕盜賊等行爲不予購賞的幾種情形。卒長主不當購錢，當有其原因。因簡本書仍有殘缺，字跡有脫落，相關信息還有待進一步研究。

三八、8－784+8－943

里耶 8－784 號簡：

☒【丁酉遣自致其】☒☒

《校釋一》注："遣自致，原釋文未釋。參考 8－770 釋出。"[1]""其"下殘字，疑是"嗇夫"之"嗇"。今按："其"下殘字，似是"責"的上部殘筆。"8－943 號簡：

---

[1] 陳偉主編，何有祖、魯家亮、凡國棟撰著：《里耶秦簡牘校釋（第一卷）》第 227 頁。

☒□【入貲校卅三】年

"入"上一字殘,可與 8-784 "責"下的殘筆拼合,復原"責"字。二片茬口、紋路、色澤吻合,當能綴合。8-784+8-943 釋文作:

☒【丁酉遣自致其責(債)入貲校卅三】年

致,送達。《漢書·終軍傳》:"願受長纓,必羈南越王而致之闕下。"可用作名詞,在秦漢簡文中指送達的文書。如《秦律雜抄》35 號簡云:"冗募歸,辭曰日已備,致未來。"《奏讞書》案例一曰:"六月戊子發弩九詣男子毋憂告,爲都尉屯,已受致書,行未到,去亡。""致"後接"書",作爲名詞詞組,也指送達的文書。如里耶簡 8-777:"從人論報,擇免歸,致書具此中。"自致,在簡文中是動詞詞組,指自行送達(文書)。校,校計。《荀子·強國》:"威強乎湯武,廣大乎舜禹,然而憂患不可勝校也。"楊倞注:"校,計。"《漢書·食貨志上》:"京師之錢累百鉅萬,貫朽而不可校。"顏師古注:"校謂計數也。"里耶簡 8-1565 "上其校一牒"之"校"用作名詞,似爲初步的審核文書。本簡"校"的用法與之同,此處用爲"致"的賓語。入貲,見於 8-198+8-213+8-2013:"定當坐者名吏里、它坐、訾能入貲不能,遣詣廷。" 8-232:"丞遷大夫居雒陽城中能入貲在廷。"其責(債)入貲,爲"校"的內容。句末"卅三年"爲"校"的時間。"丁酉遣自致其責(債)入貲校卅三】年",大意爲丁酉這一天讓其自行送達卅三年債入貲的校計文書。

三九、8-795+8-1820+8-562

《校釋一》已綴合 8-1820+8-562,[1] 其釋文作:

☒年二月庚寅朔朔日,倉守擇付庫建。車曹。☒

---

[1] 陳偉主編,何有祖、魯家亮、凡國棟撰著:《里耶秦簡牘校釋(第一卷)》第 179 頁。

我們注意到現有綴合簡上、下端仍殘。上揭簡文中"庚寅朔朔日"，以庚寅日爲朔日。檢索里耶簡中以庚寅爲朔日的簡文，卅五年正月、卅五年三月皆以庚寅爲朔日，其例頗多，此略舉數例：

  卅五年正月庚寅朔癸巳 8-259
  卅五年三月庚寅朔☐ 8-433
  卅五年三月庚寅朔辛亥 8-1517

也有年份爲三十五年，且出現"倉守擇"的，如 8-839+8-901+8-926：

  卅五年正月庚寅朔朔日，倉守擇、佐㱙、僕（禀）人中☐Ⅰ
  令史就視平。☐Ⅱ

這一例使我們懷疑 8-1820+8-562 上端殘去的年份恐是卅五年。循此思路，找到 8-795，其釋文作：

  ☐☐釖二。 卅五☐☐

從形制看，8-795 與 8-1820+8-562 色澤、紋路皆吻合，雖然兩邊邊緣略有殘缺，但中簡部分的茬口吻合，且"年"字的殘筆能補全。可見 8-795 與 8-1820+8-562 很有綴合的可能。8-795+8-1820+8-562 釋文作：

  ☐☐釖二。 卅五年二月庚寅朔朔日，倉守擇付庫建。車曹。☐

上揭釋文還有兩個問題需要解決，其一是原釋作"釖"之字，《校釋一》指出：[1]

  釖，同"劍"。《集韻·驗部》："劍，《說文》'人所帶兵也'。或從刀。俗作釖。"《莊子·說劍》"劍士皆服斃其處也"，于省吾先生按：高山寺卷子本作"釖士"。

---

[1] 陳偉主編，何有祖、魯家亮、凡國棟撰著：《里耶秦簡牘校釋（第一卷）》第 228 頁。

現在看來，其右部跟刃字有別，而應是里耶簡中常見的"丑"字（如8-27），字當是鈕字。鈕可指印鼻，即印章上端的雕飾。古代用以分別官印的等級。有各種不同的形式，如瓦鈕、龜鈕、虎鈕、獅鈕等。《初學記》卷二六引漢衛宏《漢舊儀》："諸侯王印，黃金橐駝鈕，文曰璽。"不過簡文中"鈕"，後接數詞，應是獨立的構件，其具體含義也還需要參考"車曹"來定，即可能是車上的構件，此待考。其二是"卅五年二月庚寅朔朔日"，與8-1534"卅五年二月庚申【朔】"干支不大吻合。卅五年正月、卅五年三月皆以庚寅爲朔日，卅五年二月以"庚申"爲朔日當是。這裏有可能是干支寫錯了，不過干支寅、申書寫起來不易訛誤，但月份方面，二月、三月之間則容易訛誤。考慮到8-795+8-1820+8-562"二"字兩橫的寫法，和"月"右上的弧筆的起筆很相似，恐"三"字尚未寫完，寫到第三筆的時候即順勢往下寫了"月"。"二月"當是"三月"之誤寫。

四〇、8-803+8-866

以律令從事☒ 8-803+8-866

8-803、8-866二殘簡形制接近，二片連接可復原"令"字，可綴合。"以律令從事"見於8-1525等簡。

四一、8-846+8-861

☒之不同不可☒ 8-846+8-861

二殘片斷裂時從表層撕裂，下殘片仍存留有底層部分。今將上殘片茬口與下殘片"不"字略上的撕裂處茬口拼合，吻合。加之二殘片形制、紋路、字字迹皆吻合，當可綴合。

原釋文"不可"之上有一未釋字。今從綴合的情況來看，本不當有字。其筆迹頗淡，似"不同"中某一字的筆墨寫透，也似斷裂後與他簡接觸後留下的印文。待考。

四二、8-868+8-621

里耶秦簡 8-868 號簡：

☑爵二級自爲，爲☑

8-621 號簡：

☑紅（功），付校　券各一。曰　　以□☑

上揭二簡寬度相同，茬口吻合，可綴合。8-868+8-621 釋文作：

☑爵二級，自爲、爲紅（功），付校　券各一。曰　　以□☑

簡文首尾尚殘。文字書寫方面，"爵二級"大字書寫，有明顯字距，其下從"自"開始字稍小，字距有變化。"爵二級"，即爵位二級。結合其後的"自爲""爲功"，可知"爵二級"前可能殘缺"賜"或"捧（拜）"。秦軍功爵，用於功勞賞賜。《漢書·百官公卿表上》："爵：一級曰公士，二上造，三簪裊……皆秦制，以賞功勞。"《二年律令·捕律》148 號簡："能產捕群盜一人若斬二人，捧（拜）爵一級。"爵位賞賜給有功勞之人。由"付校券各一"可知，前面提及的"自爲""爲功"，共用二枚校券記録，爲二種不同的處理辦法。"自爲"似指提升自身爵位（提升一級爵位），或用於免罪，如《二年律令·捕律》153號簡："有罪當命未命，能捕群盗、命者，若斬之一人，免以爲庶人。所捕過此數者，贖如律。"有罪者如果捕斬群盗或罪犯，可免爲庶人。"爲功"似指保留該功勞（後續用於官職的提升），這裏保留的是與賜爵一級相應的功勞。簡文大意是，受賜二級爵位，一級用於提升自身爵位或用於免罪，一級作爲功，用券書記録，作爲後續處置的依據。

秦漢簡官吏伐閲文書有對官吏功、勞的記録，如里耶10-15號簡"凡十五歲九月廿五日，凡功三∠三歲九月廿五日"，[1] 記録官吏的功勞。敦煌漢簡1186："玉門千秋隧長敦煌武安里公乘吕安漢，年卅七歲，長七尺六寸。神爵四年六月辛酉除，功一、勞三歲九月二日，其卅日父不幸死，憲定功一、勞三歲八月二日，迄九月晦庚戌。"[2] 關於功、勞間的轉換關係，胡平生先生據居延漢簡徐譚共有勞五年零九個月又十五天，對應"功一勞二歲"的例子，指出一"功"的時間爲"勞四歲"。[3] 這一觀點得到佐藤達郎、尚永琪、陳偉等先生的進一步驗證。[4] 張忠煒先生根據里耶10-15號簡"凡十五歲九月廿五日，凡功三∠三歲九月廿五日"進一步證實這一觀點。[5] 需要指出的是，蔣非非先生曾指出，居延漢簡89.24"中功五"，應爲吏20年，所需年

---

[1] 里耶秦簡博物館、出土文獻與中國古代文明研究協同創新中心中國人民大學中心編著：《里耶秦簡博物館藏秦簡》，中西書局2016年，圖版第54頁、釋文第196頁。

[2] 釋文參看于振波：《簡牘所見漢代考績制度探討》，簡帛網2005年12月25日。

[3] 胡平生：《居延漢簡中的功與勞》，《文物》1995年第4期。

[4] （日）佐藤達郎《功次による升進制度の形成》，《東洋史研究》58-4，2000年；尚永琪：《淺議居延敦煌漢簡中的功與勞》，崔向東主編：《歷史與社會論叢》，長江出版社2006年；陳偉、熊北生：《睡虎地漢簡中的功次文書》，《文物》2018年第3期。

[5] 張忠煒：《里耶秦簡博物館藏秦簡概説》，《里耶秦簡博物館藏秦簡》，中西書局2016年，第7頁；張忠煒：《里耶秦簡10—15補論——兼論睡虎地77號漢墓功次文書》，《中國古代法律文獻研究》第13輯，社會科學文獻出版社2019年，第97—118頁。

份過長，在積勞爲功之外，或許還有斬首、捕賊等功績。[1] 這一看法關注"功"除了積勞之外的來源。胡平生先生也指出過"賜勞"的幾種情形。[2]

8－868＋8－621 號簡所賜爵位中的一級，被記爲功，當是功來源於賜爵的例子。當然因簡殘，該賜爵是否因爲捕斬之功所致，尚待進一步竹簡綴合證實。

四三、8－877＋8－966

里耶 8－877 號簡：

六月乙丑，獄佐瞫訊戍：戍私留范中[3]

簡面整體偏暗，自"獄佐"右開始有自右斜貫左下，並續而向下的折痕，折痕處泛白，似是因不在一平面而形成的光暗的差別。

里耶 8－966 號簡：

吏益僕□☑

原釋文顯示上端完整，但細審簡面，上端端口處略顯虛白，當是其上部斷裂時從表層揭去，殘留部分薄，拍照時顯得發虛發白。自是不再完整。此殘片，簡面偏暗，左部有一明顯折痕，折痕處泛白。與前所提及 8－877 簡面所見的情形相同。8－877、8－966 茬口結合處圖作：

上殘片茬口可覆蓋下殘片近茬口發虛之處，當可綴合。8－877＋8－966

---

[1] 蔣非非：《漢代功次制度初探》，《中國史研究》1997 年第 1 期。
[2] 胡平生：《居延漢簡中的功與勞》，《文物》1995 年第 4 期。
[3] 范，原整理者作"苑"，此從方勇先生釋。參看方勇：《讀里耶秦簡札記六則》，簡帛網 2015 年 11 月 13 日。

釋文作：

　　　六月乙丑，獄佐瞫訊戍：戍私留范中，吏益僕□☑

瞫、戍，人名。"戍"作爲人名，也見於 8-533 "戍有罪爲鬼薪"。是否爲同一人，待考。本簡"戍"被獄佐訊問，很可能有罪在身，當是與其"私留范中，吏益僕"有關。益僕，增加僕。里耶 6-7 號簡："前日言當爲徒隸買衣及予吏益僕。"[1] 提及把徒隸配給吏以爲僕。而睡虎地秦簡《金布律》73-74 號簡："都官佐、史不盈十五人者，七人以上鼠（予）車牛、僕。"[2] 記載了給官吏配給僕的標準，顯示官方在配給僕這一點上有統一的安排。至於張家山漢簡《奏讞書》54-55 號簡提及："蜀守灊（讞）：佐啓主徒。令史冰私使城旦環爲家作，告啓，啓詐（詐）簿曰治官府，疑罪。·廷報：啓爲僞書也。"[3] 其中"令史冰私使城旦環爲家作"，令史冰私自派城旦環到自己家勞作，令史冰顯然也知道此種行爲不妥，所以"詐簿曰治官府"。可見在秦代無論何種原因挪用官府包括人力在內的各種資源以爲己用，是違反秦律的行爲。"戍私留范中，吏益僕"，指戍私自留在范中，繼續占用原來的待遇，包括吏給他增加的僕。戍被審訊也就可以理解了。

四四、8-946+8-1895

　　□□□□□□☑Ⅰ
　　□□□□☑Ⅱ 8-946
　　☑□季□□□□□□□☑Ⅰ
　　……Ⅱ 8-1895

　　二片皆是兩側從有字部分中間部位裁剪，字皆不完整。二片茬口左向

---

[1] 陳偉主編，何有祖、魯家亮、凡國棟撰著：《里耶秦簡牘校釋（第一卷）》第 20 頁。
[2] 睡虎地秦墓竹簡整理小組編：《睡虎地秦墓竹簡》，文物出版社 1990 年，第 37 頁。
[3] 彭浩、陳偉、（日）工藤元男：《二年律令與奏讞書——張家山二四七號漢墓出土法律文獻釋讀》，上海古籍出版社 2007 年，第 347 頁。

右上傾斜，8－946 茬口偏右部位從表層撕離，留有底層殘餘。8－1895 茬口偏右部位略凸出，可與 8－946 底層部位重合，茬口當可吻合。而且二片的寬度、質地吻合，尤其中間留白部位三條清晰的紋路吻合。當可綴合。綴合後尾端仍殘，有底層殘餘。

8－946+8－1895 釋文作：

   □□□□□季□□□□【季】□□☑Ⅰ
   【者】□□□……Ⅱ

第一列倒數第三字，原釋文未釋，從殘留筆畫看，疑是"季"。第二列第一字，原釋文未釋，從殘留筆畫看，疑是"者"。

四五、8－977+8－1821

里耶 8－977 號簡：

   ☑□□季適□☑Ⅰ
   ☑□□適取臧☑Ⅱ

上揭簡文中"適"字二見。今以"適"爲綫索，找到 8－1821 號簡，其釋文作：

   ☑□適襌☑Ⅰ
   ☑之有上☑Ⅱ

"適襌"前一字，原未釋，當即"領"字。"領"上部略殘。8－1821 號簡與 8－977 號簡字迹、紋路皆能吻合，疑能綴合。8－977+8－1821 釋文作：

   ☑□□季適□領適襌☑Ⅰ
   ☑□□適取臧之有上☑Ⅱ

第一列有"季適□領適襌"一句，領，衣領。《荀子·勸學》："若挈裘領，詘五指而頓之，順者不可勝數也。"襌，單衣。《禮記·玉藻》："襌爲綯。"鄭玄注:"綯,有衣裳而無裏。"《釋名·釋衣服》:"有裏曰複,無裏曰襌。"由於語境不全,簡文中"領""襌"取何意尚待考。"季適"後原有一字未釋,其墨迹淡不可察,很可能不是字。第二列"取臧之",臧,似可讀作藏。綴合處茬口雖大致能吻合,但"領"字上部筆畫不見,恐是磨掉的緣故。

四六、8-1039+8-222

卅年月丙子朔朔日安陽守丞 AⅠ
言之陽守丞安陽 AⅡ
廿五年六月丙子計敢陽守敢言之。AⅢ
凡有不當 BⅠ
律令者。BⅡ 8-1039+8-222

二片茬口吻合,可復原"之"字。

《校釋一》指出:"本簡缺字較多,並有錯亂的情形,恐是習字簡。"[1]現從綴合後的情況看,此説當是。

四七、8-1060+8-1405

里耶 8-1060 號簡:

☐【至】乙亥,凡十一日。☐Ⅰ
☐☐劾奏。遷陵守丞衡曰:移☐☐Ⅱ
☐【衡】敢言之。寫上,謁以臨夬☐Ⅲ

上揭簡文第三列有"某+敢言之",按照里耶常見的文例"敢言之……敢言之",如 8-62 號簡作:

卅二年三月丁丑朔朔日,遷陵丞昌敢言之:令曰上Ⅰ
葆繕牛車薄(簿),恒會四月朔日泰(太)守府。·問之遷陵毋Ⅱ

---

[1] 陳偉主編,何有祖、魯家亮、凡國棟撰著:《里耶秦簡牘校釋(第一卷)》第 266 頁。

當令者，敢言之。Ⅲ

即是"敢言之……敢言之"的固定搭配。8－1060號簡第三列下部殘缺的部分當有"敢言之"這樣的詞語，我們據此思路找到8－1405號簡：

☑□問當論，論言夬☑Ⅰ
☑敢言之。/獻☑Ⅱ

8－1405號簡除了有"敢言之"這樣的詞語，茬口也能吻合，當能綴合。綴合之後可知8－1405"問當論"前原未釋之字當是"·"。8－1060號簡"移"後原未釋之字墨迹存留不多，但從文例看疑是"獄"字。8－487+8－2004有"盡卅三年見戶數牘北（背）、移獄具集上"，8－2292有"☑移獄╴東╴☑"可證。8－1060、8－1405這二片綴合後的釋文可書寫如下：

☑【至】乙亥，凡十一日。☑Ⅰ
☑□劾奏。遷陵守丞衡曰：移獄·問當論，論言夬☑Ⅱ
☑【衡】敢言之。寫上，謁以臨夬。敢言之。/獻☑Ⅲ

四八、8－1189+8－1383

里耶8－1189號簡：

粟米二石☑

此簡"二石"下殘。參考8－763號簡：

粟米一石二斗半斗。　　·卅一年三月癸丑，倉守武、史感、稟人援出稟大隸妾并。

可知8－1189號簡殘缺的部分應有出入糧食的年號。8－1383號簡釋文作：

☑卅二年四月丙午☑以☑☑

上部殘存"卅二年"，且茬口、紋路皆與8－1189吻合，當能綴合。8－

1189+8－1383 釋文作：

> 粟米二石。　　卅二年四月丙午☐以☐☒

四九、8－1194+8－1608

里耶 8－1194 號簡：

> 令史蘇☐☒

"蘇"下一字殘，從殘存筆畫看，似是"田"字。"田"下一般有"官"字，構成"田官"一詞，如：

> 貳春鄉佐壬，今田官佐。8－580
> 徑㕔粟米一石九斗少半斗。卅一年正月甲寅朔丙辰，田官守敬、佐壬、稟人顯出稟貲貢士五（伍）巫中陵免將。Ⅰ令史扁視平。　　壬手。Ⅱ 8－764
> 筥九合。　　卅五年八月丁巳朔庚申，田官壬☐ 8－900

8－1608 號簡：

> ☒田官栛☒

栛，《校釋一》注："旇（原釋文从木从芥），人名。"[1] 方勇先生釋"栛"。[2] 今從之。8－1608 號簡"田"字殘，可與 8－1194 號簡"蘇"下一字拼合，復原"田"字。二者茬口、紋路、色澤皆能吻合，當可綴合。8－1194+8－1608 釋文作：

> 令史蘇、田官栛。

"田官栛"與本則開頭所引諸例中提及的"田官壬"（8－900），屬"田官"加"人名"之例。8－900"田官壬"，疑即 8－764 所見"佐壬"，

---

[1] 陳偉主編，何有祖、魯家亮、凡國棟撰著：《里耶秦簡牘校釋（第一卷）》第 368 頁。
[2] 方勇：《讀〈里耶秦簡（壹）〉札記（三）》，簡帛網 2012 年 5 月 21 日。

同簡還有"田官守敬"。8-1194+8-1608"栚"在"令史"之後,當是田官的嗇夫。

五〇、8-1203+8-110+8-669

☑庚寅朔辛亥,【倉】☑Ⅰ
☑□皆盡三月,遷□☑Ⅱ
食如律。雨留不能投宿齋。☑Ⅲ
三月庚寅朔辛亥,遷☑Ⅳ 8-110+8-669
令佐温。☑Ⅰ
更戍士五城父陽翟【執】。☑Ⅱ
更【戍】士【五城父西中】痤。☑Ⅲ 8-669背

《校釋一》綴合8-110、8-669並釋"倉"等字。[1] 趙岩先生釋"戍""五城父西",並引8-1517簡"更戍士五(伍)城父西中痤"爲證。[2]

今按:8-1517號簡:

卅五年三月庚寅朔辛亥,倉衡敢言之:疏書吏、徒上事尉府Ⅰ者牘北(背),食皆盡三月,遷陵田能自食。謁告過所縣,以縣鄉次續Ⅱ食如律。雨留不能投宿齋。當騰騰。來復傳。敢言之。Ⅲ 8-1517
令佐温。Ⅰ
更戍士五城父陽翟執。Ⅱ
更戍士五城父西中痤。Ⅲ
骨手。Ⅳ 8-1517背

通過把仍不完整的8-110+8-669與8-1517號簡相比較,可知8-110+8-669現存簡文與8-1517在内容上是一樣的。這對繼續辨識一些

---

[1] 陳偉主編,何有祖、魯家亮、凡國棟撰著:《里耶秦簡牘校釋(第一卷)》第64頁。
[2] 趙岩:《里耶秦簡札記(十二則)》,簡帛網2013年11月19日。

第一章　里耶秦簡新綴　55

筆畫不清晰的字，乃至尋找與 8－110+8－669 綴合的殘片是很有幫助的。

簡背第二列"更""士五城父""執"等字，原釋文未釋，現在據殘筆以及 8－1517 號簡，可以大致釋出來。

8－110+ 8－669						
8－1517						

如上表所示，"更""城""父"字迹隱約可辨，而"士""五""執"的筆畫已經很難辨認，在這裏文例所起到的作用大於字迹本身。

由 8－1517 可知 8－110+8－669 簡文開頭殘缺"卅五年三月"，循此找到殘片 8－1203，其釋文作：

卅五年☐Ⅰ

者牘☐Ⅱ

8－1203 與 8－110+8－669 綴合時的茬口部位截圖如下：

8－110+8－669 號簡"食如"旁邊有兩處殘筆可以分別和 8－1203 的"者牘"對應的筆畫相連接，殘片 8－1203 的紋路也與 8－110+8－669 相合，同時在文例上"者牘"也見於 8－1517"疏書吏、徒上事尉府者牘北（背）"，這二字所在的位置也比較適合。因此把殘片 8－1203 與

8－110+8－669 綴合是可行的。其釋文作：

　　　　卅五年……庚寅朔辛亥，【倉】☑Ⅰ
　　　　者牘……□皆盡三月，遷□□Ⅱ
　　　　食如律。雨留不能投宿齋。☑Ⅲ
　　　　三月庚寅朔辛亥，遷☑Ⅳ 8－1203+8－110+8－669
　　　　令佐温。☑Ⅰ
　　　　更戍士五城父陽翟【執】。☑Ⅱ
　　　　更【戍】士【五城父西中】痤。☑Ⅲ 8－669 背

"卅五年"後應缺"三月"，而"牘"後缺"北食"，"皆"前爲一殘筆，應是"食"的收筆部分。8－1203+8－110+8－669 簡上部仍殘缺，下部所缺更多，待考。

五一、8－1245+8－1374

　　里耶 8－1245 號簡：

　　　　庸粟禾一日☑

簡下部殘，"日"下方、近茬口處有兩處殘存墨迹。8－1374 號簡：

　　　　☑取粟一斗，米粟。它如前☑

"取"字殘去上部少許筆畫，當即 8－1245 號簡下端茬口處殘畫，二者拼合部位圖作：

二殘片茬口能吻合，復原"取"字，當可綴合。8－1245+8－1374 釋文作：

　　　　庸粟禾一日，取粟一斗米粟。它如前☑

庸，後多作"傭"，受雇。《墨子·尚賢中》："傅説被褐帶索，庸築乎傅岩。"庸粟禾，當指受雇傭於與粟禾相關的勞作。里耶秦簡裏有不少涉及庸的記録，如：

　　人庸作志 8-949
　　☐事，渠、黎取爲庸，何解？8-43
　　☐誠嘗取寄爲庸☐ 8-1849+8-1322[1]
　　☐尉敬養興爲庸，約日三斗米，乙酉初作☐☐ 8-2205+8-2212[2]

其中 8-2205+8-2212 約定庸錢爲日三斗米，與本簡記録相類。

取粟，參看《居延漢簡釋文合校》89.16"收曰汝無故復取粟☐"，指獲取糧食。

米粟，米和粟。泛指糧食。《墨子·魯問》："殺其人民，取其牛馬狗豕、布帛米粟貨財，則何若？"《孟子·公孫丑下》："兵革非不堅利也，米粟非不多也。"簡文似在幫傭粟禾之後獲取一斗糧食以爲報酬。此外，里耶秦簡糧食出入記録多見"粟="合文，現有釋文處理皆寫作"粟米"。由本簡"米粟"不省的情形來看，"粟="合文似當皆寫作米粟。不過從《二年律令·盜律》77號簡"其錢金、布帛、粟米、馬牛殹，與盜同法"提及的爲"粟米"來看，似"粟="在漢代漸漸得到固定，且粟在米前面。

取粟一斗米粟，"取"後的"粟"疑強調糧食具體的類別。孔家坡漢簡有如下記載：

　　麥龍子，稷龍寅，黍龍丑，稻龍戌，叔（菽）龍卯，麻龍辰。455
　　以秋禾孰（熟）時，取禾種數物各一斗粟，盛新瓦甖（罋）中 456

其中孔家坡456號簡提及"取禾種數物各一斗粟"，"禾種數物"指的是

---

[1] 何有祖：《里耶秦簡牘綴合（四）》，簡帛網2012年5月21日。
[2] 何有祖：《里耶秦簡牘綴合（三）》，簡帛網2012年5月17日。

孔家坡 455 號簡所提及的麥、稷、黍、稻、叔（菽）、麻，其語法地位和"取粟一斗米粟"的第一個粟相當（如下表所示），都表示所取糧食（或種子）的種類。

取**禾種數物**各一斗粟	孔家坡漢簡 456
取**粟**一斗米粟	里耶秦簡 8－2205+8－2212

由此可見，"取粟一斗米粟"當指獲得一斗粟米作爲報酬。

五二、8－1264+8－1122

以私錢卌。　詘手。8－1264+8－1122

二片茬口吻合，可綴合。

五三、8－1265+8－1252

里耶 8－1252 號簡：

☑□將其求盜詣廷，會庚午旦，唯毋失期。

《校釋一》注："'將'前一字，疑爲'首'。"[1] 此簡上端殘，殘存的字可能是"首"，其實也可能是"自"。8－1265 釋文作：

守及士吏，士吏各□☑

"各"後一字殘，但可與 8－1252 "將"前一字拼合，復原可知是"自"。"各自"一詞見於 8－138+8－174+8－522+8－523 "各自署廟所質日"、8－1047 "令、丞各自爲比"。再者，二簡紋路、茬口皆能吻合，當能綴合。8－1265+8－1252 釋文作：

守及士吏，士吏各自將其求盜詣廷，會庚午旦，唯毋失期。

---

[1] 陳偉主編，何有祖、魯家亮、凡國棟撰著：《里耶秦簡牘校釋（第一卷）》第 300 頁。

8－1552 號簡作：

敢告尉：以書到時，盡將求盜、戍卒槀（操）衣、器詣廷，唯毋遺。

可與簡文參看。

五四、8－1276+8－1697

里耶 8－1276 號簡：

☑□二人，人四升六分升一。☑

此簡上下皆殘。

8－1697 簡：

☑佗手。

此簡上部殘缺，下部完整。我們注意到 8－1276、8－1697 茬口結合部位圖片作：

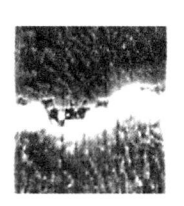

二片紋路、色澤、茬口皆吻合，當可綴合。8－1276+8－1697 釋文作：

☑□二人，人四升六分升一。　佗手。

8－1335+8－1115 號簡釋文作：

粟米八升少半升。　令史逐視平。☑Ⅰ

卅一年四月辛卯，貳春鄉守氏夫、佐吾出食春、白粲□等二人，人四升六分升一。☑Ⅱ

其中"等二人，人四升六分升一"與 8－1276+8－1697 表述同，可以參看。8－1276+8－1697 "二人"前一字作：

疑是"等"字殘筆。由"□二人，人四升六分升一"可知本簡要動用的糧食可能爲八升三分升一，即八升少半升。

五五、8－1327+8－787

里耶 8－787 號簡：

　　☒【癸】卯，貳春鄉守綽作徒薄（簿），受司空居責（債）城旦□☒Ⅰ
　　☒　　□□□□☒Ⅱ

此簡第一列上端殘字可辨是"癸"字殘筆，第二列上端殘缺處有一向左撇的殘筆。又據"貳春鄉守綽作徒薄（簿）"一句，可知簡文當是作徒簿，此類文書里耶簡常見，如 8－1278+8－1757 號簡：

　　卅一年四月癸未朔癸卯，啓陵鄉守逐作徒薄。AⅠ
　　受倉大隸妾三人。AⅡ
　　受司空仗城旦一人。BⅠ
　　凡四人。BⅡ
　　其一人□☒CⅠ
　　一人【行】☒CⅡ

又如 8－2034 號簡作：

　　卅一年後九月庚辰朔壬寅，少內守敞作徒薄（簿）：受司空鬼薪☒Ⅰ
　　其五人求羽：吉、□、哀、瘳、嬗。一人作務：宛。☒Ⅱ
　　後九月庚辰朔壬寅，少內守敞敢言之：上。敢言之。/☒Ⅲ

在"受"一類語句結束後，常有"其一人"或"其多人"等語句。循此思路，我們找到 8-1327 號簡，其釋文作：

卅年十月癸☒Ⅰ
其一人治土：胯☒Ⅱ

上揭簡文第一列末字，即"癸"字殘，可與 8-787 第一列"癸"字殘筆拼合，復原"癸"字；第二列末字，即"胯"字，與 8-787 第二列那一撇可拼合，復原"胯"字。需要指出的是，原釋作"胯"之字，左旁不從月，而是從目。字可改釋作"睅"，在這裏用作人名。加之二片色澤、紋路、茬口皆能吻合，當可綴合。8-1327+8-787 釋文作：

卅年十月癸卯，貳春鄉守綽作徒薄（簿），受司空居責（債）城旦□☒Ⅰ
其一人治土：睅。　□□□□☒Ⅱ

五六、8-1335+8-1115

里耶 8-1335 號簡：

粟米八升少半升。　　令史逐視平。☒Ⅰ
卅一年四月辛卯，貳春鄉守氏夫、佐吾出食舂、白粲□等。☒Ⅱ

這是一條糧食支出記錄。簡文"等"字下殘，據 8-216+8-351 號簡：

☒□司空守茲佐得出以食舂小城旦却等五十二人，積五十二日，日四升六分升一。Ⅰ
☒令史尚視平。得手。Ⅱ

可知，"等"下一般接"數字+人"，結合簡文支出的總數"粟米八升少半升"，里耶簡符合此條件的有兩條：

☒□人，人四升六分升一。☒ 8-1115
☒□二人，人四升六分升一。☒ 8-1276

這兩簡都有"四升六分升一"，其中 8-1276"二人，人四升六分升一"，四升六分升一，若乘以二，恰好是八升三分升一，即 8－1335 號簡的"八升少半升"。但 8－1276 號簡茬口、紋路、色澤差距較大。至於 8－1115，其茬口、紋路、色澤恰好與 8－1335 吻合，當可綴合。

8－1115"☐人"，"人"前一字，殘一短橫，墨迹頗淡。從文意看，"人"前一字當是"二"，8－1335+8－1115 釋文作：

粟米八升少半升。　令史逐視平。☐Ⅰ
卅一年四月辛卯，貳春鄉守氏夫、佐吾出食春、白粲☐等二人，人四升六分升一。☐Ⅱ

五七、8－1354+8－1298

里耶 8－1354 號簡：

☐辤（辭）曰：誠與倉衝

上下皆殘。8－1298 號簡：

☐佐獻、華雜訊旁，辤（辭）曰：士五（伍）☐

上下亦皆殘，上部茬口可與 8－1354 號簡下部茬口吻合。二片紋路也皆吻合，當可綴合。8－1354+8－1298 號簡釋文作：

☐辤（辭）曰：誠與倉衝、佐獻、華雜訊旁，辤（辭）曰：士五（伍）☐

五八、8－1416+8－268

里耶 8－268 號簡：

☐沅敦盜☐

《校釋一》注：[1]

---

[1] 陳偉主編，何有祖、魯家亮、凡國棟撰著：《里耶秦簡牘校釋（第一卷）》第 125 頁。

8－1032 與本簡有關。毄，原釋文作"擊"。

此簡"沅"以上殘，且"沅"字右部殘。而 8－1032 號簡：

> 書遷陵，遷陵論言問之監府致毄（繫）痤臨沅

《校釋一》注：[1]

> 本簡頭部完整，簡文應上接另一簡。8－268 或與本簡同册。痤，人名。

由 8－268、8－1032 二簡的注，可知 8－268"沅"前應有一"臨"。8－50+8－422 號簡《校釋一》注："臨沅，爲縣名，《漢書·地理志》屬武陵郡，治所在今湖南常德市。"[2] 可參看。

8－1416 號簡：

> ☑止當助臨☑☑

"臨"後一字殘存二短横，正可與 8－268"沅"字拼合，復原"沅"字。二者紋路、茬口皆吻合。當可綴合。8－1416+8－268 釋文作：

> ☑止，當助臨沅毄盗☑

五九、8－1439+8－975

里耶秦簡 8－1439 號簡：

> ☑未朔丙戌，遷陵守丞有☑ 8－1439 [3]
> ☑手。/三月壬辰日中時，守☑ 8－1439 背

8－975 號簡：

---

[1] 陳偉主編，何有祖、魯家亮、凡國棟撰著：《里耶秦簡牘校釋（第一卷）》第 265 頁。
[2] 陳偉主編，何有祖、魯家亮、凡國棟撰著：《里耶秦簡牘校釋（第一卷）》第 41 頁。
[3] 湖南省文物考古研究所編著：《里耶秦簡（壹）》釋文第 70 頁；陳偉主編，何有祖、魯家亮、凡國棟撰著：《里耶秦簡牘校釋（第一卷）》第 325 頁。

☑敢告襄城丞主☑ 8-975[1]

☑守府陽行□☑ 8-975 背

8-975 簡背釋文，《校釋一》遺漏，[2] 此由游逸飛先生指出。[3] "行"下一字，原釋文未釋，其文作：

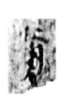

與上揭字形相近的寫法有：

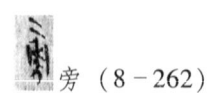

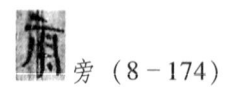

旁（8-174）　　　旁（8-262）

可知"行"下一字應釋作"旁"。馬怡先生曾指出："旁，旁縣，應指西陽。"[4] 8-174 號簡文例作"行先道旁曹始"，《校釋一》注："旁曹，似指位置鄰近的令史。"[5] 按里耶秦簡 8-71 背有"守府快行旁曹"，[6] 似加強"旁曹"指後者的可能。8-975 背"府陽行旁"前的"守"係原整理所補，但圖版並無"守"字殘筆，此處不當補。

8-1439、8-975 二片茬口吻合，可綴合。綴合後的釋文作：

☑未朔丙戌，遷陵守丞有敢告襄城丞主☑ 8-1439+8-975

☑手。/三月壬辰日中時，守府陽行旁。☑ 8-1439 背+8-975 背

---

[1] 湖南省文物考古研究所編著：《里耶秦簡（壹）》釋文第 56 頁；陳偉主編，何有祖、魯家亮、凡國棟撰著：《里耶秦簡牘校釋（第一卷）》第 255 頁。

[2] 陳偉主編，何有祖、魯家亮、凡國棟撰著：《里耶秦簡牘校釋（第一卷）》第 255 頁。

[3] 游逸飛：《評陳偉主編〈里耶秦簡牘校釋（第一卷）〉——我們需要什麼樣的簡牘整理本？》，簡帛網 2013 年 8 月 1 日。

[4] 參看馬怡：《里耶秦簡選校》，《中國社會科學院歷史研究所學刊》第 4 集，商務印書館 2007 年。

[5] 陳偉主編，何有祖、魯家亮、凡國棟撰著：《里耶秦簡牘校釋（第一卷）》第 79 頁。

[6] 何有祖：《讀里耶秦簡札記（八）》，簡帛網 2016 年 6 月 2 日。

綴合部位的文句第一列作"遷陵守丞有敢告襄城丞主"、第二列"守府陽行旁",文意皆合適。"守府陽行旁"之"旁",有可能是8－71背有"守府快行旁曹"之"旁曹"之省。

由此可知,8－1439+8－975是一份"遷陵守丞"告知"襄城丞主"某事的文書,簡文仍有殘缺,可參考9－2314號簡:

卅三年五月庚午己巳,司空守最敢言之:未報,謁追。敢言之。／敬Ⅰ手。／六月庚子朔壬子,遷陵守丞有敢告閬中丞主:移。Ⅱ爲報,署主倉發。敢告主。／橫手。／六月甲寅日入,守府卬行。Ⅲ

由9－2314號簡"遷陵守丞有敢告閬中丞主"所處位置,以及8－1439+8－975未提及具體事由可知,8－1439+8－975並非該組文書的開頭,其情形如何,仍有待進一步的綴合、編聯。

六〇、8－1469+8－1304

少內守謝,士五(伍),朐忍成都歸休在家。8－1469+8－1304
繭☒ 8－1469背

二片茬口、紋路吻合,可綴合。歸休,回家休息。《韓詩外傳》卷九:"田子爲相,三年歸休,得金百鎰,奉其母。"從其內容看,田子後又受召爲相,可知這裏的"歸休"只是暫時回家。也可指退休回家。如《漢書·張敞傳》:"及衛將軍張安世,宜賜几杖歸休,時存問召見,以列侯爲天子師。"《漢書·董仲舒傳》:"仲舒恐久獲罪,病免。凡相兩國,輒事驕王,正身以率下,數上疏諫爭,教令國中,所居而治。及去位歸居,終不問家產業,以修學著書爲事。仲舒在家,朝廷如有大議,使使者及廷尉張湯就其家而問之,其對皆有明法。"提及董仲舒退休在家,朝廷有大事仍請教他。可以參看。

六一、8－1477+8－1141

卅三年三月辛未朔丙戌,尉廣敢言之:☐☒Ⅰ

自言：謁徙遷陵陽里，謁告襄城□☒ Ⅱ

何計受？署計年名爲報。署☒ Ⅲ 8-1141+8-1477

三月丙戌旦，守府交以來。／履發。☒ 8-1477 背

8-1141、8-1477 二片茬口吻合，綴合後可復原 "自言" 等字。"言" 上一字，原釋文未釋，《校釋一》疑作 "自"，[1] 今從綴合所得字形來看，釋 "自" 可信。

六二、8-1556+8-1120

8-1556 號簡：

史象已訊獄束十六，以具☒ 8-1556

☒ 牽 8-1556 背

8-1120 號簡：

☒□·夬已[2]·乙[3]☒ 8-1120

上揭二簡寬度相近，茬口吻合，綴合處可復原 "具" 字，當可綴合。綴合後的 8-1556+8-1120 釋文作：

史象已訊獄束十六，以具。·夬（決）已·乙☒

"已訊獄束" 之 "束"，也見於里耶 9-331 號簡 "卅二年遷陵尉曹受它貲貴束"、16-38 號簡 "卅年徒衣籍束"。張春龍先生認爲：《說文》："束，縛也。" 簡文應是集中捆縛之意。[4]

"以具" 之 "以"，原釋文作 "以"，《校釋一》作 "已"。[5] 今按：

---

[1] 陳偉主編，何有祖、魯家亮、凡國棟撰著：《里耶秦簡牘校釋（第一卷）》第 336 頁。
[2] 夬，原釋文作 "史"，此從陳偉：《里耶秦簡中的 "夬"》，簡帛網 2013 年 9 月 26 日。
[3] 乙，原釋文作標識處理，此從陳偉主編，何有祖、魯家亮、凡國棟撰著：《里耶秦簡牘校釋（第一卷）》第 280 頁。
[4] 湖南省文物考古研究所：《里耶一號井的封檢和束》，《湖南考古輯刊》第 8 集，嶽麓書社 2009 年。
[5] 陳偉主編，何有祖、魯家亮、凡國棟撰著：《里耶秦簡牘校釋（第一卷）》第 358 頁。

本簡 "已訊獄" "以具" "夬已"，其中 "已" "以" 作：

字　例	已1（"已訊獄"之"已"）	"以具"之"以"	已2（"夬已"之"已"）
8－1556＋ 8－1120			
其他簡 字例	8－1144 "佐緩 已死"	8－413 "以郵行" 8－21 9－1016 "遷陵以"	8－776

"已"有二體，已2在已1的基礎上往下拖曳一筆，主體部分寫法相同。8－1556＋8－1120"以"字與所列8－413、8－21"以"字寫法主體部分亦相同，原釋文作"以"可從。"以具"一詞見於下簡：

　　　　計以具付器計廿八年不來報，敢言之。／正（？）月乙丑☐☐[1]
　　☐Ⅰ
　　　　寫移令史，可以律令從事，敢【告】☐Ⅱ 8－21

《説文》："具，共置也。"具，可指具備、完備。《管子·明法》："百官雖具，非以任國也。"簡文"史象已訊獄束十六，以具"，指上呈的獄案具備"史象已訊獄束十六"。秦律規定了上呈的獄案所包含的要件，如獄麓伍66－68號簡：[2]

---

[1] "正（？）月乙丑"，原釋文未釋，此據殘筆補。
[2] 陳偉先生斷句爲："·制詔御史：吏上奏當者具傅所以當者律令、比行事固有令。以令當各署其所用律令、比行事曰：以此當某。今多弗署者，不可案課。却問之，乃曰：以某律令某比行事當之。煩留而不應令。今其令皆署之如令。　·五。"見陳偉：《〈獄麓書院藏秦簡〔伍〕〉校讀》，簡帛網2018年3月9日。

> ●制詔御史⌐：吏上奏當者，具傳所以當者律令、比行事。固有令，以令當，各署其所用律令、比行事曰：以此當某。今多弗署者，不可案課，却問之，乃曰：以某律令、某比行事當之，煩留而不應（應）令。今其令，皆署之如令。　　·五

即規定所上呈給秦御史的獄案，除了包含"當"，還要包含作爲斷案證據的"律令、比行事"。

又如嶽麓伍 48－50 號簡：[1]

> ●監御史下劾郡守⌐，縣官已論，言夬（決）郡₌守₌[郡守，郡守] 謹案致之，不具者，輒却，道近易具，具者，郡守輒移御史，以齍（齎）使及有事咸陽者，御史據平之如令，有不具不平者，御史却郡而歲郡課，郡所移并筭而以夬（決）具到御史者獄數衛（率）之，嬰筭，多者爲殿，十郡取殿一郡⌐，奇不盈十到六亦取一郡。☐

上揭簡文中秦御史對所上呈獄案完備性提出規定，其中即要求把獄案的"決"上告給郡守。"以夬（決）具到御史者獄數衛（率）之"，原釋文在"御史者"下逗開。今從陳偉老師連讀。[2] "以……數率"，見於《漢書·高帝紀下》："令諸侯王、通侯常以十月朝獻，及郡各以其口數率，人歲六十三錢，以給獻費。""郡各以其口數率"，文例相近。簡文"史象已訊獄束十六，以具。·夬（決）已·乙"，其中"以具"，"以"後所省略介詞賓語"之"指代前面出現的"史象已訊獄束十六"，而"已訊獄束"裏面包含"決"的內容。從這個角度來説，"史象已訊獄束十六，以具"之"以具"，與嶽麓簡"以夬（決）具"文例相近。原釋文釋作"以"，可從。

---

[1] 陳松長主編：《嶽麓書院藏秦簡（伍）》第 54—55 頁；陳偉：《〈嶽麓書院藏秦簡〔伍〕〉校讀》，簡帛網 2018 年 3 月 9 日。

[2] 陳偉：《〈嶽麓書院藏秦簡〔伍〕〉校讀》，簡帛網 2018 年 3 月 9 日。

六三、8－1603+8－1818

不與校券相應（應）。8－1603+8－1818

二片茬口吻合，復原"校"字，可綴合。

六四、8－1617+8－869

爲奏，傅所以論之律令，言展薄留日。·令 8－1617+8－869

二片茬口吻合，復原"令"字，可綴合。

令，原釋文未釋。

傅，原釋文作"傳"。今按：此處當釋"傅"。《漢書·刑法志》："廷尉所不能決，謹具爲奏，傅所當比律令以聞。"可參看。

六五、8－1619+8－1872

里耶 8－1619 號簡：

爲肥如尉☒

肥，原釋文作"夗"，《校釋一》釋作"肥"，注："肥如，縣名。《漢書·地理志》屬遼西郡，治所在今河北盧龍縣北。"[1]

8－1872 號簡：

歈王倚室貪☐☐歈☒ 8－1872

王、室，原釋文未釋。[2] 第五字，原釋文作"貪"。《校釋一》存疑，[3] 今從原釋文作貪。

上揭二簡茬口吻合，寬度、字迹相同，疑可綴合。綴合後的釋文：

---

[1] 陳偉主編，何有祖、魯家亮、凡國棟撰著：《里耶秦簡牘校釋（第一卷）》第369頁。
[2] 何有祖：《讀里耶秦簡札記（四）》，簡帛網 2015 年 7 月 8 日。
[3] 陳偉主編，何有祖、魯家亮、凡國棟撰著：《里耶秦簡牘校釋（第一卷）》第402頁。

爲肥如尉，歙（飲）王倚室，貣（貸）之後歙（飲）8－1619+8－1872

"貣"下二字原釋文未釋，是"之後"。"爲肥如尉"前的主語不詳。簡文提及該肥如尉在王倚家中飲酒，該飲酒行爲是在該肥如尉借貸後發生。較有可能是該肥如尉向王倚借貸，隨後在王倚家中飲酒。簡文對該肥如尉與王倚之間所發生事件記錄甚詳。

六六、8－1669+8－1921

里耶 8－1669 號簡：

酉陽【獄】☐

此簡"獄"字以下殘。8－186 有"☐☐沅陵獄史治所"，可知"酉陽獄"下可能有"史治所"三字。8－1921 釋文作：

☐史治所

此簡"史"字以上殘，茬口處還殘留一撇，應是 8－1669"獄"所從"犬"上的筆畫，與之拼合可大致復原"獄"。二者茬口、紋路皆吻合，當可綴合。8－1669+8－1921 釋文作：

酉陽獄史治所。

六七、8－1715+8－1893

里耶 8－1715 號簡：

下十牒及☐

下殘。8－1893 號簡：

☐　往　書尉此壹☐

上下皆殘，上部茬口可與 8－1715 號簡下部茬口吻合。二片紋路吻合，當可綴合。8－1715+8－1893號簡釋文作：

　　下十牒及往書尉此壹☐

六八、8－1749+8－2165

里耶8－1749號簡：

　　☐之，而私爲☐庸舍人、徒【食】☐

《校釋一》注："食，據殘畫補釋。"[1] 此簡上部略殘，下部從"徒"下一字開始殘缺。"徒"下一字從殘筆看，釋"食"可從。"而私爲☐庸"一句，其中遙含"爲庸"一詞，見於：

　　☐事渠黎☐爲庸，何解？8－43
　　☐寄爲庸☐8－1322

可知"庸"當屬上讀，"舍人、徒食"往下讀。我們注意到前面提及"私爲……"，再結合8－1733號簡作：

　　舍人、徒食皆莫智（知），它☐

可知，8－1749"舍人、徒食"往下應有"皆莫"二字。

　　☐☐即皆莫智（知）8－2165
　　☐☐☐8－2165背

二簡含有"皆莫"二字，且"即"前有未釋之字，與8－1749號簡"食"字殘筆拼合，復原"食"字。二者紋路、茬口皆能吻合，當能綴合。8－1749+8－2165釋文作：

　　☐之，而私爲☐庸，舍人、徒食即皆莫智（知）8－1749+8－2165
　　☐☐☐8－2165背

---

[1] 陳偉主編，何有祖、魯家亮、凡國棟撰著：《里耶秦簡牘校釋（第一卷）》第386頁。

六九、8－1756+8－1054

敢言之，守府書曰令縣舉傳囚斷。8－1054+8－1756

二片色澤、紋路、茬口皆吻合，可綴合。

七〇、8－1786+8－1339+8－225+8－302

里耶簡 8－225 號簡：

☑書牒☑☑

此簡"書"字殘。里耶 8－1339 號簡：

☑後☑☑

"後"下字殘筆可與 8－225 號簡"書"拼合，其圖作：

正可復原一完整的"書"字。二殘片紋路、茬口吻合，當可綴合。8－1339+8－225 釋文作：

☑後書牒☑☑

綴合後簡上、下仍殘，上部明顯可辨有豎筆存在。8－1786 號簡釋文作：

天雨血，賜有病身疾☑

"疾"字所從"疒"以及"疾"字所從的"矢"有少許筆畫缺失，可與 8－1339+8－225 上部殘筆拼合，其圖作：

正可復原"疾"字。再加上簡面顏色、紋路以及筆迹都能吻合,當可綴合。8‐1786+8‐1339+8‐225 釋文作:

  天雨血,賜有病身疾,後書牒☐☒

牒下茬口處有殘留筆畫,其下部仍殘。

里耶 8‐302 號簡:

  ☒牘五上謁令

此片殘,上端茬口處靠左邊略缺,"牘"字左部"片"部分筆畫缺失,右部"賣"上缺一短豎、一橫。其缺失的筆畫正在 8‐1786+8‐1339+8‐225 末端茬口處,二者拼合處的圖片作:

正可復原"牘"字。當可綴合。8‐1786+8‐1339+8‐225+8‐302 釋文作:

  天雨血,賜有病身疾,後書牒牘五上,謁令

  天雨血,《校釋一》謂見於《漢書・五行志》:"惠帝二年,天雨血於宜陽,一頃所,劉向以爲赤眚也。"[1]

---

[1] 陳偉主編,何有祖、魯家亮、凡國棟撰著:《里耶秦簡牘校釋(第一卷)》第 391 頁。

賜，人名。此種用法還見於里耶簡 8－2203"上里士五（伍）賜"、8－1222"高里小男子賜"。里耶秦簡牘同名者頗多，本簡"賜"究竟是何人，還待更多材料證明。

"病身疾"，戰國時期楚地出土文獻有"病心疾"（包山 221 號簡）、"病腹疾"（包山 207 號簡）等說法。《左傳》成公十三年："諸侯備聞此言，斯是用痛心疾首。"杜注："疾，猶痛也。"賜獲病似與天雨血有關係，也可能是將身體疾病和外在天象關聯而加以解釋。

後，可指"先後"之後。雖然"後"也可用作人名，如 8－1510 號簡"廿七年三月丙午朔己酉，庫後敢言之"，秦始皇二十七三月的"後"，與本簡所見"後"是否爲一人，尚待考。這裏仍傾向指賜身體有病之後。

牒、牘各自與"上"連言，多見於里耶簡，如 8－135 號簡"今寫校券一牒上謁言之"，8－183+8－290+8－530"上卅三年黔首息耗八牒"。牒、上連言次序似並不固定。8－487+8－2004 號簡有"户曹令史雜疏書廿八年以盡卅三年見户數牘北（背）、移獄具集上"。這是"牘"與"上"同見的例子。牒、牘二字連言，據《漢語大詞典》，僅有一例，爲王充《論衡·超奇》"夫鴻儒希有，而文人比然；將相長吏，安可不貴？豈徒用其才力，游文於牒牘哉"，《論衡·超奇》所見"牒牘"指公文。本簡上下文没有交代年月日，也没有交代人的官職，所記載的是賜生病事宜，"牒牘"雖連言，但恐用作書信的可能性居多。不過簡牘下文有"謁令"一詞，似也不排除用於公文的可能。《漢語大詞典》"牒牘"條下僅收有《論衡·超奇》一例，而本簡的綴合，又可爲其增添一更早的用例。

牘五上，原釋文未斷句。8－1525 號簡有："爲付券一上。謁令倉守。"可知此處"牘五上"當屬上讀。"謁令"之後當接（某官）某人名，可知 8－1786+8－1339+8－225+8－302 雖然已是完整的簡，但内容並不完整，應該還有其他簡牘同在一編。

七一、8－1871+8－1542

里耶 8－1542 號簡：

　　　　☑□□三（四）人。Ⅰ

　　　　☑十。□里惡夫三。　　成里□一。　　隸臣臣三（四）。戍辛得一。　　許大得七。Ⅱ

《校釋一》注：[1]

　　　　十，原釋文未釋。"里"下一字，原釋文作"小"，似爲"市"。

今按：8－1542 號簡第一列第一字筆畫雖淡，但頗似同簡所見的"臣"字，"隸臣"一詞常見。如然，殘去的部分當有一"隸"字。第一列第二字原未釋之字作：

下部从皿，上部所从與下列"央"字同。

里耶 8－1576　　里耶 8－1641

字當是"盎"，用作人名。第二列第一字"十"仍殘，從殘存筆畫的比例看，似是"午"字殘筆。"午"下一字作：

---

[1] 陳偉主編，何有祖、魯家亮、凡國棟撰著：《里耶秦簡牘校釋（第一卷）》第 354 頁。

字从門从口，與下列"問"字同。當是"問"字。

里耶 8-135

"惡夫"下一字，簡文作：

原釋文作"三"，不過第三筆左端還有一豎筆，似"七"字，此字疑釋作"二七"合文，被用來表示數字"十四"。如《大戴禮記·本命》："女七月生齒，七歲而齔；二七十四然後化成。"里耶 6-1 號簡乘法口訣表中有"二七十四"，以外少見"二七"一類表述。不過秦漢簡帛有不少直接用"二七"來表示"十四"的例子，如：

  今日庚午利浴蠱，女毋避聲瞙瞙者，目毋避胡者，腹毋避男女牝牡者。以潘清一杯，礜（燉）、赤菽各**二七**，并之，用水多少恣殹。浴蠱必以日纔始出時浴之，十五日乃已。　（周家臺秦簡 368-370）

  祝曰："帝有五兵，爾亡；不亡，瀉刀爲裝。"即唾之，男子七，女子**二七**。　　　　　　（馬王堆帛書《五十二病方》381）

  以辛巳日……即操布改之**二七**。

（馬王堆帛書《五十二病方》204-205）

"成里"後一字，《校釋一》作"市"，[1] 可從。
8-1871 號簡：

  十一月乙卯隸☐ Ⅰ
  十二月丁卯、庚午☐ Ⅱ

---

[1] 陳偉主編，何有祖、魯家亮、凡國棟撰著：《里耶秦簡牘校釋（第一卷）》第 354 頁。

此簡第二列"午"殘去下部，可與 8－1542 號簡第二列第一字拼合，復原"午"字；同時，8－1871 號簡第一列末字也作"隸"。二者紋路、茬口、色澤皆能吻合，當可綴合。

8－1871+8－1542 釋文作：

> 十一月乙卯，隸臣盎三（四）人。Ⅰ
> 十二月丁卯、庚午，問里惡夫二七。　　成里市一。　　隸臣臣三（四）。成卒得一。　許大得七。Ⅱ

簡文第二列"成里市一""隸臣臣三（四）""成卒得一""許大得七"這四項數字爲十三，似接近於"問里惡夫二七"之"二七"爲十四的數字，不過還差一。重新查看簡文，"隸臣臣三（四）""成卒得一""許大得七"這幾處數字的寫法都很清楚，沒有多出一橫的可能，而"成里市"之"市"下一字橫筆上似有淡淡的一橫筆，頗疑"市"下的"一"可改釋作"二"。如此"問里惡夫二七"中十四個"惡夫"就可與"成里市二""隸臣臣三（四）""成卒得一""許大得七"相對應了。簡文第二列下段似在交代十四個"惡夫"的出處。再看"問里惡夫二七"之"問"，指詢問，其用法與 8－2217"問遷陵所請不遣者廿人錄☑"相當。

七二、8－1946+8－1873

里耶 8－1873 號簡：

> 妻曰備，以戶毄（遷）廬江，卅五【年】☑

"妻"上有一鉤識符號。備，此處用作人名。可知前面也應提及某人，與"備"並列。此人很可能是"備"的丈夫，爲戶主。而里耶秦簡戶籍簡常見某某戶人的記載。循此思路，我們找到 8－1946 號簡，其釋文作：

> 陽里戶人司寇寄☑

寄，原釋文未釋，這裏從《校釋一》意見。[1] 我們注意到 8－1946、8－1873 茬口吻合、寬度相同，紋路、字體都很接近，文意上也很順暢。當可綴合。8－1946+8－1873 釋文作：

> 陽里户人司寇寄、妻曰備，以户䙴（遷）廬江，卅五【年】☒

"陽里"也見於 8－78 "遷陵陽里士五（伍）慶、圂"，《校釋一》注曰："陽里，里名，屬遷陵縣。慶、圂，人名。"[2] 簡文記載了原是遷陵縣陽里人的寄（司寇是他的身份）和他的妻子備，在卅五年遷徙到廬江的情況。這是瞭解秦代遷陵縣人口遷徙流動的第一手材料。

七三、8－1953+8－1989

里耶 8－1953 號簡上下殘，釋文作：

> ☒□詰偃，偃何亭□☒

"亭"下的未釋字殘。

8－1989 號簡上殘，釋文作：

> ☒□安

"安"上一字殘，可與 8－1953 "亭"下的未釋字拼合，復原之字可釋作"署"。9－1 號簡"陽陵宜居士五（伍）毋死有貲餘錢八千六十四。毋死戍洞庭郡，不智（知）何縣署"，詢問毋死在洞庭郡哪個縣戍守。9－1 背對應的記錄作"陽陵卒署遷陵"。對於其中的"署"，李學勤先生認爲是"防地"。[3] 張俊民先生認爲，署所，具有工作場所、工作場地的意思。"不知何縣署"，是不知道在什麼縣勞作的意思。[4] 王焕林先生認爲，秦漢時期，縣内各級軍政單位，不論大小，均可泛稱爲

---

[1] 陳偉主編，何有祖、魯家亮、凡國棟撰著：《里耶秦簡牘校釋（第一卷）》第 409 頁。
[2] 陳偉主編，何有祖、魯家亮、凡國棟撰著：《里耶秦簡牘校釋（第一卷）》第 58 頁。
[3] 李學勤：《初讀里耶秦簡》，《文物》2003 年第 1 期。
[4] 張俊民：《里耶秦簡"卒署"辨》，簡帛研究網 2003 年 8 月 15 日。

"署"。[1] 馬怡先生認爲，"不知何縣署"是説不知在哪個縣服役。[2] 居延漢簡有"在署""去署"等記載，薛英群認爲："署"應是對各級邊吏戍所的泛指。[3] "何亭署""何縣署"，在文例上非常接近。睡虎地秦簡《封診式》簡55－56："爰書：某亭求盜甲告曰：署中某所有賊死、結髮、不智（知）可（何）男子一人，來告。即令令史某往診。"[4] 其中"某亭求盜甲"話語中提及"署中某所"，這裏的"署"應即亭署。8－1953+8－1989 釋文可作：

☒□詰偃，偃何亭署安安（焉）？

簡文大意是詰問偃，訊問偃屬於哪個亭署。

七四、8－1988+8－1918

里耶 8－1988 號簡：

☒□失□□☒

此簡上下皆殘。原釋作"失"之字，當是"先"。8－1918 號簡釋文作：

☒□□而以藥☒

此簡上下亦皆殘，上端茬口與 8－1988 號簡下部殘口吻合，二片紋路、色澤皆能吻合，當可綴合。綴合後 8－1988+8－1918 釋文作：

☒□先□□□□而以藥☒

七五、8－2010+8－64

里耶 8－64 號簡：

---

[1] 王焕林：《里耶秦簡校詁》，中國文聯出版社2007年，第59頁。
[2] 馬怡：《里耶秦簡中幾組涉及校券的官文書》，《簡帛》第3輯，上海古籍出版社2008年。
[3] 薛英群：《居延漢簡通論》，甘肅教育出版社1991年，第299—303頁。
[4] 睡虎地秦墓竹簡整理小組編：《睡虎地秦墓竹簡》"釋文注釋"第157頁。

☑瘧（應）書廷，廷校，今少内☑☑Ⅰ
☑尉言毋當令者，節☑Ⅱ8-64
☑署金布發。☑8-64背

在討論8-64號簡之前，先看另一處簡文的釋讀。8-2005號簡有"☐上書☐陵廷☐☑"，"廷"後原釋文作一未釋字，當是"/端"。"端"在這裏用作人名。8-173號簡背有"佐處以來。/端發。　處手"，"端"用作人名，可參看。8-2005號簡"書"後當是"遷"字，此處釋文可改作"☐上書遷陵廷。/端"，爲"上+某書+某廷"的文例。本條要討論的8-64號簡"瘧（應）書廷"，可分析爲"某書+廷"。參考8-2005號簡可知，8-64號簡"某書"的前面可能有一"上"字。而8-2010號簡第一列末恰好有"上"字，釋文作：

却之，廷令尉、少内各上☐☑Ⅰ
日備轉除以受錢而☐☑Ⅱ8-2010
當坐者以書言☑8-2010背

8-2010號簡第一、二列末端的茬口可以分別和8-64號簡第一、二列的上端茬口吻合，其截圖如下：

茬口拼合處可復原"瘧（應）""尉"二字。由此，8-2010、8-64可綴合，其釋文可書寫如下：

却之：廷令尉、少内各上瘧（應）書廷，廷校，今少内☐☑Ⅰ
日備轉除以受錢，而尉言毋當令者，節（即）　☑Ⅱ8-2010+8-64
當坐者，以書言，署金布發。　☑8-2010背+8-64背

七六、8－2098+8－2150

☒丹子大女子巍（魏）嬰姼，[1] 一名曰姘，[2] 爲人大女子☒Ⅰ
☒年可七十歲，故居巍（魏）箕李□□□□，[3] 今不☒Ⅱ 8－2098+8－2150

二片茬口吻合，紋路、色澤接近，可綴合。
"今"下一字原釋文未釋，是"不"字。8－534號簡：

☒□言爲人白晳色，隋，惡髮須，長可七尺三寸，年可六十四。Ⅰ
☒燕，今不智（知）死産、存所，毋内孫。Ⅱ

上揭簡文在介紹人物特徵之後會交代對該人現狀的瞭解情況，較常用"今不……"，可以參看。

七七、8－2111+8－2136

里耶8－2111號簡：

卅一年七月辛□☒Ⅰ
其一人爲□□Ⅱ
二人行書：成☒Ⅲ
□【人有逮】：富。☒Ⅳ

《校釋一》注："'爲'下一字，似爲'田'。富，人名。有逮，原釋文

---

[1]《校釋一》："巍（原釋文作'魏'），讀爲'魏'，姓。嬰姼，名。"見陳偉主編，何有祖、魯家亮、凡國棟撰著：《里耶秦簡牘校釋（第一卷）》第429頁。

[2] 姘，原釋文作"姊"，此從陳偉主編，何有祖、魯家亮、凡國棟撰著：《里耶秦簡牘校釋（第一卷）》第438頁。

[3]《校釋一》："巍，原釋文作'魏'。魏箕，亦見簡8－2133。即魏其，縣名。《漢書·地理志》屬琅邪郡，治所在今山東臨沂市東南。李（原釋文作'孝'），里名。"見陳偉主編，何有祖、魯家亮、凡國棟撰著：《里耶秦簡牘校釋（第一卷）》第429—430頁。
《校釋一》："'今'上第一字，右從'畬'，第二字，右從'復'。"見陳偉主編，何有祖、魯家亮、凡國棟撰著：《里耶秦簡牘校釋（第一卷）》第438頁。可從。

未釋。"[1]

今按："二人行書"後原釋作"成"之字，應是"咸"字。里耶簡 8-1533：

> 户曹書四封，遷陵印，一咸陽、一高陵、一陰密、一競陵。Ⅰ
> 廿七年五月戊辰水下五刻，走荼以來。Ⅱ

這是遷陵行書"咸陽"的記録。咸陽，地名。"二人行書咸"下一字很有可能是"陽"字。循此思路，我們找到簡 8-2136：

> ☒亥朔丙寅，司空☒Ⅰ
> ☒黿養，成☒Ⅱ
> ☒陽、慶、適☒Ⅲ

《校釋一》注："黿，人名。適，原釋文未釋。"[2] 現在看二者關係，8-2136 第一列第一字"亥"，可與 8-2111"卅一年七月辛"後一點，拼合成"亥"字。8-2136 第二列"黿"前還有一殘筆，可與 8-2111 第二列末《校釋一》改釋成"田"之字，拼合成田字。"田黿"，又見於 8-179 作"田黿敢言之"、8-1528 作"田黿"等。8-2111、8-2136 二殘片茬口吻合，當可綴合。8-179"田黿敢言之"之"田黿"，似是田+黿，即職官加上人名的表述。現將 8-2111+8-2136 釋文書寫如下：

> 卅一年七月辛亥朔丙寅，司空☒Ⅰ
> 其一人爲田黿養：成☒Ⅱ
> 二人行書咸陽：慶、適☒Ⅲ
> ☒【人有逮】：富。☒Ⅳ

"其一人爲田黿養：成"，"成"爲人名，其作務爲"田黿養"。"二人行書咸陽：慶、適"，"慶""適"爲具體的行書人員。參看 8-681 等簡的

---

[1] 陳偉主編，何有祖、魯家亮、凡國棟撰著：《里耶秦簡牘校釋（第一卷）》第 432 頁。
[2] 陳偉主編，何有祖、魯家亮、凡國棟撰著：《里耶秦簡牘校釋（第一卷）》第 435 頁。

記載，簡文當屬里耶簡常見的"作徒簿"一類的文書。

七八、8‐2135+8‐2106

里耶 8‐2106 號簡：

☑☑【遷陵】☑☑☑Ⅰ
☑遷陵有以令除冗佐日備者爲Ⅱ
☑☑謁爲夬，以銜不當補有秩，當Ⅲ

該牘右側殘缺，右上殘存一列字，約有四字殘留，其中殘筆可辨有"遷陵"，右下也當有字，但端口較爲整齊。《校釋一》指出："8‐2135 與本簡有關，可參看。"[1] 游逸飛、陳弘音先生指出："簡 8‐2106、8‐2135 涉及'銜'是否可補'有秩'。"[2] 鄒水傑先生對秦簡所見"有秩"做了細緻梳理，列舉材料的時候，按 8‐2106、8‐2135 的順序分別列舉。[3] 由此可見，學者們雖然指出 8‐2106、8‐2135 二者存在關聯，但並沒有留意到二者綴合的可能性。

8‐2135 號簡作：

☑☑☑……Ⅰ
☑　　有秩，銜不當☑☑Ⅱ
☑【銜】當補有秩不當☑Ⅲ

我們注意到 8‐2135"當補有秩不當"，問及銜應不應當補有秩。8‐2106"而以銜不當補有秩"，指出"銜"不應當補有秩。二者在語義上不僅僅有關聯，其實還存在前後相次的邏輯關係。但僅僅到此還不夠，對二者 8‐2135、8‐2106 的關係還需要從字迹、茬口二方面進一步考慮。

通過比較 8‐2135、8‐2106 共有字的筆畫，如二者均有的"有""秩"

---

[1] 陳偉主編，何有祖、魯家亮、凡國棟撰著：《里耶秦簡牘校釋（第一卷）》第 431 頁。
[2] 游逸飛、陳弘音：《里耶秦簡博物館藏第九層簡牘釋文校釋》，簡帛網 2013 年 12 月 22 日。
[3] 鄒水傑：《秦簡有秩新證》，《中國史研究》2007 年第 3 期，第 49—50 頁。

"當""不"字迹極爲接近，應是一人書寫。同時從茬口看，8-2135號簡左側並不是竪直的，在第二個"有"字右上開始凹進來，同時第二個"衡"靠近左側的邊，左部所從的"彳"筆畫有缺失。缺失的部分恰好在 8-2106 的右側第四個殘字的位置。8-2106 的右側第四個殘字以下所在的側邊略向右凸出，也可與 8-2135 號簡左側凹進去的部位相拼合。

基於以上考慮，我們認爲 8-2135、8-2106 應能在側面拼合。8-2135+8-2106 號簡釋文作：

　　　　☐☐☐……Ⅰ
　　　　☐　　有秩，衡不當☐☐Ⅱ
　　　　☐☐【遷陵】☐衡當補有秩不當？☐Ⅰ
　　　　☐遷陵有以令除冗佐日備者爲Ⅱ
　　　　☐☐謁爲夬，以衡不當補有秩，當Ⅲ

學者們的討論涉及衡"補有秩"，如游逸飛、陳弘音先生指出："簡 8-2106、8-2135 涉及'衡'是否可補'有秩'。"鄒水傑先生指出：

　　　　再看材料 17、18，雖然殘損嚴重，但還是可以看出，"冗佐"只要任職期滿（"日備"），是可以除補爲有秩吏的。這個"遷陵有以令除冗佐日備者爲[有秩]"的規定或是"功令"的內容。衡這個佐，已經達到了冗佐的任職期限，只是由於某些原因，他不當補爲有秩吏。這個決定是完全由遷陵縣根據律令規定獨立作出的，屬縣的自主權限。[1]

現在從綴合後的釋文來看，當是。

七九、8-2144+8-2146

里耶 8-2144 號簡：

---

[1] 鄒水傑：《秦簡"有秩"新證》，《中國史研究》2007 年第 3 期，第 54 頁。

☒春十七人☒Ⅰ
　　　☒吏上事守府。□☒Ⅱ
　　　☒務：哀。☒Ⅲ

此簡上、下、右皆殘。8－2146號簡釋文作：

　　　☒□AⅠ
　　　一人□□，☒BⅠ
　　　一人伐牘，□☒BⅡ

《校釋一》注曰：[1]

　　"人"後二字，原釋文未釋，前一字從事，後一字從革。

此簡上、下、右亦皆殘，上端茬口處有一字殘筆，可與 8－2144 號簡"守府"下一字拼合，復原"仄"字，這裏當用作人名。二片紋路、色澤皆能吻合，當可綴合。綴合後可知此簡左部筆直無殘缺，而 8－2146BⅠ"一人"後二字，可直接釋作"事革"，此類工作當與革有關。綴合後 8－2144+8－2146 釋文作：

　　　☒春十七人☒AⅠ
　　　☒吏上事守府：仄。☒AⅡ
　　　☒務：哀。☒AⅢ
　　　一人事革，☒BⅠ
　　　一人伐牘，□☒BⅡ

八〇、8－2147+2068+2145

里耶 8－2068 號簡：

　　　☒□樁☒Ⅰ
　　　☒□職以☒Ⅱ

---

[1] 陳偉主編，何有祖、魯家亮、凡國棟撰著：《里耶秦簡牘校釋（第一卷）》第 437 頁。

☑☐☐☑Ⅲ

《校釋一》：第一字从"亻"，第二字从"木"。[1] 今按：第二字簡文作：

字右部與下列壽字形近，疑爲壽字殘筆，字當隸定作"檮"。

8－197　　8－1580

8－2147+2068 號簡，楊先雲先生指出字形、書寫風格一致，可綴合，[2] 其釋文作：

☑☐檮☑Ⅰ
☑當表職（識）者謹表職（識）以☑Ⅱ
☑☐　　士人及典☐☑Ⅲ

按："人"上的"士"字，上部筆畫脫落，第二橫比第一橫長，與里耶簡"士"二橫筆一般等長的情形略有別，字疑釋作"里"。其後的"典"即里典。張家山漢簡《二年律令·户律》305 號簡："自五大夫以下，比地爲伍，以辨者爲長，居處相察，出入相司。有爲盜賊及亡者，輒謁吏。典、田典更挾里門籥（鑰），以時開。"[3] 其中"典"即里典。[4] 從下文的綴合看，"典"後所接爲"田典"。出現在"典、田典"前的

---

[1] 陳偉主編，何有祖、魯家亮、凡國棟撰著：《里耶秦簡牘校釋（第一卷）》第 426 頁。
[2] 楊先雲：《里耶秦簡釋文補正與殘簡試綴》，《楚學論叢》第 7 輯，湖北人民出版社 2018 年，第 65—72 頁。
[3] "以辨者爲長"參陳偉：《〈二年律令〉新研》第 64、65 頁，徐世虹主編，中國政法大學法律古籍整理研究所編：《中國古代法律文獻研究》第 5 輯，社會科學文獻出版社 2012 年。
[4] 陳偉主編，何有祖、魯家亮、凡國棟撰著：《里耶秦簡牘校釋（第一卷）》第 435 頁，8－2145 號簡注釋［1］。

顯非泛指的"士人",而應是"里人"。嶽麓肆204號簡"舍室爲里人盜賣馬、牛、人,典、老見其盜及雖弗見或告盜,而爲占質",整理者注:"里人:同里之人。"[1]《二年律令·置後律》390號簡:"諸當拜爵後者,令典若正、伍里人毋下五人任占。"其中"伍里人"即同伍之里人。《二年律令·錢律》201號簡:"盜鑄錢及佐者,棄市。同居不告,贖耐。正、典、田典、伍人不告,罰金四兩。""伍人"也屬於同里之人的範疇。該簡中同時提及"正、典、田典、伍人",與本簡"里人""典""田典"同時出現的情形相近。

"里人"上原作一未釋字,實應有二字,疑即"所入"。其中"人"的筆畫還有迹可循,而"所"字因翻卷遮蔽而不易辨認,但其右部所從斤,仍有殘留。所入,可指人進入某鄉里。《商君書·畫策》:"行間無所逃,遷徙無所入。"[2]

今按:8-2145號簡釋文作:

　　　☐☐☐Ⅰ
　　　☐☐不免☐Ⅱ
　　　☐田典☐舍[3]☐Ⅲ

《校釋一》注曰:"田(原釋文未釋)典,里中小吏。……'典'當是里典,田典爲其副貳。"[4]"不免",原釋文作"☐令",此據殘筆釋。"典"後一字,原釋文作"扶",《校釋一》存疑,應即"挾"字。"挾舍"一詞見於嶽麓伍20-21號簡:"敢有挾舍匿者,皆與同皋。同居、室人、典老、伍人見其挾舍匿之,及雖弗見,人或告之而弗捕告,皆與挾舍匿者同皋。"整理者注:"挾,藏。舍,安置。匿,藏匿。'挾'爲

---

[1] 陳松長主編:《嶽麓書院藏秦簡(肆)》釋文135頁、注釋171頁。
[2] 蔣禮鴻撰:《商君書錐指》卷四《畫策第十八》,中華書局1986年,第109頁。
[3] 田,從陳偉主編,何有祖、魯家亮、凡國棟撰著:《里耶秦簡牘校釋(第一卷)》第436頁。
[4] 陳偉主編,何有祖、魯家亮、凡國棟撰著:《里耶秦簡牘校釋(第一卷)》第437頁。

故意隱藏，'舍'爲不知情收留，'匿'爲知情而偷偷隱藏。"[1] 8-2145形制、書寫風格與8-2147+2068接近，8-2145"田典"之"田"與8-2147+2068第Ⅲ列"典"下殘存弧筆吻合，復原田字，右側的茬口也能吻合，可綴合。8-2147+2068+8-2145釋文作：

☒□檮□☒Ⅰ
☒當表職（識）者謹表職（識），以□不免☒Ⅱ
☒【所入】，【里】人及典、田典挾舍☒Ⅲ

從上列釋文看，"所入"與其後"里人"等"挾舍"等直接相關，當是進入該鄉里的人，"里人"等挾舍藏匿而不告官。其後殘缺的當是相應的處罰措施。

八一、8-2149+8-2121

里耶8-2121號簡：

☒【貳】春鄉茲【敢】言☒Ⅰ
☒今問之：邛上【造】☒Ⅱ
☒□□□□□☒Ⅲ

此簡上、下、左三個方位皆殘，字迹清晰，第一列第一字，"貳春鄉"之"貳"上部略殘，第二列第一字"今"上部略殘。里耶簡常見"貳春鄉"，"貳"字是重要的綫索。循此找到8-2149號簡，釋文作：

☒□巳朔甲子，【貳】☒Ⅰ
☒【吏】曹發，□☒Ⅱ
☒□謁言【治】☒Ⅲ

此簡也是上、下、左三個方位皆殘，字迹清晰，第一列末字筆畫雖殘，但仍可辨識是"貳"字，第二列末字，原釋文未釋，其實是"今"字殘

---

[1] 陳松長主編：《嶽麓書院藏秦簡〔伍〕》釋文第45頁、注釋第75頁。

筆。前者可與 8－2121 號簡第一列第一字拼合，復原"貳"字；後者則與 8－2121 號簡第二列第一字拼合，復原"今"字。8－2121、8－2149 當能綴合。8－2149+8－2121 釋文作：

　　　☒□巳朔甲子，貳春鄉茲敢【言】☒Ⅰ
　　　☒【吏】曹發，今問之：邛上【造】☒Ⅱ
　　　☒□謁言【治】□□□□☒Ⅲ

八二、8－2151+8－2169

里耶 8－2151 號簡：

　　　☒一年四月癸未朔己□，☒Ⅰ
　　　☒城旦司寇一人，☒Ⅱ
　　　☒□薪廿人，☒Ⅲ
　　　☒□□四人，☒Ⅳ

此簡上、下、左皆殘。第一列"己"下字殘，此處以"癸未"爲朔日，"己"爲天干，對應的地支很可能是丑、亥、酉。從殘存的筆畫看，這裏恐是丑或酉的殘筆。8－2169 號簡：

　　　☒□司空守偏☒

此簡上、下、左亦皆殘，"司空"上一字殘，可與 8－2151 第一列"己"下一字拼合，復原丑字。己丑，四月七日。二片紋路、筆迹、色澤皆能吻合，當可綴合。

"薪"上一字據秦漢簡常見的"鬼薪"的文例，可補"鬼"字。"四人"上據殘筆似是"八十"，再上似是"旦"字，此處可補作"城旦八十四人"。

8－2151+8－2169 釋文作：

　　　【卅】一年四月癸未朔己丑，司空守偏☒Ⅰ
　　　☒城旦司寇一人，☒Ⅱ

☐鬼薪廿人，☐Ⅲ

☐城旦八十四人，☐Ⅳ

八三、8－2155+8－2128

☐重却書詣治所☐ 8－2155+8－2128

二片茬口吻合，可綴合。5－22"獄東曹書一封，丞印，詣無陽"，談及書信傳送，用動詞"詣"，本簡綴合所得"……書詣……"文意也較通順。

"却書"一詞見於獄麓伍 117－118 號簡：

書却，上對而復與却書及事俱上者，紫編之。

上引律文提及前次上書被駁回之後，再次上對需要把前次的駁回文書也編一起。由此可知却書，指駁回文書。里耶秦簡有由"却之"開頭的文書：

廿六年八月庚戌朔丙子……【九】月庚辰，遷陵守丞敦狐却之：司空自以二月叚（假）狼船，何故弗蚤辟，至今而誧（甫）曰謁問覆獄卒史衰、義。衰、義事已，不智（知）所居，其聽書從事。8－135

却之：廷令尉、少内各上癃（應）書廷，廷校，今少内☐☐Ⅰ日備轉除以受錢，而尉言毋當令者，節☐Ⅱ 8－64+8－2010

當坐者，以書言，署金布發。　☐ 8－64 背+8－2010 背

即是相應的駁回文書中的内容。

八四、8－2157+8－733

☐☐敢告充丞☐Ⅰ

☐報氏，敢告尉☐Ⅱ 8－2157+8－733

☐☐郵人慶以【來】。☐ 8－2157 背+8－733 背

充，原釋文未釋，《校釋一》作"史"，[1] 今據殘筆改釋。充，秦洞庭郡屬縣，充縣古城約在今張家界市西後坪鎮北的澧水北岸。[2]《漢書·地理志》歸屬武陵郡，治所在今湖南桑植縣。充丞，即充縣的丞。里耶秦簡有"充守丞"，如9-2607號簡"□申，充守丞射移遷陵□"，可參看。

"敢告充丞"上一字原釋文未釋，字作：

即"起"字，在這裏用作人名。相同用法也見於8-1198：

　　□守起書言：《傅律》曰□

8-1198號簡"守起"，其中"起"即用作人名。

"告尉"前一字，原釋文未釋，《校釋一》作"以"。[3] 今綴合後可知當是"敢"字。"敢告……"，"敢告……"，前後呼應。

"慶以"後一字，原釋文未釋。今按：里耶秦簡常見"郵人某某以來"，如8-767背"郵人敞以來"、8-1523"郵人曼以來"，皆是。再參考"慶以"後一字殘存筆畫，可知"慶以"後可補"來"字。

8-733、8-2157二片形制相近，茬口吻合，可復原"敢"字，簡背"郵人慶以來"一句，文意順暢。當可綴合。

八五、8-2159+8-740

里耶8-740號簡：

　　□縣嗇夫上見禾□□Ⅰ
　　□十二月朔日，疑縣□Ⅱ

---

[1] 陳偉主編，何有祖、魯家亮、凡國棟撰著：《里耶秦簡牘校釋（第一卷）》第212頁。
[2] 參看陳偉：《秦簡牘校讀及所見制度考察》，武漢大學出版社2017年，第65頁。
[3] 陳偉主編，何有祖、魯家亮、凡國棟撰著：《里耶秦簡牘校釋（第一卷）》第212頁。

☑□書☑Ⅲ 8-740
☑上☑Ⅰ
☑慶以來。／綽手。☑Ⅱ 8-740 背

此簡上下皆殘，簡面有明顯紋路。"書"前未釋之字是"一"字。第二列提及"朔日"，也見於下列文句：

令曰恒以朔日上所買徒隸數。8-154
令曰上葆繕牛車薄（簿），恒會四月朔日泰（太）守府。8-62
恒會正月七月朔日廷 8-175 背

上揭例子中 8-62、8-175 背"朔日"前都遙接一個"會"字。而 8-2159 號簡釋文作：

☑庭守禮謂□☑Ⅰ
☑□令縣上會☑Ⅱ
☑上，以郵行，勿留，各☑Ⅲ 8-2159
☑已☑Ⅰ
☑下九，郵人☑Ⅱ 8-2159 背

第二列正有一"會"字。8-2159 號簡簡面也有明顯紋路，茬口、紋路皆能與 8-740 號簡吻合，當能綴合，其釋文作：

☑庭守禮謂縣嗇夫：上見禾□☑Ⅰ
☑□令縣上會十二月朔日，疑縣☑Ⅱ
☑上，以郵行，勿留，各一書☑Ⅲ 8-2159+8-740
☑已上☑Ⅰ
☑下九，郵人慶以來。／綽手。☑Ⅱ 8-2159 背+8-740 背

八六、8-2160+8-1925+8-1663

里耶 8-1663 號簡：

☑【遷】陵令☑Ⅰ

☐【敢】告尉，三鄉☐Ⅱ
☐□。/七月庚辰☐Ⅲ

此簡上下皆殘，第二列"敢"字殘。8-1925 號簡：

☐【朔】己卯，遷陵丞昌□☐Ⅰ
☐主戶發。/槐□☐Ⅱ

此簡上、下、右部殘，現存的第一列"昌"下有殘筆，可與 8-1663 第二列"敢"字拼合，復原"敢"字。二者茬口、色澤、紋路皆能吻合，8-1925 現存的第一、二列當可與 8-1663 第二、三列綴合。綴合後 8-1925+8-1663 的釋文作：

☐【遷】陵令☐Ⅰ
☐【朔】己卯，遷陵丞昌敢告尉，三鄉☐Ⅱ
☐主戶發。/槐□。/七月庚辰☐Ⅲ

今有 8-2160 與 8-1925 上茬口吻合，連接處可復原"朔""主"二字，並有"七月丁巳朔己卯""署主戶發"等里耶簡常見表述，當可綴合。

☐□陵主……【遷】陵令☐Ⅰ
☐主。/七月丁巳朔己卯，遷陵丞昌敢告尉，三鄉☐Ⅱ
☐書丞言，署主戶發。/槐□。/七月庚辰☐Ⅲ 8-2160+8-1925+8-1663
☐要以【來】☐ 8-2160 背

八七、8-2212+8-2205

里耶 8-2212 號簡：

☐尉敬養，輿爲唐☐

《校釋一》注曰：[1]

---

[1] 陳偉主編，何有祖、魯家亮、凡國棟撰著：《里耶秦簡牘校釋（第一卷）》第 445 頁。

敬，人名。興、唐（原釋文作"庸"），人名。

8－2212號簡"尉"以上及"唐"以下殘。8－2205號簡釋文：

☒□約日三斗米，乙酉初作□☒

"約"上原釋文作一字未釋，實爲茬口痕迹。其茬口可與8－2212號簡下端茬口吻合，加之二者紋路、字迹吻合，當可綴合。這裏的"唐"頗可疑，原釋文作"庸"可從。庸，受雇，也指受雇用的勞動者。《漢書·司馬相如傳》："相如身自著犢鼻褌，與庸保雜作，滌器於市中。"顏注云："庸即謂賃作者。""爲庸"見於里耶以下簡：

☒事渠黎□爲庸，何解？8－43
☒寄爲庸☒8－1322

這裏都提及某人爲庸。如然，"尉敬養，興"似斷作"尉敬養興"。養，伙夫。《公羊傳》宣公十二年："厮役扈養死者數百人。"何休注："炊亨者曰養。"《秦律十八種·金布律》72－75號簡記云："都官有秩吏及離官嗇夫，養各一人，其佐、史與共養；……都官之佐、史冗者十人，養一人；……不盈十人者，各與其官長共養、車牛。"里耶秦簡有"吏養"，如8－1572載"卅五年八月丁巳朔癸亥，少内沈出以購吏養"，8－736"其四人吏養：唯、冰、州、□"。也有"徒養"，如8－244"一人徒養"。"尉敬養興"，指尉敬的"養"名叫"興"。由於"尉"以上殘，這裏也有可能是他人告知尉敬，養興爲庸，如何如何。這裏暫連讀。8－2212+8－2205釋文作：

☒尉敬養興爲庸，約日三斗米，乙酉初作□☒

"約日三斗米"，當指養興爲庸時約定雇傭一日的酬勞爲三斗米。8－1245號簡：

庸粟禾一日☒

此簡殘，疑是關於爲"庸"一日酬勞多少的記録。8－2212+8－2205可與之互參。

八八、8－2239+8－1830+8－1815

里耶 8－1830 號簡：

　　　☑□空守茲☑

此簡上下皆殘，現存文字書寫在簡左，簡右留白。《校釋一》注曰：[1]

　　　空，原釋文未釋。其前一字，似爲"司"字殘畫。

其説可從。而 8－2239 號簡釋文作：

　　　☑貲成☑Ⅰ
　　　☑年七月甲申【司】☑Ⅱ

第二列末尾的"司"字可與 8－1830 上部殘存的筆畫拼合，復原"司"字，二片當可綴合。至於 8－1815 號簡釋文作：

　　　☑□令史尚。Ⅰ
　　　☑史逢。Ⅱ

上端殘，與 8－1830 號簡下部茬口、紋路皆能吻合，當可綴合。8－1815 號簡第一列"令史尚"前原未釋之字，其實並非筆畫。復原的 8－2239+8－1830+8－1815 釋文作：

　　　☑貲成。　　令史尚。☑Ⅰ
　　　☑年七月甲申，司空守茲、史逢。☑Ⅱ

八九、8－2243+8－2022

　　　☑陵鄉守恬敢告倉主：Ⅰ
　　　☑□可以癸未定薄（簿）。Ⅱ 8－2243+8－2022

―――――――

[1] 陳偉主編，何有祖、魯家亮、凡國棟撰著：《里耶秦簡牘校釋（第一卷）》第 397 頁。

☐恬手。8－2022背

二片茬口吻合，復原"敢"字，可綴合。

九〇、8－2301+8－2384

里耶 8－2301 號簡：

遷【陵】☐

"遷"下"陵"字殘。8－2384 號簡釋文作：

☐【陵】洞☐

"陵"字殘，可與 8－2301"遷"下一字拼合，復原"陵"字。二者紋路、茬口、色澤吻合，當能綴合。8－2301+8－2384 釋文作：

遷陵洞☐

九一、8－2404+8－2446

里耶 8－2404 號簡：

☐☐何☐☐

《校釋一》注：[1]

"何"下一字，原釋文作"爲"。

我們注意到"何"字右部殘，殘缺部位處有一碎片，當剔除。"何"下一字右、下部皆殘，現存筆畫可辨爲"受"。"受"右上角有一碎片，上有筆畫，應是從殘畫"受"所在的字脫離出去的。

8－2446 號簡釋文作：

……

---

[1] 陳偉主編，何有祖、魯家亮、凡國棟撰著：《里耶秦簡牘校釋（第一卷）》第 465 頁。

此殘片有兩處筆畫，上一殘畫可與 8‑2404"何"字右部拼合，復原"何"字；下一殘畫和"受"及"受'右上筆畫拼合，復原"辤"字，讀作辭。里耶秦簡"辤（辭）"字多見，如 8‑209 即有"辤（辭）"。8‑2404+8‑2446 釋文作：

☒☒何辤（辭）☒

九二、8‑2432+8‑2438

里耶中有二枚殘簡，其釋文作：

☒☒☒☒☒☒☒☒Ⅰ
☒年五月壬辰☒Ⅱ 8‑2432
☒　　　六月丁☒☒ 8‑2432 背
☒☒署☒☒☒Ⅰ
☒☒下八過貳☒Ⅱ 8‑2438
☒☒☒☒☒☒☒ 8‑2438 背

這二枚殘簡簡面凹凸不平形成的紋路，恰可上下貫通。從簡正面的簡文來看，上段（即 8‑2432）右側殘缺，剩餘二列，僅最左側的筆畫相對完整，作"年五月壬辰"，而下段（即 8‑2438）殘存二列，第一列筆畫不是太清楚，"署"下第二字似是"遷陵"之"遷"。第二列"下八過貳"，其中"貳"字應改釋作"索（索）"。"索"，即秦索縣，在今湖南常德市東北。《漢書·地理志》屬武陵郡。里耶秦簡 16‑52"索（索）到臨沅六十里，臨沅到遷陵九百一十里"，[1] 記載了秦索縣至遷陵縣的里程。"下"上一字僅存殘筆，似是"水"。水下八，即水下八刻之省。類似的表述有：

獄東曹書一封，丞印，詣無陽。·九月己亥水下三刻，走佁以

[1] 湖南省文物考古研究所編著：《里耶發掘報告》，嶽麓書社 2007 年，第 198—199 頁。

來。5－22

　　三月己酉水下下九，佐赾以來。／釦半。Ⅲ8－1510背

　　☒☒☒水下一，隸妾【強】☒8－1671

其中"水下一""水下下九"，其後皆省略"刻"。李學勤先生根據初步發表的里耶簡牘資料指出："所記漏刻皆指白晝。即將一晝分爲十一刻，刻於漏壺箭上，視箭沉下幾刻。"[1]

8－2432、8－2438綴合後仍有缺失，最左側作"年五月壬辰水下八，過索（索）"。8－2432、8－2438綴合後的釋文作：

　　☒☒☒☒☒☒署☒☒☒Ⅰ
　　☒年五月壬辰☒下八過索（索）☒Ⅱ8－2432+8－2438
　　☒　　六月丁☒☒☒☒☒☒8－2432背+8－2438背

第二節　《里耶秦簡（貳）》殘簡新綴

本節擬對《里耶秦簡（貳）》21組殘簡加以綴合，並從茬口等物理特徵以及文例等方面加以論證。[2]

一、9－83+9－783

里耶9－783號簡上下殘，其釋文作：

　　☒袤各六尺半，一袤六尺。一錦緣[3]☒9－783

――――――――――

[1] 李學勤：《初讀里耶秦簡》，《文物》2003年第1期。

[2] 本節綴合圖版，皆見於附錄二，不另注。

[3] 錦，原釋文作"緣"。此從里耶簡牘校釋小組（魯家亮執筆）：《〈里耶秦簡（貳）〉校讀（二）》，簡帛網2018年5月23日；高婷婷《〈里耶秦簡（貳）〉校讀札記（二）》，簡帛網2018年5月23日。
"錦"下一字，原釋文未釋，朱璟依先生釋作"緣"（朱璟依：《〈里耶秦簡（貳）〉文字編》第182頁，本科畢業論文，復旦大學2019年）。

9‑83 號簡，下殘，其釋文作：

　　・二幅縵幭三，其□☒Ⅰ
　　一七一☒Ⅱ

上揭二殘簡寬度相近，茬口吻合，可綴合。9‑83+9‑783 釋文作：

　　・二幅縵幭三，其二袤各六尺半，一袤六尺。一錦緣☒Ⅰ
　　一七一☒Ⅱ

"其"下一字，原釋文未釋，是"二"字。由"其二袤各六尺半"之"各"可知，前面所提及的名詞應爲複數，那麼這裏的"其二"應指其中兩個，而非第二個（即序數詞）。9‑2289 號簡："・凡八十七人。其二人付畜官。四人付貳春。"其中"其二人付畜官"指 87 人中的兩個人交付畜官。"其二"以及"一袤六尺"的"一"，加起來正好與"二幅縵幭三"的"三"對應。

縵幭，《里耶秦簡牘校釋（第二卷）》（以下簡稱《校釋二》）注："無紋飾的絲織品。幭，覆蓋物體的巾。《説文》：'幭，蓋幭也。'朱駿聲《通訓定聲》：'幭者，覆物之巾。覆車、覆衣、覆體之具皆得稱幭。'"[1] 按：與"縵幭"相近的例子也見於張家山 M247 遣 32 號簡"綌縴（幭）一"，其中"綌"，整理小組釋"綿（綈）"並注："'綈'，《文選·過秦論》注'連接也'，古代襪爲布質，後部開口，用帶繫結。"[2] 廣瀨薰雄先生引陳劍先生意見："當釋'綌'。《説文·糸部》云：'綌，治敝絮也。''綌布'一詞見睡虎地 4 號秦墓出土 6 號木牘。'綌幭'就是用綌布做的幭。"[3] 陶安、陳劍先生指出，張家山漢簡"音"

---

[1] 陳偉主編，魯家亮、何有祖、凡國棟撰著：《里耶秦簡牘校釋（第二卷）》，武漢大學出版社 2018 年，第 63 頁。

[2] 張家山二四七號漢墓竹簡整理小組編：《張家山漢墓竹簡［二四七號墓］》第 305 頁注釋 22。

[3] （日）廣瀨薰雄：《張家山二四七號漢墓遣策釋文考釋商榷》，《出土文獻與古文字研究》第 3 輯，復旦大學出版社 2010 年，收入氏著：《簡帛研究論集》，上海古籍出版社 2019 年，第 374—375 頁。

"啻（商）"兩旁易混，"音"旁常中間加一橫，變與"啻（商）"旁形同。[1] 雷海龍指出："里耶秦簡 9-2027：'☐青綌小橐一，表四尺。'《校釋二》：'綌，某種織物。睡虎地 4 號墓 6 號木牘云："願（願）母幸遺錢五六百，綌布謹善者毋下二丈五尺。"可參看。'"[2] "綌幦"是用綌布做的幦。"縵幦"與之文例接近，指用縵做的幦。《説文》系部："縵，繒無文也。从糸，曼聲。《漢律》曰：'賜衣者縵表白裹。'"[3] 縵，常與布、帛等並言，如《二年律令·賜律》282-283 號簡云："賜衣者六丈四尺、緣五尺、絮三斤，襦二丈二尺、緣丈、絮二斤。絝（袴）二丈一尺、絮一斤半，衾五丈二尺、緣二丈六尺、絮十一斤。五大夫以上錦表，公乘以下縵表，皆帛裹；司寇以下布表、裹。二月盡八月賜衣、襦，勿予裹、絮。"[4] 這裏用作幦的質料。里耶 9-2291 號簡："縵帷二堵，度給縣用足。"[5] 其中"縵帷"，"縵"也用作"帷"的質料。

9-83+9-783 號簡是一份幦（即覆蓋物體用的絲織巾）物品規格的記錄。該簡記錄的幦三件，寬度都是二幅，質料爲縵，其中二件幦各長 6 尺半，另一長 6 尺。關於幦的廣、袤，可參看布的廣、袤，如《秦律十八種·金布律》66 號簡："布袤八尺，福（幅）廣二尺五寸。布惡，其廣袤不如式者，不行。"[6] 《二年律令·關市律》258 號簡："販賣繒布幅不盈二尺二寸者，没入之。"《二年律令與奏讞書》注："幅二尺二寸是絹、布的規格，與《漢書·食貨志下》'太公爲周立九府

---

[1] 陶安、陳劍：《〈奏讞書〉校讀札記》，《出土文獻與古文字研究》第 4 輯，上海古籍出版社 2011 年，第 384 頁。
[2] 雷海龍：《漢代遣册衣食住行類名物集釋與疏證》，博士學位論文，武漢大學 2020 年，第 333 頁。
[3] [漢] 許慎撰：《説文解字》第 273 頁。
[4] 彭浩、陳偉、（日）工藤元男主編：《二年律令與奏讞書——張家山二四七號漢墓出土法律文獻釋讀》第 208 頁。
[5] 陳偉主編，魯家亮、何有祖、凡國棟撰著：《里耶秦簡牘校釋（第二卷）》第 464 頁。
[6] 睡虎地秦墓竹簡整理小組編：《睡虎地秦墓竹簡》"釋文注釋"第 36 頁。

圜法：……布帛廣二尺二寸爲幅，長四丈爲匹'所述吻合。馬王堆一號漢墓出絹、布中很多幅寬 50 厘米左右，與本簡所記規格相同。疏勒河流域出土有漢代殘帛 T.XV.a.i.3，釋文 1970A 號簡'任城國亢父縑一匹，幅廣二尺二寸，長四丈，重廿五兩，直錢六百一十八'，幅、匹長都與《漢書·食貨志下》所記規格吻合。秦的規格有所不同，《睡虎地秦墓竹簡·秦律十八種》66 號簡：'布袤八尺，福（幅）廣二尺五寸。'"[1] 從其所列秦漢時期對幅的記載可知，秦代寬度二尺五寸，漢代幅寬爲二尺二寸。簡文"二幅縵幭三"，沒有對幅寬特別交代，9-126 號簡"出白布五幅帷一堵"，[2] 也是類似的情況，較可能采用秦律的一般規定，幅寬二尺五寸。

二、9-172+9-1267+9-1404

里耶簡 9-172 號簡下殘，釋文作：

卅四年遷陵庫工用計☒Ⅰ
馬革一件。☒Ⅱ
馬筋一件。☒Ⅲ
馬旅筋一件。☒Ⅳ
馬陽筋一件。☒Ⅴ

9-1267 號簡上下殘，釋文作：

☒【受】其畜☒

9-1404 號簡上下殘，釋文作：

☒官馬☒

---

[1] 彭浩、陳偉、（日）工藤元男主編：《二年律令與奏讞書——張家山二四七號漢墓出土法律文獻釋讀》第 194—195 頁。
[2] 陳偉主編，魯家亮、何有祖、凡國棟撰著：《里耶秦簡牘校釋（第二卷）》第 72 頁。

整理者綴合9－1267+9－1404。[1] 我們注意到9－172與9－1267+9－1404似可綴合，其拼接部位截圖作：

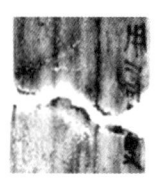

主要部分的茬口吻合，右側"計"下部、"受"上部雖有少量缺失，但連讀的文句作"卅四年遷陵庫工用計受其畜官馬"，結合9－1138簡"卅七年遷陵庫工用計受其貳春鄉鬃"的文例，可知"計""受"之間的內容基本完整。從形制看，9－172、9－1267、9－1404這三者寬度相同、紋路相合，文意通暢，可綴合，其釋文作：

卅四年遷陵庫工用【計受】其畜官馬☒Ⅰ
馬革一件。☒Ⅱ
馬筋一件。☒Ⅲ
馬旅筋一件。☒Ⅳ
馬陽筋一件。☒Ⅴ 9－172+9－1267+9－1404

"畜官馬"後仍有殘缺。從內容看，9－172+9－1267+9－1404是秦始皇三十四年遷陵縣庫工用計所接受的畜官所交付的"馬"革、筋等物質的統計數據，"畜官馬"之後可能還有反映馬革、馬筋等類物質名稱的字詞。

關於"畜官"，8－50+8－422號簡《校釋一》注：[2]

畜官，《漢書·尹翁歸傳》："豪強有論罪，輸掌畜官。"顏注云："扶風，畜牧所在，有苑師之屬，故曰掌畜官也。"《善齋吉金錄·璽印錄》卷中第13頁著錄有"畜官"印，陳直先生"疑爲掌

---

[1] 湖南省文物考古研究所編：《里耶秦簡（貳）》釋文第122頁。
[2] 陳偉主編，何有祖、魯家亮、凡國棟撰著：《里耶秦簡牘校釋（第一卷）》第41頁。

畜令之屬吏"。[1] 里耶秦簡中，作徒薄多見將徒隸交付"畜官"的記載，也有畜官接受徒隸的記錄（8－688），此外尚有"畜官牛計"（8－481）、"畜官課志"（8－490+8－501），8－137 更有遷陵丞催促畜官上交"畜官課"的例子。可見簡文"畜官"爲遷陵縣下的官署。適，人名。比照里耶簡 5－1，本簡應是爲畜官適公差途中提供膳食的文書。

秦律中有關於馬牛突然死亡後，官方回收筋、革、角等的規定，如《秦律十八種・廄苑律》18 號簡："其乘服公馬牛亡馬者而死縣，縣診而雜賣（賣）其肉，即入其筋、革、角，及索（索）入其賈（價）錢。"即規定服役用的馬牛因公事突然死亡，縣要派人診看，並回收筋、革、角等物質。關於回收突然死亡馬牛筋、革、角等物質的規定，除了要記載筋、革、角等物質的數量，恐怕還要交代事由及相關責任人的情況。9－172+9－1267+9－1404 僅僅記錄了一次簡單的畜官向庫的物質交付事件，與之比較，情況自有不同。總的來說，9－172+9－1267+9－1404 拼接後，雖然茬口右部及下部仍略有殘缺，但已綴合部分文句所反映的信息更爲清晰。

里耶秦簡還有少量馬筋的統計記錄，如：

☑馬筋二件半件。☑ I
☑粟米一斗。☑ II 9－814

不過 9－814"馬筋"與"粟米"一併提及，似並非單純的如 9－172+9－1267+9－1404 那樣是關於畜官所付馬筋的記錄。

9－172+9－1267+9－1404 所提及馬筋的種類包含馬筋、馬旅筋、馬陽筋等名稱，應是馬的不同部位的筋。馬旅筋，《校釋二》指出："旅，疑通作'膂'，指脊背。《書・君牙》：'今命爾予翼，作股肱心膂。'孔穎達疏：'膂，背也。'馬旅筋，似指由馬脊背處所得之筋。"[2] 今按：

---

[1] 陳直：《漢書新證》，中華書局 2008 年，第 118 頁。
[2] 陳偉主編，魯家亮、何有祖、凡國棟撰著：《里耶秦簡牘校釋（第二卷）》第 82 頁。

其説是。出土文獻有"馬膂肉"之説，見於馬王堆帛書《養生方》127－128行"即取刑馬膂肉十□，善脯之，令薄如手三指，即漬之醯中"。整理者注："膂，《廣雅·釋器》：'肉也。'王念孫《廣雅疏證》：'膂，通作旅。《鹽鐵論·散不足篇》云："肴旅重叠，燔炙滿案。"旅之言臚也，肥美之稱也。《藝文類聚》引韋昭《辯釋名》云："腹前肥者曰臚。"義與旅相近。'刑馬膂肉，即殺供食用的馬的肥肉。馬肉，見《名醫別録》，云：'味辛苦冷，主熱下氣，長筋，強腰脊，壯健，強志，輕身，不飢。'周一謀、蕭佐桃（1988：292）、馬繼興（1992：716）均以'膂肉'爲脊背之肉。"[1] 9－172+9－1267+9－1404 提及馬筋種類多，但在 9－919+9－1719 號簡"□弋弓一，用馬筋一件半件□"中，提及弋弓用料的時候僅言馬筋，可能因各自記録的側重點不同有關。

馬筋的軍事用途，在秦漢文獻中已有記録。《吕氏春秋·季春紀》："命工師令百工審五庫之量，金鐵、皮革、筋角齒羽、箭幹、脂膠、丹漆，無或不良。"《淮南子·墜形》："北方之美者，有幽都之筋角焉。"高誘注："其畜宜牛、羊、馬，出好筋角，可以爲弓弩。"學者們曾根據秦簡及考古遺物探討秦漢時期的製弓工藝，如李琳先生指出："至少在戰國晚期以後，秦弓的製造方法已與《考工記》等書的記載大體一致，達到十分高的水平。他們在製造'秦弓'時大量使用筋、角、革、膠。……秦王朝對死去的牛馬十分重視，明令不許致其腐敗，其肉可以賣，其筋、革、角必須上交國家，國家控制大量牛馬筋、角，只有解釋爲和弓箭製造業的大量需求有關才合理。"[2] 孫機先生指出："至戰國時，已發展爲複合弓。《考工記·弓人》説，製弓要用幹、角、筋、膠、絲、漆等'六材'，可見我國這時的製弓技術已相當進步。……漢代的弓與戰國弓在形制上没有多大變化。這時仍存在少量單體弓，如長沙馬王堆3號漢墓所出之例（36－1）。但絶大多數爲複合弓，在居延、邗江、樂

---

[1] 裘錫圭主編：《長沙馬王堆漢墓簡帛集成》第6册，中華書局2014年，第54頁。
[2] 李琳：《"秦弓"與"吳鈎"》，《文博》1987年第6期，第71—73頁。

浪及新疆民豐等地均曾發現其殘件。這時的弓一般都用多層竹（木）材疊合，並在內側粘貼牛角，外側粘貼牛筋，再纏絲塗漆。"[1] 9-919+9-1719號簡"☑弋弓一，用馬筋一件半件☑"，記錄所製作的一件"弋弓"，用了馬筋一件半件。該弓較有可能是複合弓，所用筋爲馬筋，與孫機先生所提及的在居延、邗江、樂浪及新疆民豐等地發現的殘件用牛筋，稍有不同。該弓所用馬筋的數量，似爲此種弓的一般用料。這對瞭解秦遷陵縣弋弓的製作工藝、材料用量提供了新的綫索。當然8-102有"賣牛及筋"，[2] 牛筋也在買賣之列，可用於製弓，這在李琳先生的論述已經提及。

三、9-299+9-175

里耶秦簡有二殘片：

……月己丑朔☑ Ⅰ
……四月己☑ Ⅱ 9-299
☑己己月。Ⅰ
☑□朔朔。Ⅱ 9-175

二片書寫風格相同，茬口吻合，可綴合。其釋文作：

☑……月己丑朔己己月☑ Ⅰ
☑……四月己□朔朔☑ Ⅱ 9-299+9-175

從內容看，應是習字簡。

四、9-416+9-449

里耶9-416號簡：

---

[1] 孫機：《漢代物質文化資料圖說》，上海古籍出版社2008年，第159頁。
[2] 我們曾指出8-597、8-102可綴合（何有祖：《讀里耶秦簡札記（六）》，簡帛網2015年8月16日）。現在看來，茬口、字迹都還存在問題，且"出……賣"，在語意上並不順適。該綴合不可信，尚需進一步查找。

☒少內□□買☒

"少內"下一字原未釋，是"守"。9－416上端並無明顯斷裂痕迹，但下端有明顯斷裂痕迹，茬口殘存筆畫整理者作"買"，可從。我們留意到9－449號簡：

☒□應等在所毋嗇夫名

《校釋二》指出"應"用作人名。[1] 該簡上端茬口殘斷的方向與9－416號簡一致，上端茬口處殘存的筆畫，應是"買"下所從之"貝"。二簡疑能綴合。其釋文可作：

少內守□買應等在所，毋嗇夫名 9－416+9－449

"應等在所"，某某在所，其例見於9－486背"啟陵鄉守唐在所"、9－1447"出廿，買脯在史信所"。"少內守□買應等在所"指少內守某到應等人之處買某物。9－1339"買白翰羽□少內癰（應）等六十所"，可參看。8－58"☒啟陵鄉守恬付少內守華"，陳治國先生指出："鄉守、少內守，官職名，指代理鄉嗇夫與少內嗇夫之職者。"[2] "少內守□"在這裏代理少內嗇夫之職。同簡出現的"毋嗇夫名"之"嗇夫"，較有可能是指少內之嗇夫。簡文指少內守某到應等人之處買某物，沒有少內嗇夫的名字。此種對事實之陳述，較有可能出現在訊問記錄中。

五、9－417+9－324

里耶秦簡有二殘片，其釋文作：

遷陵遣☒ 9－417

☒□□叚（假）少內林等買☒ 9－324

---

[1] 陳偉主編，魯家亮、何有祖、凡國棟撰著：《里耶秦簡牘校釋（第二卷）》第125頁。
[2] 參看陳治國：《里耶秦簡之"守"和"守丞"釋義及其他》，《中國歷史文物》2006年第3期。

"少内""買"之間，原釋文指出上部从林，《校釋二》存疑。在武漢大學簡帛研究中心讀書會上紀婷婷、胡騰允二位同學面告是"林等"二字，今從之。

9－417"遣"字所从辶，最後的捺筆有殘缺，應即9－324號簡第一個未釋字。二殘片茬口吻合，可復原"遣"字，可綴合。

"遷陵遣"見於9－159號簡"☐☐☐☐署遷陵遣言。·問之"。[1] "遷陵遣言"包含"遷陵遣""言"兩個部分。"遣言"見於8－136+8－144"☐☐名吏（事）、它坐、遣言"，《校釋一》注："遣，疑當讀爲'譴'，罪過。《後漢書·蔡邕傳》：'詔書每下，百官各上封事，欲以改政思譴，除凶致吉。'言，語已之辭。"[2] 現在看來，8－136+8－144"☐☐名吏（事）、它坐、遣言"，可調整斷句作"☐☐名吏（事）、它坐遣言"，8－1090有"說所爲除貲者名吏（事）里、它坐、訾遣"，其中"它坐、訾"與"遣"即連讀。這幾處文例中的"遣"都應指遣送。8－198+8－213+8－2013有"弗下下，定當坐者名吏里、它坐、訾能入貲不能，遣詣廷"，語境相同。其中"遣詣廷"之"遣"明顯是遣送的意思。9－756"亟定丞以下當坐者名吏（事）里、它坐、貲，遣詣廷。以書言，署金布發"，"遣詣廷"後要求"以書言"。8－136+8－144"遣"下的"言"，指報告，與9－756"以書言"應是相似表述。遷陵遣言，指遷陵遣送，並報告。

9－417+9－324釋文作：

遷陵遣☐叚（假）少内林等買☐

9－806"少内林"之"少"字上尚有筆畫，趙翠翠認爲是補寫的"叚"字。[3] 其説可從。9－806的"少内林"，與9－417+9－324的"叚（假）少内林"，有可能是同一人。"遣""叚"之間有一字殘筆，待考。"遷

---

[1] 陳偉主編，魯家亮、何有祖、凡國棟撰著：《里耶秦簡牘校釋（第二卷）》第78頁。
[2] 陳偉主編，何有祖、魯家亮、凡國棟撰著：《里耶秦簡牘校釋（第一卷）》76—77頁。
[3] 趙翠翠：《讀〈里耶秦簡（貳）〉札記（四則）》，簡帛網2018年10月15日。

陵遣□叚（假）少內林等買"提及遷陵縣派遣假少內林等人去買某物。

六、9－605+9－861

里耶秦簡有二殘片，其釋文作：

> 遷陵將【尉】☑Ⅰ
> 叚（假）丞華☑Ⅱ 9－605
> ☑【尉】計。9－861

9－605號簡校釋小組注："華，人名。里耶簡有'遷陵將計叚（假）丞'，可參看。"今按：二片茬口、紋路、色澤皆吻合，綴合可復原尉字。9－605+9－861釋文作：

> 遷陵將尉計Ⅰ叚（假）丞華。Ⅱ

"尉計"一詞見於8－1952"遷陵尉計"。"將尉計叚（假）丞華"一詞由"事"（將尉計）、官名（假丞）、人名（華）三部分組成，類似的例子見於8－1559"將捕爰叚（假）倉茲"、8－77+8－2+8－108"遷陵將計叚（假）丞"，[1] 可爲佐證。此牘當是"華"負責遷陵尉計的身份憑證。

七、9－655+9－862

里耶9－655號簡：

> ☑三月辛酉旦，走□☑

"走"下一字，人名，原釋文疑是"達"。《校釋二》存疑，簡文作：

是"適"字。里耶簡"適"字作：

---
[1] 何有祖：《讀里耶秦簡札記（一）》，簡帛網2015年6月17日。

（8－1462）　　　　　（8－50）

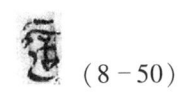

寫法近似，可參看。9－862號簡釋文作：

　　☑以來吏☑

9－655、9－862號簡二片茬口吻合，可綴合。9－655+9－862釋文作：

　　☑三月辛酉旦，走適以來。吏☑

"走適以來"，類似表述見於：

　　獄東曹書一封，丞印，詣無陽。·九月己亥水下三刻，走佁以來。[1] 5－22

　　辛巳，走利以來。／☑半。憙☑ 8－67背+8－652背

　　八月癸巳水下四刻走賢以來。／行半。☑Ⅲ 8－133背

皆爲走+人名+以來。"走適"之"適"當用作人名。9－887"☑爰書：吏走使小隸臣適自☑"，"適"用作人名，"使小隸臣"是其對其年齡（或身高）、身份等的描述，[2] 其職事也是"走"。因信息有限，二處所出現的走"適"，是否爲同一人，待考。本簡記錄了走"適"的行書月日及大致時辰。

八、9－979+9－572

里耶9－979號簡：

---

[1] 何有祖：《讀里耶秦簡札記（四則）》，簡帛網2015年6月10日。
[2] 張家山漢簡《二年律令·金布律》418號簡有"大男……大女及使小男"，整理者注："大男，簡文中還有'大女''使小男''使小女'，據居延漢簡，六歲以下爲未使男、未使女，七歲至十四歲爲使男、使女，十五歲及以上爲大男、大女，其使男、使女與未使男、未使女統稱小男、小女，見《楊聯升文集》，第六頁，中國社會科學出版社，一九九二年。"此處"使小隸臣"，大致與"使小男"對應。凌文超先生指出，"使""未使"是與廩給有關的社會身份"（凌文超：《小未傅——漢晉賦役制度識小之一》，簡帛網2010年11月26日）。

　　　　鄉令鄉☐9-979

　　9-572號簡：

　　　　☐古追逐者9-572

9-979、9-572二片寬度相近，字迹及簡面色澤皆同，茬口吻合，當可綴合，其釋文作：

　　　　鄉令【鄉】古追逐者9-979+9-572[1]

上揭釋文中第二個"鄉"字右部並未寫完整，從現有筆畫看，類似第一處"鄉"字右部邑的寫法，今加補字符號。"追逐者"文意較順適，但"逐"字所從豖上有一短橫，尚有待進一步考證。

九、9-884+9-817+9-569

　　里耶秦簡有三殘片：

　　　　・守☐9-884
　　　　☐府爲縣上☐☐9-817
　　　　☐□器兵當會九月者札。9-569

上揭三殘片寬度相同，字迹相同，簡面偏右有一條貫通的紋路，可綴合。9-884+9-817+9-569釋文作：

　　　　・守府爲縣上見器、兵當會九月者札。

簡首"・"，原釋文脫錄，位置在整個簡頂端中部，其上應是完整的。9-817、9-569茬口處"見"字的中部筆畫略有缺失。

里耶秦簡有"上見兵"的記載，如里耶8-653+9-1370號簡：[2]

　　　　元年八月庚午朔朔日，遷陵守丞固敢言Ⅰ之：守府書曰：上真

---

[1] 2020年12月1日交流的時候發現謝坤先生也綴合此簡。
[2] 里耶秦簡牘校釋小組（何有祖執筆）：《〈里耶秦簡（貳）〉綴合補（二）》，簡帛網2018年5月15日。

見兵會九月朔日守府。・今上應（應）ⅠⅠ書者一牒。敢言之。

上揭簡文中，遷陵守丞固於秦二世元年八月所提及的"守府書"，要求"上真見兵會九月朔日守府"。里耶 8-458 號簡提及"遷陵庫真見兵"：[1]

> 遷陵庫真見兵：甲三百卌九。甲宂廿一。鞞瞀卅九。冑廿八。弩二百五十一。臂九十七。弦千八百一。矢四萬九百九十。[2] 鞍（轂）二百五十一。

游逸飛、陳弘音二位先生曾對比 9-29 與 8-458，指出：[3]

> 簡 8-458 爲"遷陵庫"的武器裝備物資紀錄，本簡"弩二百五十一""臂九十七""弦千八百一"的紀錄亦見於簡 8-458，惟"冑十八"與簡 8-458 的"冑廿八"少了十件冑，可知本簡亦爲"遷陵庫"的武器裝備物資紀錄，而且紀錄時間應相距不遠，否則物資數量不會大抵一致。

由於 9-29 殘缺，不知年份。《里耶秦簡（貳）》綴合 9-29+9-1164，其釋文可作：

> ☐元年餘甲三百卌九，宂廿一，札五石，鞞瞀卅九，冑十八，弩二百五十一，臂九十七，幾（機）百一十七，弦千八百一，矢四萬九百九十Ⅰ

> ☐銅四兩，敝緯四斤二兩。　・凡四萬四千二百八十四物，同券齒。Ⅱ

---

[1] 釋文參看湖南省文物考古研究所：《里耶秦簡（壹）》釋文第 32 頁；陳偉主編，何有祖、魯家亮、凡國棟撰著：《里耶秦簡牘校釋（第一卷）》第 154 頁；李均明：《里耶秦簡"真見兵"解》，《出土文獻研究》第 11 輯，中西書局 2012 年；陳偉：《關於秦遷陵縣"庫"的初步考察》，《簡帛》第 12 輯，上海古籍出版社 2016 年。

[2] 九十，原釋文未釋，此從游逸飛、陳弘音：《里耶秦簡博物館藏第九層簡牘釋文校釋》，簡帛網 2013 年 12 月 22 日。

[3] 游逸飛、陳弘音：《里耶秦簡博物館藏第九層簡牘釋文校釋》，簡帛網 2013 年 12 月 22 日。

可知其記錄時間大致在秦二世元年的下一年。上揭統計數據在另一枚牘中也可以見到，該牘釋文作：

> 二年十月己巳朔朔日，洞庭叚（假）守冣爰書：遷陵庫兵已計，元年餘甲三百卅九，冗廿一，札五石，鞼【瞀】……五十一，臂九十七，幾（機）百一十七，弦千八百一，矢四萬九百九十八，轅（戟）二百丨五十一，敦一，符一，緯二百六十三，注弦卅二，蘭卅，銅四兩，敝緯四斤二兩。　·凡四萬四千……齒。Ⅱ 9-1547+9-2041+9-2149[1]

這是秦二世二年十月一日洞庭假守冣的一份爰書，重申追述了秦二世元年底遷陵所呈庫兵記錄。裏面提及 "元年餘"，與 "二年十月" 對應，可知類似的記錄都應是下一年對上一年的遷陵庫武器裝備物資統計數據的追述。9-29+9-1164 也出現 "元年餘"，可知也是對秦二世元年底遷陵庫武器裝備物資統計紀錄的追述，其時間也當可能在秦二世二年。從這幾份檔大致可以看出秦二世元年、二年所發生的、洞庭守府要求上真見兵而其屬縣根據守府書在年底上報當年見兵的實際情況。

9-884+9-817+9-569 簡文中 "上見器" 守府似屬首次出現。不過，遷陵縣有不少關於 "器" 的 "計"，如：

> 金布計錄：庫兵計，車計，工用計，工用器計，少内器計，【金】錢計。凡六計。8-493

> 金布廿九年庫工用器、兵、車、少内器計出入券。丁。9-1115
> ☐工用計受其司空器計☐ 9-122

涉及工用器、庫工用器、少内器、司空器等不同來源的 "器" 計。這些 "器" 計想來將爲 "上見器" 守府提供基本的統計數據。

簡文 "·守府爲縣上見器、兵當會九月者札"，當是洞庭郡守府下

---

[1] 9-1547 和 9-2041 由整理者綴合，凡國棟先生益以 9-2149（里耶秦簡牘校釋小組（何有祖執筆）：《〈里耶秦簡（貳）〉綴合補（二）》，簡帛網 2018 年 5 月 15 日）。

達給屬縣的書札。是洞庭郡催促屬縣提交庫存武器裝備記録的文書。

一〇、9-1294+9-1223

里耶 9-1223 號簡：

☒嗇探守丞銜前☒

"嗇"下一字，楊先雲先生指出，應是"探"，"探"作人名又見於 9-774、9-884，9-1029"銜"與 9-1223"守丞銜"爲同一人，即遷陵守丞銜。[1] 語境非常接近的 8-985 號簡有"探"字，用法與之相同，魯家亮先生曾指出用作動詞，指探求、探查。[2] 此處"探"也當用作動詞。這枚殘簡與里耶秦簡 9-1294 茬口吻合，可綴合，其釋文作：

☒六月甲辰，史嗇探守丞銜前☒

楊先雲先生還指出 9-1029 與 9-774、9-884 爲同一性質的"符"。[3] 9-1294+9-1223 似也屬於這一類文書。今將里耶秦簡中相似的文書集中如下：

1）居貲士五（伍）高里惡租。☒Ⅰ
廿八年六月丙戌，司空長、佐郘符。發弩守攀探遷陵拔前，以爲洞庭☒Ⅱ 8-985

2）更戍卒士五（伍）城父成里產，長七尺四寸，黑色，年卅一歲，族☒Ⅰ
卅四年六月甲午朔甲辰，尉探遷陵守丞銜前，令☒Ⅱ 9-757

3）更戍卒城父公士西平賀，長七尺五寸，年廿九歲，族蘇☒Ⅰ
卅四年甲午朔甲辰，令佐章探遷陵守丞昌前，令☒Ⅱ 9-885

---

[1] 楊先雲：《讀〈里耶秦簡（貳）〉札記》，簡帛網 2018 年 5 月 17 日。
[2] 魯家亮：《小議里耶秦簡 8-985 中的兩個人名》，《出土文獻研究》第 11 輯，第 153—161 頁。
[3] 楊先雲：《讀〈里耶秦簡（貳）〉札記》，簡帛網 2018 年 5 月 17 日。

4）☐☐☐年卅八歲,[1] 族☐☐Ⅰ
　　☐☐【探守丞】銜前☐Ⅱ9-1029

5）☐六月甲辰，史蒭探守丞銜前☐9-1294+9-1223

6）☐☐，年卅一年歲，族黄【氏】☐Ⅰ
　　☐丞銜前，令史蒭☐☐Ⅱ9-1257

7）☐里☐長七尺五寸☐Ⅰ
　　☐☐倉佐覃探遷陵☐Ⅱ9-1281

8）☐虎探☐8-639

按：1）《校釋一》把"符"與"發弩守"連讀，並指出，探，人名。符，似讀爲"付"。[2] 魯家亮先生認爲"符"應屬上如字讀，作"廿八年六月丙戌，司空長、佐郘符。發弩守攀探遷陵拔前，以爲洞庭"，並認爲符用動詞，指製符。[3] 按：其説可從。"司空長、佐郘符"，即司空長、佐郘爲"居貲士五（伍）高里惡租"製作符。"發弩守攀探遷陵拔前"，類似於9-757"尉探遷陵守丞銜前"、9-885"令佐章探遷陵守丞昌前"、9-1281"倉佐覃探遷陵"，這幾處的"探"當皆用作動詞。

2）"尉探遷陵守丞銜前"之"探"用作動詞，那麽"尉""探"之間省略一個人名。

4）"銜"上三字，原釋文未釋，疑是"探守丞"。

6）"令史蒭"上一字，原釋文未釋，是"前"字。"前"上一字疑是"銜"。

7）"長"下一字，原釋文未釋，疑是"七"字。

8）"探"上一字原釋文作吊，當是"虎"字。[4]

8-985提及"司空長、佐郘符"的時候，並没有對"居貲士五

---

[1] 年卅，從楊先雲：《讀〈里耶秦簡（貳）〉札記》釋。

[2] 陳偉主編，何有祖、魯家亮、凡國棟撰著：《里耶秦簡牘校釋（第一卷）》256—257頁。

[3] 魯家亮：《小議里耶秦簡8-985中的兩個人名》，《出土文獻研究》第11輯，第153—161頁。

[4] 何有祖：《讀里耶秦簡札記（二）》，簡帛網2015年6月23日。

（伍）高里惡"的外表、年歲、族氏等信息做具體描述，只是交代了由"居貲士五（伍）高里惡"租，所租內容也不詳，第二列記載的司空長、佐郤"符"，其後記載發弩守攀"探"遷陵拔之前。發弩守攀可能基於司空長、佐郤索提供的"符"，向遷陵拔對"惡"身份作進一步核實。8－985號簡提醒我們，"居貲士五（伍）高里惡"需要司空長、佐郤提供"符"，以便於"租"。

9－757、9－885、9－1281兩行書寫，在靠右的一側，有對所"探"對象的具體描述，可知這類描述應是要"探"的具體內容。據8－985可知，這些對個人身份的詳細描述，很可能就是"符"的具體內容。

里耶秦簡中確定令史有資格享有"走"的服務的時候，使用了"定其符"一詞，見於下簡：

> 卅一年後九月庚辰朔辛巳，遷陵丞昌謂倉嗇夫：令史言以辛巳視事，以律令假養、襲令史朝走啓。定其符。它如律令。8－1560
> 後九月辛巳旦，守府快行。　言手。8－1560背

令史言在卅一年後九月辛巳這一天視事，遷陵丞命令倉嗇夫依律向其配給吏養。[1] 令史言"襲令史朝走啓"，遷陵丞昌告知倉嗇夫"定其符"，其中的"其"應代指"走啓"。"定其符"即確定"走啓"的個人身份情況及記錄所服務官員對象變更這一事實。類似的表述見下簡：

> 廿八年六月己巳朔甲午，倉武敢言之：令史敞、彼死共走興。今彼死次不當得走，令史畸當得未有走。今令畸襲彼死處，與敞共走。倉已定籍。敢言之。8－1490+8－1518
> 六月乙未，水下六刻，佐尚以來。/朝半。　□尚手。8－1490背+8－1518背

上揭簡文中，倉守武指出，令史敞、彼死共走興，但彼死不當得"走"，令史畸當得"走"却未有"走"。於是令"令史畸"代替"彼死"而與

---

[1] 沈剛：《秦簡中的"吏僕"與"吏養"》，《人文雜志》2016年第1期，第75頁。

令史敵共有"走興"。這時提及"倉已定籍",其中應包含對"走興"所服務官員對象變更事實的記錄。8-1560"定其符"8-1490+8-1518"定籍"應是相近表述,這裏共同之處似體現在對"走"身份的確認以及該"走"爲某令史服務這一事實的認定上。

對於"探"所得結果,有稍微完整的簡文:

更戍卒士五(伍)城父成里產,長七尺四寸,黑色,年卅一歲,族☐Ⅰ

卅四年六月甲午朔甲辰,尉探遷陵守丞衡前,令☐Ⅱ 9-757

更戍卒城父公士西平賀,長七尺五寸,年廿九歲,族蘇☐Ⅰ

卅四年甲午朔甲辰,令佐章探遷陵守丞昌前,令☐Ⅱ 9-885

這二簡第二列都交代"探"的細節,第一列交代的是向遷陵守丞所探得的有關人士縣爵里、身高、膚色、年齡、族氏等信息。從所得信息的進度看,這二簡當是8-985等類簡進一步探詢的結果。

一一、9-1758+8-419+8-612

里耶秦簡有二殘片,其釋文作:

☐及雞Ⅰ遣市束Ⅱ一薄(簿)。Ⅲ 8-419+8-612

廿六年金布Ⅰ

兵當繕者Ⅱ

☐ 9-1758

上揭殘簡中,《校釋一》已綴合8-419+8-612。[1] 9-1758號簡與8-419+8-612茬口吻合,可復原"及""雞"字,可綴合,綴合後簡文大致完整,其釋文作:

廿六年金布Ⅰ兵當繕者☐及雞Ⅱ遣市束Ⅲ一薄(簿)。Ⅳ

---

[1] 陳偉主編,何有祖、魯家亮、凡國棟撰著:《里耶秦簡牘校釋(第一卷)》第145頁。

"及"前一字，原釋文未釋，《校釋一》注："似是'鴈'。《說文》：'鴈，鵝也。'適可與雞並列。"[1] 楊先雲先生認爲："左從虐，是'獻'字。"[2] 今按：字左下從鬲，左上從广，似是"獻"字。"金布兵當繕者獻"，"雞遣市"，大概指將用於市場交易的"雞"。"束"，張春龍先生曾指出，束與它所揭示的公文衣籍等捆綁極緊密牢靠。這裏應是集中捆縛，集中之意。[3]

本牘上端有穿孔的痕迹，爲簽牌，大概挂在裝有是遷陵縣廿六年"金布兵當繕者獻及雞遣市束"簿籍的笥上，以清眉目。

一二、9-1780+9-682

9-1780 號簡上下殘，釋文作：

　　　　☑□倉守曼、佐戉出粟□☑[4]

9-682 號簡上下殘，釋文作：

　　　　☑□斗二升半升，稟校☑

9-1780、9-682 寬度相同，茬口吻合，可綴合。二簡茬口綴合處，原各有一未釋字，綴合後的字當釋作"二"。二簡綴合釋文作：

　　　　☑□倉守曼、佐戉出粟二斗二升半升稟校☑ 9-1780+9-682

這是一份由倉出稟食的文書，簡首尾尚殘。

一三、9-1843+9-2783+9-3172

里耶秦簡有三殘片，釋文作：

　　　　☑辯辨臣☑ Ⅰ

---

[1] 陳偉主編，何有祖、魯家亮、凡國棟撰著：《里耶秦簡牘校釋（第一卷）》第145頁。
[2] 楊先雲：《里耶秦簡釋文補正與殘簡試綴》，《楚學論叢》第7輯，湖北人民出版社2018年。
[3] 張春龍：《里耶一號井的封檢和束》，《湖南考古輯刊》第8集，第65—70頁。
[4] 曼、戉，從《校釋二》釋。見陳偉主編，魯家亮、何有祖、凡國棟撰著：《里耶秦簡牘校釋（第二卷）》第360頁。

☒□事得□☒Ⅱ9-1843
☒□□□☒9-1843背
☒亦得☒Ⅰ
☒□□Ⅱ9-2783
☒□□☒9-2783背
☒毋恙也毋9-3172
☒□心心心9-3172背

三片茬口吻合，可綴合，其釋文作：

☒辯辨臣亦得毋恙也毋☒Ⅰ
☒□事得□□☒Ⅱ9-1843+9-2783+9-3172
☒□□□□☒心心心9-1843背+9-2783背+9-3172背

從綴合後所得文句看，應是習字簡，所學習的對象似是書信。其中"臣亦得毋恙也"在書信中常見。

一四、9-1972+9-1269

里耶秦簡有二殘簡，釋文作：

☒廷獄門守府☒9-1972
☒捕鼠廿☒9-1269

二片茬口吻合，字體、色澤相同，可綴合。9-1972上端端頭平齊，略有殘損，9-1269"捕鼠廿"以下仍有殘斷，今皆保留殘斷符號。9-1972+9-1269釋文作：

☒廷獄門守府捕鼠廿☒

謝坤先生曾收集捕鼠券如下：[1]

倉厨捕鼠十 嬰9-1128

---

[1] 謝坤：《〈里耶秦簡（貳）〉札記（一）》，簡帛網2018年5月17日。

　　　　倉徒養捕鼠十☒9-1134

　　　　庫門者捕鼠十☒9-1062

　　　　尉守府捕鼠十　不害☒9-2276

　　　　令史南舍捕鼠十☒9-1646

　　　　令史中捕鼠十☒9-3302

　　　　丞主舍捕鼠十　就　☒9-1962

　　　　☒少内☐鼠☒9-2882[1]

　　　　☒鼠廿微9-625

　　　　☒☐捕鼠十☐得☒9-1181

　　　　☒捕鼠廿☒9-1269

　　　　倉稟人捕鼠☒8-2467[2]

謝坤先生指出，這幾枚簡的內容皆與捕鼠有關，且木簡形制相近、字體書寫風格近似，頗疑幾枚簡原可能屬同一類，或可編聯。[3] 我們注意到這些鼠券涉及倉（廚、徒養）、庫、尉、令史南舍、令史中、丞主舍、少內等處，反映的應是這些單位各自捕鼠的記錄，當由各單位分別書寫並上報給縣廷。從書寫筆跡來看，筆迹有較大差異。

一五、9-2184+9-2080

里耶簡9-2184號簡，下殘，釋文作：

　　　財（裁）之，敢言之☒

里耶簡9-2080號簡，下殘，釋文作：

　　　☒詣廷皆☒

―――――――――

[1]"鼠"前之字未釋，謝坤先生指出是"捕"（參看謝坤：《〈里耶秦簡（貳）〉札記（一）》）。
[2] 簡首"倉"字原未釋，謝坤先生據殘字補釋（參看謝坤：《〈里耶秦簡（貳）〉札記（一）》）。
[3] 謝坤：《〈里耶秦簡（貳）〉札記（一）》。

9-2184、9-2080 茬口吻合，寬度相同，可綴合，綴合後釋文作：

財（裁）之，敢言之，詣廷皆☐

一六、9-2464+9-1104

里耶秦簡有二殘片，其釋文：

☐北辟得☐Ⅰ
☐若張若☐若☐Ⅱ 9-1104
……9-1104 背
☐它【物】當陽☐ 9-2464
☐習令　☐ 9-2464 背

二片茬口不能密合，但有三處凹痕能對接，可知茬口處有殘損。其釋文作：

☐習令　北辟得☐Ⅰ若張若☐若☐Ⅱ 9-2464 背+9-1104
☐它【物】當陽……9-2464+9-1104 背

從書寫內容看，疑是習字簡。

一七、9-2679++9-2949

9-2679 號簡，下殘，釋文作：

秩斗☐

9-2949 號簡，下殘，釋文作：

☐食人二☐

今按：9-2679、9-2949 寬度相同，茬口吻合，可綴合。其釋文作：

秩斗食人二☐

斗食秩在百石以下，如《漢書·百官公卿表上》："縣令、長，皆秦官，掌治其縣。萬户以上爲令，秩千石至六百石。減萬户爲長，秩五百石至三百石。皆有丞、尉，秩四百石至二百石，是爲長吏。百石以下有斗食、佐史之秩，是爲少吏。"張家山漢簡《二年律令》297號簡："賜吏酒食，衞（率）秩百石而肉十二斤、酒一斗；斗食令史肉十斤，佐史八斤，酒各一斗。"[1]記載按官秩等級賜吏酒食，其中斗食令史在百石以下之列。里耶10-15號簡有"爲縣令佐一歲十二日，爲縣斗食四歲十一月廿四日，爲縣司空有秩□□十三歲八月廿二日"，斗食秩級在縣司空有秩之下。秦至漢初關於斗食的記載，與《漢書·百官公卿表上》相合。簡文"秩斗食人二"，似記載吏秩級爲斗食的，每人可有"二……"。"二"下殘缺，具體爲何種福利，待考。

一八、9-2803+9-2779+9-2818

里耶秦簡有三殘片，其釋文作：

　　　　☑☐☐☐☑ 9-2779
　　　　☑校長囚魚☑ 9-2803
　　　　☑☐☐☐☑ 9-2818

楊先雲先生指出9-2779、9-2818可綴合，其釋文作：[2]

　　　　☑☐☐☐☐☑ 9-2779+9-2818

今按：9-2803號簡下端可與9-2779+9-2818綴合。9-2803+9-2779+9-2818號簡釋文作：

　　　　☑校長囚魚□捕繆☑

捕繆，二字原釋文未釋。"繆"有兩種可能，其一用作人名，見於8-786號簡"☑繆死。　　卅二☑"，其二，訓作差錯，如8-70+8-1913

---

[1]"斗食令史"的斷句見《江陵張家山漢墓出土〈二年律令〉譯注稿　其（二）》，《東方學報》京都第77册，2005年3月。

[2] 楊先雲：《〈里耶秦簡（貳）〉殘簡綴合四則》，簡帛網2019年3月27日。

"勿令繆失"、8-75+8-166+8-485"毋令校繆",睡虎地秦簡《秦律十八種·金布律》70-71號簡"計毋相繆"整理小組注釋云:"繆,差錯。"9-2803+9-2779+9-2818"校長囚魚□捕繆",可能指校長囚魚逮捕繆,也可能指校長囚魚逮捕行爲出現了差錯,具體如何,待考。本簡與校長囚魚執行逮捕事務有關。

一九、9-3179+9-3180

里耶秦簡有二殘片,其釋文作:

☑五☑ 9-3179

☑□□☑ 9-3179 背

☑日☑ 9-3180

☑□□☑ 9-3180 背

二片茬口吻合,可綴合,簡正面"五日",簡背面復原之字,原未釋,是"爲",書寫方向與"五日"相反。二片綴合後的釋文作:

☑五日☑ 9-3179+9-3180

☑爲☑ 9-3179 背+9-3180 背

本簡內容簡略,所記錄事件及用途不詳。

二〇、9-3185+9-3184

里耶秦簡有二殘片,其釋文作:

☑六月☑ 9-3185

☑以繆☑ 9-3185 背

☑辛未日☑ 9-3184

☑□庫丙☑ 9-3184 背

上揭二殘片,茬口吻合,書寫特徵接近,可綴合。綴合後的釋文作:

☑六月辛未日☑ 9-3185+9-3184

☑以繆□庫丙☑9－3185背+9－3184背

"繆"字左所從糸下部表分叉的絲的筆畫脫落，右下所從彡，其中"彡"實只寫了兩撇，如8－2471 ，與8－70 中"彡"寫了三撇不同。此類筆畫差異在整體構形穩定的情況下，並不影響文字的釋讀。但對判斷"庫"前的墨點並非"繆"字的筆畫較爲關鍵，其圖作：

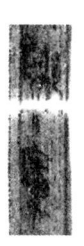

從上圖可以看出"庫"上有一墨點在"繆"字所從彡下方，距離"繆"字有一定距離，應是獨立存在的標識符號。故而釋文可進一步調整作：

☑六月辛未日☑9－3185+9－3184
☑以繆·庫丙☑9－3185背+9－3184背

"庫丙"，比照8－173"庫武"例，可知"丙"用作人名。本簡似與庫有關，因簡文仍殘，上下文不明，具體情形待考。

二一、9－3370+9－3255

9－3370號簡，上、下殘，釋文作：

☑盜律羣[1]☑

9－3255號簡，下殘，釋文作：

☑【盜】出會☑

今按：9－3370、9－3255寬度相同，茬口吻合，可綴合。其釋文作：

---

[1] 羣，原釋文作"金"。此從陳偉主編，魯家亮、何有祖、凡國棟撰著：《里耶秦簡牘校釋（第二卷）》第575頁。

☑盗律：羣（群）盗出會☑

這枚簡抄錄了秦《盗律》的條文。因簡殘，文意待考。

第三節　與"物故"有關里耶秦簡牘的綴合、釋讀

里耶秦簡有幾枚與"物故"有關的簡牘，還存在綴合、釋讀問題，今討論如下。

一、6-32、6-36 綴合

里耶 6-32 號簡釋文作：

☑☐赀枚☑

上下皆殘，簡色偏暗，簡面有四道明顯的凹痕。簡右靠邊緣處，尚有一明細筆畫"丿"，可見此處嚴格來說，可看作兩列，即寫作：

……Ⅰ
☑☐赀枚☑Ⅱ

里耶 6-36 號簡釋文作：

……Ⅰ
☑廿五年書有物Ⅱ

我們注意到該殘片簡色偏暗，也有數道明顯的凹痕，且能與 6-32 上下貫通，茬口也吻合，當可綴合（見圖一）。

里耶 6-32+6-36 號簡釋文作：

……Ⅰ
☑☐赀枚廿五年，書有物☑Ⅱ

圖一　6-32+6-36

"赀"後一字从木从攵,字待考。[1]"赀"後一般接若干甲(或盾),如8-890+8-1583"令佐朝、義、佐㱃赀各一甲",將"赀"的對象放在前面,即"令佐朝、義、佐㱃"。有些簡文中的"赀"後也緊接人名+甲(或盾),如8-754+8-1007"即與史義論赀渠、獲各三甲"。雖然6-32+6-36殘,所"赀"具體金額不明,本簡所見"赀枚"恐仍當是後一種情況,即"枚"有可能用作人名。

"物"後所缺疑是"故"字。"有物故"一詞比較常見,如8-75+8-166號簡"雖有物故,後計上校以應(應)遷陵"。《二年律令》265號簡"有物故"。《商君書·定分》:"即以左券予吏之問法令者,主法令之吏謹藏其右券木柙,以室藏之,封以法令之長印。即後有物故,以券書從事。"馬怡先生認爲指亡故。[2]王偉先生認爲應理解爲"事故"。[3]

"☒☒赀枚廿五年,書有物【故】☒",與之相似的情形見於9-3號簡:[4]

卅三年三月辛未朔戊戌,司空騰敢言之:陽陵下里士五(伍)不識有赀餘錢千Ⅰ七百廿八。不識戍洞庭郡,不智(知)何縣署。今爲錢校券一上,謁言洞庭尉,令署Ⅱ所縣責,以受陽陵司空——司空不名計。問何縣官計付,署計年名爲報。已訾Ⅲ責其家,家貧弗能入。有物故,弗服。毋聽流辭以環書,道遠。報署Ⅳ主責發。敢言之。/四月壬寅,陽陵守丞恬敢言之:寫上,謁報,署金Ⅴ

上引簡文提及"陽陵下里士五(伍)不識"在洞庭郡"戍",不識"有赀餘錢千七百廿八",即還剩下赀錢1728需要償還。簡文後提及不識

---

[1]枚字右部也有可能从丑。
[2]馬怡:《里耶秦簡選校》,《中國社會科學院歷史研究所學刊》第4集,商務印書館2007年。
[3]王偉:《里耶秦簡"付計"文書義解》,《魯東大學學報(哲學社會科學版)》2015年第5期。
[4]湖南省文物考古研究所編著:《里耶秦簡(貳)》釋文第3頁;陳偉主編,魯家亮、何有祖、凡國棟撰著:《里耶秦簡牘校釋(第二卷)》第11—12頁。

"家貧弗能入。有物故，弗服"，其中即出現"有物故"的情形。但後文還有"弗服"，弗服，《選釋》與下文連讀，馬怡先生不贊同此斷句，指出"'服'指服事，服役。《爾雅·釋詁上》：'服，事也。'或説'服'，服從。"[1] 其説是。下文提及的 8－75+8－166 號簡"郪雖有物故，後計上校以應（應）遷陵"與之情況相類。

總的來看，6－32+6－36"□貣枳廿五年，書有物【故】"應是對廿五年關於枳之計的描述性語句，由此語句"有物【故】"可知關於枳之計中間或有延遲。

二、8－75+8－166 等簡所見"物故"及相關字詞考釋

8－75+8－166 號簡：[2]

　　廿八年十二月癸未，遷陵守丞膻之以此追如少内書。/犯手。☑Ⅰ

　　甲申水下七刻，高里士五（伍）□行。☑Ⅱ

　　七月辛亥，少内守公敢言之：計不得敢壹隤，有令，今遷陵已定，以付郪少内金錢計，計廿Ⅲ八年。謁告郪司佐：郪雖有物故，後計上校以應（應）遷陵，毋令校繆，繆任不在遷☑Ⅳ正面

　　弗用，不來報，敢言之。/氣手。/即水下八刻，[3] 佐氣以來。/敞半[4] ☑Ⅰ

　　七月壬子，遷陵守丞膻之敢告郪丞以寫移，[5] 敢告之。/敞

---

[1] 馬怡：《里耶秦簡選校》。
[2] 陳偉主編，何有祖、魯家亮、凡國棟撰著：《里耶秦簡牘校釋（第一卷）》第 55—56 頁綴合"8－75+8－166+8－485"，陶安先生《里耶秦簡綴合商榷》（《出土文獻研究》第 16 輯，中西書局 2017 年）指出 8－485 不當綴合於其中，今從之删改。
[3] 即，原釋文作"□□"，《校釋一》作"□"（陳偉主編，何有祖、魯家亮、凡國棟撰著：《里耶秦簡牘校釋（第一卷）》第 56 頁）。按：字僅剩殘筆，從輪廓看疑是"即"。"即水下八刻"，相似的表述見於 9－2346 背"即水下七刻"。
[4] 半，原釋文未釋，此從李美娟：《〈里耶秦簡（壹）〉零札》，《簡帛》第 17 輯，上海古籍出版社 2018 年，第 83—99 頁。
[5] "移"，原釋文未釋，此從李美娟：《〈里耶秦簡（壹）〉零札》釋。

手。[1]　/即水下[2]☒ Ⅱ

盡，[3]　佐氣行旁。☒ Ⅲ

□□水下□刻□□以來。/犯手。☒ Ⅳ 背面

"年謁告鄩司佐"上一字，原釋文未釋，《校釋一》指出"'年'上一字疑是'七'或'八'字，連讀爲'計廿七年'或'計廿八年'。8-63云'署計年爲報'。"[4] 今從殘筆看，應是"八"字。"八"可與第三列"計廿"連讀作"計廿八年"，由此可知，第三列下雖有殘缺，但在內容上是完整的。

"犯手"二見，其一在簡正面第1列末尾作 [图]，其二在簡背最後的位置作 [图]。其中二見的"犯"，原釋文作"犯"，[5]《校釋一》從之。[6] 單育辰先生曾在釋文中把後一處"犯"直接寫作"犯"，[7] 但未加說明。現在看來單先生的意見是很正確的。前一處的 [图]，也應釋作"犯"，8-138+8-174+8-522+8-523"（廿六年）□月癸酉，令史犯行廟"之"犯"即如此作。二簡年份相隔約2年，二者皆有的"犯"，可能爲同一人。第二處"犯手"之"手"，寫法有異，單育辰先生指出應即"半"字。[8] 其說可從。

"計不得敢壹隤，有令"，"隤"上一字作 [图]，原釋文未釋，《校釋

---

[1] "敢手"之"敢"，原釋文作"尚"，此從李美娟《〈里耶秦簡（壹）〉零札》釋。
[2] "即"，原釋文缺釋，此從黃浩波先生釋（黃浩波：《秦代文書傳遞相關問題研究》第117頁腳注1，博士學位論文，武漢大學2020年）。"水下"從李美娟《〈里耶秦簡（壹）〉零札》釋。
[3] "盡"，從李美娟：《〈里耶秦簡（壹）〉零札》釋。
[4] 陳偉主編，何有祖、魯家亮、凡國棟撰著：《里耶秦簡牘校釋（第一卷）》第56頁。
[5] 湖南省文物考古研究所編著：《里耶秦簡（壹）》釋文第14、21頁。
[6] 陳偉主編，何有祖、魯家亮、凡國棟撰著：《里耶秦簡牘校釋（第一卷）》第55—56頁。
[7] 單育辰：《談談里耶秦公文書的流轉》，簡帛網2012年5月25日。文章修改後題作《里耶秦公文流轉研究》刊於《簡帛》第9輯，上海古籍出版社2014年。
[8] 單育辰：《談談里耶秦公文書的流轉》。

一》作"膻",[1]今從簡文看應是"壹"。再上一字,原釋文未釋,《校釋一》疑作"敢",[2]按該字與同列的"敢"寫法相同,釋"敢"可從。"計不得敢壹贖,有令",其中"壹贖"也見於嶽麓伍268號簡:[3]

> □□毋敢過壹,贖計過者,令、丞以下均行,誰(詐)避者皆爲新地吏二歲。·内史官共令弟(第)戊卌一

原釋文在"壹"下加逗號,現在看來"壹贖"當連讀作:

> □□毋敢過壹贖計,過者,令、丞以下均行,誰(詐)避者,皆爲新地吏二歲。·内史官共令弟(第)戊卌一

嶽麓伍268號簡似是對嶽麓伍299號簡一類律文的進一步補充規定。嶽麓伍299號簡作:[4]

> 令曰:縣官相付受,道遠不能以付受之歲計而贖計者,屬所執法輒劾窮問,以留乏發征律論坐者。

原釋文在"以付受之"之後斷開,土口史記先生《秦代地方監察制度淺論》一文沿用此説,[5]我在該會議上指出當連讀。不過嶽麓伍268號簡簡首殘缺,從内容上看與嶽麓伍299號簡之間還缺乏過渡性語句,二者不能直接連讀。因而是否能同編也還需要進一步證據。

因"歲計"以年爲單位(由《二年律令》415號簡"戍有餘及少者,贖後年"可知),嶽麓伍268號簡"毋敢過壹贖計"指計的年份不敢超過推後一次,即不敢推後二年以上,也就是説在律令上容許當年的事情推後到下一年計,但不能再往後推一年。嶽麓簡"毋敢過壹贖計"的說法大致可與里耶簡8-75+8-166"計不得敢壹贖有令"之"計不

---

[1] 陳偉主編,何有祖、魯家亮、凡國棟撰著:《里耶秦簡牘校釋(第一卷)》第55、56頁。
[2] 陳偉主編,何有祖、魯家亮、凡國棟撰著:《里耶秦簡牘校釋(第一卷)》第55、56頁。
[3] 陳松長主編:《嶽麓書院藏秦簡(伍)》第186頁。
[4] 陳松長主編:《嶽麓書院藏秦簡(伍)》第197頁。
[5] (日)土口史記:《秦代地方監察制度淺論》,清華大學歷史系主辦:《第一届出土文獻與古代文明青年學者研討會》,2018年8月24—27日,北京。

得敢壹隤"相對應，但"計不得敢壹隤"，指計的年份不敢推後一次，即只能當年事當年計。其中"有令"強調有相應的"令"作爲依據。8－75+8－166"計不得敢壹隤有令"可斷句作"計不得敢壹隤，有令"。里耶 8－75+8－166 號簡對"計"年份的規定（"有令"）要比嶽麓伍 268 號簡的規定要嚴格一些。嶽麓伍 268 號簡的規定中出現秦"新地"，其律令公布的年代，似接近於里耶 8－75+8－166 號簡，後者紀年爲秦始皇廿八年，在洞庭郡遷陵縣入秦後約 3 年。是否此時與計有關的政策在收緊或更趨於規範？尚待考。

里耶 8－75+8－166 號簡"計不得敢壹隤，有令，今遷陵已定，以付鄢少内金錢計，計廿八年"一句是少内守公的話，其中"今遷陵已定，以付鄢少内金錢計，計廿八年"確定了該計的名（即少内金錢計）以及年（即廿八年）。9－3 號簡這份文書與 8－75+8－166 號簡没有關聯，但 9－3、8－75+8－166 都屬於貰責文書，僅從形式上看，8－75+8－166"以付鄢少内金錢計，計廿八年"有助於我們對 9－3 號簡"問何縣官計付，署計年名爲報"的理解。

再來看 8－75+8－166 號簡"少内守公"謁告鄢司佐"鄢雖有物故，後計上校以癒（應）遷陵，毋令校繆，繆任不在遷"。"雖有物故"上一字"鄢"，原釋文及《校釋一》皆未釋，其簡文作 ![字], 與同牘"鄢司佐"之"鄢"作"![字]"形同。鄢，縣名。"鄢雖有物故，後計上校以癒（應）遷陵"，大意是鄢縣雖"有物故"，後來還是定計並上校以應遷陵。這裏的"有物故"似是鄢縣一方出現了事故。

8－657 號簡也提及"物故"，其釋文作：[1]

　　☐亥朔辛丑，琅邪叚（假）【守】☐敢告内史、屬邦、郡守主：琅邪尉徙治即【默】☐Ⅰ

　　琅邪守四百卅四里，卒可令縣官有辟、吏卒衣用及卒有物故當

---

[1] 陳偉主編，何有祖、魯家亮、凡國棟撰著：《里耶秦簡牘校釋（第一卷）》第 193—194 頁。

辟徵逯☐Ⅱ
　　告琅邪尉，毋告琅邪守。

提及"卒有物故當辟、徵、逯"，辟，見於張家山漢簡《二年律令》93號簡"鞫（鞠）獄故縱、不直，及診、報、辟故弗窮審者"。徵，見於《二年律令》183號簡"捕罪人及以縣官事徵召人，所徵召、捕越邑里、官市院垣，追捕、徵者得隨迹出入"。逯，見於里耶秦簡8－904+8－1343："城旦瑣以三月乙酉有逯。今隸妾益行書守府，因止，令益治邸代處。"[1] 這裏的"辟、徵、逯"當就具有生命體徵的"卒"而言，那麼這裏的"有物故"當指事故。

另外，9－2989號簡釋文作：[2]

　　　☐☐故☐

"故"前一字，原釋文未釋，該字作 ，應即"物"字。這裏殘留的二字即爲"物故"。

三、簡牘"有物故"脱"故"二例考

"有物故"一詞，在秦簡中有脱寫"故"的現象。以下試舉二例。

里耶秦簡9－746"☐析兵計有物後計具上校☐"，[3] 其中的"校"，原釋文作"校"，《校釋二》指出也可能是"改"。[4] 按：從簡文看，原釋文作"校"可從。"☐析兵計有物後計具上校☐"一句，與前面我們討論過的8－75+8－166+8－485"郪雖有物故，後計上校以應

---

[1] 止，原釋文作"之"，陳偉老師在史語所專題演講宣讀稿《里耶秦簡所見行書方式再考察》（2015年9月18日，"中研院"史語所）把此字釋作"止"，斷句作"因止令益治邸代處"，此文後來修改後收入陳偉：《秦簡牘校讀及所見制度考察》第27—81頁。2015年10月27我在簡帛網發布《讀里耶秦簡札記（七）》之時，斷句作"因止，令益治邸代處"，略有不同。

[2] 湖南省文物考古研究所編著：《里耶秦簡（貳）》釋文第108頁；陳偉主編，魯家亮、何有祖、凡國棟撰著：《里耶秦簡牘校釋（第二卷）》第540頁。

[3] 湖南省文物考古研究所編著：《里耶秦簡（貳）》釋文第31頁。

[4] 陳偉主編，魯家亮、何有祖、凡國棟撰著：《里耶秦簡牘校釋（第二卷）》第197頁。

遷陵"表述非常接近，可以爲證。同時還可知，9－746"☐析兵計有物後計具上校☐"可在"後計"前逗開，且在"物"後補"故"字，其文句作"☐析兵計，有物【故】，後計具上校☐"。

9－746 簡首殘缺，今發現 9－358 號簡可與之綴合（9－358 號簡釋文作"☐罷癃（癃）齮當追☐"[1]），二簡綴合部分的截圖爲（完整圖見圖二）：

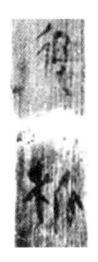

那麼，9－358+9－746 釋文可調整作：

　　☐罷癃（癃）齮當追析兵計，有物【故】，後計具上校☐"

"析兵計"，似指析（里耶 8－538 有"析鄉"，[2]《二年律令·秩律》457 號簡有"析"縣，整理小組謂"漢初疑屬南陽郡"[3]）兵器的"計"。該計由"罷癃（癃）齮"負責追。里耶秦簡名"齮"的有 9－713"洞庭叚（假）守齮下☐"、8－704+

---

[1] 陳偉主編，魯家亮、何有祖、凡國棟撰著：《里耶秦簡牘校釋（第二卷）》第 113 頁。

[2] 陳偉主編，何有祖、魯家亮、凡國棟撰著：《里耶秦簡牘校釋（第一卷）》第 176 頁。

[3] 張家山二四七號漢墓竹簡整理小組：《張家山漢墓竹簡〔二四七號墓〕》第 197、199 頁。

圖二　9－358+9－746

8-706 "遷陵守丞齮",從"罷癃（癃）齮"負責追"析兵計"且後來"上校"看,"齮"較有可能爲遷陵守丞。9-358號簡"罷癃（癃）"條《校釋二》注引《說文》:"癃,罷病也。"段注:"'病'當作'癃'。罷者,廢置之意。凡廢置不能事事曰罷癃。《平原君傳》躄者自言不幸有罷癃之病。然則凡廢疾皆得謂之罷癃也。"[1] 張家山漢簡《二年律令》408號簡記載:"諸當行粟,獨與若父母居老如睆老,若其父母罷癃（癃）者,皆勿行。金癭、有□病,皆以爲罷癃（癃）,可事如睆老。"[2] "金癭、有□病"也會被歸入"罷癃"之列。里耶9-1541"☒遷陵丞罷癃（癃）□",[3] "遷陵丞"後接"罷癃（癃）",有兩種可能：一是該丞的名叫作"罷癃（癃）";二是該丞爲"罷癃（癃）",其後有可能接其名,類似9-358+9-746"罷癃（癃）齮"。[4] 當然9-358+9-746"罷癃（癃）齮"也存在"罷癃（癃）"屬上讀的可能。

9-358+9-746大意是,"罷癃（癃）齮"負責追"析兵計",因出現"物故",後來該計被整理完備後再上校。簡文下端仍殘,但"有物【故】""後計具上校"前的主語似承前所提及的"罷癃（癃）齮"而省,且"後計具上校"沒有再交代該"計"另外的經手人,後續似仍由"罷癃（癃）齮"負責完成。如然,這裏的"物故"仍指事故較爲穩妥。

另外,睡虎地秦簡《秦律十八種·金布》86-88號簡：[5]

　　縣、都官以七月糞公器不可繕者,有久識者靡蚩之。其金及鐵器入以爲銅。都官輸大内,【大】内受買（賣）之,盡七月而靡（畢）。都官遠大内者輸縣,縣受買（賣）之。糞其有物不可以須

---

[1] 陳偉主編,何有祖、魯家亮、凡國棟撰著：《里耶秦簡牘校釋（第一卷）》第113頁。
[2] 何有祖：《讀里耶秦簡札記（四）》,簡帛網2015年7月8日。
[3] 陳偉主編,何有祖、魯家亮、凡國棟撰著：《里耶秦簡牘校釋（第一卷）》第324頁。
[4] 陳偉主編,何有祖、魯家亮、凡國棟撰著：《里耶秦簡牘校釋（第一卷）》第112頁。
[5] 陳偉主編：《秦簡牘合集（壹）》,武漢大學出版社2014年,第100頁。

時，求先買（賣），以書時謁其狀內史。凡糞其不可買（賣）而可以爲薪及蓋蘦〈蘛〉者，用之；毋（無）用，乃燔之。

"糞其有物不可以須時""糞其不可買（賣）而可以爲薪及蓋蘦<蘛>"，二句中的"其"用法相同，皆作連詞，王引之《經傳釋詞》卷五："其，猶若也。"後一個"其"處於兩個條件中（"不可買（賣）""可以爲薪及蓋蘦<蘛>"），前一個"其"處於一個條件中（"有物不可以須時"），此處的"其"當表"如果"之義。"糞其有物不可以須時，求先買（賣）"之"不可以須時，求先買（賣）"指不可以等待，要想法先賣掉無法修繕的公器。什麽情況導致"糞"這一行爲不可以等待呢？從"糞其有物"是看不出來的。頗疑"糞其有物"之"有物"後脫"故"字。簡文斷句可調整作"糞其有物【故】，不可以須時，求先買（賣）"，大意是弃除不可修繕之公器的時候，如果有物故（發生事故），不可以等待，要先賣掉該器（同時向內史上書陳告發生事故的情狀）。

通過以上討論，我們大致得出這樣的認識：

一、秦代異地或跨地域的"計"由追計方、應計方共同努力完成。追計方，如9‐358+9‐746"罷癃（癃）齮"負責追"析兵計"，係追索地官方機構重要官吏。應計方，如8‐75+8‐166"鄢雖有物故，後計上校以應（應）遷陵"，其中"鄢縣"爲貰責之人户籍所在地官方，也爲"應（應）遷陵"之"計"的執行單位。

二、負責"計"的各方，存在發生事故的可能，導致"計"被延遲，如9‐358+9‐746"罷癃（癃）齮"負責追"析兵計"，因出現事故，後來該計被整理完備後再上校。8‐75+8‐166"鄢雖有物故，後計上校以應（應）遷陵"，鄢縣屬應計方，雖然發生事故，後來還是定計並上校以應遷陵。"有物故"一詞在文書抄寫中存在脫"故"之例，是習慣爲之，還是不慎爲之，待考。

三、秦律、秦令對"計"推遲的規定存在差別，如里耶8‐75+

8-166號簡"計不得敢壹隤,有令"指秦令規定每年的計不敢推遲一次,即不能推遲到下一年度。嶽麓伍268號簡"毋敢過壹隤計,過者",指秦律規定每年計的推遲不敢超過一次,即可推遲下一年度。洞庭郡遷陵縣所施行的秦令關於計方面的規定,似較嶽麓簡秦律的規定更嚴格。這種差別可能體現的是不同時段的秦律、令規定的變化,也可能是邊地與內地的差別,還有待進一步研究。

第二章　里耶秦簡簡册編聯、閱讀新解

本章對里耶秦簡竹簡之間，以及竹簡正面、背面之間的關係加以考察，提出新的編聯意見，並嘗試調整簡正面、背面之間的閱讀順序。

第一節　里耶秦簡"取寄爲傭"記錄的復原與研究

里耶秦簡有幾枚關於雇傭勞動力的殘簡，爲奏讞記錄，與雇傭戍卒"寄"有關聯。本節嘗試在綴合、考釋簡文基礎上，確定這幾枚殘簡間的關聯，並探討雇主因雇傭戍卒"寄"而被告劾訊問的原因，爲瞭解秦遷陵縣雇傭現象提供新的實證。

一、里耶秦簡"取寄爲傭"記錄的復原

1. 8－231 與 8－1567 連讀

　　弗與從，給其事一日，[1] 嗛取爲庸□8－1567

"取"上一字原釋文未釋，簡文作：

---

[1] 從、其、事，原釋文未釋，此從《校釋一》。見陳偉主編，何有祖、魯家亮、凡國棟撰著：《里耶秦簡牘校釋（第一卷）》第362頁。

字从口从兼，即"嗛"字，用作人名。"嗛"也見於 8-682 "玹、嗛、涓、姣、隋、澍、支、章辨、【弟】☒"。由於 8-682 "涓"與 8-141+8-668 有"卅年十一月庚申朔丙子，發弩守涓"的"涓"是否與爲一人還無法判斷，8-682 所記人名身份如何，暫不可考。

"取"下二字原釋文未釋，簡文作：

即"爲庸"。"爲庸"見於《二年律令·亡律》172 號簡"取亡罪人爲庸，不知其亡，以舍亡人律論之"、嶽麓秦簡《亡律》簡 75 中所記錄"取罪人、群亡人以爲庸，智（知）其請（情），爲匿之；不智（知）其請（情），取過五日以上，以舍罪人律論之"，也見於里耶秦簡 8-1849+8-1322 "☒誠嘗取寄爲庸☒"、8-2205+8-2212 "☒尉敬養興爲庸，約日三斗米，乙酉初作☐☒"。庸，後多作"傭"，指受雇用的勞動力。《韓非子·五蠹》："澤居苦水者，買庸而決竇。""取爲庸"，即把某人當作受雇用的勞動力。

"爲庸"下一字原釋文未釋，是"何"字。簡文作"弗與從給其事一日，嗛取爲庸，何"。"何"下可補"解"字，8-43 號簡"☒事，渠黎取爲庸，何解？"可參看。

8-231 號簡："詰孔兼寄戍卒大夫☐食"，《校釋一》注：[1]

> 詰，查究。孔，疑讀爲"訊"。參看 8-209 注釋。兼，疑當讀爲"廉"，縣名，《漢書·地理志》屬北地郡，治所在今寧夏銀川市西北。寄，里名。

"孔（訊）"下的"兼"字簡文作：

---

[1] 陳偉主編，何有祖、魯家亮、凡國棟撰著：《里耶秦簡牘校釋（第一卷）》第 119 頁。

第二章　里耶秦簡簡冊編聯、閱讀新解　　137

實从口从兼，即"嗛"字，用作人名。疑與 8－1567"嗛"爲同一人。"寄"見於 8－1849+8－1322，當用作人名。

"食"前一字，原釋文作"徒"，我們曾懷疑是"仁"。[1] 現在從字形來看，仍當是徒字。"徒食"，見於 8－1733"舍人、徒食皆莫智（知），它☐"。也見於睡虎地秦簡《秦律雜抄》11－14 號簡："不當禀軍中而禀者，皆貲二甲，廢；非吏也，戍二歲；徒食、敦（屯）長、僕射弗告，貲戍一歲。" 8－231 號簡可斷作"詰訊（訊）嗛：寄戍卒大夫徒食"。

現在重新看 8－231、8－1567，二簡長度、厚度相當，質地色澤相近，字迹也相近，可前後連讀，其釋文作：

詰訊（訊）嗛：寄，戍卒大夫徒食，8－231
弗與從，給其事一日，嗛取爲庸，何 8－1567

其中"徒食，弗與從，給其事一日"，與 8－1605"☐去徒食，弗與從，給其事二日。它如告"表述接近。可證二簡可連讀。

2. 8－1849、8－1322 綴合

里耶 8－1322 號簡釋文作：

☐寄爲庸☐

《校釋一》注："庸，原釋文作'蓳'。"[2]

---

[1] 何有祖：《讀里耶秦簡札記（四）》，簡帛網 2015 年 7 月 8 日。
[2] 陳偉主編，何有祖、魯家亮、凡國棟撰著：《里耶秦簡牘校釋（第一卷）》第 310 頁。

圖三　8－1882+8－1849+8－1322

8-1322 號簡 "寄" 上殘，字皆完好。8-1849 號簡釋文作：

☒誠嘗取☒

8-1849 號簡 "取" 下殘，左、中部的茬口可與 8-1322 號簡吻合，8-1322 號簡茬口部位右部略有缺失。但貫通上下的數條紋路皆能吻合，且二片皆有散布的白點，且簡的色澤吻合，當能綴合。綴合後的 8-1849+8-1322 釋文作：

☒誠嘗取寄爲庸☒

文意順暢。二片當能綴合。"誠嘗取寄爲庸" 一句的 "誠" 也見於下列簡文：

・今武曰：故軍奴，楚時去亡，降漢，書名數爲民，不當爲軍奴，視捕武，**誠**格鬭，以劍擊傷視，它如池。

・視曰：以軍告，與池追捕武，武以劍格鬭，擊傷視，視恐弗勝，**誠**以劍刺傷武而捕之，它如武。

（張家山漢簡《奏讞書》37-40）

"誠" 在這裏似表示對被訊問事實的承認，多見於司法訊問的記載中。謝坤先生進一步指出 8-1882 應接在 8-1849+8-1322 前（圖三），[1] 8-1882+8-1849+8-1322 釋文作：

☒不識日誠嘗取寄爲庸☒

"誠" 在 "日" "嘗" 之間，與 "日" "嘗" 字體不同且偏小，當是後來補入。"不識日誠嘗取寄爲庸（傭）"，由於簡首殘缺，這裏的 "不識日"，有兩種可能：其一，指不知某日，見於睡虎地秦簡《封診式・亡自出》："以乃二月不識日去亡。" 其二，不識用作人名，見於：

卅三年三月辛未朔戊戌，司空騰敢言之：陽陵下里士五（伍）不識有貲餘錢千七百廿八。不識戍洞庭郡，不智（知）何縣署。今

---

[1] 謝坤：《〈里耶秦簡（壹）〉綴合（四）》，簡帛網 2016 年 11 月 18 日。

第二章 里耶秦簡簡册編聯、閲讀新解　　139

爲錢校券一，上謁言洞庭尉，令署所縣責，以受（授）陽陵司空。
［司空］不名計，問何縣官計，付署，計年、名爲報。已訾責其家，
［家］貧弗能入，有物故，弗服，毋聽流辭。以環書道遠，報署主
責發，敢言之。／四月壬寅，陽陵守丞恬敢言之：寫上，謁報，署金
9-3 布發，敢言之。／堪手。卅四年七月甲子朔辛卯，陽陵遬敢言
之：未得報，謁追，敢言之。／堪手。卅五年四月己未朔乙丑，洞庭
叚（假）尉觿謂遷陵丞：陽陵卒署遷陵，以律令從事。報之。／嘉
手。以洞庭司馬印行事。敬手。9-3 背[1]

從上揭引文看，"不識"爲"陽陵下里士五（伍）"，戍洞庭郡。所在時間爲秦始皇三十三年到三十四年。日，可指以前某日，用作狀語。《左傳》文公七年："日衛不睦，故取其地。"杜預注："日，往日。"《國語·晉語四》："狐偃曰：'日吾來此也，非以狄爲榮，可以成事也。'"韋昭注："日，往日。""不識日誠嘗取寄爲庸"之"日誠嘗"，與《史記·越王勾踐世家》"異日嘗得罪於會稽"之"異日嘗"表述接近。從上文語境看，當以第一種可能爲是。

説話人承認曾經雇傭"寄"。這一話語出現在訊問記録中，似可看出把"寄"當作庸這一行爲被質疑。

3. 8-1883 的改釋

　　☐卅四☐月中未賞敢寄爲 8-1883

"賞"，可讀作"嘗"。

"賞"下一字，原釋文作"敢"，簡文作 ▨，左部實際上從耳，字與 8-55 號簡"敢"字作 ▨ 不同，當改釋作"取"。簡文可斷作"☐卅四☐月中未賞（嘗）取寄爲"。8-1849+8-1322"☐誠嘗取寄爲庸☐"提及"嘗取寄爲庸"。如在"☐卅四☐月中未賞（嘗）取寄爲"下

---

[1] 參看馬怡：《里耶秦簡選校》，《中國社會科學院歷史研究所學刊》第 4 集，商務印書館 2007 年。

再補一"庸"字，與 8－1849+8－1322 在文意上似正相反。這二簡所提及的"寄"當是同一人。

4. 8－43 的改釋

☒事，渠黎取爲庸，何解？8－43

《校釋一》："渠，原釋文作'奜'。庸，受雇，也指受雇用的勞動者。《漢書·司馬相如傳》：'相如身自着犢鼻褌，與庸保雜作，滌器於市中。'顔注云：'庸即謂賃作者。'《封診式》18 號簡'☐捕'條有'自晝甲見丙陰市庸中'，《二年律令·亡律》172 號簡：'取亡罪人爲庸，不知其亡，以舍亡人律論之。'"[1]

"黎"後一字，原釋文作"以"。《校釋一》存疑。[2] 今按：該字作：

當即"取"字。簡文作"☒事，渠、黎取爲庸，何解"，可與 8－1567"弗與從給其事一日，嗛取爲庸，何"互證。

二、對"取寄爲傭"記錄的認識

綜合上文的討論，可將改釋後的簡文列於下：

1. 詰孔（訊）嗛：寄，戍卒大夫徒食，8－231 弗與從，給其事一日，嗛取爲庸（傭），何【解】？8－1567

2. ☒不識日誠嘗取寄爲庸（傭）☒ 8－1882+8－1849+8－1322

3. ☒卅四☐月中未賞（嘗）取寄爲【庸（傭）】8－1883

4. ☒事，渠黎取爲庸，何解？8－43

再加上與雇傭有關的 8－1749+8－2165：

───────

[1] 陳偉主編，何有祖、魯家亮、凡國棟撰著：《里耶秦簡牘校釋（第一卷）》第 39 頁。

[2] 陳偉主編，何有祖、魯家亮、凡國棟撰著：《里耶秦簡牘校釋（第一卷）》第 39 頁。

第二章　里耶秦簡簡冊編聯、閱讀新解　　141

5.☐之，而私爲☐庸，舍人、徒食即皆莫智（知）8-1749+8-2165[1]

☐☐☐　8-2165背

首先，從形式上看，第1條"詰刊（訊）……何解"，第4條"……何解"，也見於張家山漢簡《奏讞書》1-7號簡：

十一年八月甲申朔己丑，夷道介、丞嘉敢讞（讞）之。六月戊子發弩九詣男子毋憂告，爲都尉屯，已受致書，行未到，去亡。·毋憂曰：變（蠻）夷大男子。歲出五十六錢以當繇（徭）賦，不當爲屯，尉窨遣毋憂爲屯，行未到，去亡，它如九。·窨曰：南郡尉發屯有令，變（蠻）夷律不曰勿令爲屯，即遣之，不智（知）亡故，它如毋憂。·詰毋憂：律：變（蠻）夷男子歲出賨錢，以當繇（徭）賦，非曰勿令爲屯也。及雖不當爲屯，窨已遣，毋憂即屯卒，已去亡，**何解**？毋憂曰：有君長，歲出賨錢，以當繇（徭）賦，即復也，存吏，毋解。·問：如辭（辭）。·鞠之：毋憂變（蠻）夷大男子，歲出賨錢，以當繇（徭）賦，窨遣爲屯，去亡，得，皆審。·疑毋憂罪，它縣論，敢讞（讞）之。謁報。署獄史曹發。·吏當：毋憂當要（腰）斬，或曰不當論。·廷報：當要（腰）斬。

上揭案例中，審訊人員在被告等有關各方陳述案情之後，根據陳辭的疑點或有矛盾之處進行詰問，以"何解""何以解之"提起。第1條含"詰刊（訊）……何解"、第4條"……何解"，當屬這一環節。

第2條"不識日誠嘗取寄爲庸（傭）"，"誠"出現在奏讞記錄中的位置如張家山漢簡《奏讞書》36-48號簡：

●十年七月辛卯朔甲寅，江陵餘、丞驁敢讞（讞）之。乃五月庚戌，校長池曰：士五（伍）軍告池曰：大奴武亡，見池亭西，西行。池以告與求盜視追捕武。武格鬬，以劍傷視，視亦以劍傷

---

[1] 何有祖：《里耶秦簡牘綴合（三）》，簡帛網2012年5月17日。

> 武。·今武曰：故軍奴，楚時去亡，降漢，書名數爲民，不當爲軍奴，視捕武，**誠**格鬬，以劍擊傷視，它如池。·視曰：以軍告與池追捕武，武以劍格鬬，擊傷視，視恐弗勝，**誠**以劍刺傷武而捕之，它如武。·軍曰：武故軍奴，楚時亡，見池亭西。以武當復爲軍奴，即告池所，曰武軍奴，亡。告**誠**不審，它如池、武。·詰武：武雖不當受軍弩（奴），視以告捕武，武宜聽視而後與吏辯是不當狀，乃格鬬，以劍擊傷視，是賊傷人也，何解？·武曰：自以非軍亡奴，毋罪，視捕武，心恚，**誠**以劍擊傷視，吏以爲即賊傷人，存吏當罪，毋解。·詰視：武非罪人也，視捕，以劍傷武，何解？視曰：軍告武亡奴，亡奴罪當捕，以告捕武，武格鬬傷視，視恐弗勝，**誠**以劍刺傷捕武，毋它解。·問：武士五（伍），年卅七歲，診如辭（辤）。·鞫之：武不當復爲軍奴，軍以亡弩（奴）告池，池以告與視捕武，武格鬬，以劍擊傷視，視亦以劍刺傷捕武，審。·疑武、視罪，敢讞（讞）之。謁報，署獄西曹發。·吏當：黥武爲城旦，除視。·廷以聞，武當黥爲城旦，除視。

位置並不固定。但可看出"不識曰誠嘗取寄爲庸（傭）"係當事人陳辭。

第3條，"☑卅四□月中未嘗取寄爲【庸（傭）】"，在奏讞記錄中的位置不明，也爲當事人陳辭。

第5條，"之，而私爲□庸，舍人、徒食即皆莫智（知）"，記載了舍人、徒食都不知道"私爲□庸"的情況，當是對相關證人的排查記錄。爲案情的客觀描述。在奏讞記錄中的位置不明。

其次，從內容上看，第1條記錄表明，"寄"身份爲戍卒，爲徒食，只工作了一天，便爲嗛所雇傭。第2、3條記錄是當事人陳辭，表述重點不同：第2條承認曾經雇傭"寄"；第3條強調在"卅四□月中"這一時間段沒有雇傭"寄"，主語不明。這二份陳辭似可互補。關於戍卒"寄"，里耶簡有二枚木牘，都提及"戍卒寄"：

第二章　里耶秦簡簡册編聯、閲讀新解　　143

　　卅五年三月庚寅朔丁酉，貳春鄉兹敢言之：佐詘自言：[1]士
五，居泥陽Ⅰ益固里，[2] 故廢戍，[3] 署女陰。今□□☒Ⅱ[4]
　　四歲謁告泥陽令□□□Ⅲ
　　前書畏其不☒Ⅳ 8-1459+8-1293+8-1466
　　四月壬戌日入，戍卒寄以來。曋發。　　詘手。8-1459背+8-
1293背+8-1466背

　　卅五年三月庚寅朔丙辰，貳春鄉兹爰書：南里寡婦憖自言：謁
狠（墾）草田故枽（桑）地百廿步，在故Ⅰ步北，恒以爲枽（桑）
田。Ⅱ
　　三月丙辰，貳春鄉兹敢言之：上。敢言之。／詘手。Ⅲ 9-14
　　四月壬戌日入，戍卒寄以來。／曋發。　　詘手。Ⅰ 9-14背

這二枚牘在卅五年三月由貳春鄉兹起草，四月壬戌由戍卒寄送來，都是
由曋拆看，書手都爲"詘手"，其中傳遞文書的戍卒"寄"應是同一人。
8-1734 "☒贖耐，今寄行書事已"，《校釋一》："寄，疑是人名。"[5]
"寄"行書，疑與 9-14、8-1459+8-1293+8-1466 所見"寄"爲同一
人，也很可能與 8-1567 中的"寄"爲同一人。
　　第 4 條記録，"☒事，渠黎取爲庸，何解？"雇主是"渠黎"，不清

---

[1] 佐，原釋文未釋，此從伊强：《〈里耶秦簡牘校釋（第一卷）〉補正（3）》，簡帛網 2013 年 12 月 5 日。
[2] 高一致改釋作"泥"，泥陽，縣名。《漢書・地理志》載泥陽縣屬北地郡，治所在今甘肅寧縣東（高一致：《讀秦簡雜記》，《簡帛》第 9 輯）。姚磊也釋"泥"，泥陽，縣名。《漢書・地理志》屬北地郡，治所在今甘肅寧縣東。益固里，里名。見姚磊：《里耶秦簡文書格式及應用——以貳春、貳春鄉爲例》（稿本），2015 年 5 月 27 日。
[3] 廢，原釋文作"履"，《校釋一》訓作"踐行"（陳偉主編，何有祖、魯家亮、凡國棟撰著：《里耶秦簡牘校釋（第一卷）》第 333 頁），此從陳偉：《"廢戍"與"女陰"》，簡帛網 2015 年 5 月 30 日。
[4] "女陰"下原釋文作四個未釋字，前兩字還可辨識，第一個未釋字應是墨鉤，爲標識符號。第二個未釋字疑是"今"。見何有祖：《讀里耶秦簡札記（四則）》，簡帛網 2015 年 6 月 10 日。
[5] 陳偉主編，何有祖、魯家亮、凡國棟撰著：《里耶秦簡牘校釋（第一卷）》第 384 頁。

楚被雇傭者是誰。

總的來看，上述 5 條簡文都應是官方奏讞記錄。這些記錄顯示，遷陵縣存在一些因雇傭而引發的案例。第 1－3 條記錄都與雇傭"寄"有關，很可能屬同一案例。不過現有記錄並不完整，其先後順序也並不明確。第 4 條記錄與第 1－3 條記錄屬不同案例，但案情都與雇傭有關，性質接近。最後將簡册編聯如下：

> 詰孔嗛：寄戍卒大夫徒食，8－231 弗與從給其事一日，嗛取爲庸，何 8－1567 ☑不識日誠嘗取寄爲庸☑8－1882＋8－1849＋8－1322 ☑卅四□月中未賞（嘗）取寄爲 8－1883

三、"取寄爲庸"因何違反秦律？

從前節所揭示的官方奏讞記錄來看，遷陵縣存在一些因雇傭而引發的案例。"取寄爲庸"何以違反秦律？

里耶 8－1749＋8－2165 號簡：

> ☑之，而私爲□庸，舍人、徒食即皆莫智（知）

記載了舍人、徒食都不知道被告"私爲□庸"的情況。其中 8－1749＋8－2165"私爲□庸"似顯示私自形成的雇傭關係存在問題。里耶簡有一條"成吏、間、起贅、平私令般芻、嘉出庸（傭）"的記錄：

> 廿六年八月丙子，遷陵拔、守丞敦狐詣訊般芻等，辭（辤）各如前。8－1743＋8－2015
> 鞠之：成吏、間、起贅、平私令般芻、嘉出庸（傭），賈（價）三百，受米一石，臧（贓）直（值）百卅，得。成吏亡，嘉死，審。☑8－1743 背＋8－2015 背

上揭牘記載了廿六年八月遷陵拔、守丞敦狐對般芻等人的審訊詳情。其中成吏、間、起贅、平等私令般芻、嘉出傭，而獲罪。雇傭所獲錢物（價三百，受米一石值百卅）成爲其量刑定罪的依據。不過是否與芻、

嘉身份不適合出傭有關？有待進一步考察。

再來看 8-231、8-1567，其中"寄，戍卒大夫徒食，弗與從，給其事一日"，與 8-1605"☑去徒食，弗與從，給其事二日。它如告"内容相近。8-1605 係某當事人在審訊過程中陳述案情，提及其脱離原工作崗位（"弗與從，給其事二日"）。從"去徒食，弗與從，給其事二日"來看，當是其私人行爲。上文已提及的 8-1749+8-2165，"徒食"與"舍人"並列，而《秦律雜抄》11-14 號簡"不當稟軍中而稟者，皆貲二甲，廢；非吏也，戍二歲；徒食、敦（屯）長、僕射弗告，貲戍一歲"，整理小組注："徒，意爲衆，徒食指一起領食軍糧的軍人。""徒食"與"敦長"並列。推測"徒食"向官方領取糧食，從事雜役，應具有某種相對穩定的身份，受到一定限制，不能私自隨意脱離原工作。

8-231、8-1567，戍卒"寄"作爲"徒食"，"弗與從，給其事一日"實際上已私自脱離原工作崗位。這種行爲似接近秦律中的"去署"、漢律中的"戍盗去署""戍擅去署"，如《法律答問》197 號簡："可（何）謂'竇署'？'竇署'即去殹（也），且非是？是，其論可（何）殹（也）？即去署殹（也）。"整理小組注："去署，撤離崗位，常見於漢簡，如《居延漢簡甲編》476 有'第十二燧長張寅乃十月庚戌擅去署'，1862 有'迫有行塞者，未敢去署'。即去署也，包括按去署治罪的意思。"《二年律令·興律》398 號簡："當戍，已受令而逋不行盈七日，若戍盗去署及亡盈一日到七日，贖耐；過七日，耐爲隸臣；過三月完爲城旦。"由此可見，戍卒"寄"私自脱離"徒食"這一工作崗位，已是"亡人"。

如果所雇傭的對像是亡人，雇主恐會因雇傭亡人而獲罪。如嶽麓肆 75 號簡："取罪人、群亡人以爲庸，智（知）其請（情），爲匿之；不智（知）其請（情），取過五日以上，以舍罪人律論之。"76 號簡："廿年後九月戊戌以來，取罪人、群亡人以爲庸，雖前死及去而後遷者，論之如律。"又如張家山漢簡《二年律令·亡律》172 號簡："取亡罪人爲庸，不知其亡，以舍亡人律論之。"雇主"嗛"等被告劾訊問，恐因爲此。

里耶簡中與傭有關的記録，除了上述所列，還有一些，如：

☑□爲人傭□☑ 8－1674

☑尉敬養興爲傭，約日三斗米，乙酉初作□☑ 8－2206＋8－2212[1]

其中 8－2206＋8－2212 "興" 爲傭時，雙方約好雇傭條件。遷陵縣民間雇傭已形成一定慣例。遷陵縣對縣境内民間雇傭加以統計，其記録見於：

☑人傭作志☑ 8－949

☑　　　卅五年☑ 8－949 背

似乎對民間雇傭現象已有一定的關注，由於簡文殘缺，其細節並不清楚。

雇主因雇傭關係而引來麻煩，大概可以以本節所討論的 "取寄爲傭" 案例爲代表。雇主要想避免獲罪，恐要對雇員身份多做調查，才不會觸犯秦律。

第二節　《里耶秦簡（壹）》幾組連讀簡

本節擬對《里耶秦簡（壹）》幾組連讀簡之間的關係加以分析，嘗試編聯。

一、8－1832、8－1418、8－1133、8－1132、8－314、8－1107

里耶秦簡 8－1832、8－1418、8－1133、8－1132、8－314、8－1107 號簡：

孔（訊）敬：令曰：諸有吏治已决而更治 8－1832 者，其罪節（即）重若 8－1418 益輕，吏前治者皆當以縱、不直論。今䚻等當

---

[1] 何有祖：《里耶秦簡牘綴合（三）》，簡帛網 2012 年 5 月 17 日。

贖8-1133耐，是即敬等縱弗論殹。何故不以縱論【甾】8-1132等，何解？辭（辭）曰：敬等鞫獄弗能審，誤不當律，8-314甾等非故縱弗論殹，它如劾。8-1107

贖8-1132背

《校釋一》注："8-1832與8-1418可綴合，並可與8-1133、8-1132連讀。8-1107亦與有關，其間尚有缺環，未能直接編次。"[1]今按：與8-1133等簡的長度比較可知，8-1132下段殘去一字，從文意上可補"敬"。"敬"和8-314簡首的"等"組成"敬等"一詞，也見於8-1132，加上8-314在形制上也與8-1832+8-1418、8-1133、8-1132同，可知8-314應編在8-1132之後。而8-1107從形制、文意看可連讀在8-314之後。這樣我們就找到了其間的"缺環"，使文意前後順暢無礙。

縱、不直，可參看《二年律令》93號簡："鞫（鞫）獄故縱、不直，及診、報、辟故弗窮審者，死罪，斬左止（趾）爲城旦，它各以其罪論之。"

"敬等縱弗論"的"論"後省賓語"甾等"。[2]這裏是説甾等人原本應該論以"贖耐"，但是因"敬"等人"縱"而沒有被論罪。

"辭曰"後一字，原釋文未釋，是"敬"字，見於8-1132。

"誤不當"後一字原釋文右從"屰"，《校釋一》注："8-557有'□能審誤不當律令'，可參看。疑'誤不當'一句讀。"[3]今按："律"右部雖少了一橫，但跟"逆"比較差別很大，用法上也不合適。結合文例"誤不當律令"，釋作"律"應該是可信的。前面已經提及8-1107可編在8-314後，而8-314簡尾端平直無損，長度與同一編次的

---

[1] 陳偉主編，何有祖、魯家亮、凡國棟撰著：《里耶秦簡牘校釋（第一卷）》第281頁。
[2] "甾"字見宮宅潔：《里耶秦簡"訊敬"簡冊識小》，簡帛網2016年11月16日，後刊於《簡帛》第15輯，上海古籍出版社2017年。
[3] 陳偉主編，何有祖、魯家亮、凡國棟撰著：《里耶秦簡牘校釋（第一卷）》第132頁。

其他簡相同，可見本是完整的，同時 8－1107 簡首也平直無損，可知"誤不當律"之"律"下可以沒有"令"字，也一樣表述完整。

"敬等鞫獄弗能審，誤不當律。甾等非故縱弗論殹，它如劾"，這裏明確了"縱"這一案所牽涉司法人員"敬等"罪責所在。敬等人"鞫獄弗能審，誤不當律"，指"敬"等人的問題在於因不審而失誤，以至於"甾等"本該被論贖罪的反而被釋放不論。但並不存在主觀上故意。根據秦漢律文，只有存在主觀上的故意，才能被定罪爲故縱。如睡虎地秦簡《法律答問》93 號簡云："論獄何謂'不直'？何謂'縱囚'？罪當重而端輕之，當輕而端重之，是謂'不直'。當論而端弗論，及傷其獄，端令不致，論出之，是謂'縱囚'。"

《二年律令·具律》93 號簡有"鞫獄故縱"，整理小組注云："故縱，《漢書·景武昭宣元功臣表》新時侯趙弟'太始三年爲太常鞫獄不實'注引晉灼曰：'出罪爲故縱。'"

8－1132 簡背"贖"，在簡首位置書寫，但並沒直接參與到案件的陳述中，而是獨立存在。聯繫到本案例所涉"甾等"本應被處以"贖耐"，而"贖耐"是衆多"贖"刑中的一種，[1] 可知簡背"贖"很可能起到標示作用，即用於標示案件性質，以便於分類放置。

二、6－7、8－560

敢言之：前日言當爲徒隸買衣及予吏益僕 6－7，用錢八萬，毋見錢。府報曰取臧錢臨沅五 8－560

6－7、8－560 二簡現分別在第六層和第八層，原釋文分作兩處處理。

今從形制看，6－7 長約 23.3 厘米，寬 1.2 厘米，厚 0.35 厘米，而 8－560 長 23.6 厘米，寬 1.2 厘米，厚 0.45－0.25 厘米，二簡寬度相同，

---

[1]《二年律令》6 號簡有"贖耐""贖遷"，96 號簡有"贖死、贖城旦舂、鬼薪白粲、贖斬宮、贖劓黥"，等等，可參看。

長、厚頗爲接近，簡面明暗、紋路、色澤等亦相近（圖四）。

在書手筆迹方面，6－7號簡"敢"至"買"字書寫相對緊凑、內斂，"衣"字往下書寫漸舒展，8－560號簡書寫較舒展。二簡前後相連也頗自然。

在文例方面，6－7簡所提及的買衣、益僕，都要涉及不小的開支，而8－560號簡提及"用錢八萬"，正可接其後，文意上順適。

總的來説，6－7、8－560二簡可連讀。

8－560簡末字爲"五"，後面很可能是"萬"字。符合條件的簡較少，其中由8－517、8－619二殘片綴合而成的簡，[1] 在色澤、字迹方面與6－7、8－560頗爲接近，但在形制方面還需要再考慮。

8－517+8－619長約12.4厘米，寬1.5厘米，厚0.4厘米。長度方面，8－517+8－619下端成三角形楔子，茬口成斜面分布，頗爲整齊，如圖五：

圖五所示8－517+8－619下端茬口明顯是刀削形成，而非自然斷裂，也不大可能是廢棄到井裏後被壓力擠壓斷

---

[1] 二片茬口吻合，拼合復原"錢"字，當可綴合。參看何有祖：《里耶秦簡牘綴合（二則）》，簡帛網2012年7月30日。

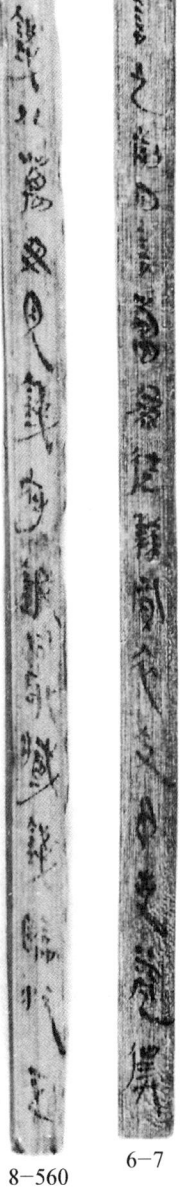

8－560　6－7
圖四

圖五　8－517+8－619

裂。一般來說，成編的各簡長度大致相當，只是 8－517+8－619 長度由於刀削的原因已不可推知，但不能排除與 6－7、8－560 二簡相近的可能。

寬度方面，8－517+8－619 是 1.5 厘米，6－7、8－560 都是 1.2 厘米，相差大約 0.3 厘米。一般來說，成編的各簡寬度大致相近。不過即使同一枚簡的各段之間也不排除因誤差而存在不完全相同的可能，如 8－67 與 8－652 相綴合，其中 8－67 的寬度是 2.4 厘米，而 8－652 寬度是 2.5 厘米，二者相差 0.1 厘米；8－66 與 8－208 相綴合，其中 8－66 寬度是 2 厘米，8－208 寬度是 2.2 厘米，二者寬度相差 0.2 厘米。里耶秦簡中現有可確認的成編簡中有 8－755 至 8－759、8－1523，[1] 其長、寬、高的情形大致見於下表：

8－755	23.2×2.3×0.2
8－756	23.2×2.3×0.2
8－757	23.1×2.2×0.2
8－758	23.2×2.4×0.2
8－759	23.2×2.1×0.2
8－1523	23.1×1.8×0.3

我們注意到上表中 8－758 寬度是 2.4 厘米，8－755、8－756 寬度都是 2.3 厘米，8－757 寬度是 2.2 厘米，8－759 寬度是 2.1 厘米，這幾枚簡之間的最大誤差是 0.3 厘米，而 8－1523 寬度是 1.8 厘米，與 8－759 相差 0.3 厘米，與 8－758 相差 0.6 厘米。總的來看，雖然綴合成單簡的各殘片之間，由於源出一簡，各殘片的誤差較小，大多仍在 0.2 厘米；但成編的各簡，本係不同的整簡，各自在修治的過程中會形成不同的物理特

---

[1] 8－755 至 8－759 前後相次是原整理者的意見。8－1523 編在其後是陳垠昶先生的意見，參考陳垠昶：《里耶秦簡 8－1523 編連和 5－1 句讀問題》，簡帛網 2013 年 1 月 8 日。今按：8－1523 與 8－755 至 8－759 在字體、內容、寬度、厚度方面皆能吻合，應可信。

徵，各簡之間存在 0.3 厘米乃至 0.6 厘米的誤差當在可接受的範圍之内。

綜上所述，8-517+8-619，與 6-7、8-560 在字體、簡面色澤等方面相近，寬度、厚度接近，在内容上可前後相次，可編聯。編聯的釋文作：

敢言之：前日言當爲徒隸買衣及予吏益僕 6-7 用錢八萬，毋見錢。府報曰取臧錢臨沅五 8-560 萬。毋見錢謁☑ 8-517+8-619

上編各簡釋文末尾"謁"之後殘去，内容上仍不完整，待考。

三、8-997-8-883

春曰：不審獻此程令，疑它郡縣 8-997 亦盡然，各以程令曰：爲 8-883

春曰，原釋文作"春日"，《校釋一》作"賣曰"。[1] 今按：釋"曰"可從，"春"仍從原釋文。春，在這裏用作人名。

不審獻此程令，疑它郡縣亦盡然。審，《淮南子·本經》注："明也。""審"後一字，原釋文作"獻"，《校釋一》作"獻"。[2] 今按：8-855 有"獻"字與之不同，原釋文作"獻"可從，但應看作"獻"的形近訛字，從《校釋一》作"獻"。

盡然，全都如此。《漢書·西域傳上·罽賓國傳》："又歷大頭痛、小頭痛之山，赤土、身熱之阪，令人身熱無色，頭痛嘔吐，驢畜盡然。"簡文此處句例爲"它……盡然"，與文獻所見"它……皆然"句式相近，如《漢書·賈誼傳》："故天下咸知陛下之明。割地定制，令齊、趙、楚各爲若干國，使悼惠王、幽王、元王之子孫畢以次各受祖之分地，地盡而止，及燕、梁它國皆然。其分地衆而子孫少者，建以爲國，空而置之，須其子孫生者，舉使君之。"《後漢書·仲長統傳》："春秋之時，諸侯明德者，皆一卿爲政。爰及戰國，亦皆然也。""不審獻（獻）此程

---

[1] 陳偉主編，何有祖、魯家亮、凡國棟撰著：《里耶秦簡牘校釋（第一卷）》第 259 頁。
[2] 陳偉主編，何有祖、魯家亮、凡國棟撰著：《里耶秦簡牘校釋（第一卷）》第 259 頁。

令，疑它郡縣亦盡然"，似指不確定是否收到獻該程的令，疑其他郡縣也都是如此。

爲，原釋文未釋，此從《校釋一》釋。[1]"爲"前一字，原釋文未釋，是"曰"字。

8-997第一字頂端書寫，8-883第一字距離簡端隔2-3字距離書寫。但二簡寬度相同，色澤、紋路、字距、字體相近，"它……盡然"的句式可銜接上下文，疑可編連或連讀。

第三節　8-650+8-1462閱讀順序調整

里耶8-650+8-1462號牘雖然得到綴合，但在牘文解讀方面還存在不少難點，本節擬做進一步討論。

一、8-650+8-1462新釋與閱讀順序調整

8-650、8-1462形制、色澤相近，《校釋一》已綴合，[2] 其釋文作：

涪陵來以買鹽急，却即道下，以券與却，Ⅰ靡千錢。除少内，□却、道下操養錢來視。華購而出之。Ⅱ 8-650+8-1462

應（應）多問華得毋爲事縊。華爲應（應）問，適Ⅰ以前日所分養錢者以寄遺應（應），即酉陽□□。Ⅱ 8-650背+8-1462背

上揭釋文還可進一步推敲。

"酉陽"下二字，原釋文未釋，簡文作：

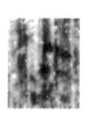

分別與下表中的徒、道形體相近，當釋作"徒""道"。

---

[1] 陳偉主編，何有祖、魯家亮、凡國棟撰著：《里耶秦簡牘校釋（第一卷）》第241頁。
[2] 陳偉主編，何有祖、魯家亮、凡國棟撰著：《里耶秦簡牘校釋（第一卷）》第191頁。

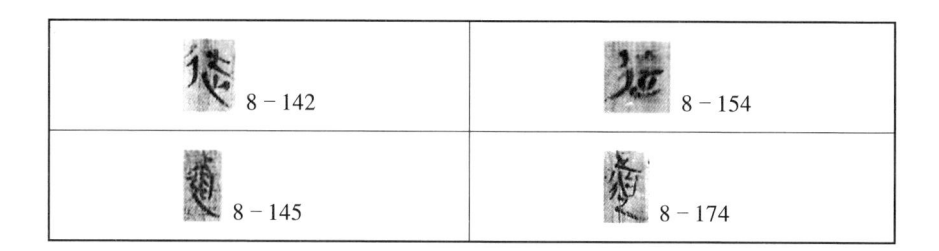

第二章 里耶秦簡簡冊編聯、閱讀新解　153

徒 8-142	徒 8-154
道 8-145	徒 8-174

"酉陽徒道",其中"酉陽徒"可理解作"酉陽"之"徒"。徒,可指服徭役的人。《周禮·天官·冢宰》:"胥十有二人,徒百有二十人。"鄭玄注:"此民給徭役者。"《荀子·王霸》:"人徒有數。"楊倞注:"人徒,謂胥徒給徭役者也。"裘錫圭先生曾對文獻的"徒"做過梳理,認爲:[1]

　　"徒""屬"意近(《韓非子·解老》"屬之謂徒也"),所以可以用"徒"字泛指隸屬於家長的各種人。……不過,在戰國時代的史料裏,當"徒"字所指的範圍比較狹窄的時候,它的意義往往與"役"相當。所以門弟子既可叫"徒",也可叫"役","廝徒"(《魏策一》《韓策一》)也可以叫"廝役"(《墨子·非攻下》《公羊傳·宣公十二年》),而且"徒""役"往往連稱(《墨子·尚賢中》《韓非子·顯學》)。屬役其實也就是徒役。從上引這段文字可以知道,戰國時代剝削階級的家庭,除了家長以外,主要有眷屬子弟、臣妾、徒役和賓客這四種人。

由上揭引文可知,"徒"泛指隸屬於家長的各種人,意義往往與"役"相當。里耶簡所見"徒"則隸屬於官府,其身份有可能是士伍,如8-439+8-519+8-537"廿五年九月己丑,將奔命校長周爰書:敦長買、什長嘉皆告曰:徒士五(伍)右里繚可"的士伍"繚可",又如:

　　卅五年三月庚寅朔辛亥,倉衡敢言之:疏書吏、徒上事尉府Ⅰ者牘北(背),食皆盡三月,遷陵田能自食。謁告過所縣,以縣鄉次續

---

[1] 裘錫圭:《戰國時代社會性質試探》,《裘錫圭學術文集·古代歷史、思想、民俗卷》,复旦大學出版社2012年,第16頁。

Ⅱ食如律。雨留不能投宿齋。當騰騰。來復傳。敢言之。Ⅲ8-1517

令佐溫。Ⅰ

更戍士五城父陽翟執。Ⅱ

更戍士五城父西中痤。Ⅲ

膚手。Ⅳ8-1517背

《校釋一》注：[1]

"疏書吏、徒上事尉府者牘北"，即簡背所書。其中"令佐溫"爲吏，"更戍士五城父陽翟執"與"更戍士五城父西中痤"爲徒。

"疏書吏、徒上事尉府者牘北"的"徒"，即指簡背所提及的士伍"執""痤"。

"徒"的身份還有可能指城旦舂、隸臣妾等，如：

卅一年五月壬子朔壬戌，都鄉守是徒薄（簿）。☐Ⅰ

受司空城旦一人、倉隸妾二人。☐Ⅱ

一人捕獻。☐Ⅲ

二人病。☐Ⅳ8-2011

五月壬戌，都鄉守是☐☐☐☐Ⅰ

五月壬戌旦，佐初以來。／氣發。☐Ⅱ8-2011背

二月辛未，都鄉守舍徒薄（簿）☐Ⅰ

受倉隸妾三人、司空城☐Ⅱ

凡六人。捕羽，宜、委、☐☐Ⅲ8-142

二月辛未旦，佐初☐☐8-142背

8-16號簡《校釋一》注：[2]

徒，身份用語。從"徒簿""作徒簿"中所列人員看，"徒"包括城旦舂、鬼薪白粲等刑徒和隸臣妾，似與"徒隸"無異（參看

---

[1] 陳偉主編，何有祖、魯家亮、凡國棟撰著：《里耶秦簡牘校釋（第一卷）》第345頁。

[2] 陳偉主編，何有祖、魯家亮、凡國棟撰著：《里耶秦簡牘校釋（第一卷）》第32頁。

簡 6-7"徒隸"注釋），或是"徒隸"的簡稱。

此外，8-143+8-2161+8-69 號簡："今止行書徒更成城父柘里士五（伍）辟繕治"，[1]"行書徒"辟身份爲士伍。可見"徒"對應的人群爲士伍、城旦舂、隸臣妾等，且多從事各種勞役。"徒隸"較"徒"而言增加"隸"當是強調其隸屬性質。

本牘"酉陽徒"主要任務爲買鹽，並附帶傳送重要物品，應該有一定的身份。"酉陽徒"之"酉陽"爲秦縣名，在這裏有兩種可能：一是該徒的籍貫是酉陽縣；二是交代該徒工作地在酉陽縣。從酉陽徒經過遷陵縣而不過多停留，可知該徒至少是應在酉陽縣工作的。

"道"可指道路。《説文》："道，所行道也。"也可用作動詞，指取道、經過。《史記·魏世家》："若道河内，倍鄴、朝歌，絶漳滏水，與趙兵決於邯鄲之郊。"司馬貞《索隱》："道，猶行也。"里耶簡中有相似用法的道字，如：

敢言之。問容道臨沅歸。審。容及其贖前書 8-547+8-1068[2]
所道來甚遠居 8-2000

此外，嶽麓簡《卅四年質日》42 號簡："己卯騰道安陸來。"[3] 提及"騰"取道安陸縣而來。可知本牘的"道"用作動詞，指取道、經過。上揭例子 8-547+8-1068"道"後可接縣名（即臨沅縣），8-2000 號簡"道"與"來"連用，而《卅四年質日》的例子包含前述兩點，這可作爲區分簡牘正面、背面書寫閱讀順序的重要綫索。

《校釋一》所列 8-650+8-1462 釋文按先正面，後背面的順序，在文意上仍有不順。隨着簡背面"酉陽徒道"的釋出，而另一面的開頭有"涪陵來"與之相接，正合乎"道"後接縣名，且與"來"相連接呼應的文例，可知簡文閱讀或書寫的順序應正好與現在的順序相反

---

[1] 何有祖：《里耶秦簡牘綴合（九）》，簡帛網 2015 年 11 月 23 日。
[2] 何有祖：《里耶秦簡牘綴合（三）》，簡帛網 2012 年 5 月 17 日。
[3] 朱漢民、陳松長主編：《嶽麓書院藏秦簡（壹）》，上海辭書出版社 2010 年，第 82 頁。

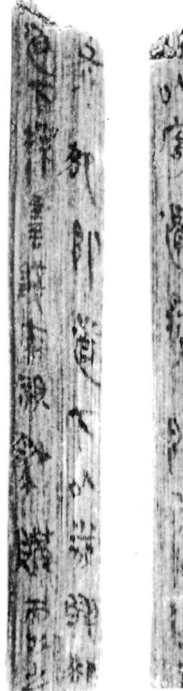

（圖六），其釋文可改作：

癒（應）多問華，得毋爲事變？華爲癒（應）問適，Ⅰ以前日所分養錢者以寄遺癒（應），即酉陽徒道Ⅱ8－650背+8－1462背涪陵來以買鹽急，却即道下，以券與却，Ⅰ靡千錢、除少内書。却道下操養錢來視，爲購而出之。Ⅱ8－650+8－1462

下面再討論上揭釋文所涉及的問題。

牘開頭的"癒（應）多問華，得毋爲事變"，"事"下一字原釋文作"戀"，簡文作：

此字也見於8－823+8－1997"柏得毋爲事戀虖（乎）？"其中"戀"寫作：

8－145"六人捕羽：刻、嬶、卑、鬻、娃、變"，[1]其中"變"字的寫作：

---

[1] 嬶，原釋文作"綽"，《校釋一》作"婢"，字也見於8－1710"禀人嬶"、8－2101"人牢司寇守囚：嬶、負中"，《校釋一》：囚、嬶、負中，人名。水間大輔先生把"囚"屬上讀，守囚是牢司寇的職責（水間大輔：《里耶秦簡所見的"牢監"與"牢人"》，《出土文獻與法律史研究》第2輯，上海人民出版社2013年。
"嬶"下一字，原釋文作"卑"，《校釋一》存疑。今從原釋文作"卑"。
鬻，原釋文未釋，字也見於8－1718。

8－650+
8－1462

8－650背+
8－1462背

圖六

第二章　里耶秦簡簡册編聯、閲讀新解　157

與8-650+8-1462、8-823+8-1997的"絲"其實是一字。仔細辨認這兩個"絲"，所從的"絲"下仍有筆畫或作"十"，或作"又"，"十"形當是"又"的變筆。《説文》："變，更也。从攴，絲聲"。秦漢隸書"變"字所從"攴"或變作"又"（華山廟碑），或變作倒止形（楊震碑）。[1] 8-650+8-1462、8-823+8-1997的"絲"皆當直接改釋作"變"。事變，事物的變化。《荀子·富國》："萬物得宜，事變得應。"不過，"毋爲事變"，其中"爲"可訓作因，《荀子·天論》："天行有常，不爲堯存，不爲桀亡。"爲事，即因事。"毋爲事變"當指因事而變。

應多問華，得毋爲事變，大意是"應"問"華"是否因事而發生變化。從"華"回答中涉及養錢來看，這裏的"事"似涉及一些比較重要的事情。應，《校釋一》疑爲人名。[2] 今從重新編序的上下文來看，"應"問候"華"，養錢的寄送對象也是"應"，可知把"應"看作人名可從。

"華爲癮（應）問適，以前日所分養錢者以寄遺癮（應）"，"適"作爲人名，也見於以下簡：

1. ☐☐倉☐建☐☐☐畜官適☐☐Ⅰ
   ☐☐謁告過所縣鄉，以次續食。雨☐Ⅱ
   ☐騰騰。遷陵田能自食。敢言之。☐Ⅲ
   ☐☐☐丞遷移酉陽、臨沅。／俱☐Ⅳ 8-50+8-422
2. 守　　守⌒守守　　適言之☐ 8-68
   與與☐ 8-68背
3. ☐　　適敢謁☐ 8-885
4. ☐☐☐季適☐領適襌☐Ⅰ

---

[1]《華山廟碑》、《楊震碑》"變"見《漢語大字典》"變"字條所引。
[2] 陳偉主編，何有祖、魯家亮、凡國棟撰著：《里耶秦簡牘校釋（第一卷）》第191頁。

　　　　☐☐☐適取臧之有上☐ Ⅱ 8-977+8-1821[1]

5. ☐問何柏得毋爲☐☐ Ⅰ
　　☐☐陵不得見何☐ Ⅱ
　　☐有適與尉主☐☐ Ⅲ
　　☐皆☐☐☐☐☐☐ Ⅳ 8-1193
　　☐☐☐☐☐ Ⅰ
　　☐☐☐☐☐ Ⅱ
　　☐☐☐【欣】☐☐ Ⅲ 8-1193背

6. ☐令乙、丁、戊。Ⅰ
　　徒隸乙。Ⅱ
　　令佐適取。Ⅲ 8-1223

7. 倉　　☐☐ 8-1468
　　八月戊午日入，適☐ 8-1468背

8. 廿八年七月戊戌朔乙巳，啓陵鄉趙敢言之：令令啓陵捕獻鳥，得明渠Ⅰ雌一。以鳥及書屬尉史文，令輸。文不肎（肯）受，即發鳥送書，削去Ⅱ其名，以予小史適。適弗敢受。即罣適。已有（又）道船中出操枑＜梪＞以走趙，臾訽Ⅲ罣趙。謁上獄治，當論論。敢言之。令史上見其罣趙。Ⅳ 8-1562
　　七月乙卯，啓陵鄉趙敢言之：恐前書不到，寫上。敢言之。／貝手。Ⅰ
　　七月己未水下八刻，郵人☐以來。／敬半。　　貝手。Ⅱ 8-1562背

9. 卅一年七月辛亥朔丙寅，司空☐ Ⅰ
　　其一人爲田龜養：成☐ Ⅱ
　　二人行書咸陽：慶、適☐ Ⅲ
　　☐【人有逮】：富。☐ Ⅳ 8-2111+8-2136

―――――――――

[1] 何有祖：《里耶秦簡牘綴合（七）》，簡帛網2012年6月25日。

10. ☐臣稀、曰佁、曰郚、曰適、曰申、曰賢。Ⅰ
    ☐令史行監。Ⅱ 8－2210
11. ☐☐唐適與齋☐Ⅰ
    ……Ⅱ 8－1681
12. ☐☐適☐☐ 8－1493
    ……8－1493 背

里耶簡多見同名但並非一人。當然不同職官的同名者，也不能排除是不同階段的同一人的可能。上揭例子中，第 1 例所見"適"爲畜官的長官。第 2 例爲習字簡，涉及某守適。第 6 例爲令佐適。第 8 例爲小史適。第 7 例"適"似與倉有關聯。這些"適"大致爲官吏。第 3 例"敢謁"前的適，第 4 例"取"前的適，以及第 5 例"適"與尉主並列，都應有一定的身份。第 9 例適的身份是行書徒。第 10 例中與"適"並列的諸人，其身份可略作梳理。如"稀"僅 1 見，有可能是出現在"司空守俱"後的"佐稀"（8－2093+8－2180）。郚，相同的人名也見於"梜道郚"（8－60 背+8－656 背+8－665 背+8－748 背）、"田官守敬、佐郚"（8－781+8－1102、8－1406）、"令史郚"（8－802）、司空屬吏"佐郚"（廿八年，8－985）、"郚手"（廿九年，8－1524 背）可能爲同一人。[1] 申，相同的人名見於走申（廿七年十月庚子，8－63）、走申（某年七月癸酉，8－1009）、隸臣申（廿八年九月己亥，8－1155）、士伍申（8－1807），所舉例子中至少有二位叫作申的人。賢，見於"走賢"（廿七年八月癸巳，8－133 背）、"守府賢"（卅四年九月庚辰，8－806），較有可能是不同的二人。不過，由於第 10 例過殘，較難判斷該例所出現的"適"的身份。本牘"適"負責寄送養錢，似當爲少內的吏。

"即西陽徒道涪陵來以買鹽急"，即，當時。《左傳》僖公二十四年："蒲城之役，君命一宿，女即至。"杜預注："即日至。"《漢書·高帝紀》："項伯許諾，即夜復去。""即"可連接兩個發生時間很接近的動

―――――
[1] 這二例年代相近，職官相同，較有可能是同一人。

詞或小句。在牘文中"即"連接"適以前日所分養錢者以**寄遺**應（應）""酉陽徒道涪陵**來**以買鹽急"兩個小句。這裏可能是在説，華替"應"詢問"適"，得知"適"已經寄送養錢，即酉陽徒將"養錢"等物帶給"應"之事。

"即酉陽徒道涪陵來以買鹽急"的"買"，熊賢品先生讀作"賣"，認爲簡文的理解有兩種可能：一種是要買鹽而需券；一種是賣鹽而需券。上述兩種行爲都需要通過券作爲中介來實現，暫時采取此處爲賣鹽的看法。[1] 今按：這裏的"買"恐仍如字讀爲是。8-1562"道船中出操栟<楫>以走趙"，指取道船中，從船中拿楫來驅走趙。可知提及取道某處，意在强調拿取某物或辦成某事之處所。"酉陽徒道涪陵來以買鹽急"可分解成"酉陽徒道涪陵以買鹽急"+"來"。"酉陽徒道涪陵以買鹽急"中的"涪陵"應當是辦成買鹽之事的關鍵處所，這與秦涪陵縣在秦已是重要的鹽產地相合。從下文看，酉陽徒着急返回酉陽，只是經過遷陵，可排除到秦遷陵賣鹽的可能性。同時，買鹽之事並不與牘文中的"券"產生關聯，"券"應與"養錢""除少内書"產生關聯，這點我們在下文再作討論。

却即道下，即，接近，靠近。《爾雅·釋詁下》："即，尼也。"郭璞注："尼者，近也。"《詩·衛風·氓》："匪來貿絲。來即我謀。"鄭玄箋："即，就也。"《史記·平準書》："故吴，諸侯也，以即山鑄錢，富埒天子，其後卒以叛逆。"道下，《校釋一》指出，似爲人名。[2] 今按：《左傳》昭公二十三年："邾人城翼，還，將自離姑。公孫鉏曰：'魯將御我。'欲自武城還，循山而南，徐鉏、丘弱、茅地曰：'道下，遇雨。將不出，是不歸也。'"杜預注："謂此山道下濕。"這裏的"道下"爲山道之下。《漢書·郊祀志》："遂除車道，上自泰山陽。至巔，立石頌德，明其得封也。從陰道下，禪於梁父。"顏師古注："山南曰陽，山北

---

[1] 熊賢品：《出土文獻所見秦、楚食鹽產地的分布》，《鹽業史研究》2016年第1期。
[2] 陳偉主編，何有祖、魯家亮、凡國棟撰著：《里耶秦簡牘校釋（第一卷）》第191頁。

曰陰。"這裏的"道下"爲陰道（山北面的山路）之下。"酉陽徒道涪陵來以買鹽急，却即道下"之"道下"爲人名的可能性較小，似指酉陽徒經由涪陵買鹽返回酉陽，經過遷陵的路上。酉陽徒"急"，可知買鹽一事（包含涪陵縣買鹽並返回酉陽縣交鹽），酉陽徒所能支配的時間比較有限，實際上並沒有把"養錢"、券及除書等直接交接給"應"，才有"却"到酉陽徒返回的路綫上去迎他。

以券與却，麋千錢、除少內書。"少內"下一字原釋文與《校釋一》皆未釋，簡文作：

與 8-64"書"字形體相近，

當是書字。《校釋一》在"少內"下斷開，[1] 當與書連讀。除少內書，除，拜官曰除。《史記·平準書》："諸買武功爵官首者試補吏，先除。"《索隱》曰："官首，武功爵第五也，位稍高，故得試爲吏，先除用也。"除……書，見於下列漢簡：

1. ·右除書　　73EJT31：36[2]
2. ·右除及病視事書☒　73EJT9：25[3]
3. 出麻二石　　至八月己丑除書到☒　　73EJT23：378[4]
4. 牒書除爲司御三人人一牒

---

[1] 陳偉主編，何有祖、魯家亮、凡國棟撰著：《里耶秦簡牘校釋（第一卷）》第191頁。
[2] 甘肅簡牘博物館等編：《肩水金關漢簡（叁）》上册，中西書局2013年，第214頁。
[3] 甘肅簡牘保護研究中心等編：《肩水金關漢簡（壹）》上册，中西書局2011年，第199頁。
[4] 甘肅簡牘保護研究中心等編：《肩水金關漢簡（貳）》上册，中西書局2012年，第168頁。

元鳳四年四月甲寅朔甲寅尉史真敢言之牒書□□□☑

謁署敢言之　　73EJT10∶311[1]

5.……茭泉居延官除如牒書到出入如律令　　73EJT23∶277[2]

上揭文獻中第 1-3 條作 "除書"，無具體細節以供判斷。第 4 條 "牒書除爲司御三人人一牒" 記載以每人一牒的形式記載任命三人爲司御；第 5 條可斷句作 "……茭泉居延官除如牒，書到出入如律令"，前半句交代要按牒書來任命官吏。從第 4、5 條文獻可明顯看出是與任命職官有關，並可窺知 "除書" 的具體內容。《校釋一》在本牘對 "除少内" 作有注解："8-58 有 '少内守華'，8-1833 有 '少内華'。'除少内'，蓋謂華晉升少内長官。"[3] "除少内書" 由華托西陽徒帶給應，當是給應的任命書。可知 "應" 是少内的官吏。"應" 在里耶簡中有擔任少内守的，如 8-1209 "☑□朔日，少内守應□☑"，即提及少内守應。不過簡文開頭殘缺，年代不詳。此外 "應" 還見於：

言。訊應（應）：不能令且當罪，何解？辭（辭）曰：罪☑ 8-691

訊，言吏不能其事，故有令。今☑ 8-691 背

"應" 用作人名，但爲何身份，尚不可知。

　　既然 "華" 可向少内的 "適" 詢問寄送養錢之事，可知華也很有可能是少内的官吏。里耶簡記載 "少内守華" 的具體内容爲：

☑啓陵鄉守恬付少内守華 8-58

☑擇付少内華 8-1833

前一例是遷陵縣下的啓陵鄉與少内守華直接發送關聯，後一簡中的 "擇" 似爲 8-1078 "倉守擇受啓陵鄉" 之 "倉守擇"，這一例中遷陵縣的倉守與少内守華直接發生關聯。這兩條文獻中的 "少内華" 都很可能

---

[1] 甘肅簡牘保護研究中心等編：《肩水金關漢簡（壹）》上册，第 289 頁。

[2] 甘肅簡牘保護研究中心等編：《肩水金關漢簡（貳）》上册，第 146 頁。

[3] 陳偉主編，何有祖、魯家亮、凡國棟撰著：《里耶秦簡牘校釋（第一卷）》第 191 頁。

在遷陵縣少內任職。二例中的"華"有可能與本牘的"華"爲同一人，這爲判斷本牘的時間下限提供了綫索。不過由於這二處材料過於殘缺而缺乏相應的紀年信息，對本牘寫成年代的分析還有待更多的材料。

酉陽徒似根據"券"所記載的明細將"千錢（即"養錢"）"以及"除少內書"交付給却。里耶秦簡所見"券"較多用來詳細記錄贈予或約定的物件，如：

> 卅五年七月戊子朔己酉，都鄉守沈爰書：高里士五（伍）廣自言：謁以大奴良、完，小奴嚋、饒，大婢闌、願、多、□，Ⅰ禾稼、衣器、錢六萬，盡以予子大女子陽里胡，凡十一物，同券齒。Ⅱ
> 典弘占。Ⅲ 8-1554
>
> 七月戊子朔己酉，都鄉守沈敢言之：上。敢言之。/沈手。[1] Ⅰ
> 【七】月己酉日入，沈以來。/擇發。[2]　　　沈手。Ⅱ 8-1554背

提及廣將奴婢、禾嫁、衣器、錢等交予胡，並記錄在"券"。8-1008+8-1461+8-1532"令佐華自言：故爲尉史，養大隸臣竪負華補錢五百，有約券"，《校釋一》注：[3]

> 約券，當與約契、約劑類似。《戰國策·燕策三》："事所以不成者，乃欲以生劫之，必得約契以報太子。"《周禮·秋官·士師》："凡以財獄訟者，正之以傅別約劑。"鄭玄注："約劑，各所持券也。鄭司農云：'若今時市買，爲券書以別之，各得其一，訟則案券以正之。'"可參看。

可知酉陽徒所帶的養錢以及除少內書，應記錄在券，方便接收的一方查核。靡千錢，靡，分，散。《集韵·支韵》："靡，分也。"《易·中孚》："鶴鳴在陰，其子和之，我有好爵，吾與爾靡之。"孔穎達疏："靡，散

---

[1] 沈，原釋文未釋。
[2] 擇發，原釋文未釋。
[3] 陳偉主編，何有祖、魯家亮、凡國棟撰著：《里耶秦簡牘校釋（第一卷）》第261頁。

也。"《漢書·楊王孫傳》:"夫厚葬誠亡益於死者,而俗人競以相高,靡財單幣,腐之地下。"顏師古注:"靡,散也。"本牘開頭提到,"華"將所分得的養錢寄送給應,這裏提及"靡千錢"當指這一筆錢。

需要注意的是,"酉陽徒"帶給"却"的除了"千錢",還有券,可知這應該是"應"所分得"養錢"的初次交接,所以需要有"券"作爲憑證。先給券,再交付具體的物件,從中可以窺見早期重要文書、物件交割的基本程序。

"却道下操養錢來視,爲購而出之",視,《說文》:"視,瞻也。"爲,我們初稿釋作"華",陳劍先生面告當是"爲"字。今將該字與同牘"華""爲"字列在下表:

所討論的字	同牘"爲"	同牘"華"

從字形看,右上爲爪與象頭的變形,[1] 下部(即象的身軀)稍微拉長,大概是書手寫得潦草所致。該字與"爲"形近,與"華"相差較遠。可知釋"爲"甚是。這一字的改釋,可以較好地改善對牘文的理解。購,《說文》貝部:"以財有所求也。"《二年律令》61號簡"不欲拜爵及非吏所興,購如律",整理者注:"購,獎賞。"[2] "爲購而出之"的主語省略,從養錢最終要交給"應",可知這裏的主語應該是"應"。這裏是

---

[1] 古文字"爲"从爪从象會意。
[2] 彭浩、陳偉、(日)工藤元男主編:《二年律令與奏讞書——張家山二四七號漢墓出土法律文獻釋讀》第114頁。

説"却"拿着養錢來拜見應（和應交接錢物），應獎賞他後讓他離開。

綜上所述，本牘談及"應"問候"華"，"華"因爲應的來信向"適"詢問，得知已寄送養錢給"應"。不久，去涪陵縣買鹽的西陽徒帶給"應"養錢與少内任命書，並有"券"作爲憑證。由於西陽徒時間有限，不能親自交給"應"。"却"在西陽徒經過遷陵的途中迎取這些物件，當是"應"的安排。"却"返回把養錢交給"應"，最後"應"給予"却"賞錢。總的來看，本牘似乎不僅是一來一往的書信牘，其中有着對所分養錢寄送之事的詳細記載。本牘並無冗餘的公文套路，包含有較多重要信息。

二、從所分養錢者看秦"養"制

關於吏僕養，沈剛先生曾對其身份、管理及漢代的存續做過系統梳理。[1] 對涉及僕養材料的解讀提供了很好的基礎。本牘"所分養錢"，所分的是對"養"折抵之錢。這裏的"養"可指做飯的人。秦律中有對官吏提供"養"的規定，如睡虎地秦簡《秦律十八種·金布律》72-74號簡："都官有秩吏及離官嗇夫，養各一人，其佐、史與共養；十人，車牛一兩（輛），見牛者一人。都官之佐、史冗者，十人，養一人；十五人，車牛一兩（輛），見牛者一人；不盈十人者，各與其官長共養、車牛，都官佐、史不盈十五人者，七人以上鼠（予）車牛、僕，不盈七人者，三人以上鼠（予）養一人；小官毋（無）嗇夫者，以此鼠（予）僕、車牛。"整理小組注曰："養，做飯的人，《公羊傳》宣公十二年注：'炊烹者曰養。'"[2] 該律文中除了都官有秩吏及離官嗇夫各有"養"一人外，都官佐、史及佐、史冗者都采取"共養"的辦法，即或與官長"共養"，或多名佐、史"共養"。這些是對中央派駐地方機構及其分支機構的官吏提供"養"的規定。

---

[1] 沈剛：《秦簡中的"吏僕"與"吏養"》，《人文雜志》2016年第1期。
[2] 睡虎地秦墓竹簡整理小組編：《睡虎地秦墓竹簡》"釋文注釋"第37—38頁。

里耶秦簡有"假養"的規定，如：[1]

  卅一年後九月庚辰朔辛巳，遷陵丞昌謂倉嗇夫：令史言Ⅰ以辛巳視事，以律令假養，襲令史朝走啓。Ⅱ定其符。它如律令。Ⅲ 8-1560

  後九月辛巳旦，守府快行。 言手。8-1560背

記錄卅一年後九月辛巳這一天，遷陵丞昌向倉嗇夫下令，提及令史言在這一日視事，依照律令要給令史言安排"假養"，並安排此前爲令史朝服務的"走啓"爲令史言服務，並用相應的符確定下來。此條材料當是爲秦地方縣級政府的官吏提供"養"制度的體現，與《秦律十八種·金布律》72-74號簡的記載可以互補。

里耶秦簡中"養"按服務對象的不同，有"吏養""徒養"之分，前者是爲吏服務，如8-811+8-1572提及吏養"城父士五（伍）得"，8-145號簡《校釋一》注："'吏養'是爲'吏'烹炊者。"[2] 這裏的"得"從事"吏養"的工作。至於8-145+9-2294"卅二年十月己酉朔乙亥，司空守圂徒作簿"：[3]

  ……
  二人徒養：臣、益
  ……
  四人徒養：枼、痤、帶、復。
  ……
  小春五人，
  ……
  一人徒養：姊

---

[1] 陳偉主編，何有祖、魯家亮、凡國棟撰著：《里耶秦簡牘校釋（第一卷）》第359頁。
[2] 陳偉主編，何有祖、魯家亮、凡國棟撰著：《里耶秦簡牘校釋（第一卷）》第87頁。
[3] 簡的綴合及釋文可參看里耶秦簡牘校釋小組（魯家亮執筆）：《新見里耶秦簡牘資料選校（二）》，簡帛網2014年9月3日。

8-145號簡《校釋一》注："'徒養'是爲'徒'烹炊者"。[1] 張家山漢簡《奏讞書》56-57號簡"蜀守灒（讞）：采鐵長山私使城旦田、舂女爲薑，令内作，解書廷，佐恬等詐簿爲徒養，疑罪。·廷報：恬爲僞書也"，[2] 提及田、女二人被采鐵長山私自使唤做粥，但是佐恬登記爲徒養，可知"徒養"的服務對象只能是徒，而非采鐵長山等吏。只有這樣，佐恬才能將自己的行爲合法化，從而逃避秦律的處罰。

8-145+9-2294靠前的二條"徒養"的從事者有可能是城旦舂，也可能是隸臣妾，大致是成年人，而"小舂五人……一人徒養：姊"，小，未成年人，睡虎地秦簡《秦律十八種·倉律》："隸臣、城旦高不盈六尺五寸，隸妾、舂高不盈六尺二寸，皆爲小；高五尺二寸，皆作之。"整理者注："秦一尺約合今0.23米。六尺五寸約今1.5米。下文六尺二寸約今1.4米；五尺二寸約今1.2米。"[3] 這是按身高來確定大、小的規定。王子今先生指出"小"指未成年人之小。[4] 小舂充當"徒養"，可知未成年女性也可從事徒養。從事"徒養"的人性别和年齡似不能確定。

從8-145+9-2294看，從事"徒養"這一工作的人員占所列舉的作徒的比例不一，且總體偏小，如125人中有2人從事，87人中有4人從事，5人（小舂）中有1人從事。總的來説，里耶秦簡的記載顯示遷陵縣爲"吏"及從事雜役的"徒"提供了"養"，即"吏養"與"徒養"，[5]可看作對《秦律十八種·金布律》72-74號簡的補充。此種提供"養"的制度是秦提供給官吏的勞力支持，使各級官吏以及從事雜役的"徒"能集中時間從事工作。

本簡"所分養錢"之"養"當屬"吏養"。"應"作爲少内的主官，

---

[1] 陳偉主編，何有祖、魯家亮、凡國棟撰著：《里耶秦簡牘校釋（第一卷）》第87頁。
[2] 彭浩、陳偉、（日）工藤元男主編：《二年律令與奏讞書——張家山二四七號漢墓出土法律文獻釋讀》第348頁。
[3] 睡虎地秦墓竹簡整理小組編：《睡虎地秦墓竹簡》"釋文注釋"第157頁。
[4] 王子今：《秦漢"小女子"稱謂再議》，《文物》2008年第5期。
[5] 陳偉主編，何有祖、魯家亮、凡國棟撰著：《里耶秦簡牘校釋（第一卷）》第87頁。

按律令可以"假養",但此處分給養錢,顯示此種勞力支持有可能正通過折抵的辦法變成一種金錢上的補貼。即因遷陵縣人手不足,無法按規定提供"養",只好按比例折抵成錢,付給原本應參與"假養"者。

這對我們瞭解秦基層政府官吏的生存狀況提供了新的綫索。

三、從"酉陽徒道涪陵來以買鹽"
看秦涪陵縣食鹽生産與貿易

酉陽徒道涪陵來以買鹽,熊賢品先生指出這一材料爲先秦兩漢三峽地區的食鹽産地提供了新的資料。[1] 這一看法,頗有見地。這一材料如結合秦巴郡乃至涪陵縣食鹽生産與貿易的背景,[2] 當能有更多的認識。

據《漢書·地理志》,巴郡是重要的食鹽産地,其境内的朐忍縣(今雲陽縣)的鹽井非常有名,設有鹽官。臨江縣(今忠縣)便是一處重要的産鹽地,漢代專門設"有鹽官,在監、塗二溪,一郡所仰;其豪門亦家有鹽井"。

《華陽國志·巴志》:"〔巴國〕其地,東至魚腹,西至僰道,北接漢中,南極黔、涪。土植五穀,牲具六畜。桑、蠶、麻、紵、魚、鹽、銅、鐵、丹、漆、茶、蜜、靈龜、巨犀、山雞、白雉、黄潤、鮮粉,皆納貢之。"其中便有"鹽"這一特産。

《水經注·江水》:"溪硤側,鹽井三口,相去各數十步,以木爲桶,徑五尺,修煮不絶。"又説有湯溪水"南流歷縣,翼帶鹽井一百所,巴川資以自給。粒大者,方寸,中央隆起,形如張傘,故因名之曰傘子鹽。有不成者,形亦必方,異於常鹽矣"。又説閬中和南充國縣也是著名的産鹽區,"有鹽井"。古代這裏屬三巴區域,其産鹽量也是相當可觀的。

《天工開物》:"凡滇、蜀兩省遠離海濱,舟車艱通,形勢高上,其

---

[1] 熊賢品:《出土文獻所見秦、楚食鹽産地的分布》,《鹽業史研究》2016 年第 1 期。
[2] 孫華:《四川盆地鹽業起源論綱——渝東鹽業考古的現狀、問題與展望》,《鹽業史研究》2003 年第 1 期。

鹹脉即蘊藏地中。"[1]

《太平御覽》卷一六七引《益州記》："南充縣西有大昆井，即古之鹽井也。"《文選》載左思《蜀都賦》"家有鹽泉之井"，劉逵注："巴西充國縣有鹽井數十。"

從上列文獻可知，巴郡的產鹽之地分布很廣。李小波先生將川鹽分成五大鹽區，秦涪陵縣屬川東鹽區。[2] 現有研究指出："鹽礦的形成與四川盆地的沉積環境密切相關，經過白堊紀、侏羅紀、三叠紀及其以前的地質運動和地質構造的變化，在形成四川盆地的過程中，歷經海侵、海退，高温蒸發，海水和湖水中的濃縮鹽鹵結晶的鹽層等礦物沉積下來，被埋藏在地下，成爲岩鹽岩和鹽鹵。"[3]

秦涪陵縣，即今重慶彭水縣，也是重要的鹽產地之一。傳世文獻中關於彭水縣產鹽的相關記載，彭福榮、周妮等先生有過詳細梳理，[4] 現將有關的記載列舉如下：

《華陽國志·巴志》："漢發縣有鹽井。"[5]

《隋書》卷二十九《地理志上》"〔彭水縣〕有伏牛山，出鹽井。"

清代《酉陽直隸州總志·物產志》："鹽井之利，近惟彭水有之。其產鹽地凡二地：曰咸山峽，曰鬱山鎮。咸山峽之鹽，《陶志》云：'在縣北四十里。'相傳峽内有鹽井，峽口尚有煎熬故址。考此

---

[1] 潘吉星：《〈天工開物〉校注及研究》，巴蜀書社1989年，第274頁。
[2] 李小波：《四川古代鹽業開發的地質基礎》，李水城、羅泰主編：《中國鹽業考古》，科學出版社2006年，第162—181頁。
[3] 四川省文物考古研究院、北京大學考古文博學院、美國加州大學洛杉磯分校、中國科技大學科技史與科技考古系、自貢市鹽業歷史博物館：《中壩遺址的鹽業考古研究》，《四川文物》2007年第1期，第39—40頁。
[4] 彭福榮：《古代重慶彭水郁鹽初探》，《西南交通大學學報（社會科學版）》2006年第5期；周妮：《淺論重慶市彭水縣鬱山鹽泉與"鹽丹文化"》，《三峽論壇》2013年第4期。
[5] 彭福榮先生指出："當時的漢發治在今重慶市彭水縣鬱山。這當是關於彭水鬱鹽最早的文字記載。"參看彭福榮：《古代重慶彭水郁鹽初探》，《西南交通大學學報（社會科學版）》2006年第5期。

峽中，井灶俱存。咸豐初，元邑中豪民曾規度之，井水之咸勝於鬱山鹽。但井濱大河，地勢卑下，易於埋塞；且石壁堅仄，無煎熬之所，是以功不成。惟鬱山鹽，自漢迄今，日新月盛。"

清同治《增修酉陽直隸州總志》："鹽井之利，惟彭水有之，其產鹽地凡二地：曰咸山峽，曰鬱山鎮。咸山峽之鹽，《陶志》：'在縣北四十里。'相傳峽內有鹽井，峽口尚有煎熬故址。考此峽中，井灶具存……惟鬱山鹽，自漢迄今日新月異。"

清光緒《彭水縣志》："伏牛山，在縣東一百二十里，為鬱山鎮後井。山橫亙三十餘里，鹽井皆在其麓。"

《涪陵地區鹽業志》："東有伏牛山，北有嚴家山，南有鳳凰山，西系郁山河谷地區，屬武陵山系。些鹽礦多為自然溢出的鹽礦。"

《四川通志·食貨》："彭水縣彭水鹽井十四眼，煎鍋一百五十八口，溫水鍋一百零一口。"

從上列文獻可知，彭水縣鹽泉較早已在開采，歷經唐宋元明各代持續產鹽約二千年。現在的問題是，《華陽國志·巴志》的記載並未交代具體年代。《涪陵地區鹽業志》認為彭水鬱山鹽井最早開鑿於東漢，據《重修雞鳴井碑文》記載："當在東漢中葉，飛水井稍次於雞鳴井，老郁井又稍次於飛水井，均創於東漢。鵁井，在東漢末所開。"

李小波先生指出郁山鎮具備典型的成鹽地址構造，具有地質時代早、鹽礦埋葬淺，多天然出露，鹵水極易開采等特點。[1] 李小波先生所列舉的 13 處彭水縣郁山鎮古鹽井遺迹，現存最早的鹽井遺址為後灶河的雞鳴井（參圖七），其年代為東漢中葉。[2] 後改作王莽天鳳五年。[3] 年代更具體，但時間略向後推遲。

---

[1] 李小波：《重慶市彭水縣鬱山鎮古代鹽井考察報告》，李水城、羅泰主編：《中國鹽業考古》第 114—125 頁。

[2] 李小波：《重慶市彭水縣鬱山鎮古代鹽井考察報告》，《鹽業史研究》2001 年第 2 期。

[3] 李小波：《重慶市彭水縣鬱山鎮古代鹽井考察報告》，李水城、羅泰主編：《中國鹽業考古》第 114—125 頁。

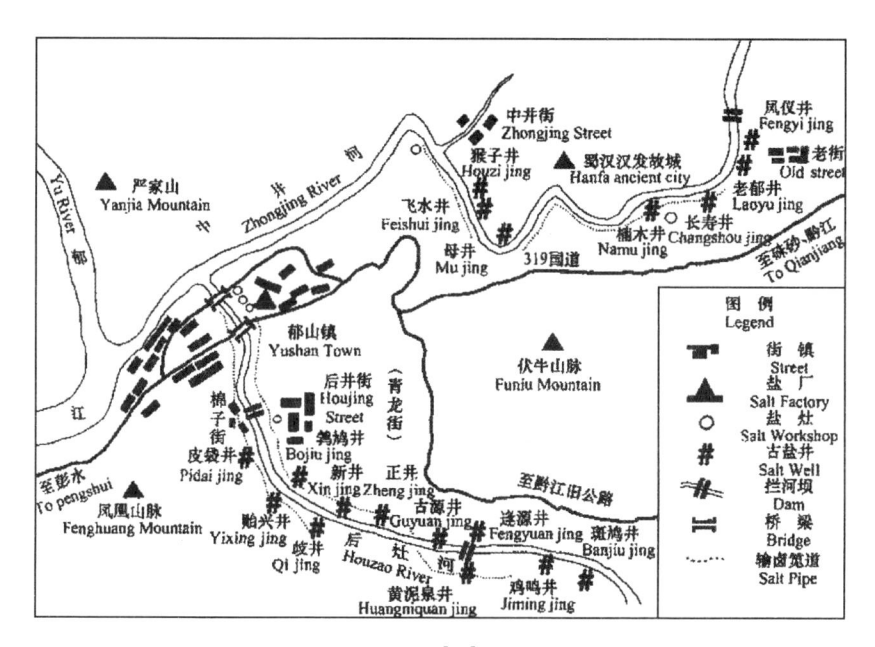

圖七[1]

里耶秦簡"酉陽徒道涪陵來以買鹽",指酉陽徒取道鹽產地秦涪陵縣(去買鹽),返回酉陽縣途中經過遷陵縣。結合上文叙述的彭水縣產鹽的文獻記載及地質、遺址等方面的信息,這一材料中酉陽徒到涪陵買鹽,顯示秦巴郡涪陵縣是洞庭郡食鹽的來源地之一,說明最遲秦時涪陵縣已進行鹽業生產,並向鄰郡供應食鹽。

彭福榮先生曾探討彭水縣鬱鹽運輸方式,指出:[2]

> 彭水鬱鹽的主要運輸方式是水運,依賴的水道主要是郁江和烏江。酉陽的龍潭與龔灘和石柱的西界沱等重要碼頭把烏江、酉水和長江連接起來,成爲彭水鬱鹽等物資的中轉基地,也是這裏和外界

---

[1] 圖引用自李小波:《重慶市彭水縣鬱山鎮古代鹽井考察報告》,《鹽業史研究》2001年第2期。

[2] 彭福榮:《古代重慶彭水郁鹽初探》,《西南交通大學學報(社會科學版)》2006年第5期。

聯繫的樞紐。彭水郁鹽水路運輸的路綫有：郁鹽沿郁江下至彭水，或順烏江而下，可到涪陵而往江州（今重慶）；或溯烏江而上，上達貴州夜郎等地。人們也把鬱鹽運到酉陽的龍潭，順酉水發送到沅陵，進沅江而達洞庭湖；或另往常德，去漢口等地。

即提及彭水縣郁鹽水路運輸的路綫，經烏江、酉水而入沅江，銷售範圍至兩湖地區。里耶秦簡"酉陽徒道涪陵來以買鹽"，大致在這一路綫上。

第三章　里耶秦簡字詞新釋

本章對《里耶秦簡（壹）》《里耶秦簡（貳）》《里耶秦簡博物館藏秦簡》所見里耶簡釋文進行校訂，提出多條改釋意見。

第一節　《里耶秦簡（壹）》字詞新釋

本節擬對《里耶秦簡（壹）》110 枚簡牘的字詞加以考釋。

一

里耶 5－1 號簡：

  元年七月庚子朔丁未，倉守陽敢言之：獄佐辨、平、士吏賀具獄縣官，Ⅰ食盡甲寅，謁告過所縣鄉以次續食，雨留不能投宿，[1]齋。Ⅱ來復傳。零陽田能自食。當騰，期卅日。敢言之。／七月戊申，零陽Ⅲ轝移過所縣鄉。／齮手。／七月庚子朔癸亥，遷陵守丞固告倉嗇夫：Ⅳ以律令從事。／嘉手。Ⅴ

"雨留不能投宿，齋"，《校釋一》作"雨留不能投宿齋"，[2] 鄔文玲先生斷句作"雨留不能，投宿、齋"，"投宿、齋"指提供住宿和相應

---

[1] 投，原釋作"決"。此從《校釋一》釋（見陳偉主編，何有祖、魯家亮、凡國棟撰著：《里耶秦簡牘校釋（第一卷）》第 3 頁）。
[2] 陳偉主編，何有祖、魯家亮、凡國棟撰著：《里耶秦簡牘校釋（第一卷）》第 1 頁。

的糧食物資。[1] 余津銘先生斷句作"雨留，不能投宿，齎"。[2] 今按：各家斷句頗有啓發意義。嶽麓柒 202 號簡"郡縣道所傳囚，所傳囚閒能投宿焉者，令各如其故。其閒不能投宿，故未"，[3] 其中有"所傳囚閒能投宿""其閒不能投宿"，可知本簡此處斷句當作"雨留不能投宿，齎"。里耶秦簡類似的文書有相似的語句，此前《校釋一》皆連讀作"……不能投宿齎"，其斷句也當重新考慮，即 8-110+8-669+8-1203 "雨留不能投宿，齎"、8-169+8-233+8-407+8-416+8-1185 "節（即）不能投宿，齎"、8-1517 "雨留不能投宿，齎"。里耶簡中多次出現的"齎"，當用作動詞。里耶 5-1 號簡《校釋一》注："《説文》：'持遺也。'《禮記·奔喪》'則成服而往'鄭玄注：'成服乃行容待齎也。'陸德明音義：'齎，子西反，資糧也。'又《周禮·春官·巾車》：'毀折，入齎於職幣。'鄭玄注：'杜子春云："齎，讀爲資。資謂財也。乘官車毀折者，入財以償繕治之直。"'"簡文可能是説當因故不能投宿時提供資糧錢財。[4] 其説可從。

再看 8-169+8-233+8-407+8-416+8-1185 號簡，其釋文作：

卅五年二月庚申朔戊寅，倉□擇敢言之：隸□餽爲獄行辟 I 書彭陽，食盡二月，謁告過所縣鄉以次牘（續）食。節（即）不 II 能投宿，齎。遷陵田能自食。未入關縣鄉，當成盠（齎），III 以律令成盠（齎）。來復傳。敢言之。☐ IV

上揭簡文中"齎"字出現兩次，後一字由《校釋一》釋出。"盠"字所在文句作"未入關縣鄉，當成盠，以律令成盠"，《校釋一》："成盠，待考。"[5]

---

[1] 鄔文玲：《里耶秦簡所見"續食"簡牘及其文書構成》，《簡牘學研究》第 5 輯，甘肅人民出版社 2014 年，第 1—8 頁。

[2] 余津銘：《里耶秦簡"續食簡"研究》，《簡帛》第 16 輯，上海古籍出版社 2018 年，第 131—143 頁。

[3] 陳松長主編：《嶽麓書院藏秦簡（柒）》，上海辭書出版社 2022 年，第 149 頁。

[4] 陳偉主編，何有祖、魯家亮、凡國棟撰著：《里耶秦簡牘校釋（第一卷）》第 3 頁。

[5] 陳偉主編，何有祖、魯家亮、凡國棟撰著：《里耶秦簡牘校釋（第一卷）》第 103 頁。

余津銘先生在"齋"讀如本字的情況下，把"盠"讀作"資"，解作"供給"。[1] 今按："盠"以齊爲聲，仍當讀作齋。"隷□餶爲獄行辟書彭陽"，因各種原因不能投宿，需要沿路的縣鄉向其"齋"，即提供飲食等必需物質。"節（即）不能投宿，齋""未入關縣鄉，當成盠（齋），以律令成盠（齋）"，其中"齋""當成盠（齋）"所指皆此。"以律令成盠（齋）"當指按律令的規定來成齋。嶽麓伍 48–49 號簡"不具者，輒却，道近易具，具者，郡守輒移御史以盠（齋）使及有事咸陽者"，[2] 其中"齋"即寫作"盠"，也可用作名詞，指所齋之物。可參看。"未入關縣鄉，當成盠（齋），以律令成盠（齋）"的記載，與"謁告過所縣鄉以次牘（續）食。節（即）不能投宿，齋。遷陵田能自食"，在齋飲食的規定上似有所差別。

二

☑齮□□丞聽書從事，[3] 令毋獄瀽（讞）□ Ⅰ
☑□□求諝曹令丞尉書執循行以□[4] Ⅱ
☑□□而不得□□以次傳，[5] 別書執瀽（讞）屬[6] Ⅲ
☑□卒□□□稗官在其縣界中□□□[7] Ⅳ

---

[1] 余津銘:《里耶秦簡"續食簡"研究》,《簡帛》第 16 輯,第 131—143 頁。
[2] 陳松長主編:《嶽麓書院藏秦簡（伍）》第 54—55 頁。
[3] "丞"字從陳偉主編,何有祖、魯家亮、凡國棟撰著:《里耶秦簡牘校釋（第一卷）》,武漢大學出版社 2012 年。
[4] 求,原釋文作"來",此從《校釋一》。"書"、"執"從《校釋一》。凡國棟撰著:《里耶秦簡牘校釋（第一卷）》第 3 頁。"丞"字從賀靚艷、宋超、蔡萬進:《〈里耶秦簡（壹）〉釋文校補一則》,簡帛網 2012 年 5 月 3 日。
[5] 不得,從《校釋一》釋（陳偉主編,何有祖、魯家亮、凡國棟撰著:《里耶秦簡牘校釋（第一卷）》第 9 頁）。
[6] 瀽（讞）,從《校釋一》釋（陳偉主編,何有祖、魯家亮、凡國棟撰著:《里耶秦簡牘校釋（第一卷）》第 9 頁）。
[7] 稗官、其,從《校釋一》釋（陳偉主編,何有祖、魯家亮、凡國棟撰著:《里耶秦簡牘校釋（第一卷）》第 9 頁）。

☐郵行，[1] 書到相報，[2] 不報☐☐☐Ⅴ

☐東曹發，它如律令☐☐Ⅵ

☐☐Ⅶ 5-6

☐東曹發。Ⅰ

☐☐凡☐☐☐☐少☐Ⅱ

☐敵手。／朝發。Ⅲ

☐☐成里公士☐以來。／☐發。Ⅳ

☐☐☐申以來☐☐。／☐發。Ⅴ 5-6 背

"令毋"下二字，原釋文未釋，《校釋一》作"☐獄"。[3] 今按：當釋作"獄灊（讞）"。《二年律令》102-103號簡："縣道官守丞毋得斷獄及灊（讞）。相國、御史及二千石官所置守、叚（假）吏，若丞缺，令一尉爲守丞，皆得斷獄、灊（讞）獄，皆令監臨庫（卑）官，而勿令坐官。"

謥曹，原釋文未釋。"謥"字也見於8-944+8-1646"書廿八年四月庚辰到，壬午起，留二日，謥求☐"。

敵手，原釋文未釋。朝，原釋文未釋。

三

獄東曹書一封，丞印，詣無陽。·九月己亥，水下三刻，☐☐以來。5-22

"刻"下二字，原釋文及《校釋一》皆未釋，趙岩先生認爲第一個未釋字與"佐"字形體相合，疑爲"佐"；第二個未釋字從文意來看應是個人名，字左側从"弓"。[4]

---

[1] 郵，從《校釋一》釋（陳偉主編，何有祖、魯家亮、凡國棟撰著：《里耶秦簡牘校釋（第一卷）》第10頁）。

[2] 相，從《校釋一》釋（陳偉主編，何有祖、魯家亮、凡國棟撰著：《里耶秦簡牘校釋（第一卷）》第10頁）。

[3] 陳偉主編，何有祖、魯家亮、凡國棟撰著：《里耶秦簡牘校釋（第一卷）》第8—9頁。

[4] 趙岩：《里耶秦簡札記（十二則）》，簡帛網2013年11月19日。

今按：第一字據殘筆可知是"走"，其寫法可參看 8－959+8－1291、8－1119 等簡的"走"字，第二字左从人而非弓，右下部从口，疑是"佁"字。這裏把要討論的字與其他"走""佁"同列一表如下：

5－22	8－959+8－1291	8－1119	8－1829

比較可知，5－22"走"與 8－959+8－1291、8－1119"走"在寫法上很相似，似是一人書寫。這三處的"走"似是 8－1829 的"走"的簡省寫法。

從文例上看，5－22 號簡是一份獄東曹書信向外傳遞的記録，類似的記録還有如下幾處：

獄東曹書一封，令印，詣洞庭守府。·九月戊戌，水下二刻，走佁以來。8－959+8－1291

書三封，令印，二守府、一成紀。·九月庚寅，水下七刻，走佁以來。[1] 8－1119

☐洞庭泰守府。　　二月乙未，水下八刻，走佁以來。8－1829

獄東曹書一封，洞庭泰守府，廿八年二月甲午日入時，牢人佁以來。8－273+8－520

8－1119、8－959+8－1291 記録的送遞書信之人都是"走佁"。"走佁"所送書信都是從獄東曹發出，"走佁"似專爲獄東曹服務。8－1829 也有"走佁"，但其上部殘缺，所殘的部分似可據 8－273+8－520 補充"獄東

---

[1] 走，原釋文作"毛"。此從《校釋一》釋（陳偉主編，何有祖、魯家亮、凡國棟撰著：《里耶秦簡牘校釋（第一卷）》第 280 頁）。

曹書一封"等内容。8－273+8－520 中"牢人佁"也在爲"獄東曹"傳遞書信，亦屬遷陵縣獄。走佁與牢人佁或許是同一人。[1]

許名瑲先生曾據包含里耶秦簡牘在内的出土簡牘復原秦曆朔日，[2]這一成果頗便於我們對里耶簡年份的考察。又據 8－757"今遷陵廿五年爲縣"，而迄今所見里耶材料最早紀年材料爲廿五年，以下我們根據廿五年以後各年九月的朔日，來看 5－22 等簡可能的年份。

5－22"九月己亥"可能出現的年份：

可能出現的年份	不可能出現的年份
廿五年、廿六年、廿九年、卅二年、卅五年、卅六年、卅七年、二世元年、二世二年	廿七年、廿八年、卅年、卅一年、卅三年、卅四年、二世三年

8－959+8－1291"九月戊戌"可能出現的年份：

可能出現的年份	不可能出現的年份
廿五年、廿六年、廿八年、廿九年、卅二年、卅五年、卅六年、卅七年、二世二年	廿七年、卅年、卅一年、卅三年、卅四年、二世元年、二世三年

8－1119"九月庚寅"可能出現的年份：

可能出現的年份	不可能出現的年份
廿五年、廿六年、廿八年、廿九年、卅二年、卅五年、卅六年、卅七年、二世元年	廿七年、卅年、卅一年、卅三年、卅四年、二世二年、二世三年

---

[1]（日）水間大輔：《里耶秦簡所見的"牢監"與"牢人"》，《出土文獻與法律史研究》第 2 輯，上海人民出版社 2013 年。

[2] 許名瑲：《秦曆朔日復原——以出土簡牘爲綫索》，簡帛網 2013 年 7 月 27 日。

8-1829"二月乙未"可能出現的年份：

可能出現的年份	不可能出現的年份
廿七年、卅年、卅一年	廿五年、廿六年、廿八年、廿九年、卅二年、卅三年、卅四年、卅五年、卅六年、卅七年、二世元年、二世二年、二世三年

5-22"九月己亥"、8-959+8-1291"九月戊戌"、8-1119"九月庚寅"同在一月的可能性：

同 一 月	不在同一月
廿五年、廿六年、卅二年、卅五、卅六年、卅七年	廿八年、廿九年、二世元年、二世二年

5-22"九月己亥"、8-959+8-1291"九月戊戌"同在一月的可能年份：

廿五年、廿六年、廿八年、廿九年、卅二年、卅五年、卅六年、卅七年、二世元年、二世二年

結合以上諸表，我們在下表中形成 5-22、8-959+8-1291、8-1119 等簡可能的年份分布：

可能出現的年份	簡　　號	年份	簡　　號
廿五年	5-22、8-959+8-1291、8-1119	卅三年	
廿六年	5-22、8-959+8-1291、8-1119	卅四年	

續 表

可能出現的年份	簡　　號	年份	簡　　號
廿七年	8－1829	卅五年	5－22、8－959+8－1291、8－1119
廿八年	8－959+8－1291、8－1119、8－273+8－520	卅六年	5－22、8－959+8－1291、8－1119
廿九年	5－22、8－959+8－1291、8－1119	卅七年	5－22、8－959+8－1291、8－1119
卅年	8－1829	二世元年	5－22、8－1119
卅一年	8－1829	二世二年	5－22、8－959+8－1291
卅二年	5－22、8－959+8－1291、8－1119	二世三年	

　　上表中"走佁"可能出現的年份似較多。主要是因爲5－22、8－959+8－1291、8－1119只有月份、干支，這三枚簡是否爲同一年的材料還不好斷定。8－273+8－520有紀年，如"牢人佁"就是"走佁"，那麼至少會有一年是"走佁"確實出現過的年份。

　　綜上所述，5－22號簡"刻"下二字當是"走佁"，"佁"在里耶簡中多次出現，都是在爲獄東曹傳達文書，可能如水間大輔先生所分析的那樣，同時也是"牢人"。希望以後有更多材料，可以幫助我們明確"走佁"所在的年份、具體的身份。

四

　　□□□□印，一泰（太）守府，一成固。九月己亥……☑
5－23

　　"亥"下三字，原釋文未釋，當爲"水下八"。

5-23			
5-22			

"八"下諸字筆畫已經不易辨識,據 5-22 "九月己亥水下三刻"可補"刻"字。"印"上二字,疑是"遷陵"。"遷陵印"見於以下簡:

　　尉曹書二封,遷陵印,一封詣洞庭泰(太)守府,一封詣洞庭尉府。Ⅰ九月辛丑水下二刻,走□以來。Ⅱ 8-1225

　　獄南曹書二封,遷陵印:一洞庭泰守府,一洞庭尉府。·九月 8-728+8-1474 己亥餔時,牢人誤以來。8-728 背+8-1474 背

　　戶曹書四封,遷陵印,一咸陽、一高陵、一陰密、一竸陵。Ⅰ廿七年五月戊辰水下五刻,走茶以來。Ⅱ 8-1533

"遷陵印",也有可能是"遷陵丞印"之省。如 8-475+8-610 簡:"書一封,·遷陵丞印,詣啓陵□。"

5-23 號簡"遷陵印"上三字據文意可補作"書二封",對應一封發往太守府,一封發往成固縣。上揭諸例中,書的發出單位、發往單位並無定規,故"書二封"以上不作補字。經調整後,釋文可作:

　　□□書二封,遷陵印,一泰(太)守府,一成固。九月己亥水下八刻……☒

五

里耶 6-4 號簡:

　　□年四月□□朔己卯,遷陵守丞敦狐告船官Ⅰ□:令史應讎律令沅陵,其假船二艘,勿Ⅱ留。Ⅲ

《校釋一》:"敦狐,人名,亦見於 8-135 等簡。船官,官名,管理船隻。第二欄首字應是船官長之名。"[1] 今按:第二欄首字,原釋文未釋,也可能並非船官長之名,字作:

疑是"曰"字。8-2117"曰"字作 ,可參看。里耶簡"告曰"或"告某曰"的文例,如 8-1271"告曰"、9-1454"告主曰"等。8-198+8-213+8-2013:"遷陵丞昌下鄉官曰:各別軍吏。"有下達文書給鄉官而用"曰"的情況。皆可參看。

六

里耶 8-3 號簡:

　　廷倉曹發。

倉曹,原釋文未釋。"倉"上一字疑是"廷"。

七

里耶 8-26+8-752 號簡:

　　不更成(城)父安平□徒

"平"下一字,原釋文未釋,當是"卒"。"卒徒",見於傳世文獻,如《莊子·盜跖》:"盜跖乃方休卒徒大山之陽,膾人肝而餔之。"《漢書·宣帝紀》:"諸請詔省卒徒自給者皆止。"《漢書·王莽列傳》:"功費數百鉅萬,卒徒死者萬數。"

八

里耶 8-34 號簡:

---

[1] 陳偉主編,何有祖、魯家亮、凡國棟撰著:《里耶秦簡牘校釋(第一卷)》第 19 頁。

第三章　里耶秦簡字詞新釋　　183

　　　西巫里夫練屬五百未敦□□□☑

"百"下一字，原釋文作"未"，《校釋一》釋作"朱"並注曰："恐當讀爲'銖'。"[1] 今按：《説文》："朱，赤心木，松柏屬。从木，一在其中。"[2] 郭沫若《金文叢考》："朱乃株之初文。與本末同意……金文於木中作圓點以示其處，乃指事字之一佳例。其作一橫者乃圓點之演變。"[3]《説文》："未，味也，六月滋味也。……象木重枝葉也。"[4] 上揭字形中，"未"皆作重枝葉向上，象樹木生長抽條之形。朱，其中指事符號作一長橫筆。該字簡文作：

（字形圖）

可與下列秦簡中"未""朱"字形相比較：

　　未：（字形）里耶 8-2030　　（字形）里耶 8-2061

　　朱：（字形）里耶 8-254 "當爲絲八斤十一兩八朱"

　　　　（字形）睡虎地秦簡《法律答問》140 號簡

　　　　（字形）睡虎地秦簡《爲吏之道》36 號簡

寫法近於里耶 8-2061"未"字。从朱之字的寫法，如：

　　（字形）睡虎地秦簡《爲吏之道》36 號簡　　（字形）里耶 8-1028

前一"珠"字所從朱，指事符號的橫筆略微向上弧，仍與其上的枝條形有別，與"未"字寫法接近而有別，而後一"殊"字所從朱的橫筆較直。

　　簡文此字接近於"未"字的寫法，但也不能完全排除是"朱"字的

---

[1] 陳偉主編，何有祖、魯家亮、凡國棟撰著：《里耶秦簡牘校釋（第一卷）》第 37 頁。
[2] [漢]許慎撰：《説文解字》第 118 頁。
[3] 郭沫若：《金文叢考》，人民出版社 1954 年，第 222 頁。
[4] [漢]許慎撰：《説文解字》第 311 頁。

可能。需要結合文意方面作進一步分析。這裏先解決下一字的釋讀問題。其下一字原釋文未釋，簡文作：

結合里耶簡"敦"字作 ▇（8－522）、▇（8－406），可知當釋作"敦"。敦，訓作"治"。《詩·商頌·閟宫》"敦商之旅"鄭玄箋："敦，治。"《越公其事》簡11"敦刃"整理者注引《莊子·説劍》"敦劍"，[1] 網友"zzusdy"認爲："簡11'敦刃'注引《莊子·説劍》'敦劍'，郭嵩燾解'敦'爲治。簡3'敦力'之'力'似當讀作'飭'，亦治也，'力'聲字用作'飭'，楚簡中已有好幾例。簡20'敦齊兵刃'，'敦齊'整理者已言猶'敦比'，'齊'訓整，即整飭、整治，亦與'飭'義相近。"[2] "力"讀作"飭"，可從。十九年邦大夫史賈戈銘文"所來收器"之"所來"，與戰國銅器銘文"所勒""所革""所伐"用例同，李家浩先生指出"革""勒""來"皆讀作"飭"，訓作"治"。[3] 也可參看。敦、力（飭），同義連用。

簡文"西巫里夫練屬五百朱（或未）敦"，《校釋一》："西，疑是縣名。《漢書·地理志》隴西郡有西縣，治所在今甘肅禮縣北。巫里，疑是里名。"[4] 皆是。"夫"，《校釋一》疑是"大夫"合文。今按："夫"下未見合文符號。此處"夫"當用作人名。里耶9－1861號簡"夫手"，其中書手"夫"即用作人名。此處可分析爲"人+物+未+動詞"，與之結構接近的語句見於里耶8－28號簡：

---

[1] 李學勤主編：《清華大學藏戰國竹簡（柒）》，中西書局2017年，釋文注釋第119—120頁。

[2] "ee"：《清華柒〈越公其事〉初讀》，"zzusdy"於2017年4月27日在61樓的發言，http://www.bsm.org.cn/forum/forum.php?mod=viewthread&tid=3456&extra=page%3D4&page=7。

[3] 李家浩：《十九年邦大夫史賈戈銘文考釋》，《出土文獻》第11輯，中西書局2017年，第102—107頁。

[4] 陳偉主編，何有祖、魯家亮、凡國棟撰著：《里耶秦簡牘校釋（第一卷）》第37頁。

囚銜六石七斗未䃺☐

囚銜，其中"囚"與身份有關，"銜"用作人名。"六石七斗"較可能是未脫粒糧食的容積單位，這裏省略了糧食名稱。未䃺，即未磨。睡虎地秦簡《秦律十八種·工律》105號簡："器敝久恐䃺者，遝其未䃺，謁更其久。"整理者翻譯作"磨滅"。[1] 其中"䃺"訓作磨。五一廣場東漢簡2010CWJ1③：199-2"宏、石䊦穀作酒，宮俱飲"、2010CWJ1③：199-1"知詔書不得䊦穀作酒"之"䊦"，[2] 與本簡"䃺"皆以麻爲聲，音近義通，當皆指磨碎米穀。

由此可見，8-28號簡的内容與本簡結構接近，都是對某人某作務未完成的記録。簡文"朱（或未）敦"，對應"未䃺"。從這個意義上説，把"百"下一字釋作"未"，應更容易理解。總的來説，此處釋作"未敦"，指未治，文意更加順暢。

練屬，其中"練"，可指把生絲或織品煮得柔軟潔白。《玉篇·系部》："練，煮漚也。"《淮南子·説林》："墨子見練絲而泣之，爲其可以黄，可以黑。"也可指已練製的白色熟絹。《左傳》襄公三年："使鄧廖帥組甲三百，被練三千，以侵吴。""屬"，類别、種類。《廣韻·燭韻》"屬，類也。"《周禮·考工記·梓人》："小蟲之屬，以爲雕琢。"《莊子·人間世》："夫柤梨橘柚，果蓏之屬，實熟則剥。"

"西巫里夫練屬五百未敦"似指籍貫爲西縣巫里，名叫"夫"之人，所負責事務中有練一類絲織品五百未治。

九

☐☐日備☐　　☐☐☐☐☐……☐ I
☐勿令繆失，以縱、不直論，有令☐ II 8-70+8-1913

---

[1] 睡虎地秦墓竹簡整理小組編：《睡虎地秦墓竹簡》"釋文注釋"第45頁。

[2] 張亞偉：《五一廣場東漢簡"左倉曹史朱宏、劉宮、卒張石、男子劉得本【事】"簡册復原》，簡帛網2019年4月30日。

日備□，原釋文未釋，簡文作：

8－70+8－1913

與 8－1013 "日備歸" 寫法接近：

8－1013

"日備"下一字疑是"歸"字殘筆。

一〇

卅一年二月癸未朔丙戌，遷陵丞昌敢言之：遷☑Ⅰ
佐日備者，士五（伍）梓潼長親欣補，謁令☑Ⅱ 8－71
二月丙戌水十一刻刻下八，守府快行旁曹。☑ 8－71 背

"曹"上一字，原釋文作"尉"，《校釋一》："尉曹，縣尉的下屬官員或機構。"[1] 按：該字簡文作：

比較下列"尉"字、"旁"字：

8－253　　8－453

8－138+8－522+8－174+8－523

可知當釋作"旁"。"旁曹"一詞也見於 8－138+8－522+8－174+8－

---

[1] 陳偉主編，何有祖、魯家亮、凡國棟撰著：《里耶秦簡牘校釋（第一卷）》第 55 頁。

523:"行先道旁曹始。以坐次相屬。"《校釋一》:"旁曹,似指位置鄰近的令史。"[1]

"守府快行旁曹",與8-158"守府快行旁"、[2] 8-155"守府快行少内"文例相近,旁曹,對應"少内""旁(縣)",似爲一個獨立的書信簽收單位。

8-138+8-522+8-174+8-523:"行先道旁曹始。以坐次相屬。"記載旁曹中有較多令史,且排有一定的坐次。由於行廟順序以旁曹爲先,但並非僅以旁曹的令史來行廟。如果能將8-138+8-522+8-174+8-523所見"令史"屬哪個曹弄清楚,當有可能弄清楚旁曹的性質。如行廟記録中的"令史釦",似見於8-269:[3]

資中令史陽里釦伐閲:AⅠ
十一年九月隃爲史。AⅡ
爲鄉史九歲一日。AⅢ
爲田部史四歲三月十一日。AⅣ
爲令史二月。AⅤ
爲計。BⅠ
年卅六。BⅡ
户計。CⅠ
可直司空曹。DⅠ

根據令史釦的履歷,從十一年九月擔任史開始計算,釦作爲令史負責司空曹約在廿五年四月、五月間,與8-138+8-522+8-174+8-523所提時間"廿六年六月壬子"相近。8-269資中令史陽里釦,屬司空曹,即行廟記録所見"令史釦"。但是現有材料暫只見這一條,其餘尚待考。

───────

[1] 陳偉主編,何有祖、魯家亮、凡國棟撰著:《里耶秦簡牘校釋(第一卷)》第79頁。
[2] 馬怡先生認爲:"旁,旁縣,應指西陽。"參看馬怡:《里耶秦簡選校》,《中國社會科學院歷史研究所學刊》第4集,商務印書館2007年。
[3] 釋文見何有祖:《〈里耶秦簡(壹)〉校讀札記(三則),《出土文獻研究》第14輯,中西書局2016年。

在所屬方面，8-138+8-522+8-174+8-523"旁曹"與"道"相關聯，而8-71"旁曹"當屬遷陵縣，似秦縣、道都有旁曹的設置。

一一

　　☑□　　卅五年Ⅰ
　　☑□當購錢Ⅱ8-79
　　☑□敢言之：上8-79背

簡背五字原釋文未釋，據殘筆似可將後四字釋爲"敢言之上。""敢言之上"也見於8-1554背："七月戊子朔己酉，都鄉守沈敢言之：上。敢言之。"

一二

里耶8-135號簡：

　　何故弗蚤辟，至今而誧（甫）曰……

"辟"下一字，原釋文未釋，簡文作：

陳劍先生釋作"到"，指出：[1]

　　結合文意不難斷定當是"到"字，其右半"刀"旁已殘去，"至"旁大半尚存。

《校釋一》斷讀作："……何故弗蚤辟□，今而誧（甫）曰……"，把"辟"下一字看作未釋字，指出：[2]

---

[1] 參看陳劍：《讀秦漢簡札記三篇》，復旦大學出土文獻與古文字研究中心網站2011年6月4日，後刊於《出土文獻與古文字研究》第4輯，上海古籍出版社2011年，第358—380頁。

[2] 陳偉主編，何有祖、魯家亮、凡國棟撰著：《里耶秦簡牘校釋（第一卷）》第72—75頁。

第三章　里耶秦簡字詞新釋　　189

此字殘畫與"報""到"均不同，待考。

我曾指出字很可能是"益"字，弗蚤辟益，指不早做補救。[1] 今從字形上來看並不合適。該字應接近陳劍先生的判斷。但里耶簡還沒看到"到今"的説法，且從"至"書寫居中的情況看，該字很可能不從刀旁。字疑即"至"，訓作到。"至今"見於以下里耶簡：

至今未得其代 8-197

年**至今**可六十三、四歲 8-894

往采，**至今**不來，求弗得 8-1463

簡文作"何故弗蚤辟，至今而誧（甫）曰"，指爲什麼不早報告，到現在才説。

一三

☐☐朔戊午，遷陵丞遷告畜官僕足：令 Ⅰ

☐☐毋書史，畜官課有未上，書到亟日 Ⅱ

☐☐守府事已，復視官事如故，而子弗 Ⅲ 8-137

☐事，以其故不上，且致劾論子，它承 Ⅰ

☐　　就手。Ⅱ 8-137 背

"畜官僕足"，《校釋一》注："遷、足，人名。"[2] 似是把"畜官僕"看作官職而把足看作人名。鄒水傑、李斯先生把"僕足"屬下讀，認爲此處似爲説其數量足夠，非人名。[3]

今按：從 8-50+8-422"畜官適"這樣的文例看，"畜官僕足"之"僕足"應是人名。至於"僕足"作爲人名，取義爲何？下文略作推測。

馬王堆漢墓《遣策》有"僕足"一詞：

---

[1] 何有祖：《新出里耶秦簡札記二則》，《出土文獻研究》第 11 輯，中西書局 2012 年。

[2] 陳偉主編，何有祖、魯家亮、凡國棟撰著：《里耶秦簡牘校釋（第一卷）》第 77 頁。

[3] 鄒水傑、李斯：《國家與社會視角下的秦漢鄉里秩序》，湖南師範大學出版社 2014 年，第 94 頁注①。

　　　　僕足一笥。　　　馬 M3 簡 177

也寫作"餭䉺"：

　　▅右方居（粔）女（籹）、唐（糖）、餭䉺、卵齎（齏/齎）笥三合、卑庶一。　　馬 M1 簡 124

　　　　餭䉺笥。　　簽牌 39

　　　　餭䉺一笥。　　馬 M1 簡 122

整理者皆讀作"餺飥"，指出："竹笥木牌'僕粞笥'作僕，本組小結簡（簡 124）亦作僕，此簡作僕，乃僕之訛體。僕粞爲叠韵聯綿詞，與此音近之聯綿詞有'樸屬'（《周禮・考工記》）、'撲屬'（《方言》三郭注）、'樸樕'（《詩・召南・野有死麕》）、'蝶蛼'（《集韵・屋韵》）、'僕遬'（《漢書・息夫躬傳》）等。僕粞當得義於'樸屬'。古代有餅食稱餺飥或餺飥。餺飥（餺飥）當爲僕粞的變音。唐宋時所謂餺飥，從語音看可能與僕粞、餺飥同源。"[1] 唐蘭先生指出："餭䉺，即僕粞，叠韵連詞，即餺飥。《北户録》引東晣《餅賦》'餺飥饊燭'，顏之推云：'今内國餺飥，以油蘇煮之，江南謂蒸餅爲餺飥，未知何者合古。'又作餺飥，《玉篇》'餺飥，餅也'。《齊民要術》作餺飩，是發麵餅。《倭名類聚抄》卷四引蒋魴《切韵》則說'餺飥，油煎餅名也'。又作餺飥、不托。"[2] 朱德熙、裘錫圭先生指出："遣策以僕粞與居女（粔籹）、唐（糖）、卵齎（齏）並列一組，'粞'字又从'米'，顯然是用米麥作的食品。'粞'字當是从米足聲，僕粞乃叠韵連綿詞。典籍中與此音近的連綿詞有樸屬、樸樕、僕遬等。《考工記》：'凡察車之道，欲其樸屬而微至。不樸屬，無以爲完久也。'鄭注：'樸屬，猶附著堅固貌也。'……這些連綿詞顯然是同源的，其中心意義當爲附著叢集。物

---

[1] 湖南省博物館、中國科學院考古研究所編：《長沙馬王堆一號漢墓》，文物出版社 1973 年，第 140 頁。

[2] 唐蘭：《長沙馬王堆漢軑侯妻辛追墓出土隨葬遣策考釋》，《文史》第 10 輯，中華書局 1980 年，第 18 頁。

之叢聚相附著者，類多短小凡庸，因此引申而有小木、小蟲等義。古人爲麵食或米粉食命名，往往着眼於麵粉米粉製成食物後粘着不相分離這一點上。……'僕䊋'顯然是由'樸屬'分化出來的一個詞，蓋取其附著不分離之義，也應該是一種餅食的名稱。古代的餅有稱爲餢飳（餢䴺）的。……'餢䴺'大概就是'僕䊋'的變音。唐宋時盛行一種叫'餺飥'的麵食，'餺飥'與'僕䊋''餢䴺'當是一語之轉。"[1]

由上列各家意見可知，馬王堆漢墓遺策所見的"僕足"，也作"僕䊋"，是由"樸屬"分化出來的一個詞，蓋取其附著不分離之義。里耶秦簡所見"僕足"，用作人名，似取義於《考工記》所見"樸屬"。在里耶秦簡中還沒有看到用來指餅食的例證，但在同一地域出土的西漢前期的《遣策》中曾被用來指一種餅食。

此外，"僕足"從字面意思上看，似還可能取義於家境富裕、有足够的僕人。西漢有校尉"僕多"，如《史記·衛將軍驃騎列傳》"校尉僕多有功，封爲煇渠侯"，索隱曰："案：《漢表》作'僕朋'，疑多是誤。"不過此處的"僕多"，有可能是"僕朋"之誤，恐不便爲證。另外，《史記·平準書》"自是之後，嚴助、朱買臣等招來東甌"提及"朱買臣"；劉釗先生所列舉璽印人名中有表示富有的，如"封市奴""衡得奴""韓得臣""侯買僕""侯買臣"，[2] 似皆與本簡"僕足"意義相近。不過傳世文獻、璽印人名中還沒有看到"僕足"的直接表述，此説尚待進一步考證。

綜上所述，里耶秦簡所見人名"僕足"，以及湖南地域西漢前期《遣策》所見餅食"僕足"（"僕䊋"），較早可能源於《考工記》所見"樸屬"。

一四

卅年十一月庚申朔丙子，發弩守涓敢言之：廷下御史書曰縣Ⅰ□

---

[1] 朱德熙、裘錫圭：《馬王堆一號漢墓遺策考釋補正》，《文史》第 10 輯，中華書局 1980 年，第 66 頁。

[2] 劉釗：《古文字中的人名資料》，《吉林大學社會科學學報》1999 年第 1 期，第 62 頁。

治獄及覆獄者，或一人獨訊囚，嗇夫長、丞、正、監非能與Ⅱ□□
殹，不參不便。書到尉言。·今已到，敢言之。Ⅲ8-141+8-668
　　十一月丙子旦食，守府定以來。/連半。　　萃手。背+8-668背

半，原釋文作"手"。簡文作：

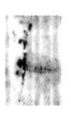

應即"半"字。陳劍先生曾指出："半應該是一個表示打開文書、跟
'發'義近之詞。"[1] 邢義田先生總結半、發使用的規律，指出："以目
前已刊布的來說，凡文書在約略相似的位置出現'半'字，當'分判'
或'打開文書'解的，即不見用'發'字；又用'半'當'發'的文
書，凡有紀年的，全屬始皇廿六至卅一年；出現'發'字的又全屬卅
一年（卅一年有 8-173、8-196+8-1521、8-2011、8-2034 四例）
及卅一年以後。'半''發'二字絕大部分不同時出現，這是否意味着
像里耶更名木方一樣，在卅一年左右曾另有某些文書用語的改變？值得
注意。"[2] 本簡時間爲卅年十一月，可知"半"的使用可延至卅年十
一月。

一五

里耶秦簡作徒簿有記載：

　　一人爲烏：劇。　　　8-145+9-2294[3]

《校釋一》注曰：[4]

---

[1] 參看陳劍：《讀秦漢簡札記三篇》，復旦大學出土文獻與古文字研究中心網站 2011 年 6 月 4 日。
[2] 邢義田：《"手、半"、"曰忤曰荆"與"遷陵公"》，簡帛網 2012 年 5 月 7 日。
[3] 此綴合請參看里耶秦簡牘校釋小組（魯家亮執筆）：《新見里耶秦簡牘資料選校（二）》，簡帛網 2014 年 9 月 3 日。
[4] 陳偉主編，何有祖、魯家亮、凡國棟撰著：《里耶秦簡牘校釋（第一卷）》第 86 頁。

第三章　里耶秦簡字詞新釋　　193

舃（原釋文未釋），加木底的鞋。《左傳》桓公二年："帶、裳、幅、舃……昭其度也。"杜預注："舃，複履。"《古今注·輿服》："舃，以木置履下，乾腊不畏泥濕也。"

其中"舃"字寫作：

（用 A1 表示）

相同的記載也見於：

　　一人爲舃：劇。　　　8－2089

《校釋一》注曰：[1]

　　舃，原釋文未釋。

其中"舃"字寫作：

（用 A2 表示）

今按：A1、A2 所在文例相同，《校釋一》皆改釋作"舃"。"爲舃"即製作加木底的鞋，在文意上能説得過去。不過重新審看 A1、A2，發現釋作"舃"其實在字形上是有問題的。A1 下部可見从火，"火"上爲"厂"，再上寫得比較模糊，但 A2 也是从厂从火，"厂"上所寫則較爲明顯，爲"山"。A1、A2 當皆是"炭"字。張家山漢簡《二年律令》203、206 號簡有"炭"字，但這二處"炭"字比較模糊，而《奏讞書》165 號簡有二處清晰的"炭"字，寫作：

---

[1] 陳偉主編，何有祖、魯家亮、凡國棟撰著：《里耶秦簡牘校釋（第一卷）》第 428 頁。

與 A1、A2 無疑爲一字。A1、A2 當都是"炭"字。

8-145、8-2089 所記載"劇"的作務當皆是"爲炭"。《周禮·春官·典同》鄭玄注:"爲,作也。"爲炭,即治作炭。居延漢簡 229·48 有"沙隧治炭王卿"。[1] 治作炭之前要伐木。先秦伐木燒炭有時令方面的限制。《禮記·月令》:"(季秋之月)是月也,草木黃落,乃伐薪爲炭。"這些限制性規定在漢代已形成有約束力的詔令,如《敦煌懸泉月令詔條》第九行:"禁止伐木。 ·謂大小之木皆不得伐也,盡八月。草木零落,乃得伐其當伐者。"可見,大規模的"爲炭"大致始於季秋之月,即農曆九月。十一、十二月天寒似也不適合伐木燒炭。故大規模"爲炭"的最佳時間在九月、十月。

里耶秦簡作徒簿對徒作務的記載似體現出季節性。已有較完整的記載所屬年月爲"廿九年八月"(8-686+8-973)、"卅二年五月"(8-1069 等)、"卅年八月"(8-1143+8-1631),還沒有看到"爲炭"的記載。本條所討論的 8-145+9-2294 所屬年月爲"卅二年十月",有"爲炭"的記載,與《禮記·月令》記載相合。而 8-2089 開頭殘缺,具體年月不知,期待後續綴合能予以補全。

一人【傳】徙酉陽。CXⅢ8-145+9-2294[2]

"人"下二字,原釋文作"當徙",《校釋一》作"□徙",指出同簡 EⅠ"二人傳徙酉陽",可參看。[3] 《新見里耶秦簡牘資料選校(二)》注曰:"傳,原釋文作'當'。參照同簡 FⅠ"二人傳徙酉陽"改釋。"[4] 今按:今將所討論的二字與同簡的"傳徙"比較如下:

---

[1] 謝桂華、李均明、朱國炤:《居延漢簡釋文合校》,文物出版社 1987 年,第 373 頁。
[2] 里耶秦簡牘校釋小組(魯家亮執筆):《新見里耶秦簡牘資料選校(二)》,簡帛網 2014 年 9 月 3 日。
[3] 陳偉主編,何有祖、魯家亮、凡國棟撰著:《里耶秦簡牘校釋(第一卷)》第 86 頁。
[4] 里耶秦簡牘校釋小組(魯家亮執筆):《新見里耶秦簡牘資料選校(二)》,簡帛網 2014 年 9 月 3 日。

第三章　里耶秦簡字詞新釋　195

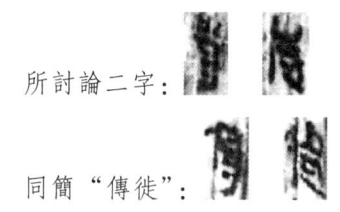

所討論二字：

同簡"傳徙"：

字當從原釋文作"當徙"。這裏指一人應當被徙往西陽。

　　　南里小女子苗，卅五年徙爲陽里户人大女嬰隸。8-863+8-1504
　　　☒端　　已傳洞庭。　　署遷陵。A
　　　今徙新武 B I 陵，衣已傳。☒ B II 8-1349

上列 8-863+8-1504 南里的苗，徙往陽里，在縣内變動，而 8-1349 端從遷陵徙往新武陵，則是縣之間的變動。

　　本簡的"一人"被徙往西陽，與後一例類似。至於同簡"二人傳徙西陽"是傳送書信或某物到西陽，不涉及二人本身所屬地的變化，應當有差别。

一六

　　　髳長忌再聞𤯍（遷）。B III
　　　發弩咎二甲。B V
　　　令佐迵二甲，已利 C III 梓廿錢。C IV 8-149+8-489

"再"下一字原釋文未釋，即"聞"字。此處髳長的姓名爲忌再聞。《通志·氏族略三》："忌氏，《風俗通》：周公忌父之後，以王父字爲氏。"

　　咎，原釋文未釋，這裏用作人名。"咎"用作人名，見於 8-651 背"隸妾咎"。當非一人。

　　梓，原釋文未釋，疑用作人名。

一七

　　　☒□官田一☒ I
　　　☒□在遷陵□□☒ II

☑尉府不令色☐Ⅲ
　　☑☐令田令史可審Ⅳ
　　☑☐☐卯，遷陵守Ⅴ
　　☑☐☐守府☐行。Ⅵ8-165
　　☑☐☐☐8-165背

"在"上有一標識符號，標識符號上仍有一殘筆。
可，原釋文未釋。

一八

　　【卅五年六月戊午朔】☐☐☑Ⅰ
　　☐☐☐☐☐☐☐☐☐☑Ⅱ8-191
　　☐【月】☐☐【旦】☐☑8-191背

"朔"下一字原釋文未釋，是"庚"。
第二列第八字，原釋文未釋，是"責"字。
"月"下二字，原釋文未釋，是"辛巳"。"旦"下一字，原釋文未釋，是"行"。

一九

　　廿七年【八月丙戌，遷陵拔】訊歐，辭曰：上造，居成固畜☐，
☐☑Ⅰ
　　　視獄，[1] 歐坐男子毋害誀（詐）偽自☑Ⅱ8-209
　　　·鞫歐：失攐（拜）騎奇爵，有它論，貲二甲，☐☐☐☑8-209背

"畜"下一字左部略殘，從右部殘筆看，與8-383+8-484等所見"園"形同，似是"園"字之殘。

---

[1] 視，原釋文未釋，《校釋一》疑是"欣"。此從趙翠翠：《里耶秦簡所見訊獄記錄輯校》，碩士學位論文，武漢大學2021年，第42頁。

第三章　里耶秦簡字詞新釋　　197

8-209	8-383+8-484	8-454

成固，縣名。畜園，疑是里名，屬成固縣。
"赀二甲"下二字簡文作：

與下舉"與此"二字寫法相近，當是"與此"之殘。

8-1770　　　8-1269

"與此"下一字作 ，疑是"同"。簡文"赀二甲，與此同……"，在文例上大致與下列簡近似：

　　各一甲，與此相遝，它如劾。8-1770
　　廿八年七月己酉，遷陵▢Ⅰ
　　曹赀各▢甲，與此相【遝】▢Ⅱ 8-1269

二〇

里耶 8-228 號簡：

　　▢▢內史守衷下縣以律令傳，別▢▢Ⅰ
　　縣界中▢▢者，縣各別下書焉▢▢Ⅱ
　　▢▢地▢▢▢▢報，【沅】陽言書到▢Ⅲ

　　　　　□□□□□商丞□下報商，書到☑Ⅳ
　　　　　十月丁巳，南郡守恒下真書洞庭☑Ⅴ
　　　　　□□□手。Ⅵ

"内史"上二字原釋文未釋，簡文作：

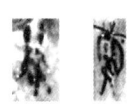

[圖]

疑是"庚寅"。

"縣界中"下二字原釋文未釋，簡文作：

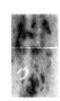

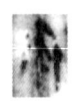

[圖]

分別與下列二字形體相近，當釋作"當用"。

當	[圖] 8－62　[圖] 8－64
用	[圖][圖] 8－139

"報沅陽"上一字原釋文未釋，是"相"字。此列第一、二字原釋文未釋，應是"丞相"。"丞相"下一字，原釋文作"地"，應改釋作"書"。其下一字原釋文未釋，應是"到"，"到"下一字疑是"皆"。此處釋文作"丞相書到皆相報"，里耶5－6號簡《校釋一》注引到相關文例，如8－159背"書到相報"，雲夢睡虎地4號秦墓木牘甲："書到，皆爲報。"[1] 可以參看。

"商"上四字，原釋文未釋，疑是"九月有手"。"有"作爲人名，也見於8－768、8－1439"遷陵守丞有"。"有手"，指書手爲"有"。

---

［1］陳偉主編，何有祖、魯家亮、凡國棟撰著：《里耶秦簡牘校釋（第一卷）》第10頁。

最後一列"手"上有三字未釋，第一、二字，即"發/"。第三字上从尸。

二一

里耶 8-258 號簡：

☒□□狀□然而出不□□爲麥Ⅰ
☒□魯冶麥鞠三。　　Ⅱ

《校釋一》："'麥'前一字，似爲'須'。"[1] 按："不"下一字，簡文作：

是"作"。此處簡文作"不作爲麥"。[2]

二二

里耶 8-269 號簡：

資中令史陽里釦伐閱：AⅠ
十一年九月喻爲史，AⅡ
爲鄉史九歲一日，AⅢ
爲田部史四歲三月十一日，AⅣ
爲令史二月，AⅤ
□計。BⅠ
年丗六。BⅡ
户計。CⅠ
可直司空曹。DⅠ

---

[1] 陳偉主編，何有祖、魯家亮、凡國棟撰著：《里耶秦簡牘校釋（第一卷）》第 123 頁。
[2] 周波先生對此簡有進一步精到的研究，見周波：《里耶秦簡醫方校讀》，《簡帛》第 15 輯，上海古籍出版社 2017 年。

本牘含三種筆迹，其中ＡⅠ至ＡⅤ記載了陽里"釦"從成爲"史"開始統計的工作履歷，其間擔任鄉史達九年零一日，擔任田部史達四年三個月零十一日，擔任令史達二個月，共計十三年五個月零十二日的工作經歷，是對釦任"史"以上職務的記載，爲一種筆迹。而ＢⅠ至ＣⅠ是對釦個人情況的進一步定性介紹，這是第二種筆迹。ＤⅠ記載對"釦"有新的任用，應是此次伐閱的最終結論，這是第三種筆迹。

第二種筆迹中的"□計"，緊接在ＡⅠ至ＡⅤ之間這樣的工作統計後，應是對該部分的小結。"計"上一字作：

原釋文未釋。王彥輝先生認爲，其簡文中的"□計"疑似爲"貲計"，簿書的性質屬於"累重訾直伐閱簿"一類的東西。[1] 戴衛紅先生釋作"錢計"。[2] 今將該字與同牘所見的"爲"字作比較。同牘的"爲"字作：

8－269

再參考以下"爲"字：

6－7　　8－63

可見該字當釋作"爲"。頗疑"爲計"之"爲"與同牘所見"隃爲史""爲鄉史""爲田部史""爲令史"之"爲"意思相同，皆指充當、擔任。《論語·雍也》："子游爲武城宰。"里耶簡相似用法的"爲"還見於 8－163 號簡："廿六年八月庚戌朔壬戌，厥守慶敢言之：令曰司空佐

---

[1] 王彥輝：《〈里耶秦簡〉（壹）所見秦代縣鄉機構設置問題蠡測》，《古代文明》2012年第4期。
[2] 戴衛紅：《湖南里耶秦簡所見"伐閱"文書》，《簡帛研究二〇一三》，廣西師範大學出版社 2014 年。

貳今爲厩佐，言視事日。·今以戊申視事。敢言之。"其中"司空佐貳今爲厩佐"，"爲"指擔任。

"爲計"似是對釦"爲"某職務及任職時間的統計記錄。"爲計"加上"釦"此時的歲數以及户計的内容，構成對"釦"的完整介紹。

二三

里耶 8-295 號簡：

　　☑進書遷☑Ⅰ
　　☑它□家居☑Ⅱ

"書"上一字原釋文未釋，簡文作：

即"進"字。進書，進呈文書或書信。"進書"還見於 8-1529"進書令史毛季從者"。

二四

里耶 8-315 號簡：

　　當□□□書可獄治□□☑
　　書，原釋文未釋。

二五

里耶 8-352 號簡：

　　☑史付，遷陵佐☑

《校釋一》："'付'後一字原釋文作'□'，當是標識符號。"[1]

---

[1] 陳偉主編，何有祖、魯家亮、凡國棟撰著：《里耶秦簡牘校釋（第一卷）》第 136 頁。

今按：里耶簡中涉及校券或財物付予的例子有：

倉守擇付庫建、車曹佐般受券 8‐405

牝豚一。　卅三年二月壬寅朔庚戌，少內守履付倉是。☑ 8‐561

這裏例子中"付"下並無標識符號。本簡"付"後有標識符號，似暗示"史付""遷陵佐"二者爲並列關係。"付"在此並不用作動詞，而應該用作名詞，是某史的人名。再來看所謂的"付"字作：

左部从人，右部與寸有別，實从可，字當是"何"。在簡文中用作人名。8‐1707 號簡：

　　二人枯傳甄庶☐賀、何。

是"何"用作人名的例子。

二六

里耶 8‐384 號簡：

　　☑☐曰恒☑Ⅰ
　　☑之毋☑Ⅱ

曰恒，原釋文未釋。此據殘筆釋出。今將 8‐384"曰恒"上下諸殘筆與 8‐154 號簡"令曰恒以朔日上所買徒隸數"之"令曰恒以"作比較如下：

8‐384　　8‐154

可知 8‐384"曰恒"上一字很可能是"令"的殘筆，而"曰恒"下一字很可能是"以"的殘筆。

此外第二列的"之毋",也見於 8-154"問之,毋當令者"。

二七

里耶 8-410 號簡:

廿八年,遷陵田車計付鴈(雁)門泰守府☒Ⅰ

【革】□二。　　金釪鐶四——。□□【別】編□☒Ⅱ

《校釋一》:"車,人名。"[1] 朱紅林先生認爲:"'田車'也許指的就是車輛的一種,因爲接下來的'[革]□二。金釪鐶四'都屬於車輛的配件。'田車計'就是有關田車數量的記載。下引里耶簡 8-493 有'車計',亦可爲佐證。"[2] 黃浩波先生認爲:"此處'田'應屬上讀,與'遷陵'連讀爲'遷陵田'。……8-410 簡應是秦始皇二十八年遷陵縣田官的車計。'革□二。金釪鐶四'是殘見的正文部分,'革□''金釪鐶'是殘見的統計項目,'二''四'則是統計數量,正文部分的書寫格式亦與 9-1138 簡所見一致,其格式可歸納爲'統計項目+數量'。"[3]

"別"下一字左部殘,原未釋,簡文作:

殘存筆畫爲"扁",疑爲"編"之殘。別編,分開編連,例見嶽麓伍 112 "●諸上對、請、奏者,其事不同者,勿令同編及勿連屬┗,事別編之。"[4] 整理者注:"別,分。"[5] 在嶽麓簡中"別編"與"同編"

---

[1] 陳偉主編,何有祖、魯家亮、凡國棟撰著:《里耶秦簡牘校釋(第一卷)》第 144 頁。
[2] 朱紅林:《讀里耶秦簡札記》,《出土文獻研究》第 11 輯,中西書局 2012 年,第 137 頁。
[3] 黃浩波:《里耶秦簡牘所見"計"文書及相關問題研究》,《簡帛研究二〇一六(春夏卷)》,廣西師範大學出版社 2016 年,第 82—84 頁。
[4] 陳松長主編:《嶽麓書院藏秦簡(伍)》第 105 頁。
[5] 陳松長主編:《嶽麓書院藏秦簡(伍)》第 153 頁。

相對應，同事且不超過百牒爲一編，事不同則分開編連。8－410另一書手所寫"別編"當指該條遷陵縣田官的車計另作一編。

"金釸鐶四——"以上及其右列文字之筆迹，與其下的"□□【別】編□"，明顯不同，後者偏淡，且書寫位置更往左偏移，並非一次寫就。"□□【別】編□"等內容當是另一書手所寫。

二八

里耶8－440號簡：

　　　　更　　新陽曰□☑

"曰"下一字，原釋文未釋，簡文作 ，今按：疑是"清"字，睡虎地秦簡《日書乙種》233號簡"清"字作 ，可參看。此處意思是把"新陽"更名作"清□"，當是對"新陽"名稱的變更。

二九

里耶8－453號簡：

　　　尉曹書三封，令印。AⅠ
　　　其一詣銷，AⅡ
　　　一丹陽，AⅢ
　　　一□陵。AⅣ
　　　廿八年九月庚子水下二刻，走禄以來。B

"陵"上一字，原釋文未釋，簡文作：

應即"竟"字。8－896號簡"竟"字作：

可參看。競陵，即竟陵，見於以下簡：

> 前日言競陵漢陰狼假遷陵公船—8-135
> 獄東書一封，丞印，詣競陵。/卅五年☐ 8-1467
> 戶曹書四封，遷陵印，一咸陽、一高陵、一陰密、一競陵。Ⅰ
> 廿七年五月戊辰水下五刻，走茶以來。Ⅱ 8-1533

《校釋一》："競陵，即竟陵，縣名。漢初屬南郡，武帝元狩二年屬江夏郡。[1] 治所在今湖北潛江市西北。亦見於周家臺秦簡質日和《二年律令·秩律》等。"[2]

三〇

里耶 8-458 號簡：

> 遷陵庫真見兵：AⅠ
> 甲三百卌九。AⅡ
> 甲宛廿一。AⅢ
> 鞮瞀卅九。AⅣ
> 胄廿八。BⅠ
> 弩二百五十一。BⅡ
> 臂九十七。BⅢ
> 弦千八百一。BⅣ
> 矢四萬九百九十[3] CⅠ。
> 戟（戟）二百五十一。CⅡ

"真見兵"三字整理者未釋，《校釋一》釋出"真"字。[4] 李均明先生

---

[1] 原注：參看周振鶴：《西漢政區地理》，人民出版社 1987 年，第 135 頁。
[2] 陳偉主編，何有祖、魯家亮、凡國棟撰著：《里耶秦簡牘校釋（第一卷）》第 73 頁。
[3] 九十，原釋文未釋，此從游逸飛、陳弘音：《里耶秦簡博物館藏第九層簡牘釋文校釋》，簡帛網 2013 年 12 月 22 日。
[4] 陳偉主編，何有祖、魯家亮、凡國棟撰著：《里耶秦簡牘校釋（第一卷）》第 154 頁。

釋出"真見"二字。[1] 陳偉老師在《關於秦遷陵縣"庫"的初步考察》一文中釋出"兵"字。指出與8-653、8-458內容相關，字迹相似，後者應該就是前者所說的"今□□書者一牒"。[2] 即8-653、8-458合於一册，前者是呈文（呈送狀），後者則是所呈送的簿籍。……真見兵，應是指真實、準確的現存兵器。[3] 我們綴合了8-653+9-1370：[4]

> 元年八月庚午朔朔日，遷陵守丞固敢言Ⅰ之：守府書曰：上真見兵，會九月朔日守府。・今上應（應）Ⅱ書者一牒。敢言之。／九月己亥朔己酉，遷陵【守】丞固Ⅲ 8-653+9-1370敢言之：寫重。敢言之。／贛手。☒Ⅰ
>
> 贛☒Ⅱ 8-653背

上揭引文是秦二世元年底，遷陵守丞固向守府上報遷陵"真見兵"的文書，引文中提及"上應（應）書者一牒"，彙報了遷陵武器裝備現存數目，但其具體情况不詳，確需另附文件。陳老師指出8-458是所呈送的簿籍，當可從。

游逸飛、陳弘音二位先生曾對比9-29與8-458，指出：[5]

> 簡8-458爲"遷陵庫"的武器裝備物資紀録，本簡"弩二百五十一"、"臂九十七"、"弦千八百一"的紀録亦見於簡8-458，惟"冑十八"與簡8-458的"冑廿八"少了十件冑，可知本簡亦爲"遷陵庫"的武器裝備物資紀録，而且紀録時間應相距不遠，否則物資數量不會大抵一致。

---

[1] 李均明：《里耶秦簡"真見兵"解》，《出土文獻研究》第11輯，中西書局2012年。
[2] 原注：比較後文所引8-175，此句原文蓋是"今上應書者一牒"。
[3] 陳偉：《關於秦遷陵縣"庫"的初步考察》，《簡帛》第12輯，上海古籍出版社2016年。
[4] 里耶秦簡牘校釋小組（何有祖執筆）：《〈里耶秦簡（貳）〉綴合補（二）》，簡帛網2018年5月15日。
[5] 游逸飛、陳弘音：《里耶秦簡博物館藏第九層簡牘釋文校釋》，簡帛網2013年12月22日。

第三章　里耶秦簡字詞新釋　　207

由於9‐29殘缺，不知年份。《里耶秦簡（貳）》綴合9‐29+9‐1164，[1]其釋文可作：

　　☑元年餘甲三百卌九，宛廿一，札五石，鞼瞀卅九，冑十八，弩二百五十一，臂九十七，幾（機）百一十七，弦千八百一，矢四萬九百九十 I
　　☑銅四兩，敝緯四斤二兩。　　・凡四萬四千二百八十四物，同券齒。II

可知其記錄時間大致在秦二世元年的下一年。上揭統計數據在另一枚牘中也可以見到，該牘釋文作：

　　二年十月己巳朔朔日，洞庭叚（假）守叕爰書：遷陵庫兵已計，元年餘甲三百卌九，宛廿一，札五石，鞼【瞀】……五十一，臂九十七，幾（機）百一十七，弦千八百一，矢四萬九百九十八，𩎟（載）二百 I 五十一，敦一，符一，緯二百六十三，注弦卅二，蘭卅，銅四兩，敝緯四斤二兩。　　・凡四萬四千……齒。II 9‐1547+9‐2041+9‐2149[2]

這是秦二世二年十月一日洞庭假守叕的一份爰書，重申追述了秦二世元年底遷陵所呈庫兵記錄。其中提及"元年餘"，與"二年十月"對應，可知類似的記錄都應是下一年對上一年的遷陵庫武器裝備物資統計數據的追述。9‐29+9‐1164也出現"元年餘"，可知也是對秦二世元年底遷陵庫武器裝備物資統計紀錄的追述，其時間也當可能在秦二世二年。二者關係密切。

相似例子見於8‐151號簡：

　　遷陵已計：卅四年餘見弩臂百六十九。 I

---

[1] 湖南省文物考古研究所編著：《里耶秦簡（貳）》第122頁。
[2] 9‐1547和9‐2041由整理者綴合，凡國棟先生益以9‐2149（里耶秦簡牘校釋小組（何有祖執筆）：《〈里耶秦簡（貳）〉綴合補（二）》，簡帛網2018年5月15日）。

  ·凡百六十九。Ⅱ
  出弩臂四輸益陽。Ⅲ
  出弩臂三輸臨沅。Ⅳ
  ·凡出七。Ⅴ
  今九月見弩臂百六十二。Ⅵ

胡平生先生指出：[1]

  這是遷陵庫存儲武器裝備出庫統計文書。這類形式的文書在漢代西北邊塞屯戍文書中常見。漢承秦制，現在可以知道，秦代就是這種制度。文書起首説"卅四年餘見弩臂百六十九"，是講秦始皇三十四年初核計弩臂數量爲169個。到三十四年八月僅僅出庫弩臂七個，蓋其時天下太平，並無戰事，武器的使用更新都很少。統計截止八月，是秦代制度的規定。睡虎地秦簡《秦律十八種·田律》規定統計上報受災田畝數字"盡八月"；《倉律》規定小隸臣妾八月傅爲大隸臣妾，十月起"益食"。這都是因爲秦以十月爲歲首，九月地方要派員進京上計，呈報户口、土地、賦税、財務、器具統計，所以數據截止八月。

今按：8-151號簡開頭給出了秦始皇卅四年"弩臂"的記録，接着記録秦始皇卅五年遷陵武器裝備中"弩臂"的支出的情況，旨在統計秦始皇卅五年遷陵武器裝備中"弩臂"的最新變化。這是圍繞着"弩臂"使用情況進行的專項記録。其中"卅四年餘"與"今"對應，"卅四年餘"應是對卅四年年底記録的追述，"今"則顯示最新的變動，其時間當在秦始皇卅五年。9-29+9-1164、9-1547+9-2041+9-2149也是秦二世二年的文件，並對秦二世元年統計數據加以確認，雖然没有出現"今"以及"二年"的支出數據，但恐怕用途是相近的。即交代上一年統計數據，是爲了便於觀察本年的變化情況。

---

[1] 胡平生：《讀里耶秦簡札記》，簡帛研究網2003年10月23日。

綜上所述，8－653+9－1370、8－458 所記載的"遷陵庫真見兵"是秦二世元年年底的統計數據，9－29+9－1164、9－1547+9－2041+9－2149 是秦二世二年的文件，包含有對元年遷陵庫武器裝備物資紀錄的追述，二者關係密切。

三一

里耶 8－483 號簡：

  鄉課志：ＡⅠ
  □□□；ＡⅡ
  □食喪□課；ＡⅢ
  黔首曆課；ＢⅠ
  寡子課、子課；ＢⅡ
  ·凡四課。ＢⅢ

"食"下一字作：

當是"喪"字。

三二

里耶 8－486 號簡：

  司空課志：ＡⅠ
  □爲□□□ＡⅡ
  □課，ＡⅢ
  城旦死亡課，ＡⅣ
  春產子課，ＡⅤ
  □船課，ＢⅠ

210　里耶秦簡新研

　　　黔首□課，BⅡ
　　　作務□□BⅢ
　　　……BⅣ
　　　……BⅤ

城旦死亡，原釋文未釋，此據殘筆釋出。

8－486				
8－490+8－501				

　8－490+8－501"畜牛死亡課""畜牛產子課""畜羊死亡課""畜羊產子課"，統計牛、羊死亡，產子二項，本簡"城旦死亡課""春產子課"，也是統計死亡、產子二項，在順序上一致。睡虎地秦簡《秦律十八種·廄苑律》16－17號簡：

　　　將牧公馬牛，馬牛死者，亟謁死所縣，縣亟診而入之，其入之其弗亟而令敗者，令以其未敗直（值）賞（償）之。其小隸臣疾死者，告其□□之；其非疾死者，以其診書告官論之。

即提及畜死亡以及小隸臣死亡皆需要報告給所在縣。

　黔首，原釋文未釋。

　"作務"下一字原釋文未釋，當是"徒"，"徒"下二字參考8－454似可補"死亡"二字。

8－486					
8－454					

第三章　里耶秦簡字詞新釋　　211

另據本簡小句多以"課"結尾的文例，"作務徒死亡"下似可補"課"字。

三三

里耶8-499號簡：

☒作□□牘☒

《校釋一》："'作'下一字，疑爲'數'。"[1] 按：此字簡文作：

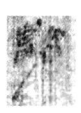

字从鼠从去，即駐字。"駐"上一字原釋文作"作"，應即"北"字。

"駐"上一字	北	作
	8-2004、8-1662	8-145、8-686

三四

□□御史聞代人多坐從以毄（繫），其御史往行，至其名、至所坐以毄（繫）☒Ⅰ

縣□奏軍初□□到，使者至其當於秦下令毄（繫）者衛（率）署其所坐☒Ⅱ

令且解盗戒（械）。廿五年七月戊戌，御史大夫綰下將軍下令叚（假）御史謩往行☒Ⅲ

☒下書都吏治從入者，□大官□□下校尉主軍歸都吏治從☒Ⅳ

----
[1] 陳偉主編，何有祖、魯家亮、凡國棟撰著：《里耶秦簡牘校釋（第一卷）》第170頁。

☒書從事，各二牒故何邦入、爵死〈列〉、越□從及有以當制
【秦】☒Ⅴ8-528+8-532+8-674
☒書丞言求代盜書，都吏治從入者、所毋當令者☒Ⅰ
☒□留日騎行書留。/貴手。☒Ⅱ8-528背+8-532背+8-674背

"其名"上一字原釋文未釋，簡文作▨，與同簡"至"字作▨形同，當是"至"。"所坐"上一字原釋文未釋，也是"至"字。名，名字；坐，罪行。睡虎地秦簡《封診式·有鞫》："敢告某縣主：男子某有鞫，辭曰：'士五（伍），居某里。'可定名事里，所坐論云可（何），可（何）罪赦，或覆問毋（無）有，遣識者以律封守。"整理小組注釋云："事，《說文》：'職也。'名事里，姓名、身份、籍貫。居延漢簡239.46有'鞫繫，書到，定名縣爵里'。"里耶簡8-136+8-144有"名吏（事）、它坐、遣言"，8-198+8-213+8-2013有"定當坐者名吏里、它坐、訾能入貲不能，遣詣廷"，8-1090有"說所爲除貲者名吏（事）里、它坐、訾遣"，可參看。

"五年"上一字，原釋文作"卅"，《校釋一》指出："也可能應釋爲'廿'，戊戌爲七月十四日。《史記·秦始皇本紀》二十五年：'還攻代，虜代王嘉。'簡文所記似爲滅代後形勢。如然，御史大夫綰即後來的丞相綰。"[1]今按：《校釋一》所推測當是，"五年"上一字▨，中間有一褶皺，並非筆畫，字當徑釋作"廿"。本簡內容當如《校釋一》所說，爲滅代後形勢，御史大夫綰即後來的丞相綰。

"叚（假）"上一字，原釋文未釋，簡文作▨，即"令"字。下令，即下命令。同簡"其當於秦下令毄（繫）者衛（率）署其所坐"，即有"下令"一詞可參看。

第Ⅳ列"大"下一字，原釋文未釋，即"官"字。"下校尉"上二字，《校釋一》作"□見"，當爲一字，且其下部所從很可能爲"貝"。

"主軍"下一字，原釋文未釋，簡文作▨，疑是"歸"字。

---

[1] 陳偉主編，何有祖、魯家亮、凡國棟撰著：《里耶秦簡牘校釋（第一卷）》第174頁。

"邦"下一字，原釋文作"人"，簡文作▨，與同簡簡背"從入者"之"人"作▨形體同，當是"人"字。

"死"，《校釋一》疑爲"列"字之訛。爵列，爵位。《禮記·表記》："其賞罰用爵列，親而不尊。"《管子·四時》："一政曰，論幼孤，舍有罪。二政曰，賦爵列，授禄位。"尹知章注："列，次也。"[1] 今按：釋"爵列"可從。帛書《繆和》23下"設慶賞爵列"，亦可爲證。

"留"下一字，原釋文未釋，簡文作▨，即"貴"字，此處作人名。

三五

里耶8-533號簡：

　　螣司寇。

"司寇"上一字，原釋文作"艅"，《校釋一》作"滕"，人名。[2] 今按：該字作：

字右下豎筆旁還有一向右的提筆，可知所從爲虫，當是螣字。《説文》："螣，神蛇也。从虫，朕聲。""螣"在這裏用作人名。

三六

里耶8-534號簡：

　　☐☐言爲人白晳色，隋，惡髮須，長可七尺三寸，年可六十四。Ⅰ
　　☐燕，今不智（知）死產、存所，毋内孫。Ⅱ

《校釋一》："隋，與橢同。《廣雅·釋詁二》'橢，長也'，王念孫

---

[1] 陳偉主編，何有祖、魯家亮、凡國棟撰著：《里耶秦簡牘校釋（第一卷）》第174頁。
[2] 陳偉主編，何有祖、魯家亮、凡國棟撰著：《里耶秦簡牘校釋（第一卷）》第176頁。

疏證：'隋，與橢通。'隋在這裏用來形容臉形，8-894 有'隋面'。惡，醜陋。《左傳》昭公二十八年：'昔賈大夫惡，娶妻而美。'杜預注：'惡亦醜也。'"[1]

今按："隋（橢）"用來形容臉形，而"惡"指面部醜陋，與"髮須"當並列，不當用"惡"來修飾"髮須"，其後當逗開。

《今本竹書紀年》有一段關於帝堯母子的記載，[2] 輯自《宋書·符瑞志》：

> 母曰慶都，生於斗維之野，常有黃雲覆護其上。及長，觀於三河，常有龍隨之。一旦，龍負圖而至，其文要曰："亦受天佑。"眉八采，鬚髮長七尺二寸，面銳上豐下，足履翼宿。既而陰風四合，赤龍感之。孕十四月而生堯於丹陵，其狀如圖。及長，身長十尺，有聖德，封於唐，夢攀天而上。高辛氏衰，天下歸之。

其中"眉八采，鬚髮長七尺二寸，面銳上豐下，足履翼宿"一句是對堯母慶都外貌的描述，涉及眉、鬚髮、面、足等部位的細節特徵。不過需要指出的是，現有斷句"鬚髮長七尺二寸"提及鬚髮的長度有七尺二寸，恐不妥當。這裏七尺二寸，當是對慶都身高的描述。里耶8-894號簡記載吳騷身高爲"長七尺三寸"，8-988號簡記載遷陵獄佐謝的身高爲"長七尺二寸"，可以爲證。"鬚髮長七尺二寸"，可斷作"鬚髮，長七尺二寸"。與里耶簡8-534"髮須，長可七尺三寸"、8-439+8-519+8-537"長可六尺八寸，赤色，多髮，未產須"文例上接近，可以爲證。堯成人時身高爲十尺，比慶都高，可作爲"長七尺二寸"是對慶都身高描述的内證。

三七

里耶8-548號簡：

---

[1] 陳偉主編，何有祖、魯家亮、凡國棟撰著：《里耶秦簡牘校釋（第一卷）》第176頁。
[2] 王國維撰，黃永年點校：《今本竹書紀年疏證》，遼寧教育出版社1997年，第42頁。

第三章　里耶秦簡字詞新釋　215

取車衡榦大八寸、衺七尺者二枚。　用檀☐

"用檀"二字，原未釋，《校釋一》認爲似是"取衺"。[1] 今按：該二字與 8-581 "☐用檀木"之"用檀"二字寫法相近，當釋作"用檀"。

	8-548	8-581
用		
檀		

8-548 號簡"用檀"下殘缺，參考 8-581 號簡"用檀木"，可知其下可補"木"字。如此，8-548 號簡可改釋作"取車衡榦大八寸、衺七尺者二枚。　用檀【木】"。8-581 號簡"用檀木"，《校釋一》注："檀，木名。《詩·魏風·伐檀》：'坎坎伐檀兮，寘之河之干兮，河水清且漣猗。'"[2] 8-581 號簡"用檀木"下至簡尾，簡空白，完整無缺，可知 8-548"用檀【木】"後可能也無其他內容，主要在標明車衡榦的用料。由此可知，8-548 號簡記錄二枚車衡榦的尺寸爲大八寸、衺七尺，用檀木製作。

8-581 簡僅剩"用檀木"，根據補全的 8-548 號簡，可知其上可能有車衡榦枚數、尺寸等內容，已公布里耶簡暫未見可與之綴合的。

三八

里耶 8-572 號簡：

☐……☐Ⅰ

---
[1] 陳偉主編，何有祖、魯家亮、凡國棟撰著：《里耶秦簡牘校釋（第一卷）》第 178 頁。
[2] 陳偉主編，何有祖、魯家亮、凡國棟撰著：《里耶秦簡牘校釋（第一卷）》第 182 頁。

☐甬食薄（簿）☐Ⅱ

通，原釋文作"甬"，《校釋一》指出疑讀爲"用"。[1]

今按：所謂的"甬"字，簡文作：

"甬"左下、靠近簡左側邊緣仍有筆畫，近於辵的寫法，字似爲从辵，甬聲，即"通"字的殘筆。將考釋字與里耶秦簡中其他"通"字形，如8-2014背、9-2015 對比可知，當釋爲"通"。里耶秦簡出現多例"通食"，如：

☐☐可用爲除道通食，不☐☐9-2015[2]

卅二年，貳春鄉守福當坐。士五（伍），居桼（資）中華里。

・今爲除道 8-2014

通食。8-2014 背[3]

・卅四年五月乙丑朔丁亥，趣勸通食洞庭守叚（假）丞可戈移鐔成、沅Ⅱ9-436+9-464[4]

9-2015、8-2014 號簡都提及爲除道"通食"，其中 8-2014 簡較完整，記錄秦始皇三十二年貳春鄉守福因坐罪被安排去負責爲除道通食之事。9-436+9-464 號簡記錄"洞庭守叚（假）丞可戈"在秦始皇三十四年所負責的職事就是"趣勸通食"。里耶簡還有涉及"通食"的牒書，如9-1079+9-1520 號簡有"春鄉黔首爲除道通食【牒】書六封"，即用六牒文書記載了秦始皇三十四年貳春鄉黔首爲除道通食的情形。

簡文"通食簿"，爲通食的簿籍文書，不過因牘本身殘缺，通食簿

---

[1] 陳偉主編，何有祖、魯家亮、凡國棟撰著：《里耶秦簡牘校釋（第一卷）》第181頁。
[2] 陳偉主編，魯家亮、何有祖、凡國棟撰著：《里耶秦簡牘校釋（第二卷）》第429頁。
[3] 陳偉主編，何有祖、魯家亮、凡國棟撰著：《里耶秦簡牘校釋（第一卷）》第418頁。
[4] 陳偉主編，魯家亮、何有祖、凡國棟撰著：《里耶秦簡牘校釋（第二卷）》第146頁。

的諸多細節尚待考。

三九

里耶 8-629 號簡：

☒奏爲黔首Ⅰ
☒□䉒及律令Ⅱ

"及"上一字原釋文作"書"，《校釋一》作"䉒"，並疑讀爲"著"。[1] 蔣偉男先生認爲："此字爲'書'，原釋文所釋爲確。諦審字形，▨與上列形體都十分相似。其下部'者'形清晰可見，上部似'屮'形的部分，中間短豎當是簡牘的泐紋，而左右的斜筆應是'聿'的上部筆畫。此字中間部分因不甚清晰，所以易將筆畫與泐紋相混，進而造成誤釋。"[2] 今按：該字簡文作：

與以下書字形體相近，原釋文作"書"可從。

    8-22   8-41

"書"上一字簡文作：

字从木从目，疑即"相"字。"相"上存一殘筆，似可據文例補"丞"字。簡文作"【丞】相書及律令"。

---

[1] 陳偉主編，何有祖、魯家亮、凡國棟撰著：《里耶秦簡牘校釋（第一卷）》第186頁。
[2] 蔣偉男：《讀〈里耶秦簡（壹）〉札記三則》，簡帛網2015年1月9日。

四〇

里耶 8-639 號簡：

☐屍探☐

"探"上一字原釋文作"屍"，簡文作：

字與"虎"字作 (8-168背)、 (8-170)，形體相近，當釋作"虎"，用作人名。

四一

啓陵津船人高里士五（伍）啓封當踐十二月更，☐【廿九日】☐☐Ⅰ

正月壬申，啓陵鄉守繞劾。Ⅱ

卅三年正月壬申朔朔日，啓陵鄉守繞敢言之，上劾一牒☐Ⅲ 8-651

正月庚辰旦，隸妾夳以來。/履發。☐ 8-651 背

"更"下一字原釋文未釋，字左部从辵，可參看 8-1565 "逐"字所从辵。字右部疑从甫，可參看 8-2213 "舖（逋）"所从的甫。[1]

"更"下一字	从甫之字	逐
	8-2213	8-1565

---

[1] 舖，讀作"逋"，訓作"逃"（何有祖：《讀秦簡札記（二則）》，簡帛網 2013 年 4 月 13 日）。

字疑即"遝"。"廿九日"下一字疑是"不"。

"廿九日"下一字	不
	8-135　　8-25

"當踐十二月更,【遝廿九日不】",《二年律令·興律》398 號簡:"當成,已受令而遝不行盈七日。"與之文例近似。

四二

元年八月庚午朔朔日,遷陵守丞固☒Ⅰ
之。守府書曰:上真見兵會九月朔日守府‧今☒Ⅱ
書者一牒,敢言之。/九月己亥朔己酉,遷陵☒☒Ⅲ 8-653
敢言之。□□主□□□之。/贛手。☒Ⅰ
贛☒Ⅱ 8-653 背

"己酉遷陵守"下一字原釋文未釋,當是"守"。

"贛手"上原釋文作"□□主□□□之",今按:這裏當只有 5 字,第一字簡文作:

我們曾懷疑是"罪",陳偉老師指出可能是"寫"。[1] 今將此字與下列"寫"字形體接近,釋"寫"的意見可從。

8-135　　8-663　　8-665

---

[1] 此蒙陳老師 2012 年 4 月 30 日郵件告知,謹致謝忱。

"寫"下一字簡文作：

是"重"字。《楚辭·離騷》"又重之以修能"，王逸注："重，再也。"《爾雅·釋言》："重，再也。""寫重"似指該份公文寫了兩份。

"重"下緊接着的三字是"敢言之"，與此列開頭的"敢言之"遥相呼應，合乎里耶簡公文書中常見的"敢言之……敢言之"的文例。

四三

☐一書。·以蒼梧尉印行事。/六月乙未，洞庭守禮謂縣嗇夫聽書從事。☐Ⅳ

☐軍吏在縣界中者各告之。新武陵别四道，以次傳。别書寫上洞庭ⅴ8-657尉。皆勿留。/葆手。Ⅰ

/驕手。/八月甲戌，遷陵守丞膻之敢告尉官主：以律令從事。傳别【書】Ⅱ貳春，下卒長奢官。/☐手。/丙子旦食走印行。☑Ⅲ

Ⅳ8-657背

"一書"上一字，《校釋一》指出似是"却"。[1] 今按：此字右部从"邑"，是"却"的可能性較小。

"軍吏"上一字，原釋文未釋，簡文作：

當是"官"字。"官"上一字疑是"都"。此處作"都官軍吏在縣界中者"，8-649有"邦尉、都官軍在縣界中者"，可參看。

"奢官"下一字，原釋文未釋，簡文作：

---

[1] 陳偉主編，何有祖、魯家亮、凡國棟撰著：《里耶秦簡牘校釋（第一卷）》第194頁。

第三章　里耶秦簡字詞新釋　221

與下列"畸"字形體接近，是"畸"字。

8-118　　　8-406

里耶秦簡"畸"作爲人名的例子有：

　　8-118"畸手"
　　8-406（廿六年六月）"史畸"
　　8-1280（廿八年九月）"貳春鄉守畸"
　　8-1490+8-1518（廿八年六月）"令史畸"

上揭諸名"畸"者，如8-1280（廿八年九月）"貳春鄉守畸"、8-1490+8-1518（廿八年六月）"令史畸"是一人的可能性較小。至於8-406（廿六年六月）"史畸"與8-1280、8-1490+8-1518所見的"畸"是否爲一人尚不好判斷。本簡所見"畸"年份殘缺，是否可與上列某"畸"對應，具體身份爲何，皆待考。

四四

里耶8-660號簡：

　　卅五年八月丁巳朔丙戌，都鄉守☑Ⅰ
　　士五（伍）兔詣少内受☑。·今☑☑Ⅱ

"受"下一字，《校釋一》指出左从"貝"，[1] 簡文作：

---

[1] 陳偉主編，何有祖、魯家亮、凡國棟撰著：《里耶秦簡牘校釋（第一卷）》第195頁。

與下列里耶秦簡"購"字形體相近，當釋作"購"。

　　　　　8-1572　　　　　8-1008

受購，指接受購金，"受購"也見於《二年律令》427號簡："有罰、贖、責（債），當入金，欲以平賈（價）入錢，及當受購、償而毋金，及當出金、錢縣官而欲以除其罰、贖、責（債），及爲人除者，皆許之。"《史記·韓信盧綰列傳》："十二月，上自擊東垣，東垣不下，卒罵上；東垣降，卒罵者斬之，不罵者黥之。更命東垣爲真定。王黄、曼丘臣其麾下受購賞之，皆生得，以故陳豨軍遂敗。"

四五

里耶8-661號簡：

　　☑朔己未，貳春鄉茲☑Ⅰ
　　☑故爲南里典庠，謁☑Ⅱ
　　☑【茲】下書尉，尉傳都□☑Ⅲ

故，原釋文未釋，今按：當是故字。"故爲南里典庠"，其中"故爲……"，相似的文例多見，如9-470"敬故爲遷陵左田歸寧，今徙爲"，[1]"敬"原來擔任遷陵左田且歸寧，"故"前的人名，與"故"後出現的職務名對應。由此可知，"故爲南里典庠"之"故"前應有"貳春鄉茲"所提及的吏員名，"故爲"之後的內容是對本簡所涉吏員原來職務的表述。另外，里耶簡中在交代説話人（以及所涉及人物名）的情況下，在説話人的陳述中，"謁"前一般不再加人名，如：

　　衡山守章言：衡山發弩丞印亡，謁更爲刻印。　　·命。8-1234
　　卅五年三月庚寅朔辛亥，倉衡敢言之：疏書吏、徒上事尉府Ⅰ者牘

---

[1] "歸寧"從朱璟依釋。見朱璟依：《〈里耶秦簡（貳）〉文字編》，本科畢業論文（郭永秉教授指導），復旦大學2019年，第67、182頁。

第三章　里耶秦簡字詞新釋　223

北（背），食皆盡三月，遷陵田能自食。謁告過所縣，以縣鄉次續Ⅱ
食如律。雨留不能投宿，齋。當騰騰。來復傳。敢言之。Ⅲ 8-1517

本簡可排除"謁"前出現的"庠"爲人名的可能，如此，"故爲南里典
庠"當屬上讀。其中"南里"爲里名，屬貳春鄉，"典庠"首見，當用
作官名。典，主持，掌管。《廣雅·釋詁三》："典，主也。"《書·舜
典》："帝曰：諮，四岳，有能典朕三禮？僉曰：伯夷。"孔穎達疏："掌
天神、人鬼、地祇之禮。"庠，學校，《説文》："庠，禮官養老，夏曰
校，殷曰庠，周曰序。从广，羊聲。""庠"也見於里耶簡 8-1308 "書
到，謹以庠除復"，[1] "除"下一字原釋文作"覆"，今按：是復字。秦
漢時期將赦免賦役、徭役稱爲"復"，也稱"復除"。[2] 由里耶簡 8-
1308 看，還可被稱爲"除復"。里耶簡 8-170 "得虎，當復者六人"，
莊小霞先生認爲該簡反映秦人因"得虎"得以"復除"，也涉及秦代復
除制度。[3] 張家山漢簡《二年律令》265-266 號簡："令郵人行制書、
急書，復，勿令爲它事。"[4] 這是對郵人的復免，可參看。8-1308
"以庠除復"當因庠之事務而加以復免。具體而言，可能是對主持庠
的吏員或到庠學習的人員進行復免。這與漢律中對郵人復免的情況類
似。由"南里典庠"可知，該庠設在貳春鄉南里，負責的吏員被稱爲
"典庠"。

"下"前一字，原釋文未釋，《里耶秦簡博物館藏秦簡》疑爲重文符
號之殘筆。[5] 今按：簡文作 ![字], 殘存筆畫作二條向上的凹弧筆，疑

---

[1] 陳偉主編，何有祖、魯家亮、凡國棟撰著：《里耶秦簡牘校釋（第一卷）》第 309 頁。
[2] 張仁璽：《秦漢復除制述論》，《山東師範大學學報（社會科學版）》1993 年第 4 期；林甘泉主編：《中國經濟通史·秦漢經濟卷》（下），第十六章《徭役》（執筆人：馬怡），中國社會科學出版社 2007 年，第 462—463 頁。
[3] 莊小霞：《里耶秦簡所見秦"得虎復除"制度考釋—兼説中古時期湖南地區的虎患（附：補遺）》，簡帛網 2019 年 8 月 30 日。
[4] 張家山二四七號漢墓竹簡整理小組編：《張家山漢墓竹簡〔二四七號墓〕》，文物出版社 2001 年，第 169 頁。
[5] 里耶秦簡博物館、出土文獻與中國古代文明研究協同創新中心中國人民大學中心編著：《里耶秦簡博物館藏秦簡》第 169 頁。

是"兹"字殘存筆畫。里耶秦簡"兹"字作 ▨（8－351）、▨（8－1565）、▨（8－1635），可參看。本簡是由"貳春鄉兹"上報到縣廷，關於原任南里典庠的某位吏員職務變動的上行文書。

正面第三行出現的"兹下書尉，尉傳都"，其中"兹"能下書給尉，可知此"兹"位階尚在"尉"上，疑即遷陵守丞"兹"，該官吏曾出現在秦始皇卅四年（8－1449+8－1484）。8－1456號簡也有遷陵守丞"兹"，但年份缺乏。其釋文作：

　　☑☐【貳春鄉】☐☐☐☐☐【貳春鄉】☑Ⅰ
　　☑寇將詣貳春鄉，如前書。敢☑Ⅱ正
　　☑守丞兹下司空，以律令【從】☑Ⅰ
　　……Ⅱ背

該簡似也爲貳春鄉草擬的上行文書，最後"守丞兹下司空"，可與本簡所討論的"兹下書尉"合觀。

四六

里耶8－663號簡：

　　二人付庫：快、擾。BⅣ

快，原釋文作"快"，《校釋一》作"恬"。今按：當從原釋文作"快"。8－2101有"二人付庫：快、擾"，可參看。

四七

　　卅年二月己丑朔壬寅，田官守敬敢言【之】☑Ⅰ
　　官田自食薄（簿），謁言泰守府☐☑Ⅱ
　　之。☑Ⅲ8－672
　　壬寅旦，史逐以來。/尚半。☑8－672背

"守府"下一字，簡文作：

原釋文未釋。今按：此字殘存筆畫與 8－706 "副" 字作 、 以及 8－454 "副" 字變體作 上部部分筆畫近似，疑是 "副"，指副本。8－454 "課上金布副" 之 "副" 用法與之同。這裏當指田官田自食簿的副本。張家山漢簡《二年律令·戶律》331－333 號簡記戶籍、田籍等保管法規云："謹副上縣廷，皆以篋若匣匱盛，緘閉，以令若丞、官嗇夫印封，獨別爲府，封府戶；節（即）有當治爲者，令史、吏主者完封奏令若丞，印嗇夫發，即雜治爲……" 簡文當是田官守將所屬機構的自食簿的副本上呈給泰守府的記錄。

四八

　　卅五年七月【戊子】朔壬辰，貳【春】☒Ⅰ
　　書毋徒捕羽，謁令官丞☒Ⅱ
　　之。/七月戊子朔丙申，遷陵守☒Ⅲ 8－673+8－2002
　　遣報之傳書。/獻手。/☒Ⅰ
　　七月乙未日失（昳）【時，東】成□上造□以來。☒Ⅱ 8－673 背+8－2002 背

"東成" 下一字原釋文未釋，簡文作：

與下列 "小" 寫法相近，應是 "小" 字。里耶秦簡有下列 "小" 字可參看。

　　　　8－216　　　　　　8－448
　　　　8－1765　　　　　8－1632

"小上造"見於 8-19、8-1182、8-1688+8-1764,[1] 其中 8-19《校釋一》注曰:"上造,秦軍功爵第二級。小上造,獲得'上造'爵位的是未成年人。"[2] 可參看。

"上造"下一字原釋文缺,《校釋一》存疑,簡文作:

字从宀从酉从廾,即寑字,用作人名。

四九

里耶 8-686+8-973 號簡:

城旦一人治輸書忌。AⅢ

"輸"下二字,原釋未釋,當是"書忌"。如"治輸書"是具體作務表述,則"忌"是人名。如"治輸"是具體作務表述,則"書忌"是人名。從"輸"在里耶簡中使用的情形看,似多有所輸送事物的信息,如:

輸羽。8-82+8-129
出弩臂三輸臨沅。8-151
一人輸備弓:具。8-2008

"輸"的對象分別是羽、弩臂、備弓。"城旦一人治輸書忌"之"書"疑是輸的對象,即"治輸書"爲作務的表述,如然,則"忌"爲人名。

五〇

□月乙亥,司空□作□☑ Ⅰ

---

[1] 何有祖:《里耶秦簡牘綴合(七)》,簡帛網 2012 年 6 月 25 日。
[2] 陳偉主編,何有祖、魯家亮、凡國棟撰著:《里耶秦簡牘校釋(第一卷)》第 33 頁。

第三章　里耶秦簡字詞新釋　　227

其一人有逮☑Ⅱ
☐人送兵☑Ⅲ
一人吏養癰（應）[1]　☑Ⅳ 8-697
卅三年三月辛☑Ⅰ
☐☐月乙亥旦☐☑Ⅱ 8-697 背

其，原釋文未釋。

"兵"上一字，原釋文未釋，《校釋一》疑是"徙"或"送"字。[2]

"兵"上一字	送	徙
	8-1562	8-1350　　8-63

今按：秦隸中送、徙二字形體頗接近，但最大的區別在於"送"較"徙"多一"卄"。本簡"兵"上一字多一卄，當即"送"字。

五一

☐☐敢告遷陵丞主：主曰當歸，☑今已☑8-702+8-751
☑二甲；過卅人到八十人，貲二☑Ⅰ
☑爵一級，稟衣、菽、聶☑Ⅱ 8-702 背+8-751 背

"稟"字，原釋文及《校釋一》皆未釋，今按：簡文作：

上部殘筆近於"向"字，下部殘筆可見"禾"形，字似从向从禾的"稟"

---

[1] 癰（應），原釋文未釋，此從謝坤先生釋。參謝坤：《讀〈里耶秦簡（壹）〉札記（一）》，簡帛網 2015 年 6 月 29 日。
[2] 陳偉主編，何有祖、魯家亮、凡國棟撰著：《里耶秦簡牘校釋（第一卷）》第 206 頁。

字之殘筆。里耶秦簡有"稟"字,如 8-1574 ,與之形近。此字可釋作"稟"。

秦律中關於"稟衣"規定,如睡虎地秦簡《金布律》94-96 號簡:"稟衣者,隸臣、府隸之毋(無)妻者及城旦,冬人百一十錢,夏五十五錢;其小者冬七十七錢,夏卌四錢。春冬人五十五錢,夏卌四錢;其小者冬四十四錢,夏卅三錢。隸臣妾之老及小不能自衣者,如春衣。·亡、不仁其主及官者,衣如隸臣妾。"[1] 這是對隸臣妾發放衣物的規定。本簡"爵一級,稟衣、菽、聶☐",發放衣物、豆類等物,似與前面"爵一級"相關聯。這與前所提及《金布律》給隸臣妾發放衣物似又有所不同。因簡殘,其具體情況待考。

五二

☐枳鄉守糾敢【言之】:遷陵移佐士五(伍)枳鄉里居坐謀☐Ⅰ 8-746+8-1588

☐朔壬申☐丞☐……☐Ⅱ 8-746 背+8-1588 背

"里"上一字原釋文指出左部從食,《校釋一》作"鄉",並認爲"里"應是里名。[2] 今按:字當分析爲從食從垚,《説文》垚部:垚,古文堯。字可釋作"饒"。饒里,里名。

"申"下一字原釋文未釋,即"枳"字。

五三

里耶 8-771 號簡:

賣二斗取美錢卅,賣三斗☐

---

[1] 睡虎地秦墓竹簡小組:《睡虎地秦墓竹簡》第 42 頁。
[2] 陳偉主編,何有祖、魯家亮、凡國棟撰著:《里耶秦簡牘校釋(第一卷)》第 215 頁。

"錢丗"前一字，整理者釋爲"美"，《校釋一》認爲是人名。[1]方勇先生認爲應是"羔"字。[2] 今按：此字作：

A：

字似从羊从火，秦漢簡與之有寫法相近的，如：

A1： 肥豚清酒美白粱 （睡虎地秦簡《日書甲種》157背）

可以漬米爲酒，酒美（睡虎地秦簡《日書甲種》113）

秦簡中還有一例从羊从大的"美"字，如：

A2： 美惡雜之（睡虎地秦簡《秦律十八種·金布》65）

上揭諸例，A1从羊从火，A2从羊从大。A1、A2並見於睡虎地秦簡，從文例看均是美字，此處从火、从大似無別。《說文》："美，甘也，从羊从大。"《說文》采用了從大這一形體。A與A1形體相近，與A2有差異。

在文意方面，"美錢"似更能説通文意。美，善。如睡虎地秦簡《金布律》35號簡："官府受錢者，千錢一畚，以丞、令印印。不盈千者，亦封印之。錢善不善，雜實之。出錢，獻封丞、令，乃發用之。百姓市用錢，美惡雜之，勿敢異。　　金布。"[3] 即用美、惡來形容秦"百姓"市場交易用錢。美錢，即善錢。

秦律鼓勵錢的使用不分美惡，混雜使用。漢初的律令大致沿襲這一規定，如《二年律令·錢律》197－198號簡："錢徑十分寸八以上，雖缺鑠，文章頗可智（知），而非殊折及鉛錢也，皆爲行錢。金不青赤者，

---

[1] 陳偉主編，何有祖、魯家亮、凡國棟撰著：《里耶秦簡牘校釋（第一卷）》第224頁。
[2] 方勇：《讀〈里耶秦簡（壹）〉札記（三）》，簡帛網2012年5月21日。
[3] 睡虎地秦墓竹簡小組：《睡虎地秦墓竹簡》第35頁。

爲行金。敢擇不取行錢、金者，罰金四兩。"[1] 也在推動美錢、惡錢混雜，即不得擇錢。律令所規範的，是當時客觀存在的擇錢行爲，如 8－771"賣二斗取美錢卅"，其中"取美錢"，可以看出當時市場交易存在擇錢的現象。

里耶 9－1942+9－2299 號簡：

> 臣眛死言：臣竊聞黔首擇錢甚，而縣☐ I
> 問其故，賈人買惡錢以易<易>縣官☐☐ II

"臣竊聞黔首擇錢甚"，即反映秦百姓對美錢、惡錢選擇的現象較爲嚴重，更有賈人趁機買惡錢牟利。9－1942+9－2299 號簡簡殘，從整個文意的走向，似有可能對賈人買賣惡錢的行爲進一步進行規範。

里耶 8－1668 號簡：

> 故賈爲贖取之。它如律令。☐ I
> 臣眛（眛）死請。·制曰：可。☐ II

《校釋一》："眛死，即'眛死'。臣下上書帝王時用語。制曰可，帝王對大臣建議的批准用語。"[2] 既提及"賈爲贖取之"，也不排除跟治理黔首擇錢，賈人趁機牟利有關。8－1668 從文意看有可能在 9－1942+9－2299 之後。

9－1942+9－2299 因簡殘，未見"制曰可"等字樣。8－1668 則"眛死請""制曰可"皆有。8－1668、9－1942+9－2299 可能都是臣下向皇帝提出建議並申請批准的文書。學界對詔令文書的性質方面有過不少討論，如日本學者大庭修將漢代制詔的程式歸納爲三種：1）皇帝以自己的意志下達命令。施政方針的宣布、恩典的賜與、官僚的任免等多使用這種形式，行使立法權時則使用"著令""著爲令"等語。2）官僚在

---

[1] 彭浩、陳偉、（日）工藤元男：《二年律令與奏讞書——張家山二四七號漢墓出土法律文獻釋讀》第 168 頁。
[2] 陳偉主編，何有祖、魯家亮、凡國棟撰著：《里耶秦簡牘校釋（第一卷）》第 376 頁。

第三章　里耶秦簡字詞新釋　231

被委任的許可權内的獻策得到認可，作爲皇帝的命令而公布。原則上有官僚的奏請，附有皇帝的"制可"。這種詔書大多是行政事務範圍内可處理的事項。3）皇帝向一部分官僚指示政策的大綱或自己的意向，委托他們進行詳細地立法時使用的，由第一形式和第二形式複合而成。官僚覆奏文中的新的律、令等文，如得到制可，即列入法典。[1] 廣瀨薰雄進一步確認秦法律文獻中第2、3種形式的存在，推測應有第1種形式的存在，認爲秦令的制定程式與漢令基本相同。[2] 陳偉老師指出，嶽麓秦簡昭襄王之令，徑稱"昭襄王命曰"，應屬於第1種形式，證實廣瀨氏的推測。[3] 8－1668、9－1942+9－2299當屬前述詔令文書的第2種形式。

五四

里耶8－782、8－810原釋文作：

　　☑耤小吏☐☐信☑8－782

　　……幸☑

　　急使之賜報☑8－810

《校釋一》將二片綴合，其釋文作：

　　……季，季幸耤（藉）小吏☐☐信☑Ⅰ

　　急使之，賜報。Ⅱ8－782+8－810

《校釋一》注曰：[4]

　　季，原釋文未釋，其下有重文符。

---

[1]（日）大庭脩著，林劍鳴譯：《秦漢法制史研究》，上海人民出版社1991年，第165—192頁。
[2]（日）廣瀨薰雄：《秦漢時代律令辨》，《中國古代法律文獻研究》第7輯，社會科學文獻出版社2013年，第111—126頁。
[3] 陳偉：《秦簡牘校讀及所見制度考察》，武漢大學出版社2017年，第98頁。
[4] 陳偉主編，何有祖、魯家亮、凡國棟撰著：《里耶秦簡牘校釋（第一卷）》第226頁。

耤，讀作"藉"，憑藉、依托。《管子·內業》："彼道自來，可藉與謀。"尹知章注："藉，因也。"8-659+8-2088 爲贛致芒季書信，本簡或是芒季回函。

今按："季"前還有約四字，原釋文與《校釋一》皆缺釋。"季"上一字很有可能是"芒"字，從現存筆畫大略可看出"芒"字殘筆。《校釋一》指出書信與"芒季""贛"有關，並補釋"季"下的重文符號。[1]當是。芒季在簡文中第二次出現的時候會省掉"芒"字，如：

七月壬辰，贛敢大心再捧（拜）多問芒季：得毋爲事☐Ⅰ
居者（諸）深山中，毋物可問，進書爲敬。季丈人、柏及☐Ⅱ
毋恙殹。季幸少者，時賜☐Ⅲ
史來不來之故，敢謁☐☐Ⅳ 8-659+8-2088
☐官　　☐ 8-659 背+8-2088 背

上引書信牘中首次出現的"芒季，此後出現都省作"季"，可以爲證。

"芒"上三字現有筆畫尚可辨識，第一字從者從羽，應即"翥"。"翥"見於里耶秦簡，如：

☐☐☐遷陵 8-2036
☐從翥、雖各一甲、一盾。Ⅰ
☐　　義手。Ⅱ 8-2036 背

8-2036《校釋一》注："翥、雖，人名。"[2] 上引簡文與本書信牘都沒有紀年，"翥"的職務也沒有明示。本書信牘的"翥"，與上引簡文中的"翥"是否爲同一人，或是同一人的同一年齡階段，尚難以確定。"翥"下二字是"欲報"。如果不提主客身份變換的自謙與客套，"欲報"之語，似與 8-2087 "顧（願）賜報"的表述相當。

"季幸耤"下一字，原釋文與《校釋一》皆作"吏"，楊先雲先生指

---

[1] 陳偉主編，何有祖、魯家亮、凡國棟撰著：《里耶秦簡牘校釋（第一卷）》第 226 頁。
[2] 陳偉主編，何有祖、魯家亮、凡國棟撰著：《里耶秦簡牘校釋（第一卷）》第 422 頁。

出應是"史"。[1] "小史"見於里耶秦簡，作：

    小史舁 6-1 背

    ☐☐☐刻刻下六，小史夷吾以來。／朝半。　　尚手。8-136背+8-144背

    小史適 8-1562

夷吾、舁、適等人名前都冠以"小史"。[2] 8-136+8-14《校釋一》注："小史，官名。《漢書·穀永傳》：'永少爲長安小史，後博學經書。'"[3] 8-136背+8-144背出現的"小史夷吾"承擔送遞文書的任務。本牘中的小史下筆畫模糊，其名不詳，從本牘提及"季幸耤（藉）小吏""急使之，賜報"，可知該小史大致也被委托傳遞書信。從芒季能讓小史遞送書信，可知芒季應是遷陵縣具有一定身份的官吏，很可能是 8-1817"私進令史芒季自發"之"令史芒季"。而從芒季的語氣來看，"嘉"的身份大致與芒季相當。

結合以上討論，現將 8-782+8-810 釋寫如下：

    嘉欲報芒季，季幸耤（藉）小史☐☐信☐Ⅰ

    急使之，賜報。Ⅱ

從"季幸"這樣的表述看，本簡係芒季所書。在芒季交代的前因中，"嘉欲報芒季"似指"嘉"想給芒季回函。緊接着提及芒季委托小史某帶信給嘉，請嘉回函。

《校釋一》曾對本書信牘的性質做過判斷，認爲 8-659+8-2088 爲贛致芒季書信，8-782+8-810 或是芒季回函。[4] 現在看來，是芒季的信函不誤，但該信函與贛並無關聯，而應與"嘉"有關聯。本簡似是芒

---

[1] 楊先雲：《里耶秦簡識字三則》，簡帛網 2014 年 2 月 27 日。
[2] 6-1 背"史"字考釋亦參考楊先雲：《里耶秦簡識字三則》，簡帛網 2014 年 2 月 27 日。
[3] 陳偉主編，何有祖、魯家亮、凡國棟撰著：《里耶秦簡牘校釋（第一卷）》第 77 頁。
[4] 陳偉主編，何有祖、魯家亮、凡國棟撰著：《里耶秦簡牘校釋（第一卷）》第 226 頁。

季在催促"壽"回信。由於仍有殘缺,其詳情如何,仍待以後。

五五

里耶 8-854 號簡:

　　☐倉守擇付司空守俱、佐忌行☐

俱,原釋文作"建",《校釋一》作"得",人名。[1] 按:簡文作:

與里耶簡以下"俱"字形近,即"俱"字。"司空守俱"也見於 8-452、8-1544、8-898+8-972 等簡。其中"俱"字作:

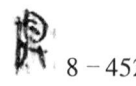

8-452　　8-1544

8-1544 號簡釋文作:

　　【粟米】十二石二斗少半斗。卅五年八月丁巳朔辛酉,倉守擇付司空守俱□。

該簡"倉守擇付司空守俱"與本簡在文例上一致,可以爲證。此外,8-1544"俱"下一字簡文作:

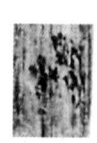

實是"骨手"二字擠在一起的寫法。"骨手"也見於 8-898+8-972:

　　☐甲辰,倉守言付司空守俱,俱受券及行。Ⅰ
　　☐骨手。Ⅱ

---

[1] 陳偉主編,何有祖、魯家亮、凡國棟撰著:《里耶秦簡牘校釋(第一卷)》第 237 頁。

五六

里耶 8-876 號簡：

【·】九.病暴心痛方：令以□屋在□□□□□取其□Ⅰ□草蔡長一尺，□步三，析，[1] 專（傅）之病者心上。Ⅱ

病，原釋文作"治"。8-1221 有"病暴心痛"，可參看。
"病"上原釋文作"·"，當是"九"。這是病方的序號。類似情形也見於以下簡：

・苐（第）一.人病少氣者惡聞人聲，不能視而善瞑，善飢不能食Ⅰ，臨食而惡臭，以赤雄雞冠，完（丸）。Ⅱ 8-1042+8-1363

・三.一日取闌本一斗，□□二□□□□□□煮□□□Ⅰ□□□孰出之復入飲盡。……Ⅱ 8-1230

・五.一日啓兩臂陰脉。・此治□□方。8-1224

・七.病暴心痛灼灼者，治之，析莫實，治，二；枯櫖（薑）、菌Ⅰ桂，冶，各一。凡三物并和，取三指最（撮）到節二，温醇酒Ⅱ 8-1221

九十八.治令金傷毋癰方：取䑕鼠，乾而☒Ⅰ
石、薪夷、甘草各與䑕☒Ⅱ 8-1057

這些序號似有兩種標示方式，其一是・+數字+勾識符號，如下表第 2 至 5 例，另一是・+第+數字+勾識符號，見下表第 1 例。

8-1042+ 8-1363	8-1230	8-1224	8-1221	8-1057

---

[1] "步"從方勇先生釋，"步"上一字方勇先生釋"禹"。參看方勇：《讀〈里耶秦簡（壹）〉札記（一）》，簡帛網 2012 年 04 月 28 日。

上表中 8‐1057 "九十八" 上不見 "·"，似殘去，如然，則兩種標序大致在數字（或第+數字）上有 "·"，下有勾識符號。再來看 8‐876 號簡簡首：

"病" 上、"九" 上下的筆畫已無法辨識，大致可據上文所歸納標序方式補 "·" 以及勾識符號。總的來看，里耶簡所見醫方簡的這兩種標序號的方式差別不是很大。但里耶簡是否會按這兩種方式來分別編序，或者雜糅在一起來編序，由於現在只是看到部分材料，還無法進一步判斷。

"屋" 上一字原釋文未釋，疑是 "心" 字。

五七

里耶 8‐918 號簡：

　　□六年六月丙辰，遷陵拔爰書：即訊□☑ Ⅰ
　　爲求得嫠，其產甾、安成不更李□☑ Ⅱ

《校釋一》："李，原釋文作'孝'。"[1] 今按："李" 下一字左部殘，右部殘存筆畫爲㽙。

五八

里耶 8‐925+8‐2195 號簡：

　　粟米一石六斗二升半升。卅一年正月甲寅朔壬午，啓陵鄉守尚、佐取、稟人小出稟大隸妾□、亭、窨、莒、并、□人、☑ Ⅰ
　　樂宵、韓歐毋正月食，積卅九日，日三升泰半半升。令史氣視

---

[1] 陳偉主編，何有祖、魯家亮、凡國棟撰著：《里耶秦簡牘校釋（第一卷）》第 249 頁。

第三章　里耶秦簡字詞新釋　　237

平。☑Ⅱ

"窑"上一字，原釋文作"京"。按：與里耶簡所見"亭""京"字比較（見下表），可知此字應是"亭"字。亭，人名。

"窑"上一字	亭	京
	8-60　　8-665	8-238

"亭"上一字原釋文未釋，簡文作 ，右下是標示符號，據其餘筆畫疑是"誇"字。8-1004號簡"誇"字作 ，可參看。誇，人名。

"并"下一字原釋文未釋，簡文作 ，疑是"瓜"。里耶簡"狐"字作 （8-4）、 （8-769），可以參看。瓜人，人名。

五九

里耶8-1018號簡：

☑購錢五百七十六一人。

"錢"字，整理者、《校釋一》釋爲"釱"。[1] 今按：原簡文作：

"錢"字左邊殘餘筆畫，似爲"金"形，右下筆畫近於"戈"的寫法，字似爲从"金"从"戔"的"錢"字。將此字與里耶秦簡其他"錢"字形對比如下：

---

[1]陳偉主編，何有祖、魯家亮、凡國棟撰著：《里耶秦簡牘校釋（第一卷）》第263頁。

圖版				
簡號	A	8-560	8-965	8-1768

《校釋一》指出，8-992 有"出錢千一百五十二購隸臣於捕戍卒不從……"，8-1008+8-1461+8-1532 有"豎捕戍卒□□事贖耐罪賜購千百五十二"，1152 錢爲此處 576 的兩倍。又，陳偉老師指出，此簡文是罰錢的案例，[1] 當是。

嶽麓貳 82 號簡記載："貲一甲，直（值）錢千三百卌四，直金二兩一垂。一盾直金二垂。贖耐，馬甲四，錢七千六百八十。"[2] 可見當時的贖錢以馬甲爲單位，一馬甲爲 1920 錢。于振波先生根據睡虎地秦簡的相關記錄，指出金一兩爲 576 錢。[3] 那麼里耶秦簡 8-1008+8-1461+8-1532 贖錢數即爲金二兩，8-1018 中錢數即爲金一兩。8-1018 號簡改釋爲"☑購錢五百七十六一人"。

六〇

里耶 8-1040 號簡：

☑□復，復病三歲上者服、尉（熨）☑Ⅰ
☑歲者服、尉（熨）七日，俞（愈）也。☑Ⅱ

"復"下一字原釋文未釋，《校釋一》指出从키作。[4] 今按：字作：

---

[1] 陳偉:《里耶秦簡所見秦代行政與算術》，簡帛網 2014 年 2 月 4 日。
[2] 朱漢民、陳松長:《嶽麓書院藏秦簡（貳）》，上海辭書出版社 2011 年，第 78 頁。
[3] 于振波:《秦律中的甲盾比價及相關問題》，《史學集刊》2010 年第 5 期。
[4] 陳偉主編，何有祖、魯家亮、凡國棟撰著:《里耶秦簡牘校釋（第一卷）》第 267 頁。

即"病"字。

"□復"上原釋文及《校釋一》認爲殘。今按其上端完整,本簡應是接在另一簡之後。

俞,讀爲愈,指病情痊愈。《孟子·滕文公上》:"今吾尚病,病愈,我且往見。"馬王堆帛書《五十二病方》122 云:"雖俞(愈)而毋去其藥。"

"俞"下一字,原釋文未釋,簡文作▇,按:當是"也"字。"也"出現在句末,表肯定語氣。

六一

里耶 8-1050 號簡:

☒□□受將粟,佐贛。Ⅰ
☒贛手。Ⅱ

《校釋一》:"將,疑是人名。贛,人名。"[1] 今按:此處的"受"後較多接官名+人名,如:

錢二千一百五十二。卅五年六月戊午朔丙子,少内沈受**市工用叚(假)少内唐**。Ⅰ
瘳手。Ⅱ 8-888+8-936+8-2202

卅二年正月戊寅朔丙戌,少内守是**受司空**EⅢ**色**。　痤手。EⅣ 8-478

士五(伍)巫倉溇産尸貲錢萬二千五百五十二。Ⅰ
卅一年四月甲申,洞庭縣官受**巫司空渠良**。Ⅱ 8-793+8-1547

☒卅四年【九月癸亥朔庚辰,守府賢受少】**内守狐**☒ 8-806
☒感受司空守兹☒ 8-951

"將粟佐贛"按文例當是官名加上人名。秦官印中有"鉒將粟印",[2]

---

[1] 陳偉主編,何有祖、魯家亮、凡國棟撰著《里耶秦簡牘校釋(第一卷)》第 269 頁。
[2] 羅福頤主編:《秦漢南北朝官印征存》卷一,文物出版社 1987 年,第 4 頁。

銍，縣名，《戰國策·秦策四》："秦、楚之兵，構而不離，魏氏將出兵而攻留、方與、銍、胡陵、碭、蕭、相，故宋必盡。"高誘注："七邑，宋邑也。"《漢書·陳勝傳》："攻銍、酇、苦、柘、譙，皆下之。"顏師古注："五縣名也。""銍將粟印"指銍縣"將粟"之官的印，"將粟"指職事，可知"將粟佐"當爲負責"將粟"之佐員，而"將粟佐贛"之"贛"當用作人名，即本簡所見"贛手"之"贛"。總之，這裏的"將粟佐贛"當連讀。"贛"擔任將粟佐。

六二

里耶 8－1069+8－1434+8－1520 號簡：

　　其十二人爲舉：獎、慶忌、敫、敫、船、何、冣、交、頡、徐、娃、聚Ⅱ

"爲"下一字原釋文作"舉"，《校釋一》改作"莤"，《玉篇·草部》："酒之美也。"此處也許假爲"舉"。[1] 今按：該字簡文作：

與下列"舉"字形體相近，原釋文作"舉"可從。

8－1519　　8－461　　8－224+8－412+8－1415

自"獎"以下人名。《校釋一》注："其中'敫'二見，或一爲衍文，而'慶忌'斷讀，爲二人名。"[2] 今按：里耶秦簡人名之間或直接書寫，不用標識符號標出，如 8－145、8－681 等號簡；也有用標識符號標出的，如 8－780；也有或標或不標的，如 8－1146。本簡標識的這十

---

[1] 陳偉主編，何有祖、魯家亮、凡國棟撰著：《里耶秦簡牘校釋（第一卷）》第 273 頁。
[2] 陳偉主編，何有祖、魯家亮、凡國棟撰著：《里耶秦簡牘校釋（第一卷）》第 273 頁。

多人名,"慶忌"與"敫"之間並無標識符號,而"慶忌敫"與"敫"之間有標識符號,如下圖所示:

"慶忌敫"之"慶忌"用作人名,也見於 8‑899,存在單爲一人名的可能,"慶忌敫"僅此一見,但不能排除爲人名。此外,"娃""聚"之間並無標識符號,如:

"娃"作爲人名見於 8‑145:"六人捕羽:刻、嫥、卑、鬻、娃、變。"[1]而"聚"作爲人名,似還屬首見。"娃""聚"之間的標識符號似缺。可見,本簡標識人名的方式屬最後一種情形,既有標識的,也有没有標識的。

再看《校釋一》釋文"其十二人爲輿:奬、慶忌、敫、敫、船、何、冣、交、頡、徐、娃、聚",但在注釋説"敫"二見,或一爲衍文。這種情況下的人數其實只有十一人。如把"慶忌敫"作爲一人名,所得

---

[1] 何有祖:《讀里耶秦簡札記(二)》,簡帛網 2015 年 6 月 23 日。

人數也是十一人。可見不管是把"慶忌敢"作爲一人，還是將"敢"視爲衍文而"慶忌"爲一人名，統計這"爲輿"的人數其實都只是十一人，並非"其十二人爲輿"所標出的十二人。

里耶秦簡的文書檔案或抄寫多份，只是現在還沒有看到與本簡内容相同的文本。由於材料有限，以下諸種可能還只能停留在推測的層面。

在默認文本抄足十二人的前提下，一種可能是如《校釋一》釋文所標的人名，但其中二見的"敢"可看作同名不同人的二人，由於秦簡所見單名過於簡單，同名不同人的情況並不少見，不過這裏異人之同名同時且相鄰出現，顯得生硬，可能性還是偏小；另一種是第二見的"敢"是涉上而誤，即本是抄寫其他人名，但涉上一"敢"而抄誤。

在不以本簡抄足十二人名，即抄脱一人名的前提下，一種可能是"慶忌敢"爲一人名，這種處理的好處是不用較大改動文本；另一可能是如《校釋一》注釋的辦法，把多出的一個"敢"看作衍文，這種處理的好處是"慶忌"作爲一個人名有據可循。

六三

里耶 8－1156 號簡：

☑□丁巳倉歇敢[1]☑ Ⅰ
☑□旦令如以□[2]☑ Ⅱ

旦令，原釋文未釋。

六四

☑□【之。寫上，謁告遷陵，酉陽已以付遷陵貳】 Ⅰ

---

[1] 敢，原釋文未釋，此從《校釋一》意見（陳偉主編，何有祖、魯家亮、凡國棟撰著：《里耶秦簡牘校釋（第一卷）》第285頁）。

[2] 以，原釋文未釋，此從《校釋一》意見（陳偉主編，何有祖、魯家亮、凡國棟撰著：《里耶秦簡牘校釋（第一卷）》第285頁）。

第三章　里耶秦簡字詞新釋　　243

☑□【瘽（應）酉陽】☑☑☑☑☑[1] Ⅱ8-1174
☑☑☑Ⅰ
☑□【陽】守丞縈移遷陵☑☑ Ⅱ8-1174 背

已以，原釋文未釋。已以，也見於 8-1172、8-1372、8-1515。

"陽守丞"前一字疑是"酉"字殘筆。里耶簡中"酉陽守丞"多見。"酉陽守丞"下一字，原釋文未釋，簡文作：

字上从惢下从糸，即縈字。出現在"酉陽守丞"後的"縈"存在兩種可能。

其一，"縈"有可能用作人名。9-2607"充守丞射移遷陵☑"之"射"是人名，即爲其例。不過 9-453 背"酉陽守敢移遷陵"之"敢"，類似"敢言之"之"敢"，並非人名。"移"前所出現的詞組，也可能與移送對象有關，如 8-757 號簡："徒少及毋徒，薄（簿）移治虜御史，御史以均予。"其中"薄（簿）移治虜御史"之"簿"，與 8-135 "爲責券移遷陵"之"爲責券"的語法位置相當，用作動詞，指登記"徒少及毋徒"的情況。8-904+8-1343"謁令倉司空薄（簿）瑣以三月乙酉不治邸"之"簿"也用作動詞，指記錄瑣不治邸的具體時間。由這類登記工作而形成簿籍資料。"薄（簿）移治虜御史"指把"徒少及毋徒"的情況，用簿籍的方式移報給治虜御史。可知"酉陽守丞縈移遷陵"之"縈"也有可能並非用作人名。

其二，嶽麓伍"縈"字二見，即114-115號簡："雖同編者，必章□之，令可別報、縈却殹（也）。" 117-118："書却，上對而復與却書及事俱上者，縈編之。"整理者注："縈：聚攏。《玉篇·惢部》：'縈，

---

[1] "瘽（應）"，原釋文未釋，此從伊强：《〈里耶秦簡牘校釋（第一卷）〉補正（3）》，簡帛網 2013 年 12 月 5 日。

聚也，垂也。’……縈却，聚攏卷册而一並駁回，與‘别報’相對。”[1]其中“縈”出現在動詞“却”“編”之前，應是用作副詞，“縈編”當是一種用繩索對文書簡加以編連（聚攏卷册）的方式。如此，“酉陽守丞縈移遷陵”之“縈”也有可能是就所移之書的編集方式而言。

上所説兩種可能，第一種可能，“縈”用作人名的例子，暫時還没看到。第二種可能，“縈”是就所移之書的編集方式而言，能與嶽麓伍114－115“縈却”、117－118“縈編”之“縈”相關聯，有較大可能成立。

六五

☑問何柏得毋爲□[2]☑Ⅰ

☑遷陵不得見何[3]☑Ⅱ

☑有蹢與尉主□☑Ⅲ

☑偕者□□遷□□☑Ⅳ8－1193

☑□□□□☑Ⅰ

☑□□□□口☑Ⅱ

☑□□□【欣】口☑Ⅲ8－1193背

“何柏”上一字原釋文未釋，即“問”字。8－650背+8－1462背有“癃（應）多問華得毋爲事變”，可參看。

“有”下一字，原釋文作“適”，簡文作，左从足，右从啇，即“蹢”字，這裏可能用作人名。

“蹢”下一字，原釋文未釋，即“與”字。

偕者，原釋文作“皆□”。

---

[1] 陳松長主編：《嶽麓書院藏秦簡（伍）》105—107頁、注釋153頁。

[2] 毋爲□，原釋文作“□□□水”，此從《校釋一》意見。

[3] “陵”前殘畫，原釋文未釋，《校釋一》疑是“遷”字。“見”下一字，原釋文未釋，《校釋一》作“何”。見陳偉主編，何有祖、魯家亮、凡國棟撰著：《里耶秦簡牘校釋（第一卷）》第289頁。皆是。

"者"下第三字原釋文未釋，即"遷"字。

六六

里耶 8-1209 號簡：

  ☑□朔日，少內守應□☑

"守"下原釋文作三未釋字，其中第一、二未釋字實即一字，作：

是"應"字，用作人名。此種用法也見於8-691等簡。

六七

里耶 8-1216 號簡：

  ☑□□□□□□ Ⅰ
  ☑□□□春□□ Ⅱ

春，原釋文未釋。

六八

里耶 8-1223 號簡：

  隸令乙、丁、戊。Ⅰ
  徒隸乙。Ⅱ
  令佐適取。Ⅲ

"令乙"前一字，原釋文指出左部從"言"。《校釋一》存疑。乙，原釋文作標識處理。《校釋一》作"乙"。[1]

---

[1] 陳偉主編，何有祖、魯家亮、凡國棟撰著：《里耶秦簡牘校釋（第一卷）》第294頁。

今按："令"前一字作：

與同簡的"隸"字作▆，以及里耶簡"隸"作▆（6-7）、▆（8-136）等寫法相近，當釋作"隸"。"隸令"指關於隸的秦令，"隸令乙、丁、戊"即隸令乙、隸令丁、隸令戊。下一列的"徒隸乙"，疑承上省"令"字，"徒隸令"指關於徒隸的秦令。"徒隸乙"即指徒隸令乙。這幾種隸令、徒隸令都以令名的形式存在。這些令名中，爲某令+天干的形式，也見於胡家草場漢簡整理者所公布的令目簡：[1]

第1卷"令散甲"包括令甲、令乙、令丙、令丁、令戊、壹行令、少府令、功令、蠻夷卒令、衛官令、市事令共11種令。第2卷包括户令甲、户令丙、廄令甲、金布令甲、金布令乙、諸侯共令、禁苑令、倉令甲、尉令乙等26種令。

"令佐適取"指令佐適讎取其右部所列秦令（隸令乙、隸令丁、隸令戊、徒隸令乙）。本牘較有可能是對令佐適讎取隸令、徒隸令時所做工作記錄。[2]

六九

廿九年正月甲辰，遷陵丞昌訊☐ Ⅰ
書。☐ Ⅱ 8-1246
·鞫之：悍上禾稼租志誤，少五【穀】☐☐ 8-1246背

之，原釋文未釋，簡文作▆，是"之"字。"鞫之"也見於《奏讞書》5-6號簡："·鞫之：毋憂變（蠻）夷大男子，歲出賨錢，以當

---

[1] 李志芳、蔣魯敬：《湖北荆州市胡家草場西漢墓M12出土簡牘概述》，《考古》2020年第2期，第25頁。
[2] 承魯家亮先生示知："徒隸乙"像虛擬的人名，第一行的也不能完全排除。

繇（徭）賦，窑遣爲屯，去亡，得，皆審。"

彭浩先生曾根據《奏讞書》歸納西漢審訊程序大致爲：首先聽取原告和被告的陳述，審訊者對案情不明瞭處進行詢問，稱作"訊"。其次問罪論辯，直到被告認罪，一般以"毋解"結束，稱作"詰"。隨後是"鞠"，對照相關法律確認罪犯的罪行和罪名，加以判决。[1] 可參看。

七〇

里耶 8-1248 號簡：

甲三百卅九。

卅，原釋文作"廿"。唐强先生釋"丗/卅"，認爲左部的竪筆明顯有偏右的弧度，與"丗/卅"的寫法相近；右部及右下部似隱約可見筆畫殘留，以"九"之漶漫嚴重程度推之，恐怕此字更有可能是"丗/卅"字。[2] 今按：該字所在簡文爲：

"百"下一字，左側"廿"可見，結合"百""九"筆畫的寬度來看，釋"廿"或"丗/卅"其實都是不夠的，頗疑右側還有一個"廿"，這樣寬度才合適，從殘存的筆畫看，也是支持右側仍有一個"廿"的推測的。那麽字當釋作"卌（卅）"。此處釋文作"甲三百卌九"。9-29+9-1164"元年餘甲三百卌九"、9-1547+9-2041+9-2149 秦二世二年洞庭假守爰書提及：

---

[1] 彭浩：《談〈奏讞書〉中的西漢案例》，《文物》1993 年第 8 期。
[2] 唐强：《〈里耶秦簡（壹）〉釋文校補》，碩士學位論文，西南大學 2020 年。

二年十月己巳朔朔日，洞庭叚（假）守㝡爰書：遷陵庫兵已計，元年餘甲三百卅九，寇廿一，札五石，鞣【瞀】……五十一，臂九十七，幾（機）百一十七，弦千八百一，矢四萬九百九十八，轂（戟）二百Ⅰ五十一，敦一，符一，緯二百六十三，注弦卅二，蘭卅，銅四兩，敝緯四斤二兩。　·凡四萬四千……齒。Ⅱ9－1547+9－2041+9－2149

其中有"遷陵庫兵已計，元年餘甲三百卅九"。可見 8－1248 號簡"甲三百卅九"這一數據與秦二世元年底、二年初的統計數據是相合的。這是否能看出此類未見紀年的統計資料，應是秦政府當年的統計數據，即秦二世元年乃至二年以後的統計數據。對判斷未加紀年簡的年代提供了綫索。

七一

里耶 8－1299 號簡：

　　☐【會】者毋有。辟（辭）曰：敦長、車徒

會，原釋文未釋。今按：該字作：

[圖]

與里耶簡"會"字作[圖]（8－577）、[圖]（8－175 背）下部同，疑即"會"字。會，會合。常與"期"字連言，如嶽麓肆238 號簡云："·興律曰：發徵及有傳送殹（也），及諸有期會而失期，事乏者，貲二甲，廢。"[1]《二年律令·行書律》269 號簡云："發徵及有傳送，若諸有期會而失期，乏事，罰金二兩。"[2] "會者"見於玉門關漢簡98DYC：15

---

[1] 陳松長主編：《嶽麓書院藏秦簡（肆）》第 147 頁。
[2] 發徵，原釋文作"發致"，後據圖版和紅外綫影像改釋，見彭浩、陳偉、（日）工藤元男主編：《二年律令與奏讞書——張家山二四七號漢墓出土法律文獻釋讀》第 202 頁。

"綏和二年十二月戊辰，敦煌富里張君威買徐長賓牛一，賈（價）三千七百，會者敦煌成里李仲決。"[1] 該"會者"似作爲第三方參與張君威買徐長賓牛之交易。《漢書·鮑宣傳》："博士弟子濟南王咸舉幡太學下，曰：'欲救鮑司隸者會此下。'諸生會者千餘人。"該處"會者"指參與會見者。

本簡"會者"上殘，語義尚待考。會者毋有，即"會者"沒有出現，故而下文有對"敦長、車徒"等可能知情者的審訊記録。

七二

里耶 8－1308 號簡：

　　書到，謹以庠除復

"除"下一字作：

"原釋文作"覆"，應是"復"字。

覆	8－1729　　8－141
復	8－1517　　8－137

七三

里耶 8－1335+8－1115 號簡：

───────
[1] 敦煌市博物館編：《玉門關漢簡》，中西書局 2019 年，圖版第 55 頁。

粟米八升少半升。　　令史逐視平。☒Ⅰ

卅一年四月辛卯，貳春鄉守氏夫、佐吾出食舂、白粲商等二人，人四升六分升一。☒Ⅱ

"粲"下一字原釋文未釋，簡文作：

與下列 8－228 號簡"商"字形體相近，當釋作"商"。

"商"在簡文用作人名，身份爲白粲。

七四

里耶 8－1344 號簡：

☒☒。　　問器☒鞫審。·二月☒Ⅰ
☒已☒☒Ⅱ

《校釋一》指出，"器"下一字，似从"失"。[1]

今按："器""鞫"之間的字作：

實有二字，第一字當是劾，第二字是失，可以參看下表所列里耶秦簡"劾""失"：

---

[1] 陳偉主編，何有祖、魯家亮、凡國棟撰著：《里耶秦簡牘校釋（第一卷）》第 313 頁。

第三章　里耶秦簡字詞新釋　251

| 劾 | 8-1770　8-721　8-137 |
| 失 | 8-70+8-1913　8-445　8-758 |

劾，《説文·力部》："法有辠也。"段玉裁注："法者，謂以法施之。"《急救篇》："誅罰詐僞劾罪人。"顔師古注："劾，舉案之也。"《二年律令》112號簡整理者注引《漢書·叙傳》音義引石曹："舉罪曰劾。"[1] 失，《説文》："縱也。"這裏指舉報人這一行爲不真實，見張家山漢簡《二年律令》112號簡："劾人不審，爲失。"審，真實，《玉篇》："審，信也。"《墨子·尚同中》："故古者聖王之爲刑政賞譽也，甚明察以審信。"《戰國策·秦策一》："爲人臣不忠當死，言不審亦當死。"

鞫，窮究，審問。《爾雅·釋言》："究，窮也。"《玉篇·革部》："問鞫也。"《史記·酷吏列傳》："湯掘窟得盗鼠及餘肉，劾鼠掠治，傳爰書，訊鞫論報，並取鼠與肉，具獄磔堂下。"《漢書·車千秋傳》："未聞九卿廷尉有所鞫也。"顔師古注："鞫，問也。"張家山漢簡《奏讞書》所記載奏讞環節中有"鞫"的環節，並有"審"的判斷，如《奏讞書》5-6號簡："·鞫之：毋憂蠻夷大男子，歲出賓錢，以當繇（徭）賦，窑遣爲屯，去亡，得，皆審。"《奏讞書》22-23號簡："·鞫：闌送南，取（娶）以爲妻，與偕歸臨菑（淄），未出關，得，審。""鞫審"還見於睡虎地秦簡《法律答問》53-54號簡："'有投書，勿發，見輒燔之；能捕者購臣妾二人，毄（繫）投書者鞫審讞（讞）之。'所謂者，見書而投者不得，燔書，勿發；投者得，書不燔，鞫審讞（讞）之之謂殹（也）。""鞫不審"見於張家山漢簡《二年律令》

---

[1] 張家山二四七號漢墓竹簡整理小組編：《張家山漢墓竹簡〔二四七號墓〕》第149頁。

114："罪人獄已決，自以罪不當、欲氣（乞）鞫者，許之。氣（乞）鞫不審，駕（加）罪一等。"[1]

張建國先生曾指出："在'鞫'的内容之後綴上'審'或'皆審'，表示鞫的事實都已調查清楚屬實或已被審判者所確認。"[2]

"問器劫失鞫審"可斷句作"問器劫失，鞫，審"，指訊問與器有關的舉報不審，經過窮究之後，事實已清楚。

另外，8－1531號簡：

四人級：不耆，宜、劫、它人。

"宜"下一字原釋文作"劫"，字作：

當从亥从欠，即欬字，用作人名。此字也見於8－533"欬城旦"。

七五

里耶8－1426號簡：

☑傳舍沅陵　　獄☑Ⅰ
☑☑☑☑Ⅱ

"沅陵"上一字，原釋文作"食"，簡文作：

里耶簡"舍"字作：

---

[1] 張家山二四七號漢墓竹簡整理小組編：《張家山漢墓竹簡〔二四七號墓〕》第149頁。"自以罪不當"後的頓號，原無，此據文意添加。

[2] 張建國：《漢簡〈奏讞書〉和秦漢刑事訴訟程序初探》，《帝制時代的中國法·壹》，法律出版社1999年。

此字與之形同，當釋作"舍"。"舍"上一字從殘筆看似是"傳"。傳舍，傳置之舍，見於 8-2430 背"過充傳舍"、8-801"二人治傳舍：它、骨"。8-801 號簡《校釋一》注：[1]

> 傳舍，傳置之舍，有時也用於官員臨時居住。《史記·外戚世家》"姊去我西時，與我決於傳舍中"，索隱云："傳舍謂郵亭傳置之舍。"《漢書·酈食其傳》"沛公至高陽傳舍"，顏注云："傳舍者，人所止息，前人已去，後人復來，轉相待也。一音張戀反，謂傳置之舍也，其義兩通。"

簡文作"傳舍沅陵獄"。里耶簡有以下文句：

> 傳舍沅陵獄史治☐ 8-1058
> ☐【洞】庭 8-2039
> ☐傳舍沅Ⅰ
> ☐已治所。Ⅱ 8-2039 背
> ☐☐沅陵獄史治所。8-186
> 【傳】舍沅陵獄史治所☐ 8-940

文例基本相同，可以爲證。簡文"傳舍沅陵獄"下可據上揭諸例補"史治所"。

七六

一牘書囧以智（知）邑子居益陽者 8-1494
卅五年三月。8-1494 背

---

[1] 陳偉主編，何有祖、魯家亮、凡國棟撰著：《里耶秦簡牘校釋（第一卷）》第 229 頁。

邑，原釋文未釋，高一致先生釋"君"。[1] 今按：簡文作：

是"邑"字。"邑子"，可指同邑之子弟。《史記·張耳陳餘列傳》："不聽，廷尉以貫高事辭聞，上曰：'壯士！誰知者，以私問之。'中大夫泄公曰：'臣之邑子，素知之。此固趙國立名義不侵為然諾者也。'"《後漢書·馮異列傳》："異因薦邑子銚期、叔壽、段建、左隆等，光武皆以爲掾史，從至洛陽。"

"一牘書圂以智（知）邑子居益陽者"，指在牘中記載居住在益陽、與圂同邑之子。

七七

廿九年四月甲子朔辛巳，庫守悍敢言之：御史令曰：各第（第）官徒丁【粼】☐ I

勮者爲甲，次爲乙，次爲丙，各以其事勮（劇）易次之。·令曰：各以☐☐ II

上。·今牒書當令者三牒，署第（第）上。敢言之。☐ III 8-1514

四月壬午水下二刻，佐圂以來。／槐半。8-1514 背

上揭簡文"各以"下一字作 ，疑是"尺"字。[2] 里耶簡"尺"字作 （8-135）、 （8-835）、 （8-988），可參考。里耶秦簡 9-1624：[3]

---

[1] 高一致：《讀秦簡雜記》，《簡帛》第 9 輯，上海古籍出版社 2014 年。

[2] 本條意見曾發表於何有祖：《里耶秦簡所見官牒的尺寸》，簡帛網 2018 年 8 月 10 日。同日齊繼偉先生也有相同的意見，請參看齊繼偉：《讀〈里耶秦簡〉札記二則》，簡帛網 2018 年 8 月 10 日。

[3] 里耶秦簡牘校釋小組（何有祖執筆）：《〈里耶秦簡（貳）〉校讀（一）》，簡帛網 2018 年 5 月 17 日。

☐【朔】日，田、少内守☐敢言之：廷下☐☐Ⅰ
　　☐【給】，徒隸有所宜給，以徒爲【官徒、僕、養】☐Ⅱ
　　☐☐不決，各以尺六寸牒苐（第）當令者☐Ⅲ

　　有"各以尺六寸牒苐（第）當令者"，疑 8‐1514 號簡"尺"下可補類似於"六寸牒苐（第）當令者"這樣的文句。即 8‐1514 所見"令"的完整表述可能是"各以尺六寸牒苐（第）當令者上"。

　　由 8‐1514 可知，在秦始皇廿九年四月辛巳這一天的公文中，"各以尺六寸牒苐（第）當令者上"還是以"令"的形式存在。而 9‐1624 沒有"令曰"領頭，其出現的位置值得留意。該句話前面的"不決"，可指判決、決斷，也見於嶽麓伍 59‐60 號簡：[1]

　　●制詔御史：聞獄多留或至數歲不決，令無辠者久毄（繫）而有辠者久留，甚不善，其舉留獄上之┗。御史請：至計，令執法上冣（最）者，各牒書上其餘獄不決者，一牒署不決歲月日及毄（繫）者人數，爲

里耶秦簡 9‐1624"不決"下緊接着的語句"各以尺六寸牒苐（第）當令者"似是下一步的解決或執行方案，表明已將律令條文化用在公文陳述中。

　　嶽麓伍 121‐122 號簡：[2]

　　　御史上議：御牘尺二寸┗，官券牒尺六寸。·制曰：更尺一寸牘牒。·卒令丙四。

上揭簡文記載了"御牘"尺二寸，"官券牒"尺六寸，變更成"尺一寸"的經過。但這一變更的時間不太清楚。

　　如果上文我們所補內容不誤，那麼秦始皇廿九年遷陵縣所見上行的官牒中仍存在變更之前的"尺六寸牒"這一規格。這可爲判斷嶽麓伍 121‐122 號簡《卒令丙四》的時間提供綫索。

---

[1] 陳松長主編：《嶽麓書院藏秦簡（伍）》第 58—59 頁。
[2] 陳松長主編：《嶽麓書院藏秦簡（伍）》。

七八

　　廿九年十二月丙寅朔己卯，司空色敢言之：廷令隸臣□行Ⅰ書十六封，曰傳言。今已傳者，敢言之。Ⅱ8-1524

　　己卯水下六刻，隸妾畜以來。/綽半。　　䣜手。8-1524背

"隸臣"下一字，原釋文未釋，簡文作：

左從口，右從隹，即"唯"字。這裏用作人名。8-78號簡背面記載了"隸臣䧹"行書的記錄，從簡正面的記載看，其行書的時間大致在廿九年十一月。"隸臣"下一字，原釋文作"䧹"，簡文作：

除了釋作"䧹"，似還有釋作"唯"的可能。即該字左部可能是"口"寫得潦草所致。如果推測不誤，那麼8-78號簡背面所見的"隸臣唯"，出現的時間爲廿九年十一月，8-1524號簡的時間爲廿九年十二月，其中的"隸臣唯"很可能是同一人。

　　簡文"曰傳言。今已傳者，敢言之"，與8-141+8-668"書到尉言。·今已到，敢言之"、8-152"書到言。今書已到，敢言之"在文例上接近。不過"今已傳者"之"者"不好理解，存以待考。

七九

里耶8-1549號簡：

　　錢十七。卅四年八月癸巳朔丙申，倉衡、佐却出買白翰羽九、雞羽（？）毛二，已，衡（率）之錢十七，□遷陵陽里小女子胡傷

第三章　里耶秦簡字詞新釋　257

　　Ⅰ□。　　令佐敬監。
　　□□㔸手。Ⅱ

"倉"下一字原釋文未釋，簡文作：

與下列"衡"字形體相近，即"衡"字，用作人名。

　　　　8-1060　　8-28

"倉衡"也見於下列簡：

　　遷陵買羽，倉衡故☑ 8-1755
　　粟米十三石八斗。　　卅五年四月己未朔庚申，倉衡、佐☑Ⅰ
　　三月、四月食。　　【令】☑Ⅱ 8-1167+8-1392
　　卅五年三月庚寅朔辛亥，倉衡敢言之：疏書吏、徒上事尉府Ⅰ者
　　牘北（背），食皆盡三月，遷陵田能自食。謁告過所縣，以縣鄉次續
　　Ⅱ食如律。雨留不能投宿齎。當騰騰。來復傳。敢言之。Ⅲ 8-1517

其中 8-1167+8-1392 時間爲"卅五年四月"，8-1517 時間爲"卅五年三月"，與本簡"卅四年八月"時間相近，而 8-1755"倉衡"與買羽有關，也與本簡"買白翰羽"等事相近。

"九"下一字原釋文未釋，簡文作 ，疑是"鷄"。"鷄"下一字原釋文作"長"，疑是"羽"字，再下一字是"毛"。"毛"下一字原釋文未釋，是"二"字。"二"下一字原釋文未釋，疑是已字。

衛（率），原釋文未釋。"衛（率）之"一詞見於 8-845、8-967。

遷陵，原釋文未釋。"遷陵陽里"見於 8-78"遷陵陽里士五（伍）慶、图"。

"十七"下一字原釋文作"分"，今存疑，屬下讀。

八〇

　　卅五年七月戊子朔己酉，都鄉守沈愛書：高里士五（伍）廣自言：謁以大奴良、完，小奴噣、饒，大婢闌、顧、多、囗，Ⅰ禾稼、衣器、錢六萬，盡以予子大女子陽里胡，凡十一物，同券齒。Ⅱ
　　典弘占。Ⅲ 8-1554
　　七月戊子朔己酉，都鄉守沈敢言之：上。敢言之。/囗手。Ⅰ
　　【七】月己酉日入，沈以來。/擇發。　　沈手。Ⅱ 8-1554背

"以來/"下一字原釋文未釋，按：該字簡文作：

字與下列"擇"字形同，即"擇"字，用作人名，也見於 8-313、8-405 等簡。

8-1544　　8-1820

"擇"下一字作：

我們曾認為"字迹不可辨識，從文例看似即'半'字"。[1] 現在看來當是"發"字。"擇發"，指擇拆開文書。里耶簡有一枚牘與本條所討論的牘，在內容、格式上都有相似之處，其文作：

　　卅二年六月乙巳朔壬申，都鄉守武愛書：高里士五（伍）武自言以大奴幸、甘多，大婢言、言子益Ⅰ等，牝馬一匹予子小男子

---

[1] 何有祖：《讀里耶秦簡札記（四）》，簡帛網 2015 年 7 月 8 日。

第三章　里耶秦簡字詞新釋　259

產。　　典私占。　　初手。Ⅱ8-1443+8-1455

　　六月壬申，都鄉守武敢言：上。敢言之。/初手。Ⅰ

　　六月壬申日，佐初以來。/欣發。　　初手。Ⅱ8-1443背+8-1455背

8-1443+8-1455 提及由都鄉守上報的財産讓予記録，文書處理好後上報給"欣"。簡背相似的位置寫作"欣發"。類似"欣發"的記載見於以下簡：

　　卅一年五月壬子朔丁巳，都鄉□□Ⅰ
　　受司空城旦一人、倉隸妾二人。□Ⅱ8-196+8-1521
　　□□□Ⅰ
　　五月丁巳旦，佐初以來。/欣發。□Ⅱ8-196背+8-1521背
　　卅二年正月戊寅朔甲午，啓陵鄉夫敢言之：成里典、啓陵Ⅰ郵人缺。除士五（伍）成里丐、成，成爲典，丐爲郵人，謁令Ⅱ尉以從事。敢言之。Ⅲ8-157
　　正月戊寅朔丁酉，遷陵丞昌却之啓陵：廿七户已有一典，今有（又）除成爲典，何律令Ⅰ應（應）？尉已除成、丐爲啓陵郵人，其以律令。/氣手。/正月戊戌日中，守府快行。Ⅱ正月丁酉旦食時，隸妾冉以來。/欣發。　　壬手。Ⅲ8-157背
　　卅二年四月丙午朔甲寅，少内守是敢言之：廷下御史書舉事可爲Ⅰ恒程者、洞庭上帬（裙）直，書到言。今書已到，敢言之。Ⅱ8-152
　　四月甲寅日中，佐處以來。/欣發。　　處手。8-152背

涉及從卅一年五月都鄉、卅二年正月啓陵鄉、卅二年四月少内上報文書給縣裏而"欣發"的記録。"欣"似爲令史的身份。由此可知，"擇發"的"擇"也有可能是令史的身份。

本牘與 8-1443背+8-1455背的相似性，對於我們判斷"敢言之"後的"□手"如何釋讀也頗有幫助。8-1443背+8-1455背中的"初手""佐初以來""初手"，都表明是"初"來執行。而本牘在相同的位

置也先後有"□手""沈以來""沈手"這樣的表述,恐這三處的執行者都應是同一人。由"沈以來""沈手"都提及"沈",再結合 8‐1443 背+8‐1455 背中的文例,可知"□手","手"前一字很可能也是沈。我們把"□手""沈以來""沈手"三處的"沈"字按順序列如下:

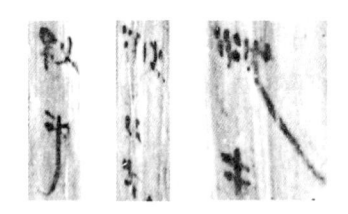

上揭圖片顯示"□手""沈以來""沈手"筆迹差別都很大。右邊圖片中的"沈"寫得最規範;中間的"沈"寫得潦草,不過大致還能看出"沈"的輪廓;左邊圖片中"沈"則草得很厲害,好在還有中間比它稍微明顯一點的"沈"作爲過渡,才能大致辨認出這應該是"沈"字。

另外,"欣發""擇發"所含文例"某發",在相似的文書中也有寫作"某半"。邢義田先生曾對這一現象進行分析:

> 凡文書在約略相似的位置出現"半"字,當"分判"或"打開文書"解的,即不見用"發"字;又用"半"當"發"的文書,凡有紀年的,全屬始皇廿六至卅一年;出現"發"字的又全屬卅一年(卅一年有 8‐173、8‐196+8‐1521、8‐2011、8‐2034 四例)及卅一年以後。"半""發"二字絕大部分不同時出現,這是否意味着像里耶更名木方一樣,在卅一年左右曾另有某些文書用語的改變?[1]

指出卅一年之前用"半",以後的文書用"發"。本條所討論的文書爲卅五年,寫作"某發",在卅一年之後,符合這一規律。

本牘所涉及的二位當事人,其一是高里士五廣,其二是子大女子陽里胡。父女二人處於不同的里,廣在高里,而胡在陽里。可能是因爲胡

---

[1] 邢義田:《"手、半"、"曰忤曰荆"與"遷陵公"——里耶秦簡初讀之一》,简帛網 2012 年 5 月 7 日。

出嫁導致居住地變更。廣提前將奴、婢及財物交予胡，且用"盡"，由里典形成文書，然後到縣裏備案，展示了遷陵縣大量財物贈予必要的程序。這應是一次即時發生的贈予事件。

八一

里耶8－1562背：

　　七月乙卯，啓陵鄉趙敢言之：恐前書不到，寫上。敢言之。/貝手。Ⅰ

　　七月己未水下八刻，郵人□以來。/敬半。　　貝手。Ⅱ

"刻"下原釋文作二未釋字，實有三字未釋。其中第一字簡文作：

與下列"郵"形同，當釋作"郵"。

　　8－66　　　8－62

"郵"下一字從殘存筆畫及文例看，當是"人"。8－767背："七月丙寅水下五刻，郵人敞以來。/敬半。　貝手。"與本簡文例同，可參看。

八二

里耶8－1563號簡：

　　七月癸卯，遷陵守丞膻之告倉主，以律令從事。/逐手。即徐内人書。

"徐"下三字原釋文未釋。《校釋一》注："徐"下一字，似是"以"。[1]

---

[1] 陳偉主編，何有祖、魯家亮、凡國棟撰著：《里耶秦簡牘校釋（第一卷）》第361頁。

今按：該字作：

即"内"字。"内"下一字作：

是"人"字。"人"下一字簡文作：

疑是"書"或"君"字。"即徐内人書（或君）"爲小字書寫，字迹不同於同簡他字。且此處按文例不當再有内容。似是文書收閱方之主事者後來補寫。

八三

里耶 8－1565 號簡：

卅五年八月丁巳朔　　，貳春鄉兹敢言之：受酉陽盈夷Ⅰ鄉户隸計：大女子一人，·今上其校一牒，謁以從事。敢Ⅱ言之。Ⅲ

"今"上原釋文無"·"，《校釋一》亦缺。今可據簡文補"·"。

八四

里耶 8－1569 號簡：

訊德，辤（辭）曰：昌有它罪，爲

鄔勖先生指出從德供辭中的"昌有它罪"來看，此簡是一份官吏論獄不當案件的訊問記録。[1] 今按："有它罪，爲"，類似完整的語句見

---

[1] 鄔勖：《秦地方司法諸問題研究——以新出土文獻爲中心》，博士學位論文，華東政法大學 2014 年，第 119 頁。

於里耶 8-755、8-756 號簡 "司空厭等當坐，皆有它罪，耐爲司寇"，該處 "爲" 後所接 "司寇" 爲刑徒名。司寇，睡虎地秦簡《秦律十八種·司空律》"隸臣妾、城旦舂之司寇"，整理小組注釋云："司寇，刑徒名，《漢舊儀》：'司寇，男備守，女爲作如司寇，皆作二歲。'"[1] 可知 8-1569 "爲" 後所接也可能爲刑徒名。

9-756 號簡："八月乙巳朔甲寅，遷陵守丞都告廄主：亟定丞以下當坐者名吏（事）里、它坐、貲，遣詣廷。以書言，署金布發。/欣手。" 對有罪吏的 "它坐" 情況予以調查。8-1364："尉史士五郫小莫鄢般，毋它坐。" 則交代尉史 "般" 沒有 "它坐" 的情況。這些簡文中的 "它坐"，即 "它罪"。睡虎地秦簡《封診式·盜自告》云："某里公士甲自告曰：'以五月晦與同里士五（伍）丙盜某里士五（伍）丁千錢，毋（無）它坐，來自告，告丙。'" 整理小組注釋說："無它坐，秦漢法律文書習語，意爲沒有其他罪行，如《居延漢簡甲編》129 號簡：'賀未有鞫繫時，毋（無）它坐，謁報，敢言之。'"[2] 可參看。

由此可知，8-1569 號簡記載訊問德，德供辭中的 "昌" 有其他的罪行，並已是某種類型的刑徒。那麽，簡文並無明確的語句指向 "官吏論獄不當案件"。此種對 "德" 加以詢問，而供辭中提及另一人（即昌）的情形，當是前面所提及的對某人 "它罪" 的進一步調查。

八五

里耶 8-1580 號簡：

☒【卅】一年正月戊午，倉守武、史感、稟人援出稟使小隸臣壽。Ⅰ

　　令史狂視平。　　感手。Ⅱ

"年" 上一字原釋文未釋，簡文作：

---

[1] 睡虎地秦墓整理小組：《睡虎地秦墓竹簡》，"釋文注釋" 第 52 頁。
[2] 睡虎地秦墓整理小組：《睡虎地秦墓竹簡》"釋文注釋" 第 150 頁。

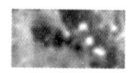

即"一"字。"一"上據文意可補"卅"字。8-606"卅一年三月癸丑,倉守武、史感□□"、8-763"粟米一石二斗半斗。　·卅一年三月癸丑,倉守武、史感、稟人援出稟大隸妾幷。令史豜視平。　感手",文例與之近似。

八六

里耶8-1585號簡:

得高里士五(伍)難,䌛(繇)戍□一歲,謁令

"里"前一字,原釋文作"享",《校釋一》存疑。今按:該字簡文作:

即"高"字。高里,里名,見於8-341"高里公士印。　船□"、8-651"啓陵津船人高里士五(伍)啓封當踐十二月更"。

八七

里耶8-1615號簡:

……之入□。[1]　　五【萬】□Ⅰ

□□□走馬千三百八十三日,䌛(繇)二日,員三萬□Ⅱ

□凡五萬六千六百八十四日□Ⅲ

"千三百"上二字,原釋文未釋,今按:該二字作:

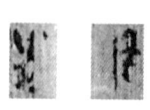

---

[1]之,原釋文作"出"。此從《校釋一》釋。

當釋作"走馬"。嶽麓叁31號簡"廿五年五月丁亥朔壬寅，州陵守縮、丞越敢讞之：迺二月甲戌，走馬達告曰：盜盜殺傷走馬"，整理者注："走馬，秦爵名，下數第三級，與簪裹相當。《數》簡122－123：'大夫、不更、走馬、上造、公士，共除米一石，今以爵衰分之，各得幾可（何）？'能確定年代的史料中，本簡所見走馬屬秦王政二十五年，爲走馬最晚的辭例，里耶秦簡1⑯5背所見簪裹屬秦始皇二十七年，爲簪裹最早辭例，似在二十六年前後走馬被簪裹所取代。"[1]里耶秦簡8－461"走馬如故，更簪裹"，記載了秦更名詔書中對"走馬"使用範圍的調整。其中"走馬""簪裹"由郭永秉、陳松長先生釋出，[2]陳松長先生指出，在秦始皇二十六年，朝廷實施了"更名"的政策，而"走馬"被"簪裹"所替代也正好是這個時候。"走馬"曾兼官稱和爵稱於一身，"簪裹"僅作爲爵稱來使用。在歷史上，"走馬"的使用在前，"簪裹"的使用在後，"走馬"作爲爵稱的廢止和"簪裹"的啓用，是秦始皇二十六年發生的。[3]本簡出現"走馬"一詞，可知本簡年代約在秦始皇二十六年左右。

八八

里耶8－1645號簡：

　　　　☐☐☐☐☐屬其官事官未☐

"屬"上一字原釋文未釋，簡文作：

---

[1] 朱漢民、陳松長主編：《嶽麓書院藏秦簡（叁）》，上海辭書出版社2013年，第117頁。
[2] 見郭永秉：《讀里耶8：461木方札記》，臺灣大學中國文學系、新竹清華大學中國文學繫聯合主辦，"出土文獻的語境"國際學術研討會暨第三屆出土文獻青年學者論壇，2014年8月27—29日，清華大學。陳松長：《秦漢簡牘所見"走馬"、"簪裹"關係考論》，《中國史研究》2015年第4期。
[3] 陳松長：《秦漢簡牘所見"走馬"、"簪裹"關係考論》，《中國史研究》2015年第4期。

左從交，疑即效字之殘。"效屬"一詞見於《鶡冠子・道端》"故先王傳道，以相效屬也，賢君循成法"。"效"上一字原釋文未釋，簡文作：

似即"敢"之殘筆。"其官"下一字原釋文作"吏"，簡文作：

即"事"字。"官事"一詞見於 8-137 "☐☐守府事已，復視官事如故"，也見於《二年律令》216 "官各有辨，非其官事勿敢爲，非所聽勿敢聽"。[1]

八九

里耶 8-1665 號簡：

　　廿七年十一月乙卯，司空昌【薄（簿）】[1] ☐Ⅰ
　　黔首貲大男子四人。☐Ⅱ
　　其二人載粟。☐Ⅲ

"黔首"下一字原釋文未釋，簡文作：

字分析從此從貝，即"貲"字。里耶簡"貲"字作：

8-197　　8-60

與之形同。《説文》："貲，小罰以財自贖也。"無法用財自贖的，則需要

---

[1] 張家山二四七號漢墓竹簡整理小組編：《張家山漢墓竹簡〔二四七號墓〕》第 162 頁。

用勞務來作抵。8‐985"居貲士五高里惡"、8‐1381"☐☐及黔首居貲贖責司☐",皆是。

簡文中"黔首貲"當是對"大男子四人"的限定或描述,類似的表述見於 8‐1586 號簡:

☐貲責 A Ⅰ
☐大男子五人。A Ⅱ
一人與吏上事泰守府。B Ⅰ
一人瘠(廁)。B Ⅱ
二人☐庫。B Ⅲ
……

上列釋文中"貲責"也是對"大男子五人"的描述。8‐1665"黔首貲大男子四人"指大男子四人處於居貲的狀態,需要用勞作來作抵。

其下一字原釋文未釋,疑是"二"字。

九〇

里耶 8‐1681 號簡:

☐☐唐適與齋☐ Ⅰ
…… Ⅱ

"唐"下一字,原釋文作"道",今按:該字簡文作:

應爲"適"字。

九一

里耶 8‐1798 號簡:

一月盡九月、十二月,十月入守,缺六人。盡九月,各十二

月。·八月入□[1]☒ Ⅰ

出百七人。[2] 八月爲睆老、死，盡九月，各二月，九百□□☒ Ⅱ

徒盡□[3]☒ Ⅲ

"守"下一字，原釋文从缶从古。《校釋一》存疑。今按：簡文作：

字疑爲"缺"，其右部筆畫疑有脱落，里耶秦簡"缺"字作 （8 - 1137）、 （8 - 1118），可參看。

"爲"下一字，原釋文未釋，《校釋一》："字从'疒'作，疑爲'瘓'或其他表示重大殘疾的字。《秦律雜抄》32 - 33 號簡云：'匿敖童，及占瘓（癃）不審，典、老贖耐，百姓不當老，至老時不用請，敢爲酢（詐）僞者，貲二甲；典、老弗告，貲各一甲；伍人、户一盾，皆罨（遷）之。·傅律。'"[4] 可參看。今按：此字作：

字右部實从完，左部从目，即睆字。《二年律令》357 號簡："不更年五十八，簪裹五十九，上造六十，公士六十一，公卒、士五（伍）六十二，皆爲睆老。"[5] 407 號簡："睆老各半其爵繇（徭）員，入獨給邑中事。·當繇（徭）戍而病盈卒歲及毄（繫），勿聶（攝）。"[6] 408 號簡："諸當行粟，獨與若父母居老如睆老，若其父母罷癃（癃）者，皆

---

[1] "·八月入□☒"從唐强釋。唐强：《〈里耶秦簡（壹）〉釋文校補》。
[2] 釋"出百七人"從唐强：《〈里耶秦簡（壹）〉釋文校補》。
[3] "盡"前一字，《校釋一》：似爲"徙"。今按：釋"徙"可從。
[4] 陳偉主編，何有祖、魯家亮、凡國棟撰著：《里耶秦簡牘校釋（第一卷）》第 393 頁。
[5] 張家山二四七號漢墓竹簡整理小組編：《張家山漢墓竹簡〔二四七號墓〕》第 181 頁。
[6] 彭浩、陳偉、（日）工藤元男主編：《二年律令與奏讞書——張家山二四七號漢墓出土法律文獻釋讀》第 246 頁。

勿行。金痍、有□病，皆以爲罷癃（癃），可事如睆老。"[1]

九二

里耶 8-1801 號簡：

　　錢萬八千三百六十四。其三百六十四責……Ⅰ
　　卅三年六月……司空……Ⅱ

其，原釋文未釋。"其"下"六十四責"，原釋文未釋。
六月，原釋文未釋。
司空，原釋文未釋。

九三

里耶 8-1870 號簡：

　　☑□□書貳春【鄉】☑ Ⅰ
　　☑六□☑ Ⅱ

"春"上二字，原釋文未釋，簡文作 ，即書貳。
六，原釋文未釋。

九四

里耶 8-1878 號簡：

　　作丁壯者四人，因適□☑

"丁"上一字，原釋文未釋，簡文作 ，即"作"字。"作丁壯者四人"是"作+丁壯者+四人"的結構，而里耶 8-1239+8-1334"冗作

---

[1] 居老，張家山漢簡整理小組認爲指免老。如，或，見楊樹達《詞詮》卷五（張家山二四七號漢墓竹簡整理小組編：《張家山漢墓竹簡〔二四七號墓〕》第 188 頁）。今按："居老"之"居"，應同於秦漢簡常見的"居貲贖債"之"居"。"或"這一義項已有同簡的"若"表示。如指如同、比擬。

大女子鐵"是"冗作+大女子+鐵"的結構，可見，"作丁壯者四人"之"作"與"冗作大女子鐵"之"冗作"相對應。可知"作丁壯者四人"之"作"當指勞作或工作。

九五

里耶 8－1982 號簡：

☐于高里大女子焉所☐

"高"前一字，原釋文未釋。今按：當是"于"字。

"里"後一字，原釋文作"大"。《校釋二》存疑。今按：原釋文作"大"可從。

焉所，原釋文作三未釋字。今按：其中第一字簡文作：

當釋作"焉"。里耶秦簡 8－228 號簡"焉"字作 ，睡虎地秦簡"焉"字作 （《法律答問》185 號簡）、 （《秦律十八種》24 號簡），可參看。焉，人名。

"焉"下一字簡文作：

里耶秦簡 8－2093 號簡"所"字作 ，與之形體接近，可參看。所，處所。

"于高里大女子焉所"，相似的表述見於 8－1002+8－1091"庫建、佐般出賣祠窖☐☐☐一朐于隸臣徐所，取錢一",[1] 其中有"于隸臣徐所"，可參看。

---

[1] 所，張春龍先生屬上讀。張春龍：《里耶秦簡祠先農、祠窖和祠堤校券》，《簡帛》第 2 輯，上海古籍出版社 2007 年。劉樂賢贊同並證成張春龍説。劉樂賢：《談秦漢文獻中"所"字的一種用法》，《中國文字學報》第 3 輯，商務印書館 2010 年，第 136—142 頁。

九六

……充□☑Ⅰ
□完城旦不智（知）□與遺□[1]☑Ⅱ
□覆問毋（無）有□□□□[2]☑Ⅲ
□上書□陵廷。／端[3]☑Ⅳ 8-2005
遺□□□□已移□□□[4]☑Ⅰ
□□□□□□□□□☑Ⅱ 8-2005 背

"城"上一字原釋文未釋，簡文作：

當即"完"字。完城旦，也見於 8-291。"完"上一字，原釋文作"司"，今存疑。

"毋"下一字原釋文未釋，簡文作：

即"有"字。"毋有"見於 8-67+8-652"毋有亦言"、8-357"報曰毋有"。"覆問毋有"則見於睡虎地秦簡《封診式·覆》："敢告某縣主：男子某辭曰：'士五（伍），居某縣某里，去亡。'可定名事里，所坐論云可（何），可（何）辠（罪）赦，**或覆問毋（無）有**，幾籍亡，亡及逋事各

---

[1] 遺，原釋文未釋，此從《校釋一》意見（陳偉主編，何有祖、魯家亮、凡國棟撰著：《里耶秦簡牘校釋（第一卷）》第416頁）。

[2] 毋，原釋文未釋。此從《校釋一》意見（陳偉主編，何有祖、魯家亮、凡國棟撰著：《里耶秦簡牘校釋（第一卷）》第416頁）。

[3] "廷"後原釋文作一未釋字，當是"／端"。參看何有祖：《里耶秦簡牘綴合（七則）》，簡帛網 2012 年 5 月 1 日。

[4] 遺，原釋文未釋，此從《校釋一》意見（陳偉主編，何有祖、魯家亮、凡國棟撰著：《里耶秦簡牘校釋（第一卷）》第416頁）。

幾可（何）日，遣識者當騰，騰皆爲報，敢告主。"《封診式·有鞫》："敢告某縣主：男子某有鞫，辭曰：'士五（伍），居某里。'可定名事里，所坐論云可（何），可（何）皋赦，或覆問毋（無）有，遣識者以律封守。"整理者注曰："覆，《考工記·弓人》注：'猶察也。'《華嚴經音義》引《珠叢》：'重審察也。'《史記·六國年表》秦始皇三十四年有'覆獄故失'。"《居延漢簡釋文合校》214.124 "☐武覆問毋有云何得盜械"。[1]

"覆問毋（無）有"指重新審察沒有所得。

九七

里耶 8－2059 號簡：

☐守丞酉䉤

"酉"下一字原釋文未釋，簡文作：

字从舛从几，即"䉤"。此字見於 8－260 "發䉤"，《校釋一》注："䉤，原釋文釋爲从'舛'从'几'之字。"[2] 也見於 8－1262 "☐☐䉤卒尉卒☐"，《校釋一》注："䉤（原釋文作'䉤'），有挑選丁壯義。《秦律雜抄》9－10 號簡云：'先賦驚馬，馬備，乃䉤從軍者。'整理小組注釋云：'䉤，應讀爲選，選擇。此句意思是在從軍者中選取騎士。'《秦律十八種·倉律》61 號簡云：'隸臣欲以人丁䉤者二人贖，許之。其老當免老、小高五尺以下及隸妾欲以丁䉤者一人贖，許之。'"[3] 還見於 8－1514 "丁䉤"，《校釋一》注："䉤，據殘畫、文例擬釋。《秦律十八種·倉律》61 號簡云：'隸臣欲以人丁䉤者二人贖，許之。其老當免老、小高五尺以下及隸妾欲以丁䉤者一人贖，許之。'整理小組注釋云：䉤，疑讀

---

[1] 謝桂華、李均明，朱國照編：《居延漢簡釋文合校》第 343 頁。
[2] 陳偉主編，何有祖、魯家亮、凡國棟撰著：《里耶秦簡牘校釋（第一卷）》第 124 頁。
[3] 陳偉主編，何有祖、魯家亮、凡國棟撰著：《里耶秦簡牘校釋（第一卷）》第 302 頁。

第三章　里耶秦簡字詞新釋　273

爲齡。丁齡即丁年，《文選·答蘇武書》注：'丁年，謂丁壯之年也。'"[1]

上揭里耶秦簡幾處"𥝫"也从舜从几，皆當改釋作"𥝫"。里耶秦簡所見諸"𥝫"字，以及睡虎地簡的"𥝫"實當如《秦律雜抄》9－10號簡整理小組注釋讀爲"遴"，選擇。

里耶 8－1514"丁𥝫"之"𥝫"、《秦律十八種·倉律》61 號簡"丁𥝫"之"𥝫"也當讀作"遴"。"丁遴"指經過挑選的丁壯之人。

九八

里耶 8－2064 號簡：

☐訊事已，慶☐☐

"已"下一字原釋文未釋，簡文作：

與 8－78 號簡"慶"字作 ▨、▨ 形近，當釋作"慶"。

九九

里耶 8－2071 號簡：

☐遣戍=☐

此殘片原釋文作四未釋字，其實只有三處墨迹，釋爲"遣戍="。遣戍也見於 8－1958"朐忍令人贖、遣戍及問容此前☐"，《史記·秦始皇本紀》："三十三年，發諸嘗逋亡人、贅婿、賈人略取陸梁地，爲桂林、象郡、南海，以適遣戍。"

一〇〇

里耶 8－2074 號簡：

---

[1] 陳偉主編，何有祖、魯家亮、凡國棟撰著：《里耶秦簡牘校釋（第一卷）》第 342 頁。

274　里耶秦簡新研

　　☒□小【男】☒

男，原釋文未釋。

—○—

里耶 8－2089 號簡：

　　☒□徒作薄（簿）。A

　　一人□□□。BⅠ

　　一人付畜官：瑣。BⅡ

　　六人作務：鷔、亥、何、勢、庭、田。BⅢ

　　五人除道：澤、務、寂、央、臧。BⅣ

　　□人作廟。BⅤ

　　……BⅥ

　　六人治邸□□□□☒ CⅠ

　　一人爲炭：劇。[1]　☒ CⅡ

　　□□□ CⅢ

徒作，原釋文未釋，"徒作薄（簿）"見於 8－145+9－2294。[2]

所討論的"徒作"	8－145+9－2294

---

[1]"爲"下一字，原釋文未釋，《校釋一》作"烏"（陳偉主編，何有祖、魯家亮、凡國棟撰著：《里耶秦簡牘校釋（第一卷）》第 428 頁），是炭字。見何有祖：《釋里耶秦簡牘"炭"字》，簡帛網 2014 年 9 月 16 日。

[2]里耶秦簡牘校釋小組（魯家亮執筆）：《新見里耶秦簡牘資料選校（二）》，簡帛網 2014 年 9 月 3 日。

第三章　里耶秦簡字詞新釋　　275

　　第BⅢ列"六人"下一字原釋文未釋，字與同簡第BⅤ列"作廟"之"作"形同，[1] 當釋"作"。"作"下一字原釋文未釋，是"務"字。"作務"見於6-21、8-663等簡。

BⅢ列"六人"下二字	6-21"作務"	8-663"作務"

　　"作務"下二字，原釋文未釋，《校釋一》作"澤、務"，[2] 今按：此二字即蘪、亥，也見於8-145+9-2294"二人作務：蘪、亥"。不過，需要指出的是，這兩處的"蘪"下部所從爲"馬"而非隹，上部所從爲"敬"，字當改釋作"驚"。驚、亥，在句中都用作人名。

"作務"下二字	8-145+9-2294	驚	覸
		（帛書《老子》甲）	8-461　（帛書《老子》甲）

　　第BⅣ列"除道"下二字原釋文未釋，即"澤、務"，8-681所見"澤、務"寫法與之相同。

---

[1]　"廟"字原釋文未釋，此從《校釋一》釋（陳偉主編，何有祖、魯家亮、凡國棟撰著：《里耶秦簡牘校釋（第一卷）》第428頁）。
[2]　陳偉主編，何有祖、魯家亮、凡國棟撰著：《里耶秦簡牘校釋（第一卷）》第427—428頁。

"除道"下二字	8－681 澤、務

同列末二字原釋文未釋，第一字是"央"，第二字僅殘存少許筆畫，從文例看應是"臧"，8－1641 有"央、臧"可證。

同列末二字	8－1641

第ＣⅠ列"治"下一字原釋文未釋，即"邸"字。

"治"下一字	8－904+8－1343 "治邸"

治邸，見於 8－904+8－1343："城旦瑣以三月乙酉有遷。今隸妾益行書守府，因止令益治邸代處。謁令倉司空薄瑣以三月乙酉不治邸。敢言之。"

作徒簿或徒作簿所記載的作徒名一般多人並出，如我們現在討論的

8–2089 第 BⅣ 列的"五人除道：澤、務、宬、央、臧"，其中"澤、務"見於 8–681，"央、臧"見於 8–1641，而 8–681、8–1641 都是殘簡。這爲殘簡的綴合提供了新的綫索。

8–2089	8–681	8–1641

2015 年 6 月 2 日有幸拜讀謝坤先生大作初稿，[1] 其中就有對 8–681、8–1641 二片殘簡的綴合意見，這無疑是很好的發現。由於謝坤先生僅談及綴合，下面擬寫出新的釋文，並談改釋的字。

　　　　☒囚吾作徒薄（簿）A

　　　　九人與吏上事守府。☒ BⅠ

　　　　五人除道澤、務、宬、央、臧☒ BⅡ

　　　　三人作廟。[2] ☒ BⅢ

　　　　二人付都鄉：它、章。CⅠ

　　　　二人付庫：☐、緩。CⅡ

　　　　一人治觀：陽。[3] CⅢ

---

[1] 此綴合意見請參看謝坤：《〈里耶秦簡（壹）〉綴合一則》，簡帛網 2015 年 8 月 4 日。

[2] 作，原釋文作"行"，此從高一致先生釋（高一致：《〈里耶秦簡（壹）〉校釋四則》，《簡帛》第 8 輯，上海古籍出版社 2013 年）。

[3] 人，原釋文未釋，此從《校釋一》意見。"觀"字從謝坤先生意見。謝坤先生指出："觀"大概是指宮門外高臺上的望樓，亦稱爲"闕"。"治觀"與"治邸"應屬於同一類勞作，大致與修治闕樓相關。陽，爲里耶簡中常見人名。參看謝坤：《〈里耶秦簡（壹）〉綴合一則》，簡帛網 2015 年 8 月 4 日。

□人□□□督。C Ⅳ
　　隸妾居貲□□☑ D Ⅰ
　　受倉隸妾□☑ D Ⅱ
　　·凡八十五人。☑ D Ⅲ
　　其二人付畜官[1]☑ D Ⅳ 8-681+8-1641
　　☑＝下一，[2] 佐居以來。/☑ 8-681 背

第 B Ⅱ 列的"宬"，原釋文未釋，今按：此字也見於 8-2089，即"宬"字。

8-681+8-1641 B Ⅱ 列的"宬"	8-2089"宬"

央臧，《校釋一》：疑是人名。[3] 今從 8-2089 來看，應是二人之名。

8-681+8-1641 第 B Ⅱ 列"人"上一字，簡文作：

原釋文作"一"，《校釋一》指出也許是"二"。[4] 今按：二片綴合後 8-681+8-1641 第 B Ⅱ 列所記載的，從事除道工作的作徒有澤、務、宬、央、臧，係五人。可知"人"上一字應是"五"。

8-2089 有"【一人】賣牛：未"，一人賣牛未，原釋文未釋。賣牛，

---

[1] 官，原釋文未釋，此從《校釋一》意見。
[2]《校釋一》指出："依例重文符上一字爲'刻'。"可從。
[3] 陳偉主編，何有祖、魯家亮、凡國棟撰著：《里耶秦簡牘校釋（第一卷）》第 372 頁。
[4] 陳偉主編，何有祖、魯家亮、凡國棟撰著：《里耶秦簡牘校釋（第一卷）》第 202 頁。

見於 8-102 "賣牛及筋"。未，人名。一人，筆迹已無，此據文例補。

一〇二

里耶 8-2122 號簡：

☒☒☒Ⅰ

☒聲受☒Ⅱ

☒☒時守府陽☒Ⅲ

"聲"下一字，原釋文作"牢人"，簡文作：

與下列"受"字形體相近，當釋作"受"。

8-2117　　8-1742　　8-1547

一〇三

里耶 8-2134+8-2102+8-2099 號簡：[1]

卅一年五月壬子【朔】朔乙丑，司☒☒Ⅰ

其一人以卅一年二月丙午有【逮】☒Ⅱ

二人行書咸陽：慶、適。☒Ⅲ

一人☒☒☒絆☒Ⅳ

【三人徒】養：敬、言、癘（應）。☒Ⅲ

☒☒☒Ⅳ

---

[1] 三簡綴合見趙粲然、李若飛、平曉婧、蔡萬進：《里耶秦簡綴合與釋文補正八則》，《魯東大學學報（哲學社會科學版）》2015 年第 2 期。

"丙午有"下一字，筆畫完全脫失，從文意上看，可補"逮"字。8-2091有"□□有逮：富"可參看。

"咸陽"之"咸"，趙粲然等作"成陽"，[1] 今從趙岩改釋作"咸"。[2]

"咸陽"下一字，原釋文作"童"，趙粲然等存疑，[3] 今從綴合復原的字作：

疑是"慶"字。"慶"下一字，原釋文未釋，《校釋（第一卷）》作"㨯"趙粲然等作"㠯"，[4] 該字作，从辵，从商，字即適。我們曾綴合8-2111+8-2136，[5] 其釋文作：

卅一年七月辛亥朔丙寅，司空□Ⅰ

其一人爲田䵣養：成□Ⅱ

二人行書咸陽：慶、適□Ⅲ

□【人有逮】：富。□Ⅳ

8-2111+8-2136"咸陽"之"咸"，趙粲然等先生改釋作"成"，[6] 但此字从戌从口，與同簡所見的"其一人爲田䵣養：成"之"成"下从

---

[1] 趙粲然、李若飛、平曉婧、蔡萬進：《里耶秦簡綴合與釋文補正八則》，《魯東大學學報（哲學社會科學版）》2015年第2期。

[2] 趙岩：《里耶秦簡札記（十二則）》，簡帛網2013年11月19日，刊於《簡帛》第9輯，上海古籍出版社2015年。

[3] 趙粲然、李若飛、平曉婧、蔡萬進：《里耶秦簡綴合與釋文補正八則》，《魯東大學學報（哲學社會科學版）》2015年第2期。

[4] 趙粲然、李若飛、平曉婧、蔡萬進：《里耶秦簡綴合與釋文補正八則》，《魯東大學學報（哲學社會科學版）》2015年第2期。

[5] 何有祖：《里耶秦簡牘綴合（七則）》，簡帛網2012年5月1日。

[6] 趙粲然、李若飛、平曉婧、蔡萬進：《里耶秦簡綴合與釋文補正八則》，《魯東大學學報（哲學社會科學版）》2015年第2期。

丁，差異明顯。仍當釋作"咸"。

8-2134+2102+8-2099、8-2111+8-2136 兩處皆是慶、適二人"行書咸陽"，且在同一年，當是相同的二人。可見把 8-2134+2102+8-2099"慶"下一字釋作"適"是合適的。

"養"上可補"三人徒"，作"三人徒養：敬、言、癃（應）"。8-145 有"一人徒養：姊"可參看。

一〇四

里耶 8-2213 號簡：

☒□若已聞令，餔（逋）不行半

里耶秦簡 8-2213 上端殘、下端完整，原釋文作"☒□若曰已聞令，餔不行半"，《校釋一》指出"若"後，原釋文衍"曰"字，今刪。[1]《二年律令》中有若干相似的語句，如：

《二年律令·捕律》143："興吏徒追盜賊，已受令而逋，以畏耎論之。"[2]

《二年律令·興律》398："當戍，已受令而逋不行盈七日，若戍盜去署及亡盈一日到七日，贖耐。"399："當奔命而逋不行，完爲城旦。"[3]

我們注意到"已聞令，餔不行"和"已受令而逋不行"這一組異文。其中"已聞令"和"已受令"，在字面意思上略有差別，前者是通過聽他人宣讀而接到"令"，後者則直言接到令，沒談接令的細節，二者似各有側重。聞，有"受"的意思。《戰國策·秦策二》："義渠君曰：'謹聞令。'"姚宏注："聞，猶受也。令，教也。"法律條文所見

---

[1] 陳偉主編，何有祖、魯家亮、凡國棟撰著：《里耶秦簡牘校釋（第一卷）》第 446 頁。
[2] 張家山二四七號漢墓竹簡整理小組：《張家山漢墓竹簡〔二四七號墓〕》第 152 頁。
[3] 張家山二四七號漢墓竹簡整理小組編：《張家山漢墓竹簡〔二四七號墓〕》第 186 頁。

的"聞令"與《戰國策》"聞令"略有別,主要體現在"令"上:前者指命令,後者可指教誨。簡文從內容上看應是法律條文。"聞令""受令"意義當相同,指接到了命令。"鋪不行"和"逋不行"應當是同一表述。"鋪""逋"都是以"甫"作爲聲符,二字當可通作。里耶秦簡8-2213"鋪不行"的"鋪"當讀作"逋",訓作"逃"。可参看。

睡虎地秦簡《法律答問》164:"何謂'逋事'及'乏徭'?律所謂者,當徭,吏、典已令之,即亡弗會,爲'逋事'。"這裏從法律意義上對"逋事"做了界定,即已受令而逃亡。里耶秦簡8-2213"☐☐若已聞令,鋪(逋)不行半"當是記載了對接到命令後逃亡之人的處罰意見。

需要注意的是,簡文開頭的"若"在這裏可能是"或"的意思,《二年律令》1號簡有"不堅守而弃去之若降之,及謀反者",其中"若",即訓作或。可以推測,8-2213殘缺的部分應是和"已聞令逋"並列的一種犯罪事實,可循此搜尋8-2213上端殘片。

最後,從《二年律令·興律》398"盈七日"等記載看,"半"後似可補"日"等類表時間的詞,即緊連接在8-2213後的那支簡很可能以"日"等開頭。簡文應該還没書寫完,至少還應有一支簡連綴其後。

一〇五

里耶8-2226、8-2227號簡原釋文作:

☐∟繭絲·凡七章皆毋出令☐ 8-2226

☐買鐵銅∟租質入錢∟貲責揄歲☐ 8-2226背

☐☐買請銅錫 8-2227

☐☐☐急、、、、 8-2227背

我們在閱讀的時候發現8-2226、8-2227存在釋讀問題、並有綴合的可能。[1]

---

[1] 陳偉主編,何有祖、魯家亮、凡國棟撰著:《里耶秦簡牘校釋(第一卷)》第447頁。

首先談釋文中幾處釋讀。8-2226"令",當改釋作"今"。里耶秦簡 8-648 有"今"字與之形同。

"繭絲",指蠶絲。《荀子·富國》:"麻葛、繭絲、鳥獸之羽毛齒革也,固有餘足以衣人矣。"也可用作比喻意,泛指賦稅。《國語·晉語九》:"趙簡子使尹鐸爲晉陽。請曰:'以爲繭絲乎?抑爲保障乎?'"韋昭注:"繭絲,賦稅。"此處似以前一義項更合適,指蠶絲。8-999"擇拾札、見絲上"提及"絲",所指近似。

"租質入錢",租質,租用抵押,見於張家山漢簡《二年律令》429-430 號簡:"官爲作務、市及受租、質錢,皆爲缿,封以令、丞印而入,與參辨券之,輒入錢缿中,上中辨其廷。質者勿與券。租、質、户賦、園池入錢縣道官,勿敢擅用,三月壹上見金、錢數二千石官,二千石官上丞相、御史。"[1]《二年律令》記載了"租質入錢"的具體過程,其中包含入錢、保管以及上交的程序。從中可知,"租質入錢",包含租錢、質錢二種。參考《二年律令》429-430 號簡可知,8-2226 此處當與要提交給上級的統計材料有關。另外,里耶簡"租質"連言而爲一詞,《二年律令》429-430 號簡與"租質"相關的釋文可改作"官爲作務、市及受租質錢""租質、户賦、園池入錢縣道官,勿敢擅用,三月壹上見金、錢數二千石官,二千石官上丞相、御史"。

"貲責揄歲",貲責,可讀作貲債;揄,从阜不从手,當改釋作隃,讀作逾,逾歲,指超過一年。睡虎地秦簡《秦律十八種·金布律》80-81 號簡:"縣、都官坐效、計以負賞(償)者,已論,嗇夫即以其直(值)錢分負其官長及冗吏,而人與參辨券,以效少内,少内以收責之。其入贏者,亦官與辨券,入之。其責(債)毋敢隃(逾)歲,隃(逾)歲而弗入及不如令者,皆以律論之。"[2]《論衡·道虛》:"夫草木無

---

[1] 彭浩、陳偉、(日)工藤元男主編:《二年律令與奏讞書——張家山二四七號漢墓出土法律文獻釋讀》第 254 頁。

[2] 睡虎地秦墓竹簡整理小組編:《睡虎地秦墓竹簡》"釋文注釋"第 39 頁。

欲，壽不逾歲。"睡虎地秦律提及"責（債）""毋敢喻（逾）歲"的情形，與簡文類似，其中"責"即讀作"債"。"貲責喻（逾）歲"似指罰款和債務未償還超過一年。

8-2227背"急"後一字作"、、、"，原釋文按原形摹寫，應當看作是兩個重文符號，類似的情形也見於睡虎地4號秦墓6號木牘《驚與中書》"新地入盜，衷（中）唯毋方行新地，急急急"。[1]又如里耶秦簡8-1915"行急"之後有"、、、、、"，原釋文亦按原形摹寫，當看作三個重文符號，即作急急急，表示加急。此類在重文符號基礎上再加一個或二個重文符號的現象，當是在第一個重文符號基礎上叠加計算，由此可推知，8-2227"急"後的重文符號很有可能是三個，現僅有兩個，當有殘缺。這從另一面的"錫"下部少許筆畫殘缺也可推知。

8-2227背"急"前一字，原釋文未釋，是"旦"字，《里耶秦簡（壹）》有一處被誤寫成"且"的"旦"字，即8-999"擇拾札、見絲上，皆會今且急"，這裏的"且"其實是"旦"的誤寫。8-999"旦"字的寫法與本簡同，可證本簡"急"前一字應釋作"旦"。8-999所出現的"今旦急"同時也是我們綴合8-2226、8-2227的重要參考文例。事實上，8-2227背面第一個未釋字所殘留的少許筆畫，應是8-2226正面"今"字的殘筆，一起組成"今旦急"一詞。今旦，今朝、今天。《史記·孟嘗君列傳》："今旦代從外來，見木禺人與土禺人相與語。"《漢書·韓延壽傳》："今旦明府早駕，久駐未出，騎吏父來至府門，不敢入。"《後漢書·劉平傳》："今旦爲老母求菜，老母待曠爲命，願得先歸，食母畢，還就死。"可見在秦漢文獻中，"今旦"是比較常用的詞語。除了這一條文例上的證據外，8-2226和8-2227在木紋、形制等方面都非常吻合，這是二者能綴合的基本條件。

更重要的是，8-2226和8-2227的綴合也符合整體文意。對於簡8-2226、8-2227，很容易注意到的是"買鐵銅""租質入錢""貲責喻

---

[1] 楊芬：《出土秦漢書信匯校集注》，博士學位論文，武漢大學2010年。

歲"之間都有標識符號"∟"，這一符號起着區隔作用，這些詞組彼此是並列的關係。"繭絲"前有一符號"∟"，可算一組。"買請銅錫"之前原釋文有一未釋字，今看並無筆畫，也無"∟"，然而 8－2226"赀責揄歲"後却有"∟"，在 8－2227 背面連接在 8－2226 正面後的時候，8－2227 正面也隨之連接在 8－2226 背面之後，作"☒買鐵銅∟租質入錢∟赀責揄歲∟買請銅錫"，可以看到"買請銅錫"前面正好有一個"∟"，當也算一組，那麼從殘存的簡文來看，這樣的並列詞組共有五組。

我們還注意到"·凡七章"比較關鍵的詞。凡，總計；總共。《易·繫辭上》："乾之策二百一十有六，坤之策百四十有四，凡三百有六十。"《後漢書·皇甫規傳》："所著賦、銘、碑、贊、禱文、吊、章表、教令、書、檄、箋記，凡二十七篇。"里耶簡所見"凡"用作"總計"之義，大多會在"凡"前加一個"·"以醒目，如 8－151："遷陵已計：卅四年餘見弩臂百六十九。·凡百六十九。出弩臂四輸益陽。出弩臂三輸臨沅。·凡出七。"[1]"·凡七章"之"凡"前也有"·"，當也是用作總計、總共之意。"章"有條目之意，《史記·高祖本紀》："漢但約法三章耳：殺人者死，傷人及盜者使之抵罪。""章"用在簡文中，似正合適。可見，"凡七章"應當是對此前列舉條目的總結，這樣的條目一共有七個，簡文現只有"五章"，即上所說的五組，尚殘缺兩個詞組，即殘缺兩"章"。"∟繭絲·凡七章皆毋出今旦急"，由於含有"凡七章"這樣總結性質的語句，位置應放在所列具體條目的後面，在這裏當是簡的背面。而"買鐵銅、租質入錢、赀責揄歲、買請銅錫"等屬具體條目，位置當靠前，在這裏應該是簡的正面。這屬於簡背緊接在正面而連讀的情形。背面接着正面書寫的情況，在里耶簡中比較常見，這裏就不贅言了。

一〇六

里耶 8－2276 號簡：

---

[1] 陳偉主編，何有祖、魯家亮、凡國棟撰著：《里耶秦簡牘校釋（第一卷）》第 91—92 頁。

☑今視獄成都

"今"字,原釋文未釋,今按:原簡文作:

該簡上部已殘斷,比較 8－120 、8－999 可知,字當釋作"今"。里耶秦簡中可見"今視"之例,如 8－1123：

☑今視渠良追薄(簿)。

《校釋一》："渠良,人名。"[1] 8－2276 號簡改釋作"☑【今】視獄成都",其主語不明,似指某人現視獄成都。

一〇七

里耶 8－2458 號簡：

☑【一人,倉敬偕市端□□】☑

"倉"下一字,原釋文未釋,我們曾釋作"敬"字。[2] 按："敬"下三個未釋字是"偕市端"。9－228 有"二人與倉敬偕市,端月",[3] 可參看。其表述格式爲"人名+某人偕某事",也見於 9－623"二人佐它人偕載粟沅"。[4]

一〇八

里耶 8－2473 號簡：

丞定薄,令取☑Ⅰ
菅矣☑Ⅱ

---

[1] 陳偉主編,何有祖、魯家亮、凡國棟撰著:《里耶秦簡牘校釋(第一卷)》第 280 頁。
[2] 何有祖:《讀里耶秦簡札記(五)》,簡帛網 2015 年 7 月 15 日。
[3] 陳偉主編,何有祖、魯家亮、凡國棟撰著:《里耶秦簡牘校釋(第一卷)》第 91 頁。
[4] 陳偉主編,何有祖、魯家亮、凡國棟撰著:《里耶秦簡牘校釋(第一卷)》第 165 頁。

第三章　里耶秦簡字詞新釋　　287

"令"下一字，原釋文未釋，王可認爲是"啓"字。[1] 今按：簡文作▨，左从耳，右所从"又"書寫較緊湊，當是"取"字。里耶秦簡"取"字作▨（8-1772）、▨（8-560），可參看。

"取"出現在"令"後，當用作動詞。第一列"取"字以下殘去，所"取"之物暫不能確定。不過第二列開頭完整，第一字作"菅"，而里耶簡中有"取菅"一詞，如8-1472"一人取菅：乙"，作務的一種，指取菅草。可見第一列最後一字可能是"取"字。也不能排除"令取"下原爲"菅"而殘去，且"取菅"出現二次的可能。由"菅矣"可知，本簡可能是確定某人作務爲"取菅"的文書。

一〇九

里耶8-2481號簡：

　　　☑□曹所新繕。　　　横手。

"曹"字，原釋文未釋，今按：該字原簡文作：

▨

"曹"字下部仍有殘餘筆畫，近於"曰"的寫法，似爲"曹"字，將考釋字與里耶秦簡中其他字形進行比較如下：

簡號	8-829	8-699	8-1126
字形	▨	▨	▨

"曹"爲古代分科辦事的官署或部門，里耶秦簡中曾出現過"倉曹""廷户曹"等，由此，簡8-2481可改釋爲"【曹】所新繕"，似爲關於

---

[1] 王可：《里耶秦簡文字補識》，《楚學論叢》第7輯，湖北人民出版社2018年。

288　里耶秦簡新研

某曹修繕之事，但因簡已殘斷，其詳情待考。

一一〇

里耶 8-2544 號簡：

　　☒若擅弃去之，及期盡賦[1]☒

"弃"上二字簡文作：

與下表字例比較，可知當釋作"若擅"。

若	擅
8-84　　8-1430	《二年律令》113、216

若，或者。《漢書·鼂錯傳》："其亡夫**若**妻者，縣官買予之。"《二年律令》2 號簡："其坐謀反者，能偏捕，若先告吏，皆除坐者罪。"整理者注："若，或。"[2] 擅，擅自。《墨子·號令》："諸吏卒民，非其部界而擅入他部界，輒收。"《商君書·定分》："有擅發禁室印，及入禁室視禁法令，及禁剟一字以上，罪皆死不赦。"《二年律令》113 號簡有"及人毋告劾而擅覆治之"、185 有"擅賦斂者"等。[3] 本簡"擅"的

---

[1] 盡賦，原釋文未釋，此從《校釋一》（陳偉主編，何有祖、魯家亮、凡國棟撰著：《里耶秦簡牘校釋（第一卷）》第 478 頁）。今按：期盡，約定的期限到了。《墨子·號令》："度食不足，食民各自占家五種石升數，爲期……吏與雜訾，期盡匿不占，占不悉。"《史記·晉世家》："子圉之立，畏秦之伐也，乃令國中諸從重耳亡者與期，期盡不到者盡滅其家。"

[2] 張家山二四七號漢墓竹簡整理小組編：《張家山漢墓竹簡〔二四七號墓〕》第 133 頁。

[3] 張家山二四七號漢墓竹簡整理小組編：《張家山漢墓竹簡〔二四七號墓〕》第 149、158 頁。

用法與之同。

"……若擅……及",例見《二年律令》415號簡:"發繇(徭)戍不以次,**若擅**興車牛,**及**繇(徭)不當繇(徭)使者,罰金各四兩。"[1]

第二節 《里耶秦簡(貳)》字詞新釋

本節擬對《里耶秦簡(貳)》25枚簡牘的字詞加以考釋。

一

里耶9-15號簡:

卅五年三月庚寅朔丙辰,貳春鄉茲爰書:南里寡婦愁自言:謁狠(墾)草田故枽(桑)地百廿步,在故Ⅰ步北,恒以爲枽(桑)田。Ⅱ

三月丙辰,貳春鄉茲敢言之:上。敢言之。/詘手。Ⅲ 9-15

四月壬戌日入,戍卒□以來。/曋發。　詘手。Ⅰ 9-15背

"寡婦愁"之"愁",《里耶秦簡博物館藏秦簡》指出右部从犬《湖南出土簡牘選編①》、[2]《新見里耶秦簡牘資料選校(二)》所作"愁",[3]《里耶秦簡博物館藏秦簡》説可從。"戍卒"下一字,《湖南出土簡牘選編①》作"寄",[4]《新見里耶秦簡牘資料選校(二)》從之,並指出:"戍卒,屯戍的士卒。寄,人名,8-1293有'☒卒寄以來☒'。"[5]《里耶秦簡博物館藏秦簡》存疑。今按:該字作:

---

[1] 張家山二四七號漢墓竹簡整理小組編:《張家山漢墓竹簡〔二四七號墓〕》第188頁。
[2] 宋少華、張春龍、鄭曙斌、黃樸華編著:《湖南出土簡牘選編》,嶽麓書社2013年。
[3] 里耶秦簡牘校釋小組(魯家亮執筆):《新見里耶秦簡牘資料選校(二)》,簡帛網2014年9月3日。
[4] 宋少華、張春龍、鄭曙斌、黃樸華編著:《湖南出土簡牘選編》。
[5] 里耶秦簡牘校釋小組(魯家亮執筆):《新見里耶秦簡牘資料選校(二)》。

上從宀，下所從稍嫌模糊，但仍可辨從奇，釋"寄"可從。在文例方面，也許僅僅列舉殘片 8－1293，説服力還不够。近來姚磊先生將 8－1459、8－1293、8－1466 三殘片綴合，其釋文作：[1]

  卅五年三月庚寅朔丁酉，貳春鄉兹敢言之：佐詘自言：士五，居泥陽Ⅰ
  益固里，故廢戍，署女陰。今□□☑Ⅱ
  四歲謁告泥陽令【詘】□☑Ⅲ
  前書畏其不☑Ⅳ 8－1459＋8－1293＋8－1466
  四月壬戌日入，戍卒寄以來。瞫發。　詘手。 8－1459背＋8－1293背＋8－1466背

我們注意到所綴合的 8－1459＋8－1293＋8－1466，與 9－15 在文書的時間、官員名等方面有着諸多相似之處，尤其是最後一列作：

  四月壬戌日入，戍卒寄以來。瞫發。　詘手。

與 9－15 最後一列作：

  四月壬戌日入，戍卒□以來。／瞫發。　詘手。

文例極爲相似。可知從最新的證據來看，當以釋"寄"爲是。

二

  元年六月辛未朔丁酉，少内壬敢告司㝡☑Ⅰ
  從事縣官二歲。今爲校券一移，可定以☑Ⅱ
  計，計元年。勿令繆。[2] 令自行書，丁酉起。☑Ⅲ 9－35

---

[1] 姚磊：《里耶秦簡牘札記（三則）》，《簡帛》第 12 輯，上海古籍出版社 2016 年。
[2] 繆，魯家亮先生告知疑通作"繆、謬"，指謬誤。今從之。

第三章　里耶秦簡字詞新釋　291

六月戊戌日中，佐□以來。/起發。☒9-35背

丁酉起，《校釋二》作"丁酉，起"，指出"起，或是人名"。[1]今按：此處行書由簡背的"佐□"自行書，且簡背交代由"起發"，即拆開書，可以排除由起行書的可能。這裏的"起"不當用作人名。8-648號簡有"書癸亥到，甲子起，留一日。案致問治而留。敢言之"，其中"甲子起"指從甲子日開始計算書傳達或滯留的時間。本簡的"丁酉起"似也在交代"佐□"行書的時間起點。從這個意義上看，"起"不當用作人名，此處"丁酉起"連讀。

"佐"下一字，原釋文作"絨"，《校釋二》作爲未釋字，指出用作人名。[2]今按："佐□以來"應與簡正面"令自行書"相呼應，即"佐□"自己把書信送來。那麼正文"少內壬"所談及的"從事縣官二歲"的主語應是此人。"少內壬敢告司＝"後似可補"空＝"，即"少內壬敢告司空……"。推測此人隸屬司空，很可能是司空佐。簡正面提及"從事縣官二歲"，類似表述見於9-97"起贖罰（遷），當從事縣官二歲，爲錢☒"。[3]

三

☒券三千三百【輸】臨沅。臨沅移□☒Ⅰ
☒百九十一。其以書到時，【亟】☒Ⅱ9-36
☒□敢告主。☒9-36背

券，原釋文未釋。按：字作 ▨ 下部从巾，"巾"上仍可看出"廾"，參考9-1098"券"字作 ▨ ，可知當是"券"字殘筆。"券"也見於以下簡：

---

[1] 陳偉主編，魯家亮、何有祖、凡國棟撰著：《里耶秦簡牘校釋（第二卷）》第47頁。
[2] 陳偉主編，魯家亮、何有祖、凡國棟撰著：《里耶秦簡牘校釋（第二卷）》第47頁。
[3] 陳偉主編，魯家亮、何有祖、凡國棟撰著：《里耶秦簡牘校釋（第二卷）》第67頁注釋[2]指出："'二歲'下，或當斷讀。"今從之。

☑如縣官帣☑[1] 9-1098

☑ ·帣凡八十九。[2] ☑9-1671+9-1673

其中9-1671+9-1673"帣凡八十九","帣"後接數詞"八十九",與本簡"帣"後接數詞"三千三百",用法相近。里耶8-433號簡:[3]

守府以恒恒賦遷陵券☑Ⅰ

三月甲辰,令佐華劾奏□☑Ⅱ

卅五年三月庚寅朔☑Ⅲ

"遷陵"下的"券"作 ![字], 下部从"巾", 也應改釋作"帣"。《説文》巾部:"帣,囊也。今鹽官三斛爲一帣。"[4] 漢簡有關於"帣"的記載,如:[5]

士吏尹忠,糜一帣三斗三升自取,又二月食糜一帣三斗三升,卒陳襄取　　　　　　　（《居延漢簡釋文合校》57.20）

上揭簡文中的"帣",馬怡先生認爲用作粟和糜的計算單位。[6] 9-36"帣三千三百輸臨沅"之"帣"後加數詞,作爲被輸送到臨沅的物件,看作計算單位是合適的。

里耶8-1353還有"自受帣",相似記録見於:[7]

☑□、蒲席各一。平自席及券。Ⅰ

☑沈手。Ⅱ 8-1346

---

[1] "帣",原釋文作"券",此從陳偉主編,魯家亮、何有祖、凡國棟撰著:《里耶秦簡牘校釋（第二卷）》第257頁。

[2] "帣",原釋文作"券",此從陳偉主編,魯家亮、何有祖、凡國棟撰著:《里耶秦簡牘校釋（第二卷）》第346頁。

[3] 陳偉主編,何有祖、魯家亮、凡國棟撰著:《里耶秦簡牘校釋（第一卷）》第147—148頁。

[4] [清]許慎撰,[宋]徐鉉校定:《説文》卷七下,中華書局1963年,第159頁。

[5] 謝桂華、李均明、朱國照:《居延漢簡釋文合校》,文物出版社1987年,第101頁。

[6] 馬怡:《簡牘時代的倉廩圖:糧倉、量器與簡牘——從漢晋畫像所見糧食出納場景説起》,簡帛網2012年1月13日。

[7] 陳偉主編,何有祖、魯家亮、凡國棟撰著:《里耶秦簡牘校釋（第一卷）》第313—314頁。

"券"前一字,原釋文作"及",《校釋一》疑是"無"。[1] 平,疑是人名。簡文是說,平自己的席子,沒有券。伊強先生指出可能是"左"字。"左券"見於《商君書·定分》:"即以左券予吏之問法令者。"[2] 按:該字作 ,原釋文作"及"應可從。

里耶簡也多見"受券"的例子,如:

☐辛酉,倉守擇付庫建、車曹佐殷受券。Ⅰ
☐　　　胥手。Ⅱ8-405[3]
☐甲辰,倉守言付司空守俱,俱受券及行。Ⅰ
☐胥手。Ⅱ8-898+8-972[4]

我們曾指出:[5]

"自受帣"之"帣"在簡文中當讀作"券"。8-433"守府以恒恒賦遷陵帣"之"帣"似也讀作"券",用作契約憑證。《戰國策·齊策四》:"驅而之薛,使吏召諸民當償者,悉來合券。券徧合。"鮑彪注:"凡券,取者、與者各收一。"《法律答問》179號簡:"可(何)謂'亡券而害'?亡校券右爲害。"

現在看來,"自受帣"之"受帣"與"受券"文例雖有相似之處,但所受的是作爲憑證的"券",還是用作裝它物的"囊",有很大的不同。基於上文,我們將 9-36"帣三千三百輸臨沅"之"帣"看作裝它物的"囊","自受帣"之"帣"也這樣理解的可能性更大。

四

里耶 9-59 號簡:

---

[1] 陳偉主編,何有祖、魯家亮、凡國棟撰著:《里耶秦簡牘校釋(第一卷)》第 314 頁。
[2] 伊強:《〈里耶秦簡牘校釋(第一卷)〉補正(3)》,簡帛網 2013 年 12 月 5 日。
[3] 陳偉主編,何有祖、魯家亮、凡國棟撰著:《里耶秦簡牘校釋(第一卷)》第 144 頁。
[4] 陳偉主編,何有祖、魯家亮、凡國棟撰著:《里耶秦簡牘校釋(第一卷)》第 245 頁。
[5] 何有祖:《讀里耶秦簡札記(八)》,簡帛網 2016 年 6 月 2 日。

郡卒史，它如律令。☒ Ⅰ

臣上請四牒，臣昧（昧）死請。☒ Ⅱ

"卒史"上一字，原釋文未釋，張以靜先生釋"郡"。[1] 里耶秦簡有一些與"郡卒史"有關的記載，如里耶 8-78 號簡有"洞庭叚（假）卒史悍"，《校釋一》注：[2]

> 卒史，郡吏。《史記·儒林列傳》："比百石已下，補郡太守卒史。"《史記·汲鄭列傳》"擇丞史而任之"，集解引如淳曰："律，太守、都尉、諸侯內史史各一人，卒史書佐各十人。"《奏讞書》案例十四、案例十五、案例十八，均有郡卒史治獄的記錄。

8-135 號簡有"狼有逮在覆獄巴卒史衰、義所"，[3] 提及巴郡的卒史。

五

里耶 9-79 號簡：

☒官部中，弗得。Ⅰ

☒處手。Ⅱ

"部"上一字，原釋文未釋，應是"官"。以"官"爲後綴的官職名或官府機構名，有田官、畜官，如：[4]

> 畜官、Ⅰ田官作徒Ⅱ薄（簿），☒及貳春Ⅲ廿八年Ⅳ 8-285

也有"鄉官"，如：

> 卅一年二月癸未朔己丑，啟陵鄉守尚敢言之。尚部啟陵鄉官及

---

[1] 張以靜：《〈里耶秦簡（貳）〉讀札》，簡帛網 2018 年 12 月 31 日。
[2] 陳偉主編，何有祖、魯家亮、凡國棟撰著：《里耶秦簡牘校釋（第一卷）》第 57—58 頁。
[3] "卒史"上一字，原釋文作"已"。陳劍先生釋爲"巴"，認爲即巴郡卒史，到旁近郡（洞庭）覆獄（陳劍：《讀秦漢簡札記三篇》，復旦大學出土文獻與古文字研究中心網站 2011 年 6 月 4 日，後刊於復旦大學出土文獻與古文字研究中心編：《出土文獻與古文字研究》第 4 輯，上海古籍出版社 2011 年，第 358—380 頁）。今從之。
[4] 陳偉主編，何有祖、魯家亮、凡國棟撰著：《里耶秦簡牘校釋（第一卷）》第 128 頁。

邑中，鄉行官事。9-450

遷陵守丞敦狐敢告尉、告鄉官主。9-1861

遷陵守丞繹下尉、鄉官 9-1088+9-1090+9-1113

秋矣謁 9-1862 令鄉官各具其官當計者。9-1862 背

這裏的"鄉官"有在前面加限定詞作"啓陵鄉官"的，如 9-450；也有單獨出現的，如 9-1861，似泛指遷陵縣所轄諸鄉。本簡"官部中弗得"之"官"具體指何種"官"因簡殘待考。

"部中"之"部"，對應 9-450"尚部啓陵鄉官及邑中"之"部"，前者用作名詞，後者用作動詞。"部中"單用見於《二年律令·賜律》286 號簡："吏各循行其部中，有疾病、匄者收食，寒者叚（假）衣，傳詣其縣。"[1]"部中"指某官的管轄範圍内。

弗得，似是對"……官部中"結果的説明，里耶秦簡 9-2315 有"今謙（廉）求弗得，爲薄留一牒下"，9-2708"☑追求弗得，賢爲人"。可參看。那麼"……官部中"之"官部中"前面應有表示"循行""搜尋"一類意思的動詞，此待考。

六

里耶 9-99 號簡：

☑□今敬受令☑

"敬"上一字，原釋文作"令"，張以静先生釋"今"。[2] 相似的表述有：

今敬正月壬子受徒 9-22

受受受令，今公有令 8-53+8-88[3]

---

[1] 釋"匄"見郭永秉：《張家山漢簡〈二年律令〉和〈奏讞書〉釋文校讀記》，《語言研究集刊》第 6 輯，上海辭書出版社 2009 年，第 263 頁。

[2] 張以静：《〈里耶秦簡（貳）〉讀札》，簡帛網 2018 年 12 月 31 日。

[3] 此簡綴合情形見何有祖：《讀里耶秦簡札記（一）》，簡帛網 2015 年 6 月 17 日。

其説可從。"今"上一字，原釋文未釋，按該字與 8－1243、8－1620 "藥"寫法相近，疑當釋作"藥"。

簡文作"☑藥，今敬受令☑"，"敬"所受之"令"當與"藥"有關。里耶簡所見與"藥"有關的文書作：

　　☑及藥，具薄（簿）求之之狀 8－1440
　　☑下司空。8－1440 背[1]
　　槫或誅智（知）菌藥名物、取之之時日，[2] 有不 9－2261

"敬"所受之"令"具體爲何？待考。

七

里耶 9－112 號簡：

　　□□□書

圖片倒置。原釋文以爲三字，實爲四字。最後一字是"書"。

八

里耶 9－121 號簡：

　　不雔者九牒下，亟更上，論當坐者□[3]☑

"亟更"，原釋文未釋。里耶秦簡有"亟更上""更上"一類表述，如：

　　☑□士五（伍）江陽閒陽瘥。Ⅰ
　　☑到，亟更上□Ⅱ 9－628
　　應（應）令及書所問且弗應（應），弗應（應）而云當坐之狀

---

[1] 陳偉主編，何有祖、魯家亮、凡國棟撰著：《里耶秦簡牘校釋（第一卷）》第 325 頁。
[2] 日，原釋文作"曰"。此從里耶秦簡牘校釋小組（何有祖執筆）：《〈里耶秦簡（貳）〉校讀（一）》。
[3] "論"，原釋文未釋，此從里耶秦簡牘校釋小組（魯家亮執筆）：《〈里耶秦簡（貳）〉校讀（二）》。

何如？Ⅰ其謹案（案）致，更上，奏史展薄（簿）留日，毋騰却它Ⅱ 8-1564[1]

可參看。更，《說文》："改也。"[2]《論語·子張》："君子之過也，如日月之食焉：過也，人皆見之；更也，人皆仰之。"何晏注："更，改也。"[3]《論語·子張》所更改的是"過"。本簡所更改的是"不雠者"。8-224+8-412+8-1415號簡"即令卒史主者操圖詣御史，御史案雠更并，定爲輿地圖。有不雠、非實者，自守以下主者"，[4] 其中"有不雠、非實者"，里耶秦簡牘校釋小組注：

> 雠，有校勘義。6-4云"令史廳雠律令沅陵"。又有相當、匹配義。8-224+8-412+8-1415記"其旁郡縣與棱（接）界者毋下二縣，以□爲審，即令卒史主者操圖詣御史，御史案雠更并，定爲輿地圖。有不雠、非實者，自守以下主者……""不雠者九牒"或與之有關。

8-224+8-412+8-1415號簡"不雠""非實"共用"者"，隱含"不雠者"一詞，所指是"輿地圖"中與實際情況不對應、不匹配之處，與記錄"非實"有別。

本簡"不雠者九牒下，亟更上，論當坐者□"，指（上級）下達"不雠"之處九牒，（牒牘接收單位）緊急更改後上報，給"當坐者"論罪。本簡"不雠者九牒"與"當坐者"有關，似是上級部門對"當坐者"相關情況的審查結果。8-198+8-213+8-2013有"定當坐者名吏里、它坐、皆能入貨不能，遣詣廷"，指把"當坐者"的詳情報告給廷。可參看。現在從形制、內容等方面，還看不出本簡與8-224+8-

---

[1] 陳偉主編，何有祖、魯家亮、凡國棟撰著：《里耶秦簡牘校釋（第一卷）》第361頁。
[2] [清] 許慎撰，[宋] 徐鉉校定：《說文》卷三下，第68頁。
[3] 程樹德撰，程俊英、蔣見元點校：《論語集釋》卷三十八《子張》，中華書局1990年，第1334頁。
[4] 陳偉主編，何有祖、魯家亮、凡國棟撰著：《里耶秦簡牘校釋（第一卷）》第118頁。

412+8‑1415 之間的關聯。

九

里耶 9‑126 號簡：

出白布五幅帷一堵，袤五丈，絇枲□☒ Ⅰ
平所，取錢六十，衛（率）五幅☒ Ⅱ

絇，原釋文作"絇"，里耶秦簡牘校釋小組作"糾"。[1] 按：字右下仍可辨从口，原釋文作"絇"可從。"絇"下一字，原釋文未釋，當是"枲"。"絇""枲"同時出現的例子有：

【蒲】席一。　　枲參絇緘袤三丈四。☒8‑913[2]
枲參絇緘袤三丈□☒8‑1086[3]
竹少筍一合。參絇枲緘一☒8‑1188[4]
枲參絇緘袤三丈三。A
卅四年六月甲午朔己未，□□☒B8‑1784+8‑2224[5]
莞席一。AⅠ
竹筍一合。AⅡ
竹小筍一合。AⅢ
竹筦三合。BⅠ
枲參糾緘一，[6] 袤三丈。BⅡ
卅三年十一月戊戌，城父安秌不更□受少内守取。C9‑14

---

[1] 里耶秦簡牘校釋小組（魯家亮執筆）：《〈里耶秦簡（貳）〉校讀（二）》。
[2] 陳偉主編，何有祖、魯家亮、凡國棟撰著：《里耶秦簡牘校釋（第一卷）》第248頁。
[3] 陳偉主編，何有祖、魯家亮、凡國棟撰著：《里耶秦簡牘校釋（第一卷）》第275頁。
[4] 陳偉主編，何有祖、魯家亮、凡國棟撰著：《里耶秦簡牘校釋（第一卷）》第289頁。
[5] 陳偉主編，何有祖、魯家亮、凡國棟撰著：《里耶秦簡牘校釋（第一卷）》第390—391頁。
[6] 枲，原釋文作"枲"，此從里耶秦簡牘校釋小組（魯家亮執筆）：《〈里耶秦簡（貳）〉校讀（二）》。

【絮】一斤七兩，緘十，絲一鈞五斤十兩十二朱（銖）9-1207+9-1922+9-2137+9-2143[1]

王柏□席一，笥二□Ⅰ

笥一合。·緘一□Ⅱ9-2422

上引簡文中，"枲""參""絇""緘"並言，按排列順序的不同可分爲兩種情况：其一是"枲參絇緘（8-913、8-1086、8-1784+8-2224）"，也作"枲參糾緘（9-14）"，糾、絇通作，是一字。其二是"參絇枲緘"（8-1188）。本簡"絇枲□"下殘，完整的情况似是"絇枲參緘"，這算是第三種情况。我們注意到"枲""參""絇"的順序尚在變動中，但迄今所見"緘"都是出現在最後，即作爲中心詞出現，前面的"枲""參""絇"應是對"緘"限定或補充説明。單獨出現的"緘"有9-1207+9-1922+9-2137+9-2143的"緘十"、9-2422的"緘一"。尤其是9-2422"緘一"與"席一"並見一牘，這與8-913也同時出現"【蒲】席一"、9-14同時出現"莞席一"的情形暗合。《校釋一》曾對8-913號簡"枲參絇緘"注釋：[2]

絇，用布麻絲搓成繩索。《説文》："絇，纑繩絇也。从糸，句聲，讀若鳩。"段注："纑者，布縷也。繩者，索也。絇，糾合之謂。以讀若鳩知之。謂若纑若繩之合少爲多皆是也。"緘，繩索。《説文》："緘，所以束篋也。"《漢書·外戚傳下·孝成趙皇后》："帝與昭儀坐，使客子解篋緘。"顔注："緘，束篋之繩也。"枲參絇緘，似説以三股麻絲搓成的繩索。

可以參看。"絇枲□"似是與"白布五幅帷"配合使用，其詳情待考。

六十，原釋文未釋。"取錢六十"，與簡文"出白布五幅帷一堵……平所"相呼應。與之結合起來看，當指出白布五幅帷一堵給"平"，取

---

[1] 里耶秦簡牘校釋小組（何有祖執筆）：《〈里耶秦簡（貳）〉綴合補（二）》，簡帛網2018年5月15日。

[2] 陳偉主編，何有祖、魯家亮、凡國棟撰著：《里耶秦簡牘校釋（第一卷）》第248頁。

六十錢。

"衛（率）五"下一字，原釋文未釋，應是"幅"。率，計算。《漢書·高帝紀下》卷一："令諸侯王、通侯常以十月朝獻，及郡各以其口數率，人歲六十三錢，以給獻費。"顔師古注："率，計也。""率"在里耶簡中出現的時候，大致有兩種情況，其一是"率之"，涉及稍微複雜一點的計算，如：[1]

> 遷陵卅五年垦（墾）田輿五十二頃九十五畝，税田四頃□□Ⅰ
> 户百五十二，租六百七十七石。衛（率）之，畝一石五；Ⅱ
> 户嬰四石四斗五升，奇不衛（率）六斗。Ⅲ 8－1519

此種情形下的"率之"後所接一般是平均數。還有一種是稍微簡單一點的計算，"率"後所接内容近似於除法算題中的分母，如 9－725 號簡：[2]

> □□【府】……□【千卌人】。AⅠ
> 死者一人。·衛（率）千卌人而死一人。AⅡ
> □□□□□【課】。BⅠ
> 視事七十二日。BⅡ

其中作爲分母或被除數的"衛（率）千卌人"，即是前面所提及的"千卌人"，這種情況下，分子或除數是"一"。9－126 簡文"率五幅"，對應"白布五幅帷一堵"，由於"白布五幅帷一堵"無法再往下分解，故而整體作爲分母或被除數，"六十錢"作爲分子或除數，這裏似可補作"率五幅帷一堵而六十錢"。

一〇

里耶 9－151 號簡：

---

[1] 陳偉主編，何有祖、魯家亮、凡國棟撰著：《里耶秦簡牘校釋（第一卷）》第 345—346 頁。
[2] 里耶秦簡牘校釋小組（魯家亮執筆）：《〈里耶秦簡（貳）〉校讀（二）》。

第三章　里耶秦簡字詞新釋　　301

☑中所，文痍篤，即☐☑

中所，屬上讀，"所"上所指不明，某所，即某處。

文，原釋文作"交"，邱洋同學面告可能是"文"，用作人名。其説可從。

痍，原釋文作"疾"。簡文作：

字从疒从夷，也見於：

（睡虎地秦簡《法律答問》208號簡）[1]

即"痍"字。《説文》："痍，傷也。""痍"見於睡虎地秦簡《封診式》31-33號簡："軍戲某爰書：某里士五（伍）甲縛詣男子丙，及斬首一，男子丁與偕。甲告曰：'甲，尉某私吏，與戰刑（邢）丘城。今日見丙戲𤻮，直以劍伐痍丁，奪此首，而捕來詣。'診首，已診丁，亦診其痍狀。"[2] 張家山漢簡《二年律令》408-409號簡："諸當行粟，獨與若父母居老如睆老，若其父母罷癃（癃）者，皆勿行。金痍、有☐病，皆以爲罷癃（癃），可事如睆老。其非徒軍戰痍也，作縣官四更，不可事，勿事。"[3]《漢書·匈奴傳上》："噲爲上將軍，時匈奴圍高帝於平城，噲不能解圍。天下歌之曰：'平城之下亦誠苦！七日不食，不能彀弩。'今歌唫之聲未絶，傷痍者甫起。""痍"在這幾處文獻中語境分別是"劍伐痍丁""亦診其痍狀""金痍""其非徒軍戰痍也""傷痍者甫起"等。"痍"可指因兵刃而產生的創傷，但從"其非徒軍戰痍也"一句可知，"痍"的產生也可能與軍事或戰爭無關。

───────

[1] 陳偉主編：《秦簡牘合集（壹）》，武漢大學出版社2014年，第737頁。
[2] 睡虎地秦墓竹簡整理小組編：《睡虎地秦墓竹簡》"釋文注釋"第153頁。
[3] 張家山二四七號漢墓竹簡整理小組編：《張家山漢墓竹簡〔二四七號墓〕》第188頁。

簡文"文痍篤"之"篤"具體因何而來不詳。《說文》馬部:"篤,馬行頓遲,从馬,竹聲。"[1] "篤"出現在疾病名詞後面的時候,可指病勢沉重。《史記·范雎蔡澤列傳》:"昭王彊起應侯,應侯遂稱病篤。"[2] 其中"病篤"即指病勢沉重。簡文"文痍篤",指文的痍傷沉重。

——

里耶9-264號簡:

　　☐【少】府工室☐Ⅰ
　　☐三千五百【鏃】☐Ⅱ

第一列殘存四字,最末一字,整理者釋作"入",餘皆未釋。《校釋二》指出第二字似爲"其"。[3]

今按:第一列殘存實只有三字,分別釋作"府工室"。"府"字上部、左部略有殘缺。"府"上據文例可補"少"。里耶簡多見"少府工室",如:

　　☐其三千五百鏃少府工室,少府工室☐9-1696
　　☐實不入。少府工室曰:亟☐9-1914+9-1990

可參看。第一列原釋文作"入"之字,簡文作:

與下列里耶秦簡"入"字作:

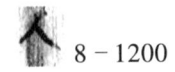

　　　　8-665　　　　8-1200

---

[1] [漢]許慎撰:《說文解字》第200頁。
[2] [漢]司馬遷撰,[南朝宋]裴駰集解,[唐]司馬貞索隱,[唐]張守節正義:《史記》,中華書局2014年(修訂本),第2940頁。
[3] 陳偉主編,魯家亮、何有祖、凡國棟撰著:《里耶秦簡牘校釋(第二卷)》第98頁。

寫法不同。現在把"室"及其下的"入"摘出來作：

所謂的"入"實際上是"室"所从"至"最後兩筆寫得潦草所至。里耶秦簡"至"及从"至"之字如：

8-301　　　8-668　　　8-1562
8-104　　　8-1385

上揭諸例中，"至"及"到"中的"至"最後兩筆寫得潦草，與9-264"室"字下部的寫法相近，可參考。

第二列末字殘存筆畫，與9-1696"鍭"上部接近，應釋作"鍭"。"三千五百鍭"，也見於9-1696號簡。

重新看9-264，"三千五百鍭"係大字書寫，占據簡面的主體位置，而"【少】府工室"係小字書寫，其中"室"字擠在"三"字右邊，當是後來補入。

一二

里耶9-270號簡：

某年【某】月某日，[1] 尉某爰書：某☐ Ⅰ
備冗日不歸☐ Ⅱ

"不"下一字，原作"食"，疑是"歸"字殘筆。8-135有"歸"字可參看。"備冗日"，即冗日已備。8-2106有"遷陵有以令除冗佐日

---

[1]"某年"下一字，原未釋，《校釋二》指出據文意應是"某"（參看陳偉主編，魯家亮、何有祖、凡國棟撰著：《里耶秦簡牘校釋（第二卷）》第98頁）。

備者", 爲近似表述。"備冗日不歸"即冗日已備不歸。里耶秦簡 8-197 "佐均、史佐日有泰（大）抵已備歸", 8-1013 "令史最日備歸", 睡虎地秦簡《秦律雜抄》35 號簡云 "冗募歸, 辭曰日已備, 致未來", 都提及日備歸的問題。

本簡年月日皆用"某", 人名也用"某", 類似於睡虎地秦簡《封診式》常見的文書程式。

一三

里耶 9-419 號簡：

☐已室☐即環（還）,[1] 丞公☐☐[2]

"已"下一字, 整理者及《校釋二》均釋爲"室"。按：該字圖版作：

此字上部較清晰, 从宀, 下部墨迹雖有脫落, 細看有明顯一長橫筆, 其下所從爲止, 當釋爲"定"字。里耶秦簡"定"作： （8-55）、 （8-1511）, 可參看。定, 決定、確定。里耶 8-42+8-55 號簡 "☐事志一牒。有不定者, 謁令饒定。敢☐", 8-136+8-144 號簡 "☐☐☐名吏（事）、它坐、遺言。·問之有名吏（事）, 定, 故旬陽隸臣, 以約爲……",《校釋一》注："定, 確定。"[3] 可參看。

"即"上一字, 整理者、《校釋二》未釋。按：該字圖版作：

---

[1] "即"下第一字, 整理者未釋,《校釋二》注："似從'睘'"（陳偉主編, 魯家亮、何有祖、凡國棟撰著：《里耶秦簡牘校釋（第二卷）》第 120 頁）。李美娟作"環（還）"（參看李美娟：《〈里耶秦簡（壹）〉札記》,《出土文獻》第 14 輯, 中西書局 2019 年, 第 256—257 頁）。今從之。

[2] "丞""公"從李美娟釋（李美娟：《〈里耶秦簡（壹）〉札記》第 256—257 頁）。

[3] 陳偉主編, 何有祖、魯家亮、凡國棟撰著：《里耶秦簡牘校釋（第一卷）》第 77 頁。

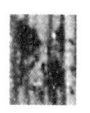

第三章　里耶秦簡字詞新釋　　305

疑爲"除"。里耶秦簡"除"字作 ▨（8-157）、▨（9-31背）、▨（9-490），可參看。除，任用之義。睡虎地秦簡《秦律十八種·司空律》150號簡："司寇勿以爲僕、養、守官府及除有爲殹（也）。有上令除之，必復請之。"整理者注："除，任用。"[1] 此處上下文語境不完整，"除"的含義還有待進一步研究。

"公"下一字，整理者及《校釋二》均未釋。按：該字圖版作：

當釋作"惡"。里耶秦簡"惡"字作 ▨（8-534）、▨（8-1363），可參看。

綜上可知，9-419號簡釋文可作：

☐已定除，即環（還），丞公惡☐。

一四

里耶9-427號簡：

☐鄉守履受尉廣邦☐

"廣"下一字，整理者釋爲"邦"。《校釋二》注"似爲'䎽'"。按：該字圖版作：▨，整理者釋"邦"可從。里耶秦簡"邦"作 ▨（8-657）、▨（8-2342），可參看。里耶8-565號簡"尉廣☐四甲校長舍四甲☐"，"廣"下一字整理者闕釋，《校釋一》補釋爲"貲"。[2]

---

[1] 睡虎地秦墓竹簡整理小組編：《睡虎地秦墓竹簡》"釋文注釋"第54頁。
[2] 陳偉主編，何有祖、魯家亮、凡國棟撰著：《里耶秦簡牘校釋（第一卷）》第180頁。

該字圖版作 ■，也當釋爲"邦"。里耶 8‐1736 號簡"☐尉廣邦二甲"，整理者釋"尉廣"下一字爲"邦"，《校釋一》釋文以闕釋字處理，該字圖版作 ■，唐強先生結合辭例和字形，指出簡 8‐565、8‐1477 及 9‐427 中"尉廣"下一字皆是同一個字，但此字具體是何字，仍暫不可識，並認爲"廣☐"才是人名。[1] 現在看來，這三字確爲同一個字，且皆當釋爲"邦"。從辭例來看，簡 8‐565 "尉廣邦四甲"、簡 8‐1736 "尉廣邦二甲"、簡 9‐427 "鄉守履受尉廣邦"，其中"廣邦"皆用作人名。這幾處所見"尉廣邦"很可能是同一人。

一五

里耶 9‐432 號簡：

酉陽嗇夫吏走間☐☐爲誰☐之☐

"吏"下一字，整理者釋爲"走"，《校釋二》改釋爲"佐"。按：該字圖版作：

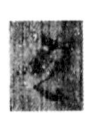

里耶秦簡"走"字作 ■（8‐1266），"佐"字作 ■（8‐63），"徒"字作 ■（6‐7），對比來看，字當釋爲"徒"字。

"之"下一字，整理者、《校釋二》均未釋。按：該字圖版作：

疑爲"死"字。里耶秦簡"死"字作：■（8‐968）、■（8‐1094），可參看。

---

[1] 唐強：《〈里耶秦簡（壹）〉校讀拾遺（十一則）》，簡帛網 2019 年 7 月 20 日。

"嗇夫、吏"見於張家山漢簡《二年律令·收律》179號簡："當收者，令獄史與官嗇夫、吏雜封之，上其物數縣廷，以臨計。""吏徒"見於里耶秦簡9－165+9－473號簡："獻官吏徒莫智（知）薏。"又，睡虎地秦簡《秦律十八種·封診式》48－49號簡記"令吏徒將傳及恒書一封詣令史"，整理者注："吏徒，押解犯人的吏和徒隸。"[1] 9－432號簡"吏徒"似指吏、作徒。

因此，9－432號簡釋文可改作：

> 酉陽嗇夫、吏徒閱□爲誰□之死[2]

一六

9－436+9－464由整理者綴合，黃浩波先生列出綴合後的釋文作：[3]

> 運食鄉部卒及徒隸有病及論，病者即瘺縣及瘺其部，固皆上志治粟[4]
> 府·卅四年五月乙丑朔丁亥趣勸通食洞庭守叚衛戈移鐔成、沅☑
> ☑武手（背）9－436+9－464

並認爲：

> 其中9－436+9－464簡與9－2086+2115簡内容相關，似可連讀，或可綴合。粗讀以上諸簡，不難發現"瘺"與"病"密切相關，尤其是9－436+9－464簡"病者即瘺縣及瘺其部"，9－1114簡與9－2086+2115簡則在"瘺"之後皆言"病有瘳"則何如。秦漢簡文所見廣旁與广旁常可混用，故"瘺"當可寫作"廔"。《慧琳音

---

[1] 睡虎地秦墓竹簡整理小組編：《睡虎地秦墓竹簡》"釋文注釋"第155—156頁。
[2] 閱，整理者作"間"，此從《校釋二》改釋。見陳偉主編，魯家亮、何有祖、凡國棟撰著：《里耶秦簡牘校釋（第二卷）》第122頁。
[3] 黃浩波：《〈里耶秦簡（貳）〉讀札》，簡帛網2018年5月15日。
[4] 該釋文脫"志"，今補。

義》有"《蒼頡篇》云：廝，病也"，[1] 與簡文文意相符。據此推斷，"廝者"即病者，"廝舍"當是官府設置的養病之所。

楊先雲先生把"其部"上一字釋作"庚"，其釋文作：[2]

　　□食鄉部卒及徒隸有病及論病者即廝（廝）縣及 庚 [3] 其部固皆上志治粟府・卅四年五月乙丑朔丁亥趣勸通食洞庭守叚衛可哉移鐔成└沅 9－436+9－464 正

　　　武手　9－464 背

並認爲：

　　里耶秦簡 9－436 與 9－464 經整理者拼合後爲一枚完簡，而簡文正面末書"沅"後跟某字組成地名，與"鐔成"皆指縣名，文書未結束，故而還有其他竹簡連寫，方爲完整文書，暫未有發現相關簡文可以連讀。例 4、6、7、8、9、10 皆由整理者綴合，釋文直接拼合整理而成。餘下不一一注釋，詳參《里耶秦簡（貳）》簡牘綴合表。

里耶秦簡牘校釋小組把"衛"改釋成"丞"，釋文作：[4]

　　運食鄉部卒及徒隸有病及論病者，即廝縣及廝其部，固皆上志治粟Ⅰ府・卅四年五月乙丑朔丁亥，趣勸通食洞庭守叚（假）丞可戈移鐔成、沅Ⅱ 9－436+9－464

　　　☐武手。9－464 背

今按：9－436+9－464 經綴合，首尾完整，可排除與其他簡綴合的

---

[1] 原注：徐時儀校注：《一切經音義》（三種校本合刊），上海古籍出版社 2012 年，第 830 頁。
[2] 楊先雲：《秦簡所見"廝"及"廝舍"初探》，簡帛網 2018 年 5 月 16 日。
[3] 原注："庚"，原整理者釋作"廝"，簡文作 ▨，同簡另一釋作"廝"簡文作 ▨，兩者字形差異較大，我們疑此字並非"廝"，從簡文上看，該字從广，更似"庚"，"庚"作 ▨（9－2115），故而改釋作"庚"。
[4] 里耶秦簡牘校釋小組（魯家亮執筆）：《〈里耶秦簡（貳）〉校讀（二）》，簡帛網 2018 年 5 月 23 日。

可能。但9-436+9-464背部上段（即9-436號簡背部），整理者沒有給出釋文。9-436+9-464正面"鐔成、沅"後，從文意上看，應還有下文，有可能就在9-436號簡背。此類簡牘正面沒有寫完，在背面接著書寫的情況，里耶簡中可見其例，如8-768號簡即是。[1] 黃浩波先生所指"其中9-436+9-464簡與9-2086+2115簡內容相關，似可連讀，或可綴合"、楊先雲先生所指"還有其他竹簡連寫"，其中關於與他簡連讀的意見，恐要在核查9-436號簡背之後才能予以判斷。至於9-2086+2115，從殘存標識符號及殘斷狀態來看，其上應另有文字，尤其是此簡上段近斷口處已有"沅陵"，故而可以排除與9-436+9-464連讀、綴合的可能性。

對於9-436+9-464，我們斷句作：

運食鄉部卒及徒隸有病及論、病者，即癃。縣及庚、其部，固皆上志治粟Ⅰ府·卅四年五月乙丑朔丁亥，趣勸通食洞庭守叚（假）丞可戈移鐔成、沅Ⅱ 9-436+9-464

☑武手。9-464背

上揭釋文"有病及論"，可理解作"有病"及"有論"。後者見於里耶秦簡：

冗佐八歲上造陽陵西就曰䚡，廿五年二月辛巳初視事上衍。Ⅰ病署所二日。Ⅱ·凡盡九月不視事二日，·定視事二百一十一日。Ⅲ 8-1450 廿九年後九月辛未Ⅰ行計，即有論上衍。卅年Ⅱ☐不視事，未來。Ⅲ 8-1450背

《校釋一》注：[2]

---

[1] 8-768號簡釋文作：卅三年六月庚子朔丁未，遷陵守丞有敢言之：守府下Ⅰ四時獻者上吏缺式曰：放（仿）式上。今牒書瘾（應）書者一牒上。敢言之。Ⅲ 8-768 六月乙巳旦，守府即行。　履手。8-768背

[2] 陳偉主編，何有祖、魯家亮、凡國棟撰著：《里耶秦簡牘校釋（第一卷）》第329頁。

《奏讞書》案例十八有"四月辛卯眂有論去",李學勤先生云:"有罪離去。"[1]

今按:"不視事"上一字應是"毄(繫)"。"卅年毄(繫)不視事,未來",與"廿九年後九月辛未行計,即有論上衍"文意相承,"毄(繫)不視事,未來"與"有論"相呼應,可知此種"有論"皆指被論罪,而非論他人罪。可證李學勤先生的判斷爲是。

"運食鄉部卒及徒隸有病及論病者"之"論"下有標識符號,提醒"論""病"應有分別。這裏似可斷句作"有病及論、病者","及"後並列的是被論罪之人中生病之人。"有病及論、病者"作爲"運食鄉部卒及徒隸"的後置定語。"運食鄉部卒及徒隸有病及論、病者"大致包含運食鄉部卒及徒隸有病之人,以及"運食鄉部卒及徒隸"被論罪以後生病的人。"即瘠"各家多屬下讀,今屬上讀。"即瘠"之"即",其文例類8-650+8-1462"却即道下,以券與却"之"即",訓作"就""到"。瘠,黄浩波先生謂是"官府設置的養病之所",楊先雲先生謂是"安置受傷得病的士卒的特定官署",今從之。"即瘠",指到官府設置的養病之所。

"縣及瘠其部固皆上志治粟府"之"皆",提醒動詞"上"前的主語是複數。其部,似指"運食鄉部卒及徒隸"之"鄉部"。"運食鄉部卒及徒隸"可分析作"事(即運食)+機構或單位(鄉部)+人員類屬(卒及徒隸)",這裏的"鄉部"較有可能是"卒及徒隸"所屬。"其部"作爲"卒及徒隸"具體管理方,自當是"上"的主語之一。"縣及瘠","及"連接的"縣"是統管方,"瘠"是病人的收容方。既然前面提及病人"即瘠",所以緊接着的"瘠"作爲病人的收容方,似必不可少。從這個意義上説,楊先雲先生所改釋作"庚"的 ,如仍看作"瘠",文意當更順暢,且不突兀。但此處從字形來看確是"庚"字,該如何理解呢?楊先雲先生曾引到9-2086+9-2115:

---

[1] 原注:《〈奏讞書〉解説(下)》,《文物》1995年第3期。

第三章　里耶秦簡字詞新釋　311

　　　☐□沅=陵=庚└上=衍=安陽庚□☐
　　　☐瘀（療）及論└病有瘳及論☐9-2086+9-2115

"沅陵"上的未釋字是標識符號└。其二列"論└病"也見於9-436+9-464"有病及論、病者"。我們注意到第一列有兩組重文符號，給簡文理解帶來障礙。但不影響抽離出"沅陵庚""安陽庚"。庚，儲積。《漢書·食貨志下》："其賈氏賤減平者，聽民自相與市，以防貴庚者。"顏師古注："庚，積也。以防民積物待貴也。"這裏的"庚"與"瘀（療）"同在一簡，似負責爲"瘀（療）"者提供生活物質。至於9-436+9-464"庚"有可能是負責爲"鄉部卒及徒隸"提供運食期間的生活物質。"縣及庚其部固皆上志治粟府"可斷句作"縣及庚、其部固皆上志治粟府"或"縣及庚、其部，固皆上志治粟府"。後一種斷讀語氣略緩，且層次清楚一些。

　　"運食鄉部卒及徒隸有病及論、病者，即瘀。縣及庚、其部，固皆上志治粟府"記載了運食的鄉部卒及徒隸，生病或者被論罪後生病，到瘀去（療病）。縣、庚、鄉部，都分別向治粟府上報志來說明詳情。這是在鄉部卒及徒隸在運輸食的過程中應對生病人員的措施。從該辦法中不涉及具體的縣鄉，可知並不是某一具體事件的記錄，而是處理類似病情的一般性辦法或律令條文。

　　"·卅四年五月乙丑朔丁亥，趣勸通食洞庭守叚（假）丞可戈移鐔成、沅"，用"·"分隔，提示下面的内容與前面的内容應有別。"·"以下記錄了"趣勸通食洞庭守叚（假）丞可戈"把"·"前面所見一般性辦法或律令條文下達給"鐔成、沅"等縣。這裏的"趣勸通食"，與"鄉部卒及徒隸"之事"運食"，當在"洞庭守叚（假）丞可戈"所負責之事務範圍內。

一七

　　里耶9-445號簡：

☐令□□殷言夬如書敢

"令"下一字，整理者、《校釋二》均未釋。按：該字圖版作：

此字筆畫漫漶，細審，當釋作"曹"。里耶秦簡"曹"字寫作： （8－174）、 （8－699），可參看。里耶秦簡屢見"令曹"，如9－593+9－1274號簡："令曹書一封，丞印，詣酉陽。 十一月丙辰水下七刻，守府困移以來"，9－2003號簡："令曹書一封，丞印詣酉陽☐"等。

"殷"上一字，整理者、《校釋二》闕釋，圖版作：

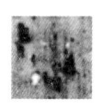

此字較模糊，從殘劃看，疑爲"丞"。"丞殷"亦見於里耶秦簡9－1871背+9－1883背+9－2469背+2471背："五月庚午朔辛卯，遷陵守丞殷告庫主：書皆已下，聽書，以律令從事"。

"書"後一字，整理者、《校釋二》均釋爲"敢"。按：該字圖版作：

當釋爲"毄（繫）"。里耶秦簡有"毄（繫）"字，如： （8－144）、 （8－145），可參看。簡文"毄"讀爲"繫"，取拘囚、拘禁之義。《禮記·月令》："斷薄刑，決小罪，出輕繫。"《史記·越王勾踐世家》："湯繫夏臺，文王囚羑里。"

夬，《校釋二》讀爲"決"，可從。決，決定。《禮記·曲禮上》："分爭辨訟，非禮不決。"《史記·酷吏列傳》："湯決大獄，欲傅古義，乃請博士弟子治《尚書》《春秋》補廷尉史，亭疑法。""言夬（決）"，里耶秦簡9－1864號簡有"亟論都言夬（決）"，可參看。

第三章　里耶秦簡字詞新釋　313

"如書",見於里耶秦簡:

☒【庭】叚(假)守【繹】下洞庭尉☒Ⅰ
☒之如書,書甲辰☒☒Ⅱ 9-1300
☒吏發。9-2319
☒【書】縣道官☒如書☒ 9-2319 背

關於簡 9-445 斷句,可參看里耶秦簡 8-136+8-144 號簡記:"☒☒☒史,有遝耐皋以上,毄(繫)遷陵未央(決),毋遣殹。謁報覆獄治所,敢言。"及居延漢簡 239.46:"鞠繫,書到,定名縣爵里。"[1]

綜上,9-445 號簡釋文可改作:

☒令曹丞殹言夬(決)如書,毄(繫)

一八

里耶 9-596 號簡:

☒☒以來　☒

"以"上一字,整理者、《校釋二》未釋。按:該字圖版作:

此字上邊因竹簡殘斷而致筆畫不全,右旁"多"較清楚,當是"移"字。里耶秦簡"移"寫作 ▨ (8-21)、▨ (8-63),可參看。

"移"可用作動詞,指轉呈、移送文書。里耶 8-21 號簡"寫移令史,可以律令從事,敢【告】☒",《校釋一》注:"寫移,亦見於漢簡。李均明先生云:'寫,謄錄。移,轉呈。'"[2] 里耶 8-746+8-1588 號簡記"☒朸鄉守糾敢【言之】:遷陵移佐士五(伍)朸鄉里居坐謀☒",

---

[1] 簡牘整理小組編:《居延漢簡(三)》,"中研院"史語所 2016 年,第 94 頁。
[2] 陳偉主編,何有祖、魯家亮、凡國棟撰著:《里耶秦簡牘校釋(第一卷)》第 34 頁。

《校釋一》注："移，似指移書。"[1] 睡虎地秦簡《秦律十八種·倉律》44號簡"宦者、都官吏、都官人有事上爲將，令縣貣（貸）之，輒移其稟縣，稟縣以減其稟。已稟者，移居縣責之"，整理者注："移，即移書，致送文書。"[2]

里耶9-593+9-1274號簡"令曹書一封，丞印，詣西陽。十一月丙辰水下七刻，守府囷移以來"，[3]《校釋二》注："囷移，人名。"又簡9-2283背記"三月丁巳水下七刻，隸臣移以來。／爽半　如手"，《校釋二》注："移，人名。"這兩例"移"較可能指移書。

一九

里耶9-623號簡：[4]

　　人【叚（假）校長】。☒Ⅰ
　　二人求盜。☒Ⅱ
　　二人門。☒Ⅲ
　　二人佐它人偕載粟沅☒Ⅳ

該牘圖版作：

---

[1] 陳偉主編，何有祖、魯家亮、凡國棟撰著：《里耶秦簡牘校釋（第一卷）》第215頁。
[2] 睡虎地秦墓竹簡整理小組編：《睡虎地秦墓竹簡》"釋文注釋"第30—31頁。
[3] 參楊先雲：《〈里耶秦簡（貳）〉簡牘綴合續表》，簡帛網2018年5月13日。
[4] 陳偉主編，魯家亮、何有祖、凡國棟撰著：《里耶秦簡牘校釋（第二卷）》第165頁。

第三章　里耶秦簡字詞新釋　315

該牘下部、右部殘，上部端口整齊。現存牘呈四列書寫，其中第2—4列第一字皆是"二"字，第1列"人叚（假）校長"之"人"上疑缺"一"或"二"，即其上可補一橫筆或二橫筆，同時第2—4列"二"上也可補一橫或二橫。不過，第2—4列"二"上如加二橫即成四橫，但在里耶簡中{四}較多寫成"四"，而不寫作四橫，那麼可排除補二橫的可能。由此可見，"人叚（假）校長"上很可能補一橫，即"一人叚（假）校長"，而第2—4列"二"上可補一橫，皆作"三"。9-623釋文可改作：

【一人叚（假）校長】。☒Ⅰ
【三】人求盜。☒Ⅱ
【三】人門。☒Ⅲ
【三】人佐它人偕載粟沅☒Ⅳ

它人，《校釋二》指出："應是人名。9-53云'三人與佐它人偕載粟……'。"9-53號簡釋文作：[1]

三人與佐它人偕載粟☐☒Ⅰ
十人與佐畸偕載粟☒Ⅱ
二人瘠。☒Ⅲ

我們注意到9-623如補作"三人佐它人偕載粟沅"，與9-53"三人與佐它人偕載粟"内容極爲接近，皆爲"佐它人"帶領三人載粟。

9-1479號簡也有與9-623號簡相似的内容，[2]其釋文作：

☐人求盜。☒Ⅰ
三人門☒。Ⅱ
二人與☐☐☐偕載粟沅陵五月☒Ⅲ
十人與佐畸偕載粟門淺四月☐☒Ⅳ

該牘上部有磨損，筆畫略有脱失。參考9-623、9-53可知，9-1479第

---

[1] 陳偉主編，魯家亮、何有祖、凡國棟撰著：《里耶秦簡牘校釋（第二卷）》第56頁。
[2] 陳偉主編，魯家亮、何有祖、凡國棟撰著：《里耶秦簡牘校釋（第二卷）》第316頁。

3列"二人與□□□偕載粟沅陵五月"可改釋作"三人與佐它人偕載粟沅陵五月",其中"三""佐它人"筆畫仍隱約可見。第1列"求盜"上二字筆畫脫損嚴重,其中"人"字筆畫全部磨滅,現釋作"人"的筆畫,疑是"三"之殘筆,此處可補作"三人"。

9-623"三人佐它人偕載粟沅",大致對應9-53"三人與佐它人偕載粟"、9-1479"三人與佐它人偕載粟沅陵五月",這些簡中"與佐某偕載粟"的文例也見於9-1479"十人與佐畸偕載粟門淺四月□"。從這種對應可推測9-623"三人""佐它人"之間較有可能簡省或脫寫"與"字。9-623"三人佐它人偕載粟沅",與9-53"三人與佐它人偕載粟"皆爲三人被"佐它人"帶領去載粟,因簡殘缺,這三枚簡是否爲一事的相同記載,還是多次載粟事件的相同記載,尚待進一步考訂。

9-623	9-1479	9-53
一人【叚(假)校長】。☑Ⅰ 三人求盜。☑Ⅱ 三人門。☑Ⅲ 三人佐它人偕載粟沅☑Ⅳ	【三人】求盜。☑Ⅰ 三人門☑。Ⅱ 三人與【佐它人】偕載粟沅陵五月☑Ⅲ 十人與佐畸偕載粟門淺四月□☑Ⅳ	三人與佐它人偕載粟☑Ⅰ 十人與佐畸偕載粟☑Ⅱ 二人痲。☑Ⅲ

上表三簡所記作徒具體事務,有同有異。9-623第2—4列可與9-1479第1—3列大致對應,9-1479第3—4列可與9-53第1—2列内容對應。這三簡殘存記錄,是因爲簡殘損所致,還是本就只是局部抄寫,暫不可知。不過,這三份記錄背後可能有一個更完整的徒作記錄,至少包含以下内容:

　　　　一人【叚(假)校長】。☑
　　　　三人求盜。☑
　　　　三人門。☑

第三章　里耶秦簡字詞新釋　317

三人與【佐它人】偕載粟沅陵五月☒
十人與佐畸偕載粟門淺四月□☒
二人癎。☒

二〇

司空訊却，辤（辭）曰：士五（伍），居城父 9－1410
心心忌□爲爲爲爲城爲城勿易勿易勿 9－1410 背

　　司空，張春龍、龍京沙先生指出爲官名，掌管工程，後逐漸成爲主管刑徒的官名。也指在司空服役的刑徒。[1] 李學勤先生指出是管理刑徒的官吏，也負責居貲贖債。[2] 鄒水傑先生認爲里耶秦簡記載縣下設有"司空"機構，管理縣中徭役、刑徒和居貲贖債事務，但鄉中並沒有司空的設置。秦時縣司空之官長可設有秩、嗇夫或守。[3] 今按："司空訊却"四字在竹簡上的分布如下：

比較容易看出"司空"在竹簡中綫右側書寫，字體偏小，而"訊却"等諸字居中書寫，字體偏大。里耶簡有"司空"加人名的用例，如 9－191＋9－327"司空色、佐敬分負"，出現在"佐敬"前的"司空色"當是"司

---

[1] 張春龍、龍京沙：《湘西里耶秦代簡牘選釋》，《中國歷史文物》2003 年第 1 期。
[2] 李學勤：《初讀里耶秦簡》，《文物》2003 年第 1 期。
[3] 鄒水傑：《也論里耶秦簡之"司空"》，《南都學壇（人文社會科學學報）》2014 年第 5 期。

空"這個機構的長官。本簡"司空"後未接人名，從文意上不大可能與"訊却"連讀，頗疑"司空""訊却"並非一次書寫。結合簡尾出現的二斜畫，以及簡背的習字內容，不排除"司空"及斜畫，是後來的習字內容。

二一

里耶 9‐2035 號簡：

・乙亥訊餕：狐勇買胡毛

"乙亥"二字，原釋文另作一行。《校釋二》指出此二字甚小，應是補寫。[1] 今按："乙亥"係後補入，其最初書寫的體例，可參照 9‐2575 號簡，簡首作"・訊某"，對某人訊問記錄之辭。由此可見，9‐2035、9‐2575 號簡原有着相似的書寫體例，即"・訊某"。

二二

里耶 9‐2301 號簡[2]：

☐☐親毋道七月來報不麥等以廿五【年】五月……☐期未

☐臣請並將軍亞執論，節（即）命曰☐臣☐……☐其

☐☐戍戍，【大庶】長賁告五☐幕候兩☐馬，聽書從【吏（事）】☐

☐論毋有，亟言莫（幕）候以聞。已盡略齊地，鬼毋有☐

☐聽書從吏（事），執捕必得之，唯留，各下書所臧式

☐真如此。

"親毋道""七月來報"下，似皆可斷開，釋文作"親毋道，七月來報：不麥等以廿五【年】五月……"。"不麥等以廿五年五月"應是報的

---

[1] 釋文參看湖南省文物考古研究所編著：《里耶秦簡（貳）》；里耶秦簡牘校釋小組（何有祖執筆）：《〈里耶秦簡（貳）〉校讀（一）》，簡帛網 2018 年 5 月 17 日。

[2] 張家山二四七號漢墓竹簡整理小組編：《張家山漢墓竹簡〔二四七號墓〕》第 152 頁。

具體內容。

"並將軍亟執論",並將,見於《史記·齊悼惠王世家》:"使臣請大王幸之臨菑見齊王計事,並將齊兵以西平關中之亂"。漢簡有"兼將"之說,爲相近表述,如張家山漢簡《二年律令》140號簡:"群盜殺傷人、賊殺傷人、強盜,即發縣道,縣道亟爲發吏徒足以追捕之,尉分將,令兼將,亟詣盜賊發及之所,以窮追捕之。"[1]

"論毋有,亟言莫(幕)候以聞。已盡略齊地,鬼毋有□"一句,似當在"論""毋有"下逗開,在"亟言"下斷句。其中"毋有,亟言",可參看里耶秦簡9-2315"各謙(廉)求其界中。得弗得,亟言,薄留日"之"得弗得,亟言"、[2] 8-67+8-652"歲上物數會九月朢(望)大(太)守府,毋有亦言"之"毋有亦言"。[3] "以聞"下加冒號,"已盡略齊地,鬼毋有□"應是"聞"的具體內容。"毋有"下的未釋字,疑是"流",指移動不定。《後漢書·來歙傳》:"隴西雖平,而人飢,流者相望。"李賢注:"流,謂流離以就食也。"提及隴西平定後流者相望。"已盡略齊地,鬼毋有流",似説已盡略齊地,即便是鬼都沒有流移的。強調新占地已得到控制。《殷周金文集成》2833 禹鼎銘文有"伐鄂侯馭方,勿遺壽幼",在局面控制程度上似可與之相類比。當然後者強調對敵對勢力清理的力度。此句釋文作"論,毋有,亟言。莫(幕)候以聞:已盡略齊地,鬼毋有流"。

"唯留"之"唯",表祈請。里耶秦簡9-1782"唯勿留"、8-1252+8-1265"唯毋失期"、8-1552"唯毋遺"可參看。

"各下書所臧式"一句,"書"下一字左從言,右筆畫略有脱落,似從果,即"課"字。"課"下一字,從竹從司,即"笥"字。"課笥"即裝有"課"文書的笥,二者連言見於里耶秦簡8-906"卅四年遷陵課

---

[1] 陳偉主編,魯家亮、何有祖、凡國棟撰著:《里耶秦簡牘校釋(第二卷)》第470頁。
[2] 陳偉主編,何有祖、魯家亮、凡國棟撰著:《里耶秦簡牘校釋(第一卷)》第52頁。
[3] 陳偉主編,魯家亮、何有祖、凡國棟撰著:《里耶秦簡牘校釋(第二卷)》第408頁。

筍"。"筍"下一字存疑。釋文作"各下書、課筍☐"。"下"所接賓語除了"書",還有"課筍",二者用頓號連接。下課筍,似指下達與"課"有關文書之筍。里耶秦簡 9－2326"讞曹讞書當布求之筍卅年下到遷陵",即把"讞曹讞書當布求之筍"下達到遷陵。可參看。

我們把修訂的釋文列於下:

☐☐親毋道,七月來報:不麥等以廿五【年】五月……☐期未
☐臣請並將軍亟執論。節(即)命曰:☐臣☐……☐其
☐☐戊戌,【大庶】長貴告五☐幕候兩☐馬:聽書從【吏(事)】☐
☐論,毋有,亟言。莫(幕)候以聞:已盡略齊地,鬼毋有流
☐聽書從吏(事),執捕必得之,唯留,各下書、課筍☐
☐真如此。

上揭簡文提及的"不麥等",其中"不麥"當是人名,不麥等,即不麥等人。從文意看"不麥等"似是"臣"請求領軍"亟執論"的對象。這一請求最終由"大庶長貴"給予回應,具體由"五☐幕候"執行,可知自稱"臣"之人,所屬可能是"五☐幕候"。從"五☐幕候"所說"已盡略齊地,鬼毋有流",可知"五☐幕候"具體執行"略齊地"之事。

二三

里耶 9－2503 號簡:

☐【唯】毋豫失期,它如

豫,《校釋二》:"懈怠或遲疑。《玉篇·象部》:'豫,怠也。'《楚辭·九章·惜誦》:'壹心而不豫兮,羌不可保也。'王逸注:'豫,猶豫也。'"[1] 豫,可指早。《廣雅·釋言》:"豫,早也。"《漢書·趙充國傳》:"宜遣使者行邊兵豫爲備,敕視諸羌,毋令解仇。"

---

[1] 陳偉主編、魯家亮、何有祖、凡國棟撰著:《里耶秦簡牘校釋(第二卷)》第 499 頁。

失，原釋文釋爲"先"。《校釋一》作"失"。[1] 今按：里耶 8-1252"☐☐將其求盜詣廷，會庚午旦，唯毋失期"，其中有"唯毋失期"。"唯毋豫失期"，如指希望不要懈怠失期，似也可通。但字形上仍有疑問。該字簡文作：

似仍當釋作"先"。《説文》："先，前進也。从儿，从之。"[2]《説文新證》："甲骨文从'之'（或从'止'，取意當同）、从'人'，會人前進之意。"[3]《説文》分析"先"下所从"儿"當是"人"的變體。上揭字形上从之，下从人，當即"先"字。類似寫法見於胡家草場醫方牘"·已聞（瘨），先久尾上，三壯"，[4] 其中"先"字作 ，可參考。秦漢隸書與"先"字下部所从人的末筆，寫法略有變化，如里耶秦簡8-522"行先道旁曹始"之"先"字作 ，上部从"之"，下部寫法與8-1624"失"字作 類似，但整體而言還是有着細微差別。

文獻也有"豫先"一詞，指事先。《史記·酷吏列傳》："奏讞疑事，必豫先爲上分别其原，上所是，受而著讞決法廷尉，絜令揚主之明。"嶽麓肆179號簡："令守城邑害所，豫先分善署之，財（裁）爲置將吏。"[5] 由於還没有看到"豫先期"的用法，且此簡上部殘，此處"先"是用作本字，還是看作"失"的訛字，待考。

二四

里耶 9-2575 號簡：

---

[1] 陳偉主編，魯家亮、何有祖、凡國棟撰著：《里耶秦簡牘校釋（第二卷）》第 499 頁。
[2] [漢] 許慎撰：《説文解字》第 177 頁。
[3] 季旭昇：《説文新證》，（臺北）藝文印書館 2014 年，第 693 頁。
[4] 謝明宏：《試釋胡家草場醫方木牘的"尾上三壯"》，簡帛網 2020 年 1 月 16 日。
[5] 陳松長主編：《嶽麓書院藏秦簡（肆）》第 127 頁。

·訊雜：雞鳴☒

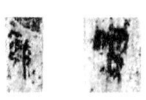

"雜"下二字，原釋文未釋，簡文作：

今按：可釋爲"雞鳴"。里耶8-950"雞"字作，睡虎地秦簡《日書甲種》簡47"鳴"字作，可參看。雞鳴，時辰名，見於睡虎地秦簡《編年紀》45號簡"卅五年，攻大壄（野）王。十二月甲午雞鳴時，喜產。"整理者注："鷄鳴時，丑時，見《尚書大傳》。"[1] 簡文中的"雞鳴"可能與"雜"供辭中所交代行爲的時間有關。

二五

里耶9-3054號簡：

☒□非其□☒

"其"下一字，原未釋，簡文作：

即"官"字。"非其官"，見於《二年律令·置吏律》216"官各有辨，非其官事勿敢爲，非所聽勿敢聽"。此前我們所綴合的8-600+8-637+8-1890"聽勿敢聽，不從令，貲二甲"，[2]也見於《二年律令·置吏律》216號簡。不過9-3054"非"上一字作：，筆畫殘損嚴重，是否爲"辨"字難以判斷。故而9-3054是否記錄的是類似《二年律令·置吏律》那樣的律文，還有待進一步研究。

---

[1] 睡虎地秦墓整理小組：《睡虎地秦墓竹簡》，釋文見於"釋文注釋"第5頁，注釋見於"釋文注釋"第9頁。
[2] 何有祖：《里耶秦簡牘綴合（三則）》，簡帛網2013年7月12日；何有祖：《里耶秦簡牘綴合（四則）》，簡帛網2013年10月4日。

第三節 《里耶秦簡博物館藏秦簡》字詞新釋

本節擬對《里耶秦簡博物館藏秦簡》所見 4 枚簡牘的字詞加以考釋。

一

廿六年六月癸丑，遷陵拔訊榬：蠻、⌐衾☒ 12-10 正

鞠之：越人以城邑反，蠻⌐、衾⌐害，弗智（知）☒ 12-10 背

"訊"下一字，王煥林先生疑爲"捽"，訓作揪。[1] 《選釋》作"榬"。[2] 今按：釋"榬"可從。"蠻"下一字，《湖南龍山里耶戰國——秦代古城一號井發掘簡報》釋作"衾"。[3] 《選釋》作"衿"。[4] 周宏偉先生釋爲"衾"。[5] 今按：釋"衾"可從。

"榬""蠻""衾"三字，王煥林先生指出"蠻""衾"二字連讀，指荆楚之民，與典籍習用之"蠻荆"應視爲同音或音近的借用。[6] 《選釋》將三字皆看作人名。[7] 馬怡先生指出"榬蠻"疑爲人名並指出本簡簡影圖版在"蠻"字下有"⌐"號。[8] 周宏偉先生分別釋爲"楚""蠻""衾"，並指出簡文中的"⌐"符號，實際共有三個，分別位於正面的"蠻"字右下、背面"蠻""衾"二字右下。"⌐"符號應該是用來

---

[1] 王煥林：《里耶秦簡校詁》，中國文聯出版社 2007 年，第 102—103 頁。
[2] 張春龍、龍京沙：《湘西里耶秦代簡牘選釋》。
[3] 湖南省文物考古研究所、湘西土家族苗族自治州文物處、龍山縣文物管理所：《湖南龍山里耶戰國——秦代古城一號井發掘簡報》，《文物》2003 年第 1 期。
[4] 張春龍、龍京沙：《湘西里耶秦代簡牘選釋》。
[5] 周宏偉：《蠻衾：楚人俗稱的一個新寫法——里耶 J1 [12] 10 號秦簡釋讀》，《湖南工業大學學報（社會科學版）》2007 年第 1 期。
[6] 王煥林：《里耶秦簡校詁》第 102—103 頁。
[7] 張春龍、龍京沙：《湘西里耶秦代簡牘選釋》。
[8] 馬怡：《里耶秦簡選校》，《中國社會科學院歷史研究所學刊》第 4 集，商務印書館 2007 年。

表示重複字的。"蠻夋"二字並不能斷開，它既不是人名，也不是"當地少數民族"，而是"蠻荆"的異寫。[1] 今按：把"梫""蠻""夋"皆看作人名，可從。12-10 正面"蠻"下有"┗"，背面"蠻""夋"二字右下各有一"┗"，可見"蠻""夋"均用作人名。簡正面《選釋》斷句作"遷陵拔訊梫、蠻、┗夋"，[2] 即訊問"梫、蠻、夋"三人的罪行，但簡背記録的鞫審結果描述越人以城邑反之時"蠻""夋"的罪行，只見"蠻""夋"，不見"梫"，並不相合。可見"梫"並没有被列爲罪犯，而是作爲證人。那麼，簡正面當斷句作"遷陵拔訊梫：蠻、┗夋"，大意是遷陵拔訊問梫，瞭解"蠻""夋"的罪行。

越人，《選釋》謂即"濮越人"，[3] 王焕林先生謂即西越之人。[4] 馬怡先生指出是秦漢時期南方少數民族族群名。[5] 郭濤先生指出"今結合嶽麓（伍）的記載'謀以城邑反及道故塞徼外蠻夷來欲反城邑者'的語境來看，以城邑反者針對的是個人犯罪，且律文具有普遍性，'越人'更可能是人名，而非族群名。"[6] 劉聰先生指出"越人"是生活在今湖南一帶少數民族的稱呼，而非人名。[7] 今按："鞫之：越人以城邑反"之"越人"，參考 14-831 背"·鞫之：試以城邑反，亡奔☐"之"試"，可知用作人名的意見可從。

蠻，馬怡先生指出"蠻"，疑即本簡"梫蠻"。[8] 按："蠻"也見於簡正面，用作人名。

"害"，《選釋》指出"害"應讀爲"曷"，[9] 馬怡先生疑爲人

---

[1] 周宏偉：《蠻夋：楚人俗稱的一個新寫法——里耶 J1 [12] 10 號秦簡釋讀》。
[2] 張春龍、龍京沙：《湘西里耶秦代簡牘選釋》。
[3] 張春龍、龍京沙：《湘西里耶秦代簡牘選釋》。
[4] 王焕林：《里耶秦簡校詁》第 103 頁。
[5] 馬怡：《里耶秦簡選校》。
[6] 郭濤先生意見參看劉聰：《讀〈里耶秦簡〉札記一則》，簡帛網 2018 年 9 月 25 日。
[7] 劉聰：《讀〈里耶秦簡〉札記一則》，簡帛網 2018 年 9 月 25 日。
[8] 馬怡：《里耶秦簡選校》。
[9] 張春龍、龍京沙：《湘西里耶秦代簡牘選釋》。

名。[1] 今按："蠻⌐、夵⌐害，弗智（知）"，其中"害，弗智（知）"較有可能是對"蠻、夵"二人犯罪事實的描述。嶽麓伍 170－172 號簡"今爲令 ⌐：謀以城邑反及道故塞徼外蠻夷來欲反城邑者，皆爲以城邑反。智（知）其請（情）而舍之，與同皋。弗智（知），完爲城旦舂 ⌐。以城邑反及舍者之室人存者，智（知）請（情），與同皋，弗智（知），贖城旦舂 ⌐。"[2] 這是與"以城邑反"罪相關的律文，其中有對"弗智（知）"者的判罪規定。害，疑指造成危害後果。張家山漢簡《二年律令·賊律》11 號簡："矯制，害者，棄市；不害，罰金四兩。"其中即有關於害、不害兩種情況的規定。

二

里耶 14－469 號簡：

其餘船，吏皆復以繇（徭）使，采赤金。

其，《里耶秦簡博物館藏秦簡》作二未釋字。[3] "其"這裏作爲代詞，所指代不明。可知此簡並非首簡，當接在他簡之後。

復，原釋文未釋。"復以"見於《二年律令·金布律》433 號簡云："亡、殺、傷縣官畜產，不可復以爲畜產。"

繇使，讀作徭使。相關辭例可見《二年律令·津關令》500－501 號簡："相國、御史請關外人宦爲吏若徭使，有事關中，不幸死，縣道若屬所官謹視收斂。"《二年律令·徭律》412－413 號簡："免老、小未傅者、女子及諸有除者，縣道勿敢徭使。"[4]

---

[1] 馬怡：《里耶秦簡選校》。
[2] 陳松長主編：《嶽麓書院藏秦簡（伍）》第 124—125 頁。
[3] 里耶秦簡博物館、出土文獻與中國古代文明研究協同創新中心中國人民大學中心編著：《里耶秦簡博物館藏秦簡》。
[4] 以上引文分別見於張家山二四七號漢墓竹簡整理小組編：《張家山漢墓竹簡〔二四七號墓〕》第 191、207、188 頁。

三

里耶 14－638 號簡：

　　馬以傳食，人疾及留不行日移索（索），[1] 索（索）集報參川都水薄（簿）留日

　　馬以傳食，即馬按傳的標準來喂食。張家山漢簡《二年律令》232－233號簡："丞相、御史及諸二千石官使人，若遣吏、新爲官及屬尉、佐以上徵若遷徙者，及軍吏、縣道有尤急言變事，皆得爲傳食。"[2] 馬喂養需時日，這也是下文"不行"的原因之一。"以"可訓作因。

　　人疾，《湖南出土簡牘選編①》作"入券"，[3]《新見里耶秦簡牘資料選校（三）》從之，[4]《里耶秦簡博物館藏秦簡》圖版139頁所附釋文作"入疾"，[5] 已據紅外綫將"券"改釋作"疾"。今按：釋"疾"可從。不過"疾"前一字恐是"人"字。該字圖版作：

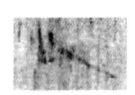

與里耶秦簡"人"字作：

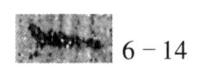

　　　　6－14　　　　8－31

"入"字作：

---

[1] 索（索），簡帛論壇談友"abc"釋。參看"abc"：《讀里耶秦簡偶得》，簡帛網·簡帛論壇2015年8月7日。

[2] 張家山二四七號漢墓竹簡整理小組編：《張家山漢墓竹簡〔二四七號墓〕》第164頁。

[3] 宋少華、張春龍、鄭曙斌、黄朴華編著：《湖南出土簡牘選編①》，嶽麓書社2013年。

[4] 里耶秦簡牘校釋小組（魯家亮執筆）：《新見里耶秦簡牘資料選校（三）》，簡帛網2015年8月7日。

[5] 里耶秦簡博物館、出土文獻與中國古代文明研究協同創新中心中國人民大學中心編著：《里耶秦簡博物館藏秦簡》。

第三章　里耶秦簡字詞新釋　327

8－1201　　　　8－1200

相比較，可知當是人。人疾及留不行日，即人疾不行與人逗留不行的天數。秦漢出土文獻中對因傳送重要或緊急事情之時而逗留不行有較爲詳細的規定，如：

> 行書律曰：傳行書，署急輒行，不輒行，貲二甲。不急者，日
> 蓾（畢）。留三日，貲一盾；四日〖以〗上，貲一甲。二千石官書
> 不急者，毋以郵行。　　　　　　　　　　（嶽麓肆 192－193[1]）

> 詣所縣官屬所執灋，即亟遣，爲質日，署行日，日行六十里，
> 留弗亟遣過五日及留弗傳過二日到十日，貲縣令以下主者各二甲
> ╚；其後弗遣復過五日，弗傳過二日到十日，輒駕（加）貲二甲；
> 留過二月，奪爵一級，毋（無）爵者，以卒戍江東、江南四歲。
> 　　　　　　　　　　　　　　　　　　　　（嶽麓肆 234－236[2]）

> 發徵及有傳送，若諸有期會而失期，乏事，罰金二兩。非乏事
> 也，及書已具，留弗行，行書而留過旬
> 　　　　　　　　　　　　　　　（《二年律令·行書律》269 號簡[3]）

薄（簿）留日，見於里耶秦簡，如：

> 癢（應）令及書所問且弗癢（應），弗癢（應）而云當坐之狀
> 何如？Ⅰ其謹案（案）致，更上，奏史展薄（簿）留日，毋騰却它
> Ⅱ 8－1564

> □薄（簿）留日□ 8－2154

> 爲奏，傳所以論之律令，言展薄留日。·令 8－869+8－1617[4]

---

[1] 陳松長主編：《嶽麓書院藏秦簡（肆）》第 131—132 頁。
[2] 陳松長主編：《嶽麓書院藏秦簡（肆）》第 145—146 頁。
[3] 彭浩、陳偉、（日）工藤元男主編：《二年律令與奏讞書——張家山二四七號漢墓出土法律文獻釋讀》第 202 頁。
[4] 何有祖：《里耶秦簡牘綴合（六則）》，簡帛網 2012 年 12 月 23 日。

指記錄逗留天數，爲動詞短語。這裏指所記録的逗留天數。

簡文"馬以傳食、人疾及留不行日移索（索），索（索）集報參川都水薄（簿）留日"，指馬因按傳的標準喂養、人疾與停留而不行的天數要移書索，索集中後上報給參川都水，由其"薄（簿）"留日。

四

里耶15-259號簡：

廿六年端月己丑，上鞋鄉爰書☒ I

人黑色，年可六月，六尺九寸☒☒ II

端月甲戌，上□鄉奚敢言之☒ III

二月癸丑，新武陵丞赾敢告□☒ IV

上鞋鄉，《新見里耶秦簡牘資料選校（三）》："上鞋，縣名，又見於8-1219號簡。鄉，人名。"[1] 今按："上鞋鄉"之"上鞋"見於8-1219：

七月辛巳，上鞋守丞敬敢告遷陵丞主寫移令史，可以律令從 I

【事，移書主】……II

把上鞋看作縣名，當是。"上鞋鄉"可能是指上鞋縣某鄉。《奏讞書》131號簡"蒼梧縣反者"，整理小組注："蒼梧，縣名，應屬南郡。守竃，守令竃之省，與下文'攸守媱'及與江西遂川出土秦戈的'臨汾守曋'同例。"陳偉老師指出："蒼梧，秦郡名。攸爲其屬縣。里耶秦簡J1∶16∶5與J1∶16∶6中，蒼梧與巴郡、南郡並列，亦可爲證。竃當是蒼梧郡守，徒唯爲蒼梧郡尉。"[2] 其中"蒼梧縣"指蒼梧郡屬縣。基於相似的考慮，"上鞋鄉"可能指上鞋縣某鄉。鄉爲人名的可能

---

[1] 里耶秦簡牘校釋小組（魯家亮執筆）：《新見里耶秦簡牘資料選校（三）》，簡帛網2015年8月7日。

[2] 陳偉：《秦蒼梧、洞庭二郡芻論》，《歷史研究》2003年第5期。

性較小。

年可六月,《湖南出土簡牘選編①》作"長面,大目",[1]《選校(三)》從之,《里耶秦簡博物館藏秦簡》圖版 141 頁所附釋文作"長可六月",[2] 今按:釋"可六月"可從。"可"前一字當爲"年"。可,大約。"年可"後接某歲的例子見於:

  繚可年可廿五歲,長可六尺八寸,赤色,多髮,未產須 8-439+8-519+8-537

  故邯鄲韓審里大男子吴騷,爲人黄晰色,隋(橢)面,長七尺三寸☐ I

  年至今可六十三、四歲,行到端,毋它疵瑕,不智(知)衣服、死產、在所☐ II 8-894

或省"可",如:

  李廣☐客,皙色,長可七尺,年卅歲 12-140

  遷陵獄佐士五(伍)朐忍成都謝,長七尺二寸,年廿八歲,白晰色。舍人令佐寂占。8-988

或省"歲",如:

  白晰色,隋,惡,髮須,長可七尺三寸,年可六十四。8-534

本簡"年可六月","年"後接幾月,其例見於:

  贈晰色,長二尺五寸,年五月,典和占。I

  浮晰色,長六尺六寸,年卅歲,典和占。II 8-550

"年可六月"即年齡大約六個月。

  "年可六月"之後提及其身高爲"六尺九寸",比較 8-550 號簡年

---

[1] 宋少華、張春龍、鄭曙斌、黄朴華編著:《湖南出土簡牘選編》。
[2] 里耶秦簡博物館、出土文獻與中國古代文明研究協同創新中心中國人民大學中心編著:《里耶秦簡博物館藏秦簡》。

僅五月的贈身高爲"二尺五寸",以及上引諸例中成年人的身高約有六尺多或七尺多,可知"六尺九寸"的身高對不足歲的嬰兒來説,過於高了。如果不是天賦異秉,那麼這裏有兩種可能,一種可能是"年可""六月"之間漏寫具體的年歲,估計漏寫2—3字,但所漏寫的字數量過多,且從文例看,年可某歲某月,與上引諸例多是某歲,並無某歲某月,稍有別。此種可能需要更多證據支持。另一種可能是身高"六尺九寸"之"六"書寫錯誤。

第四章　里耶秦簡所見醫藥簡新解

《里耶秦簡（壹）》公布了一批醫方，其中22枚可明確是與醫方有關的簡牘，分別是8－258、8－298、8－876（完好）、8－1040、8－1057、8－1221（完好）、8－1224（完好）、8－1230（完好）、8－1243（完好）、8－1290、8－1329、8－1363、8－1369、8－1376、8－1397、8－1620、8－1718、8－1766、8－1772、8－1918、8－1937、8－1976。其中5枚簡完好，17枚殘斷。《校釋一》已經指出兩組綴合，即8－1290+8－1397、8－1369+8－1937。[1] 其內容有些可與馬王堆帛書《五十二病方》對勘，[2] 有些則屬初次出現，對其性質的認定，尚需做進一步探討。本章擬對里耶秦簡中記錄藥物、藥方的簡牘加以綴合、考釋。

第一節　里耶秦簡所見草藥"析冥"加工記錄

《里耶秦簡（壹）》包含遷陵縣廷與各級官署的往來文書和簿籍，內容豐富，頗具史料價值。本節擬考訂二枚醫藥簡可連讀，並綴合幾枚殘簡。

---

[1] 陳偉主編，何有祖、魯家亮、凡國棟撰著：《里耶秦簡牘校釋（第一卷）》第307、317頁。
[2] 何有祖：《里耶秦醫方簡の綴合について（二則）》，《中國出土資料研究》第17號，中國出土資料學會，2013年3月，第52~59頁。

一、8‐1772+8‐792 的綴合及文句理解

里耶 8‐792 號簡作：

☑□用不臧。・以五月盡時快取析緐□☑

《校釋一》：[1]

快，原釋文作"決"。"緐"後一字，原釋文作"暴"。

簡 8‐792 上部殘，殘端處有一字殘缺。臧，讀作藏。用不藏，似指使用而不收藏。

原釋文作"決"之字，細審實从艸从乂，即艾字。8‐1620 有"艾"字可參看。艾，以乂爲聲，可讀作"刈"。《楚辭・離騷》："冀枝葉之峻茂兮，願竢時乎吾將刈。"王逸注："刈，穫也。草曰刈，穀曰穫。"艾取，即"刈取"，割取。《詩・周南・漢廣》："翹翹錯薪，言刈其楚。"鄭玄箋："楚雜薪之中，尤翹翹者，我欲刈取之。"盡，訖、到。《助字辨略》卷三："《漢書・諸侯王表》：'自雁門以東，盡遼陽，爲燕代。'此'盡'字，猶云'訖'也。"睡虎地秦簡《秦律十八種・倉律》46 號簡："月食者已致稟而公使有傳食，及告歸盡月不來者，止其後朔食，而以其來日致其食；有秩吏不止。"《二年律令・傳食律》235 號簡："以詔使及乘置傳，不用此律。縣各署食盡日，前縣以誰續食。"里耶 8‐16 號簡："廿九年盡歲田官徒薄（簿）廷。""以五月盡時艾（刈）取"，指五月快結束時割取。

原釋作"緐"之字，實即"蕫"字。下文言"取實藏"，此"實"即"析蕫實"。8‐1221 有"析蕫實"，《校釋一》注曰：[2]

析蕫，即莃蕫。《爾雅・釋草》：莃蕫，大薺。《本草綱目・菜二・莃蕫》云："薺與莃蕫，一物也，但分大小二種耳。小者爲薺，

---

[1] 陳偉主編、何有祖、魯家亮、凡國棟撰著：《里耶秦簡牘校釋（第一卷）》第 228 頁。
[2] 陳偉主編、何有祖、魯家亮、凡國棟撰著：《里耶秦簡牘校釋（第一卷）》第 293 頁。

第四章　里耶秦簡所見醫藥簡新解　　333

大者爲蓂蓂。"又引《别録》云：蓂蓂子"療心腹腰痛。""析蓂實"即析蓂子。

可知釋"蓂"是。馬王堆帛書《五十二病方》有"茦蓂"，注釋指出：[1]

"茦蓂"，"茦"即策字，帛書常寫作"䇿"。《爾雅·釋草》作蓂蓂，《説文》作析蓂。《神農本草經》有析蓂子……

可見"析蓂"，又作"筴蓂""䇿蓂"等。

"蓂"後一字，原釋文作"暴"，《校釋一》作未釋字。今按釋"暴"可從，讀作曝，曬。《列子·楊朱》："昔者宋國有田夫，常衣緼黂，僅以過冬，暨春東作，自曝於日。"

此簡所見"取""臧"二字，比較有可能在殘去的簡上出現。通過查找帶有這二字的簡文，我們找到8-1772，其釋文作：

若有所燥，冶。冶已☐Ⅰ
乾，取乾、取實臧☐Ⅱ

8-1772、8-792二片紋路、茬口能吻合，應能綴合。8-1772第一列末字，即"冶"後一字，原釋文作"已"，和8-792上部殘字可拼合，復原"即"字（見下圖）。除了"即"字能復原外，上下殘片的紋路也能吻合，可見二片綴合應無疑問。

8-1772與8-792茬口部分截圖

從文例來看，《五十二病方》有"已☐即用之"，[2] 此處作"若有

---

[1] 馬王堆漢墓帛書整理小組編：《馬王堆漢墓帛書·五十二病方》，文物出版社1979年，第66頁。

[2] 馬王堆漢墓帛書整理小組編：《馬王堆漢墓帛書·五十二病方》第60頁。

所燥，冶。冶即用不臧（藏）"，有例可循且文意順暢。

簡文提及醫藥植物的加工流程，也見於漢代帛書。《五十二病方》："毒堇不暴（曝）。以夏日至到□□毒堇，陰乾，取葉、實并冶，裹以韋臧（藏），用，取之。"[1] 即提及"陰乾""取葉、實并冶，裹以韋臧（藏）"等加工流程。8-1772+8-792提及"取析蓂暴（曝）乾""取實臧（藏）"與之大致可以對應。周波先生指出"乾取乾取"一句衍了"取乾"或重複抄錄一"取"字，其文作：[2]

其前文已言"暴（曝）乾"，則無由再贅言選取其中乾者。頗疑此處有衍文。

第一種可能爲"乾取"二字之後又重複抄錄"乾取"二字，原文本當作"·以五月盡時艾（刈）取析蓂，暴（曝）乾，取｛乾取｝實臧（藏）"。馬王堆帛書《五十二病方》177-178行："以夏日至到時【□】毒堇，陰乾，取葉、實并冶，裹以韋臧（藏），用，取之。"……也可能"取乾"二字之後又重複抄錄一"取"字，原文本當作"·以五月盡時艾（刈）取析蓂暴（曝）乾，取乾｛取｝實臧（藏）"。馬王堆帛書《五十二病方》25行："令金傷毋（無）痛，取薺孰（熟）乾實，……"《爾雅·釋草》："菥蓂，大薺。""薺熟乾實"即成熟乾燥的薺菜子。與"取薺乾實"這一說法相對應，秦簡醫方"曝乾"工序後也可能作"取乾實藏"，即取曝乾後的菥蓂之子實藏用。

考慮到簡本身完整、文字書寫正常、文意理解無礙，我們不贊同將"取乾"作衍文處理。"取乾"承接前面的"暴（曝）乾"而言，也就是説，收藏析蓂首先要曬乾它，然後選取乾的（這裏可能就析蓂整體而言），以及選取實的部位收藏。其中"乾"也可能讀作"幹"。[3] 幹，

---

[1] 馬王堆漢墓帛書整理小組編：《馬王堆漢墓帛書·五十二病方》第68頁。
[2] 周波：《里耶秦簡醫方校讀》，《簡帛》第15輯，上海古籍出版社2017年。
[3] 乾、幹通作的例子多見，參見白於藍：《簡帛古書通假字大系》，福建人民出版社2017年，第1214頁。

《广韵·翰韵》"幹,莖幹"。即蔪蓂的莖幹,這樣可與"實"對應,這裏似是將連着"蔪蓂實"的莖幹在曬乾處理後一並收藏。"蔪蓂實"具有藥用價值。《五十二病方》"冶荞蓂少半升、陳葵種一",[1]"荞蓂",上文已提及即"析蓂",它與"陳葵種"並提,且以"升"爲度量單位,可知當是就"析蓂子"而言。前面提及的醫書如《神農本草經》直接以"析蓂子"爲關鍵詞而加以解釋,並無"析蓂"這一關鍵詞,應是以"析蓂子"即"析蓂實"入藥的緣故。《五十二病方》有取"薺"之"實"入藥的,如"令金傷毋痛,取薺孰(熟)乾實"。[2]《爾雅·釋草》:"蔪蓂,大薺。"《本草綱目·菜二·蔪蓂》云:"薺與蔪蓂,一物也,但分大小二種耳。小者爲薺,大者爲蔪蓂。"蔪蓂、薺爲同一類,且用藥部位都在"實"。尚未見關於"析蓂幹"的藥用記載,但把曬乾的"析蓂"的莖幹連着實一起收藏,對保存"析蓂實"無疑也是有幫助的。

8-1772+8-792 新釋文作:

若有所燥,冶。冶即用不臧(藏)。·以五月盡時艾(刈)取析蓂暴(曝)Ⅰ乾,取乾(幹)、取實臧(藏)。Ⅱ

句讀作"以五月盡時艾(刈)取析蓂暴(曝)乾,取乾(幹)取實藏"。"暴乾"即曬乾,與《五十二病方》所提及的"陰乾"不同。《神農本草經》云:[3]

析蓂子……一名大薺。生咸陽,四月五月采,暴乾。

可與簡文互證。

再看牘文開頭"若有所燥,冶"之"若",可訓作"或"。張家山漢簡《二年律令》2號簡:"其坐謀反者,能偏(徧)捕,若先告吏,皆

---

[1] 馬王堆漢墓帛書整理小組編:《馬王堆漢墓帛書·五十二病方》第66頁。
[2] 馬王堆漢墓帛書整理小組編:《馬王堆漢墓帛書·五十二病方》第34頁。
[3] [梁]陶弘景撰,尚志鈞、尚元勝輯校:《本草經集注(輯校本)》,人民衛生出版社1994年,第236頁。

除坐者罪。"整理小組注:"若,或。"[1] 其中"若"即訓作或,可證。由此可知,本牘並不是開頭部分,而應接在它牘之後(該牘末尾可能有"暴(曝)"這樣涉及藥物處理方式的內容)。

二、8-1772+8-792 與 8-1221 是否能連讀?

從文意上來看,我們發現 8-1772+8-792 很有可能接在 8-1221 的後面。二者連接之後的釋文作:

• 七.病暴心痛灼灼者,治之:析蓂實,冶二;枯櫨(薑)、菌Ⅰ桂,冶各一。凡三物并和,取三指最(撮)到節二,溫醇酒Ⅱ 8-1221 若有所燥,冶。冶即用不臧(藏)。•以五月盡時艾(刈)取析蓂暴(曝)Ⅰ乾,取乾取實臧(藏)。Ⅱ 8-1772+8-792

以下試從內容及形制等方面予以論證。

首先,從內容上分析,二者關係密切。

8-1221 簡末有"溫醇酒",相似的表述有:

• 以正月取桃橐(蠹)矢(屎)少半升,置湻(醇)酒中,溫,歓(飲)之,令人不單(憚)病。　　(周家臺秦簡 313)[2]

令金傷毋痛方,取鼢鼠,乾而冶;取䕡魚,燔而冶;□□、薪(辛)夷、甘草各與【鼢】鼠等,皆合撓,取三指最(撮)一,入溫酒一音(杯)中而歓之。　(馬王堆帛書《五十二病方》23-24)

……陰乾百日。即有頸(痙)者,冶,以三指一撮,和以溫酒一音(杯),飲之。　　　　　(馬王堆帛書《五十二病方》42)

上引諸例有用酒來輔助飲服藥物,其中周家臺秦簡 313"置湻(醇)酒中,溫",將藥物放入醇酒中,使之熱,而馬王堆帛書《五十二病方》23-24"入溫酒一音(杯)中",則是直接放入溫熱的酒中。《五十二病

---

[1] 張家山二四七號墓竹簡整理小組編:《張家山漢墓竹簡[二四七號墓]》,第 133 頁。
[2] 湖北省荊州市周梁玉橋遺址博物館編:《關沮秦漢墓簡牘》,中華書局 2001 年。

第四章　里耶秦簡所見醫藥簡新解　　337

方》42"和以溫酒一音（杯），飲之"，指用溫酒伴服。本簡"溫醇酒"也當用於藥物的伴服，其後似省略"飲之"。

8-1221簡提及析蓂實、枯薑、菌桂三種藥物按比例混合，並伴以溫醇酒來飲服。這裏的"溫醇酒"，作爲液態的酒，和"冶"後的藥物混合，會帶來這些藥物某種形態上變化，與8-1772+8-792"有所燥"這種加工方式並列，都在對"析蓂實、枯薑、菌桂"施加某種作用。秦漢簡帛對藥物處置的方式多見，如馬王堆帛書《五十二病方》23-24在選取藥物之後、混合之前，即已分別加工，如對鼢鼠"乾而冶"，對螘魚"燔而冶"。至於里耶8-1243"冶術，暴（曝）若有所燥，冶"，馬王堆帛書《五十二病方》29"冶術，暴（曝）若有所燥，冶"，則是曝、燥二者並列，與簡文8-1221、8-1772+8-792"溫醇酒若有所燥"在文例上有頗多相近之處。不過8-1221、8-1772+8-792並未提及"曝"，實際上是因爲如8-1772+8-792後半段所交代的"以五月盡時艾（刈）取析蓂暴（曝）乾，取乾（幹）取實臧（藏）"，析蓂實原本就是被曝乾之後收藏，所以這裏不再提"曝"。

其次，8-1221、8-1772+8-792有一些相同的字，現截取出來製成下表：

	冶	實	取	析	蓂	暴	作爲偏旁的皿
8-1221							
8-1772+8-792							

從上表可以看出，冶、實、取、析、暴等字字迹相近。作爲偏旁的皿，見於"溫""盡"，用筆方式極爲接近。觀察二簡，用來書寫的筆、墨也相同。可見，二簡很可能由同一人書寫。

最後，8-1772+8-792 接在 8-1221 的後面，還需要從形制方面加以考察。8-1221 寬約 1.9 厘米，長約 23.2 厘米，簡首尾皆完好。而 8-1772+8-792 綴合之後長約 23.6 厘米，寬約 1.5 厘米。二簡寬度相差 0.4 厘米，長度相差 0.4 厘米。要如何看待此種誤差？里耶秦簡中現有可確認的成編簡中有 8-755 至 8-759、8-1523，[1] 其中 8-758 寬度是 2.4 厘米，8-755、8-756 寬度都是 2.3 厘米，8-757 寬度是 2.2 厘米，8-759 寬度是 2.1 厘米，這幾枚簡之間的最大誤差是 0.3 厘米，而 8-1523 寬度是 1.8 厘米，與 8-759 相差 0.3 厘米，與 8-758 相差 0.6 厘米。成編的各簡存在 0.3 厘米乃至 0.6 厘米的誤差，當在可接受的範圍之內。

需要指出的是，8-1221、8-1772+8-792 簡身並無編痕和契口，只能算是連續抄寫的簡，還不能看作是可以編聯的簡。8-1221、8-1772+8-792 寬度相差 0.4 厘米，當在合理範圍之內。

總的來說，8-1221、8-1772+8-792 連讀從内容、形制、字迹等方面來看都是合適的。其釋文作：

· 七. 病暴心痛灼灼者，治之：析蓂實，冶二；枯櫃（薑）、菌 Ⅰ 桂，冶各一。凡三物并和，取三指最（撮）到節二，溫醇酒，Ⅱ 8-1221 若有所燥，冶。冶即用不臧（藏）。· 以五月盡時艾（刈）取析蓂暴（曝）Ⅰ 乾，取乾取實臧（藏）。Ⅱ 8-1772+8-792

8-1221、8-1772+8-792 記錄了治療"病暴心痛灼灼"症狀的方子，即析蓂實、枯櫃（薑）、菌桂，按 2∶1∶1 的比例來"和"，每次用量爲"三指最（撮）到節二"，其後所接"溫醇酒"或"燥"，當與其服用方式相關。里耶 8-1290+8-1397 "以溫酒一桮（杯）和，歓之"，[2] 這是"溫酒"用於服藥的例子。"溫醇酒"後或存在省寫或漏寫"飲之"

---

[1] 8-755 至 8-759 前後相次是原整理者的意見。8-1523 編在其後是陳垠昶先生的意見，參考陳垠昶：《里耶秦簡 8-1523 編連和 5-1 句讀問題》，簡帛網 2013 年 1 月 8 日。今按：8-1523 與 8-755 至 8-759 在字體、内容、寬度、厚度方面皆能吻合，應可信。

[2] 陳偉主編，何有祖、魯家亮、凡國棟撰著：《里耶秦簡牘校釋（第一卷）》第 307 頁。

類似表述。簡文強調每次要立即服用，不收藏。然後記錄了割取析蒮的時間及收藏注意事項，即在五月結束之前割取析蒮，並曬乾、收藏。這一部分用"·"加以隔開。8－1221、8－1772+8－792均有關於"析蒮"的記載，且其簡文關聯部分皆與析蒮藥服用的方式有關，也是二簡連讀的有力證據。

三、里耶醫簡編序的問題

方懿林、周祖亮先生較早關注到里耶醫簡存在編序：

> 《里耶秦簡（壹）》所見醫藥簡牘的數量雖然不多，內容也比較零散，但是根據醫方首端的"第一""三""五""七""九十八"等表示醫方順序號的數字，可以推測這些醫簡應該來源於一套系統的醫藥典籍，醫方數量不少。[1]

方懿林、周祖亮先生指出"第一""三"等表示順序，推測屬一套系統的醫藥典籍，醫方數量不少。頗具啓發意義。

隨着《里耶秦簡（貳）》公布了更多的醫藥簡材料，可以較爲清楚地看到這些編序其實存在細微差異，或有"·"，或在序數前加"第"。結合這些差異，我們認爲迄今所見里耶醫藥簡存在四種編序方式。下面先從8－1221、8－1772+8－792說起。

8－1221、8－1772+8－792開頭有標明簡牘序號的"·七"，並有勾識符號，其圖作：

與此種"·+數字+勾識符號"方式相同的還有下表所列醫藥簡：

---

[1] 方懿林、周祖亮：《里耶秦簡［壹］醫藥資料初探》第12頁，《中醫文獻雜志》2012年第6期。

8-1230	8-1224	8-1221

這三種編序方式接近的簡，釋文作：

  ·三.一日取闌本一斗，□□二□□□□□□煮□□□Ⅰ□□□爇出之復入飲盡。……Ⅱ8-1230

  ·五.一日啓兩臂陰脉。[1]　·此治□□方。8-1224

  ·七.病暴心痛灼灼者，治之：析蓂實，冶二；枯欄（薑）、菌Ⅰ桂，冶各一。凡三物并和，取三指最（撮）到節二，温醇酒Ⅱ8-1221若有所燥，冶。治即用不臧（藏）。·以五月盡時艾（刈）取析蓂暴（曝）Ⅰ乾，取乾取實臧（藏）。Ⅱ8-1772+8-792

其中8-1230、8-1224開頭都有"一日"，形式上似更接近。而8-1221、8-1772+8-792包含藥物治理、服用規定、特定藥物采摘加工細節。雖有不同，但這三組簡内容都與醫方有關。

以上編序諸簡中，8-1230以"·一日"開頭，似並不完整，8-1224的書寫格式與之接近。二者似都類似於趙懷舟等所著録"治心暴痛"醫方：[2]

  五十八。治心暴痛。屑梂（椒）覆一升，以酒一杯舍（飲）

---

[1]"陰"下一字，張雷指出从永从見，是"視"字。"視"是"脉"的異體字，其俗字作"脉"。參看張雷：《釋秦漢簡帛中的"脉"及其相關字》，成都中醫藥大學中國出土醫學文獻與文物研究院編：《中國出土醫學文獻與文物研究院國際學術會論文集刊（2019）》，巴蜀書社2019年。

[2]趙懷舟、和中浚、李繼明、任玉蘭、周興蘭、王一童：《老官山漢墓醫書〈六十病方〉係博采衆方而成》，"2016出土醫學文獻研究國際研討會"論文，上海中醫藥大學中醫文獻研究所2016年。

第四章　里耶簡所見醫藥簡新解　　341

之。·其一曰：比屋左榮，以左手取其木若草蔡長尺，即禹步三。折，置病者心上。因以左足徐踵之，男七女二七已，已試。·其一曰：令病者東首臥，從北方禹步三，曰：……

上引《六十病方》"治心暴痛"醫方，先給出該方所編序號，然後指出藥方治療病症，然後用"·一曰""·其一曰"給出後續兩種按摩、運動輔助治療方案，大致可看作一病多方的情形。里耶簡 8－1230、8－1224"一曰"前另加序號，采用單一編號而獨立存在，且其內容不同，8－1230 在"一曰"後交代醫方及飲用方式，8－1224"啓兩臂陰脉"有涉及脉法的内容。老官山漢墓醫書《六十病方》把幾種治療方案整合在一起，形式上已有不同。8－1772+8－792 先交代所治病，然後交代醫方，在里耶醫藥簡中較爲常見。現有編序方式相同之諸簡，似還不能排除屬於不同編組的可能，即可能編序的序號相同，但可能並不是一個編組。

　　除了上述編序方式之外，迄今所見里耶秦簡的編序方式大致還有三種：

　　其一是數字+勾識符號，此種情況見於 8－1057，其釋文作：

　　　　九十八. 治令金傷毋痛方：取鼢鼠，乾而☒Ⅰ
　　　　石、薪夷、甘草各與鼢☒Ⅱ

該簡下部殘缺，但上端完整無缺。其簡上部作：

8-1057 開頭"九十八"上不見"·",但上端完整。可知這種編序方式,與開頭提及的"·+數字+勾識符號"方式有別,可算另一種編序方式。數字"九十八"提醒我們此種編序方式下的醫藥簡恐至少有 98 組簡(一組可能包含若干枚簡)。

其二是"·"+第一+勾識符號,如 8-1042+8-1363:

・萬(第)一. 人病少氣者惡聞人聲,不能視而善瞑,善飲不能食Ⅰ臨食而惡臭,以赤雄雞冠,完(丸)。Ⅱ

其簡上部作:

其編序方式可以較爲清楚看出是"·"+第一+勾識符號。

其三是直接在簡文開頭加"·",不加勾識符號,也不加數字。有如下二例:

・治暴心痛方:[1] 令以比屋左榮以左手□取其□Ⅰ□草蔡長一尺,□□三析,置之病者心上。[2] Ⅱ 8-876 因以左足【徐】踵其心,[3]

---

[1]"·治""比""榮""以左手"參看周波:《里耶秦簡醫方校讀》,《簡帛》第 15 輯,上海古籍出版社 2017 年。

[2]里耶秦簡牘"折"後一字,《里耶秦簡〔壹〕》未釋。《校釋一》、《簡帛醫藥文獻校釋》(周祖亮、方懿林,學苑出版社 2014 年)皆釋爲"專",讀爲"傅"。周波指出此處《六十病方》"治心暴痛方"作"置",放置。頗疑里耶秦簡牘"折"後一字也是"置"字。"置之病者心上",指將所折草木放置在病者心上。參看周波《里耶秦簡醫方校讀》。今從周波説。

[3]周波補"徐"字,參看周波:《里耶秦簡醫方校讀》。

第四章　里耶秦簡所見醫藥簡新解　343

男子七踵,女子二七踵。Ⅰ嘗試。勿禁。Ⅱ8－1376+8－1959[1]

・□柧令如鬃(漆)管,三韋。草一,□□□漬以□□☑Ⅰ卒(淬)時没水盡,孰(熟),搏而以布緻之,取汁Ⅱ9－2097

8－876、9－2097 的上部摘取置於下表:

8－876	9－2097

由上表可知 8－876、9－2097 開頭都只有"・",未見勾識符號,也不加數字。

基於以上四種編序方式,大致可以看出里耶秦醫藥簡確有編序,相同編序下的內容在書寫形式上存在差異性,不排除同序號不同編組的可能。從現有編序看,里耶醫藥簡的數量至少在百枚簡以上。里耶簡本是廢弃於古井,至今仍有三卷沒有公布,醫藥簡的實際情况如何,還有待材料進一步公布。

第二節　里耶秦簡所見解毒方"地漿水"

一、8－1369+8－1937 號簡新解

《里耶秦簡(壹)》所公布的資料中有兩枚殘斷的簡牘,其釋文作:

---

[1] 8－1376+8－1959 由《校釋一》綴合;8－876、8－1376+8－1959 連讀參劉建民:讀《〈里耶秦簡(壹)〉醫方簡札記》,《簡帛》第 11 輯,上海古籍出版社 2015 年,第 111—113 頁;趙懷舟等《老官山漢墓醫書〈六十病方〉係博采衆方而成》指出《六十病方・五十八》治心暴痛第一個'其一曰'之方與之同源(參趙懷舟、和中浚、李繼明、任玉蘭、周興蘭、王一童:《老官山漢墓醫書〈六十病方〉係博采衆方而成》)。

☑尺方尺半☐水三四斗潰注☐Ⅰ
☑：一參 Ⅱ 8-1369
病☐心穿地深二☑Ⅰ
☐☐☐視其☐☐☑Ⅱ 8-1937

《校釋一》認爲這二片"寬度相同，茬口相符，文意連貫，當可綴合"，給出了新的釋文如下[1]：

病煩心，穿地深二尺，方尺半，☐水三四斗，潰（沸），注☐
Ⅰ水☐中視其☐☐，☐一參。Ⅱ 8-1369+8-1937

在注釋中對釋文作有進一步推測：

"其"下一字，似爲"此"。最後一字，似是"歓（飲）"，其下有重文號。

今按："半"下一字原釋文未釋，字殘存鬲仍較清楚，上部疑从者，即"鬻"字。里耶秦簡 8-1230 號簡有"鬻"字，可以參考。馬王堆漢墓帛書《五十二病方》有文句作：[2]

以美醯三【斗】174/161 煮，疾炊，潰（沸），止……175/162
穿地☐尺，而煮水一䰞（瓮）……74/74

"鬻水三四斗，潰（沸）"可以與第一例對應，"穿地深二尺，方尺半，☐水三四斗"可與第二例對應。由這二組對應可知，里耶 8-1369+8-1937 號簡的"鬻"，馬王堆帛書《五十二病方》皆寫作"煮"。"鬻"當是一個與"煮"意義相同或相近的詞。《說文》："䰞，孚也。从䰜，者聲。煮，䰞或从火。""鬻"，从鬲，者聲，意義與煮相同，當與"䰞""煮"爲一字。[3]

---

[1] 陳偉主編，何有祖、魯家亮、凡國棟撰著：《里耶秦簡牘校釋（第一卷）》第 317 頁。今按：此二枚殘片的綴合情況不見於《校釋一》後之附錄 1《綴合編連一覽》，按查綴合過程中的郵件往來，可知此條綴合係凡國棟先生於 2011 年 3 月 30 日提及。

[2] 釋文參看裘錫圭主編，湖南省博物館、復旦大學出土文獻與古文字研究中心編纂：《長沙馬王堆漢墓簡帛集成（伍）》，中華書局 2014 年，第 246、229 頁。

[3] 此承徐富昌先生教示，謹致謝忱。

第四章　里耶秦簡所見醫藥簡新解　　345

周家臺秦簡314號簡"取新乳狗子，盡鬻（煮）之"，其中"煮"即作"鬻"可證。"鬻（煮）水三四斗，潰（沸）"即煮水三四斗至沸。

"注"下一字，原釋文未釋，我們曾在初稿中懷疑此字殘存筆畫的輪廓與本簡"其"字形相合，釋作"其"，並說用作代詞，指代前面提及的沸水。現在看來當釋作"之"。注之，也見於《呂氏春秋·古樂》："禹立，……疏三江五湖，注之東海，以利黔首。"《荀子·宥坐》："孔子觀於魯桓公之廟，有敧器焉，孔子問於守廟者曰：'此爲何器？'守廟者曰：'此蓋爲宥坐之器。'孔子曰：'吾聞宥坐之器者，虛則敧，中則正，滿則覆。'孔子顧謂弟子曰：'注水焉。'弟子挹水而注之。"

"之"下一字，原釋文未釋，《校釋一》作"水"，[1] 今按：字殘筆輪廓與同簡"穿"字近似，即"穿"字。"穿"下一字原釋文未釋，即"地"字。"穿地"在簡文中是第二次出現。"注之穿地中"指把沸水注入之前所穿的地中。

"視其"下一字，原釋文未釋，《校釋一》指出似爲"此"。[2] 今按即"可"字。"可"下一字原釋文未釋，《校釋一》指出似是"歙（飲）"，其下有重文號。[3] 可從。"視其可歙，歙一參"大意是之前所注入穿地的沸水能喝的話，喝三分之一斗。

通過我們的釋讀，可將新釋文書寫如下：

　　　　病煩心，穿地深二尺，方尺半，鬻（煮）水三四斗，潰（沸），
　　注之Ⅰ穿地中，視其可歙（飲），歙（飲）一參。Ⅱ 8-1369+8-1937

穿地深二尺，方尺半，體積大約爲3立方尺，按秦尺約2.31分米算，所挖坑的體積約爲36.98立方分米，即約37升。倒入坑中的水三四斗（約30—40升），大致接近。由於水滲入土中或漫溢坑外，會有損耗，所得土與水的混合物大致不超過坑的容量。最後所飲的混合水約一參，折算

---

[1] 陳偉主編，何有祖、魯家亮、凡國棟撰著：《里耶秦簡牘校釋（第一卷）》第317頁。
[2] 陳偉主編，何有祖、魯家亮、凡國棟撰著：《里耶秦簡牘校釋（第一卷）》第317頁。
[3] 陳偉主編，何有祖、魯家亮、凡國棟撰著：《里耶秦簡牘校釋（第一卷）》第317頁。

後約有12.3升。考慮到水的損耗，實際所飲水土混合物應遠小於這個量。這一方子還没有形成單獨的藥方名。

需要注意的是，本簡所采用的治病方法，在馬王堆帛書《五十二病方》也找到類似的辦法，相信不是孤例。里耶秦簡8-1369+8-1937的作者不詳，簡牘所在區域爲秦遷陵縣，在今湖南省龍山縣里耶鎮。[1] 馬王堆漢墓帛書《五十二病方》，係馬王堆漢墓所出，出土地點爲長沙。這兩批材料大致在湖南境内。長沙與酉水流域有着比較便利的水道交通。二地之間的相互影響爲這兩批材料存在較多相似材料提供了地域條件。

二、後世解毒方"地漿水"

後世解毒土方有"地漿水"，也叫"土漿"，可以用來治療因食有毒生肉、毒菌等引起的中毒症狀，後世醫術及學者文集多有相關記載，如張仲景（約150—154年——約215—219年）《金匱要略》第二十四篇：[2]

> 治食生肉中毒方：掘地深三尺，取其下土三升，以水五升，煮數沸，澄清汁，飲一升，即愈。

這一方子取土三升，混合入五升水，最後飲一升。這一方子也還没有形成單獨的藥方名。整個細節與8-1369+8-1937有很大的相似處。至於《金匱要略》第二十五篇云：[3]

> 食諸菌中毒，悶亂欲死，治之方：人糞汁，飲一升。土漿飲一二升。大豆濃煮汁，飲之。[4] 服諸吐利藥，並解。

---

[1] 張春龍、龍京沙：《湘西里耶秦代簡牘選釋》，《中國歷史文物》2003年第1期。
[2] 何任編：《金匱要略校注》，人民衛生出版社1990年，第240頁。
[3] 何任編：《金匱要略校注》第258頁。
[4] 此處或本作"大豆煮汁飲之"，參考［清］徐忠可：《金匱要略論注》，人民衛生出版社1993年，第366頁。

食楓柱菌而哭不止，治之以前方。

誤食野芋，煩毒欲死，治之以前方。

蜀椒閉口者，有毒。誤食之，戟人咽喉，氣病欲絕，或吐下白沫，身體痹冷，急治之方：肉桂煎汁飲之。多飲冷水一二升，或食蒜，或飲地漿。

已經有藥方名"土漿"或"地漿"。《隋書·經籍志》："《張仲景方》十五卷仲景，後漢人。梁有《黃素藥方》二十五卷，亡。"張仲景，南陽人，曾在建安（196—219年）七年之後在長沙做太守。[1]《金匱要略》收錄"土漿"或"地漿"方之時，該方應已有明確藥方名。

張華（232—300年）《博物志·異草木》卷三：[2]

江南諸山郡中，大樹斷倒者，經春夏生菌，謂之椹。食之有味，而忽毒殺，人云此物往往自有毒者，或云蛇所著之。楓樹生者啖之，令人笑不得止，治之，飲土漿即愈。

在提及草木的時候順便提及"土漿"之方名，沒有涉及製作方法。

陶宏景（456—536年）《本草經集注》：

寒，主解中毒煩悶。

陶隱居云：此掘地作坎，以水沃其中，攪令濁，俄頃取之，以解中諸毒。山中有毒菌，人不識，煮食之，無不死。又楓樹菌食之，令人笑不止，唯飲土漿皆瘥，餘藥不能救矣。今注《唐本》元在草部下品之下今移。臣禹錫等謹按日華子云：地漿，無毒。

聖惠方：治熱渴心悶，服地漿一盞並妙。梅師方：食生肉中毒。掘地深三尺，取土三升，以水五升，煎五沸，清之一升，即愈。

《本草經集注》所記"聖惠方"與《金匱要略》第二十四篇所記載"治食生肉中毒方"，從文本上看，差別不大。從中可窺見《金匱要略》的

---

[1] 章太炎：《張仲景守長沙考》，《船山學刊》2002年第3期，第92頁。
[2] [晉]張華著，祝鴻傑譯：《博物志全譯》，貴州人民出版社1992年，第85頁。

影響。

孫思邈（541—682 年）《千金方》卷二十四："掘地作坑，以水沃中，攪之令濁，澄清飲之，名地漿。"內容與陶宏景《本草經集注》相似。

明人陸容（1436—1497 年）著《菽園雜記》卷十五：[1]

> 病霍亂者，濃烈香薷湯冷飲之，或掘地爲坎，汲井水於中取飲之，亦可。最忌飲熱湯，熱米湯者必死。

明人李時珍（1518—1593 年）《本草綱目》也記載：

> 地漿解中毒煩悶，解一切魚肉果菜藥物諸菌毒，及蟲蜞入腹，中暍卒死者。

"地漿水"，後也叫"黃土水"，如清代人屈大均（1630—1696 年）撰《廣東新語·蟲語》：[2]

> 螞蟥一名水蛭，池澤處處有之，入人肌肉咂血。誤吞之，則生子腹中，啖食髒血，飲黃土水數升可解。

清人紀昀（1724—1805 年）《閱微草堂·卷十四·槐西雜志（四）》：

> 余在烏魯木齊日，城守營都司朱君饋新菌，守備徐君（與朱均偶忘其名。蓋日相接見，惟以官稱，轉不問其名字耳）因言：昔未達時，偶見賣新菌者，欲買。一老翁在旁，呵賣者曰："渠尚有數任官，汝何敢爲此！"賣者逡巡去。此老翁不相識，旋亦不知其何往。次日，聞里有食菌死者。疑老翁是社公。賣者後亦不再見，疑爲鬼求代也。《呂氏春秋》稱味之美者越駱之菌，本無毒，其毒皆蛇虺之故，中者使人笑不止。陳仁玉《菌譜》載水調苦茗白礬解毒法，張華《博物志》、陶宏景《名醫別錄》並載地漿解毒法，蓋以

---

[1]［明］陸容：《菽園雜記》，中華書局 1985 年，第 190 頁。

[2]［清］屈大均：《廣東新語》，中華書局 1985 年，第 598 頁。

此也（以黄泥調水，澄而飲之，曰地漿）。[1]

現當代一些醫學期刊上也有一些與"地漿水"有關的信息，如《江蘇中醫》1966年第5期刊載了曹筱晋先生《介紹驗方二則》一文，其中就介紹了"地漿水治療脱水"：

> 余母四十年前曾患霍亂症，目陷螺癟，音啞肢厥，用地漿水救活。以後遇有吐瀉導致傷陰脱液者，亦采用此法，甚獲效機。其製法：先於蔽陰處挖一圓形地穴（深、寬度約二尺），用新汲水（井水）傾於地穴内，然後以竹杆旋搞其水，使其混濁，再將水取起置鍋内煮沸後，待凉、澄清内服多次，直至脱水現狀消除爲止。

而《湖南中醫藥導報》2004年第5期發布的無署名文章《食物中毒治療方一》，簡單介紹了記載"食物中毒治療方"：

---

[1]"《呂氏春秋》"以下内容也見於《四庫全書總目提要·子部·譜録類》"《菌譜》"條（第22册第75頁，商務印書館1931年）：

> 宋陳仁玉撰。仁玉字碧栖，台州仙居人。擢進士第。開慶中官禮部郎中，浙東提刑，入直敷文閣。嘉定中重刊《趙清獻集》，其序即仁玉所作。其事迹則無考矣。是編成於淳佑乙巳。前有自序。桑葉夢得《避暑録話》曰：四明、温、台山谷之間多産菌。又周密《癸辛雜識》曰：天臺所出桐蕈，味極珍，然致遠必漬以麻油，色味未免頓減。諸謝皆台人，尤嗜此品，乃併昇桐木以致之，旋摘以供饌。是南宋時台州之菌爲食單所重，故仁玉此譜備述其土産之名品。曰合蕈，曰稠膏蕈，曰栗殼蕈，曰松蕈，曰竹蕈，曰麥蕈，曰玉蕈，曰黄蕈，曰紫蕈，曰四季蕈，曰鵝膏蕈，凡十一種。各詳所生之地，所采之時，與其形狀色味，然不及桐蕈，則未喻其故也。案《爾雅·釋草》曰：中馗菌。郭璞注曰：地蕈也。《呂氏春秋》稱和之美者，越駱之菌。是菌自古人食品。然爲物頗微，類事者多不之及。陳景沂《全芳備祖》僅載二條。存此一編，亦博物之一端也。末附解毒之法，以苦茗白礬匀新水咽之，與張華《博物志》、陶宏景《本草注》以地漿治之者法又不同，可以互相參證，亦有裨於醫療焉。

但略有差别。上揭引文中"和之美者"，《閱微草堂》"味之美者"，《呂氏春秋·孝行·本味》作"和之美者"，這裏當以"和之美者"爲是。《閱微草堂》作"陶宏景《名醫别録》"，《譜録類》作"陶宏景《本草注》"。按：《名醫别録》是漢魏以來名醫用藥經驗的集録，是長期累積的藥物知識的傳抄本，推測不是一人所作，但可能爲一人所彙集而成。《隋書經籍志》卷三載《名醫别録》三卷，署名陶氏撰。王筠默考訂《名醫别録》非陶弘景所作（參看王筠默：《〈名醫别録〉和〈本草經集注〉考略》，《江蘇中醫雜志》1981年第4期，第43頁）。

處方：地漿水

用法：在黃土地上挖一個三四尺深的坑，灌水。攪混澄清後喝一二碗。

說明：解野果、野菜、魚類中毒。

三、里耶秦藥方與後世"地漿水"制法比較

下面把秦簡記載的方子與傳世文獻的幾種方子放在一起進行比較，如下表：

里耶秦簡 8－1369+8－1937（A1）	病煩心，穿地深二尺，方尺半，煮水三四斗，沸，注之穿地中，視其可飲，飲一參。
馬王堆漢墓帛書《五十二病方》77/77（A1）	穿地□尺，而煮水一甕（瓮）……
《金匱要略》第二十四篇（B）	治食生肉中毒方：掘地深三尺，取其下土三升，以水五升，煮數沸，澄清汁，飲一升，即愈。食諸菌中毒，悶亂欲死，治之方：人糞汁飲一升，土漿飲一二升，大豆濃煎汁飲之。服諸吐利藥，並解。
《本草經集注》（A2）	掘地深三尺，取土三升，以水五升，煎五沸，清之一升，即愈。
《千金方》卷二十四（A2）	掘地作坑，以水沃中，攪之令濁，澄清飲之，名地漿。
《菽園雜記》卷十五（A2）	掘地爲坎，汲井水於中取飲之，亦可。
《介紹驗方二則》，《江蘇中醫》1966年第5期（A3）	先於蔽陰處挖一圓形地穴（深、寬度約二尺），用新汲水（井水）傾於地穴內，然後以竹杆旋攪其水，使其混濁，再將水取起置鍋內煮沸後，待涼、澄清內服多次，直至脫水現狀消除爲止。
《食物中毒治療方一》，《湖南中醫藥導報》2004年第5期（A2）	在黃土地上挖一個三四尺深的坑，灌水。攪混澄清後喝一二碗。

以上表中大致可分爲兩類，其一是 A 系，含（A1、A2、A3），這一類共同點是先挖坑，然後將水注入挖好的坑中，區別是注入的是熱水，還是冷水，而冷水又可以分爲兩種，即是直接攪拌後澄清而飲，還是提取攪拌後的混濁水加熱。其二是 B，即取土放入水中加熱。簡化如下：

  A1：坑+熱水
  A2：坑+水
  A3：（坑+水）攪拌+加熱
  B：（取土+水）加熱

A 系方子比較依賴土坑，不好移動。而 B 則取出土加水煮熱，方便移動。

綜上，里耶秦簡所記載的方子即後世的"地漿水"。[1] 從《金匱要略》開始，製作方法已有變化，即使取土煮水，或加以省減，但關鍵細節大致保存了下來。

里耶秦簡 8‐1369+8‐1937 所記載的方子，最初並沒有確切的藥方名，漢帛書《五十二病方》所見殘方的情況與之相似。這一方子早期的傳播受到地域限制。《金匱要略》這一有名的醫書收錄了該方，但在製作方法、比例方面已有變化。該書的另一處提及地漿、土漿等名稱，用來形容土水混合物，顯示已有較爲確定的藥方名。後世本草類醫藥文獻大致沿用這一早期定下來的名稱。

從後世地漿水、土漿水的製法中，可以看到里耶秦簡 8‐1369+8‐1937 的影響，也可以看到《金匱要略》的影響。總的來看，後世製法雖有變化，但關鍵細節大致保存了下來。

第三節　里耶秦簡所見"赤雞冠丸"方

里耶 8‐1042 號簡原釋文作：

---

[1] 在臺大文學院主辦的會議上，承蒙黃啓書先生告知。此後尹在碩先生也告知韓國有類似土方。深表謝意！

☒□瞋善飲不能飲。

《校釋一》注：[1]

瞋，人名。第一字，看殘畫似是"告"。如然，本簡應爲書信。睡虎地 4 號秦墓 11 號木牘有"報必言相家爵來未來"，可參看。

"瞋"前一字，殘存的筆畫與"善"字下部同，除了可能是"告"，還有可能是"善"。若是"善"，則該字殘去的部分可能是羊。循此思路，我們找到了 8‐1363，其釋文作：

・苐（第）一. 人病少氣者惡聞人聲，不能視而□☒ I
臨食而惡臭，以赤雄雞冠，完（丸）。[2] ☒ II

第一列末字，即"而"下一字，殘存筆畫正作"羊"。綴合處能復原"善"字。

8‐1363 與 8‐1042 茬口部分截圖

加上這兩片紋路、色澤、茬口皆能吻合，可知 8‐1363、8‐1042 當能

---

[1] 陳偉主編，何有祖、魯家亮、凡國棟撰著：《里耶秦簡牘校釋（第一卷）》第 268 頁。
[2] "完（丸）"字參看方懿林、周祖亮：《里耶秦簡［壹］醫藥資料初探》，《中醫文獻雜志》2012 年第 6 期；周波：《里耶秦簡醫方校讀》，《簡帛》第 15 輯，上海古籍出版社 2017 年。

綴合。

我們注意到幾支完好的醫藥簡，如 8－876、8－1221、8－1224、8－1230、8－1243 的長度在 23.1—23.3 厘米，8－1363、8－1042 綴合後的長度與之大致相當。8－1042 簡最後一字"食"後面的留白，大於該簡其他兩字間的字距，其後不大可能再寫字。另外，從文意來看，"善飤不能食""臨食而惡臭"二小句連接頗爲自然。可知 8－1363、8－1042 綴合後的簡是完整的。

8－1363、8－1042 綴合後新釋文作：

・第（第）一．人病少氣者惡聞人聲，不能視而善瞷，善飤不能食Ⅰ，

臨食而惡臭，以赤雄鷄冠，完（丸）。Ⅱ

從綴合後的釋文來看，簡文內容與書信無關，當爲醫藥簡。

病少氣者惡聞人聲，少氣，指元氣衰少。《靈樞・癲狂》："狂，目妄見，耳妄聞，善呼者，少氣之所生也。"《靈樞・終始》："精氣之分，毋聞人聲，以收其精。""病至則惡人與火，聞木聲則惕然而驚，心欲動，獨閉户塞牖而處。"《難經・五十一難》："陰病欲得溫，又欲閉户獨處，惡聞人聲。"病少氣者惡聞人聲，似因氣虚脉躁而生病。

不能視而善瞷。"瞷"，用作動詞。《説文》："瞷，小視也。從目，閒聲。"《廣韻・佳韻》："瞷，視皃。""不能視而善瞷"作一句讀，視、瞷與用眼睛看有關，在意義上當有細微差别。《素問・刺瘧論》："足少陽之瘧。令人身體解㑊。寒不甚。熱不甚。惡見人。見人心惕惕然。熱多汗出甚。"此例與簡文"不能視而善瞷"病因未必相同，但在病症上略有相似之處，可參看。

善飤不能食，其中的"飤"，原釋文作"食"，今按：字當從食從人，即"飤"字。《説文》："飤，糧也。"段玉裁注："以食食人物，本作食，俗作飤，或作飼。""不能"後一字，原釋文作"飤"，今按：字不從人，應即"食"字。《説文》："食，一米也。"這裏用作動詞，

指吃飯、進餐。《尚書·無逸》："自朝至於日中昃，不遑暇食。"善，有喜好的意思。《國語·吳語》："施民所善，去民所惡。"簡文"善飮不能食"疑指想食物却不能吃。雖有食欲但由於脾胃虚弱等原因而不能食。

漢代的古醫書有不少類似的句子，只是"善飮"寫作"**善飢**"，如《素問·刺瘧論》："胃瘧者。令人且病也。善饑而不能食。食而支滿腹大。"《靈樞·大惑論》："人之**善飢而不嗜食**者，何氣使然。"雖然病因未必相同，但對症狀的描述中有相似的表述。頗疑漢代傳世醫書中所提及的"善飢"是由"善飮"演變而來。出土漢代帛書、竹簡有"飮""飢"字，形體頗爲接近（如下表所示）：

飮	飢
（里耶 8-1363、8-1042） （馬王堆帛書·陰甲 127）	（馬王堆帛書·老子甲 82） （銀雀山漢簡 54）

李零先生在他的文章《"邦無飮人"與"道毋飮人"》中討論《容成氏》"邦無飮人"時引到漢磚銘中"道毋飮人"的記載，他在比較衆多漢磚銘之後仍用"飮"的釋法。[1] 李零先生一文在談及"飮""飢"時列有對比字例表。我們上表所舉漢簡、漢帛書的字例，就是參考李先生的字例表。其實李文中所討論的磚銘正顯示了漢隸中"飮""飢"混作的可能。我們在反覆比對李零先生所列磚銘之後，認爲漢磚銘所謂的"飮"字其實有兩種寫法，其中一種見於中國國家博物館所收藏的 12 字磚以及《碑林集刊》十二所收錄的 12 字、16 字磚，這種磚銘中的"飮人"寫作：

---

[1] 李零：《"邦無飮人"與"道毋飮人"》，《文物》2012 年第 5 期。

（12字磚，國博）

（16字磚，《碑林集刊》十二，封底）

這種磚銘中"飤"右部與其下"人"的寫法完全一樣，字從食從人，當是"飤"字。另一種見於山西夏縣出土的12字磚，其中"飤人"作：

我們注意此種磚銘中"飤"右部與下面的"人"相比較，已經有較大不同，字當從食從几，即"飢"字。也就是説漢隸中"道毋飤人"之"飤人"，漢隸中除了保留"飤人"的寫法之外，還另有一種"飢人"的寫法。綜合以上字例，可知漢隸"飤""飢"已經出現了形近而訛的情況。"飢"字所從之"几"，與《説文》"鳧"字小篆所從之"几"同。而古文字"鳧"下部所從的"几"，高亨先生指出爲"俯"之古文，[1] 裘錫圭先生指出，實象俯身人形，而非一般的人字，頗疑此即俯字表意初文。[2] 可見"飤""飢"二字，前者所從爲一般的人形，後者所從爲俯身人形，形體極爲接近，在傳抄過程中也容易訛誤。楚簡的"飤人"，漢隸作"飤人"，也寫作"飢人"，也就比較好理解了。

同樣的道理，里耶秦簡牘所見的"善飤不能食"，在不斷傳抄中被寫作"善飢而不能食""腹中飢，口不能食"等，因爲表達的都是"想

---

[1] 高亨：《文字形義學概論》，齊魯出版社1981年，第176頁。
[2] 裘錫圭：《古文字論集》，中華書局1992年，第45頁。

吃食物而不能吃"這一類意思，所以此種説法慢慢替換掉原先的説法。而里耶秦簡牘保留了比較早的説法。

"臨食而惡臭"，指到吃飯的時候厭惡聞到食物的味道。上博簡《天子建州》有"臨飤（食）不訐（語）亞（惡）"，也可以參看。漢代醫書記載了臨食而嘔吐的症狀，如《素問·厥論》："太陰之厥，則腹滿䐜脹，後不利，不欲食，食則嘔，不得臥。"對於症狀的表述有相似文句，可參看。

赤雄鷄冠，可作巫術或藥用，《神農本草經》"丹雄鷄"條："頭，主殺鬼。"《金匱要略·雜療方·救卒死方》："雄鷄冠割取血，管吹内鼻中。"可參看。簡文所提及四種病症各自有別，疑有不同的病因，但都可用赤雄鷄冠來入藥。

第五章　里耶秦簡所見歷史地理與職官新研

本章對里耶秦簡所見歷史地理、職官方面的內容加以考訂。

第一節　散見秦縣名雜考

本節擬對《里耶秦簡（壹）》簡文中誤釋的縣名加以考訂。

一、平　　陸

卅年□月丙申，遷陵丞昌，獄史堪【訊】。昌辭（辤）曰：上造居平□，侍廷，爲遷陵丞。8-754+8-1007

"居"後二字，原釋文未釋。《校釋一》曰：[1]

平，原釋文未釋。應是縣名。《漢書·地理志》有平縣，屬河南郡，治所在今河南孟津縣東。其下一字，應是里名。原釋文作"除"。

今按：釋"平"可從。"平"下一字簡文作：

---

[1] 陳偉主編，何有祖、魯家亮、凡國棟撰著：《里耶秦簡牘校釋（第一卷）》第216頁。

字左从阜，右實从坴，類似寫法見於：

![字形] （陳松長《馬王堆簡帛文字編》582 頁，文物出版社 2001 年）

![字形] （《編年紀》29 號簡，張守中《睡虎地秦簡文字編》213 頁，文物出版社 1994 年）

當是"陸"字。平陸，縣名。文獻所見不同時代的平陸縣有三處，[1] 分別是：

其一，見於《漢書·地理志》，在今山東汶上縣北。戰國時期爲齊邑"平陸"，漢時置東平陸縣，屬東平國。如《史記·趙世家》："十九年，與齊、宋會平陸。"張守節《正義》："兗州縣也。平陸城即古厥國。"《史記·田敬仲完世家》："明年，魯敗齊平陸。"《集解》："徐廣曰：'東平平陸。'"《正義》："兗州縣也。"《漢書·郊祀志》："蚩尤在東平陸監鄉，齊之西竟也。"顏師古注："東平陸，縣名也。"

作爲大河郡屬縣的東平陸，見於居延漢簡，如《居延漢簡釋文合校》11.18"田卒大河郡東平陸北利里公士張福年"，《居延漢簡釋文合校》303.13"田卒大河郡平富西里公士昭遂年卅九"，[2]《居延漢簡釋文合校》509.1"田卒大河郡東平陸常昌里公士吳虜"。也見於肩水金關漢簡，如《肩水金關漢簡（壹）》73EJT2：100"大河郡東平陸倉東里□□□⌇"。

其二，到唐代才改名而得的平陸縣（春秋晉國之大陽邑，漢代所置

---

[1] 吳良寶先生對文獻所見多處平陸縣已經做了很好的概括，我們所列舉的幾處平陸縣，已經吸收了吳先生的觀點。吳良寶：《古璽札記五則》，《中國文字研究》第 15 輯，大象出版社 2011 年。

[2] 周波先生指出即"大河郡平富西里"即"大河郡東平陸富西里"之省。參看氏著：《說肩水金關漢簡、張家山漢簡中的地名"贊"及其相關問題》，復旦大學歷史系、復旦大學古文字與出土文獻研究中心主辦：《"簡帛文獻與古代史"學術研討會暨第二屆出土文獻青年學者論壇》，2013 年 10 月 19—20 日，上海。

之大陽縣),[1] 今地爲山西運城市平陸縣。

其三,見於《漢書・地理志》,爲上郡屬縣。《二年律令・秩律》記載有"平陸",整理小組指出:平陸、饒,漢初疑屬上郡,《地理志》記屬西河郡。吳良寶先生指出該地位於漆垣、定陽與饒、陽周、原都等上郡屬縣之間,可爲"平陸"位於魏國上郡(今陝西境内)的可能性最大之佐證。[2]《漢志》《二年律令・秩律》所見"平陸"當係一地,漢初屬上郡,武帝元朔四年後屬西河郡。[3]

試將上揭三説列入下表:

秦代以前	秦	漢	今 地
古厥國,戰國齊邑"平陸"		漢稱"東平陸"(《漢志》、居延漢簡)	山東汶上縣北
春秋時期晉國大陽邑	不詳	漢疑沿襲舊稱"大陽"縣(《漢志》),唐改稱"平陸"	山西平陸縣
秦上郡屬縣	平陸(里耶秦簡8-754+8-1007)	《二年律令》《漢志》"平陸"(漢初上郡;武帝元朔四年後屬西河郡)	位於漆垣、定陽與饒、陽周、原都等上郡屬縣之間

上表中上郡平陸縣在戰國及漢皆被稱爲"平陸",里耶秦簡8-754+8-1007所見"平陸"與之很可能爲一地,爲秦上郡屬縣。

---

[1]《讀史方輿紀要・山西・解州》"平陸縣"條:"州東南九十里。南去河南陝州五百里,東北至絳州垣曲縣百八十里。春秋時虞國地,後爲晉地。戰國時魏地。漢爲大陽縣地,屬河東郡。後漢及魏、晉因之。後魏屬河北郡。後周廢大陽縣,改置河北縣,並置河北郡治焉。隋初郡廢,縣屬蒲州。唐貞觀初改屬陝州。天寶初,因開漕瀆,得古刃,篆文曰平陸,遂改今名。宋因之。金改屬解州。今編戶六十六里。"(顧祖禹:《讀史方輿紀要》,中華書局2005年,第1910頁)

[2] 吳良寶:《古璽札記五則》,《中國文字研究》第15輯。

[3] 周波:《〈二年律令〉錢、田、□市、賜、金布、秩律諸章集釋》,碩士學位論文,武漢大學2005年。

簡文當作"昌辭（辭）曰：上造，居平陸侍廷，爲遷陵丞"。里耶秦簡中有類似記録，如：

守丞㠯，<u>上造，居競陵陽處</u>，免歸。☐8-896

卅二年，啓陵鄉守夫當坐。<u>上造，居梓潼武昌</u>。今徙爲臨沅司空嗇夫。時毋吏。8-1445 背 8-1445

卅二年，貳春鄉守福當坐。<u>士五（伍），居桼（資）中華里</u>。·今爲除道 8-2014 通食。8-2014 背

其中"居競陵陽處""居梓潼武昌"等的格式與"居平陸侍廷"相同，可知"侍廷"爲里名。8-1445、8-2014 二例都是在談及當事人爵位、居住地之後再交代進一步的職事變動，可爲佐證。

二、女陰

☐……卒☐……陽☐……以君子‗廢戍 Ⅰ

☐……時☐……☐署……☐欣，欣卅四 Ⅱ

☐署遷陵女陰已上欣卒……今未 Ⅲ

☐府下……籍遷陵，報署……【以郵行】。Ⅳ 8-178

☐　　欣手。8-178 背

"君子"前一字，《校釋一》指出似是"以"。[1] 可從。

"廢"下一字，原釋文未釋。《校釋一》釋作"戍"，[2] 可從。陳偉老師曾釋出 8-1459+8-1293+8-1466 的"廢戍"，並指出里耶簡中的"廢戍"所指，大概正是《秦律雜抄》簡 11-14、嶽麓秦簡《癸、瑣相移謀購》中所述吏在犯下某種罪行後廢職戍邊者。[3]

"上"下一字，原釋文未釋，是"欣"，同牘有"欣"字可證。欣，

---

[1] 陳偉主編，何有祖、魯家亮、凡國棟撰著：《里耶秦簡牘校釋（第一卷）》第 106 頁。
[2] 陳偉主編，何有祖、魯家亮、凡國棟撰著：《里耶秦簡牘校釋（第一卷）》第 106 頁。
[3] 陳偉：《"廢戍"與"女陰"》，簡帛網 2015 年 5 月 30 日。

人名。

"欣"下一字，原釋文未釋，疑是"卒"。

"遷陵"下二字，原釋文未釋，《校釋一》釋作"毋□"，[1] 簡文作：

此二字當是"女陰"，相似的字形也見於 8‐1459+8‐1293+8‐1466：

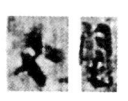

陳偉老師曾對里耶簡中出現的"女陰"作過較好的分析歸納：[2]

  女陰，見於《漢書·地理志》，爲汝南郡屬縣。秦封泥有"女陰丞印"，可知女陰於秦已設縣。需要注意的是，秦人説戍署某地，或指縣，或指郡。上揭嶽麓秦簡《癸、瑣相移謀購》云"戍衡山郡"。嶽麓秦簡0706云："綰請許而令郡有罪罰當戍者，泰原署四川郡，東郡、三川、潁川署江胡郡，南陽、河内署九江郡。"里耶秦簡9‐1云："毋死戍洞庭郡，不智（知）何縣署。"9‐2説："不狄戍洞庭郡，不智（知）何縣署。"屬於後一種情形。8‐63云："煩冗佐署遷陵。"8‐429云："罰戍士五（伍）資中宕渠爽署遷陵書。"8‐1563云："洞庭尉遣巫居貸公卒安成徐署遷陵。"屬於前一種情形。8‐1459+8‐1293+8‐1466所記如果是前一種情形，則女陰爲秦縣，增加了一條資料。如果是後一種情形，則當考慮秦置女陰郡的存在。

上揭引文中前一種情形所舉各例可證確是秦縣，後一種情形中所舉例子爲9‐1"毋死戍洞庭郡，不智（知）何縣署"、9‐2"不狄戍洞庭郡，

---

[1] 陳偉主編，何有祖、魯家亮、凡國棟撰著：《里耶秦簡牘校釋（第一卷）》第106頁。
[2] 陳偉：《"廢戍"與"女陰"》。

不智（知）何縣署"，"戍"後接郡名，署則與縣相連。這二條材料似支持前一種情形。至於嶽麓秦簡0706："縮請許而令郡有罪罰當戍者，泰原署四川郡，東郡、三川、潁川署江胡郡，南陽、河內署九江郡。"大意是原是內地的某郡的"有罪罰當戍者"戍邊遠的新得郡。恐怕不好直接作爲"署某地"中某地是縣或郡一級地名的證據。從里耶簡現有"署+地名"的文例，如：

　　☐耑　已傳洞庭。　　　**署遷陵**。……8－1349

　　……洞庭尉遣巫居貸公卒安成徐**署遷陵**。今徐以壬寅事……8－1563

　　……煩冗佐**署遷陵**。今上責校券二，謁告遷陵令官計者定……8－63

"署"後所接爲縣名。8－1459+8－1293+8－1466"署女陰"中的"女陰"很可能屬於前一種情形，即爲縣名。再來看8－178"署遷陵女陰已上欣卒"中"女陰"，當與遷陵斷開作"……署遷陵。女陰已上欣卒……"。"報署"屬下讀，可參看8－965"當受錢者謁報，報署主錢☐"。

三、門　淺

里耶8－299號簡：

　　☐之，門淺少【妾】☐

門淺，原釋文未釋。從下表字形比較的結果來看，此二字當是"門淺"。

8－299	8－1184

第五章　里耶秦簡所見歷史地理與職官新研　　363

8－66+8－208號簡《校釋一》指出：[1]

  門淺，在8－159中，與索、上衍、零陽三縣並列，當是秦縣名。長沙斬犯山7號西漢墓出土漢初石印"門淺"，舊以爲私印，陳松長先生以爲基層官吏印。[2] 長沙榖山盜發漢墓漆器文字有"門淺長""門淺庫"，何旭紅先生根據共出的其他漆器文字和里耶秦簡，指出門淺爲秦縣，漢初可能屬長沙國。[3]

對於秦門淺縣的地望，晏昌貴先生認爲："門淺縣屬洞庭郡，門淺當與遷陵縣、臨沅縣鄰近。"[4] 鄭威先生認爲："門淺、上衍在索縣與零陽縣之間，門淺或在臨澧縣望城鄉宋玉村西南的宋玉城遺址、上衍或在臨澧縣新安鎮與合口鎮申鳴城遺址。漢初門淺縣仍然存在，屬吳姓長沙國。而《漢書·地理志》及後世史書却不見門淺、上衍兩縣，估計它們始建於戰國，均在秦末至西漢前期廢置。"[5] 譚遠輝先生認爲："桃源縣的采菱城遺址應爲門淺縣遺址，宋玉城遺址應爲上衍縣遺址。"[6]

  "少"下一字原釋文作"言"，簡文作：

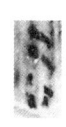

參考下列"妾"字：

  8－179背　　8－157背

---

[1] 陳偉主編，何有祖、魯家亮、凡國棟撰著：《里耶秦簡牘校釋（第一卷）》第52頁。
[2] 原注：陳松長：《湖南古代璽印》，上海辭書出版社2004年，第60頁。
[3] 原注：何旭紅：《對長沙榖山被盜漢墓漆器銘文的初步認識》，《湖南省博物館館刊》第6輯，嶽麓書社2009年。
[4] 晏昌貴：《秦簡牘地理研究》，武漢大學出版社2017年，第172頁。
[5] 鄭威：《出土文獻所見秦洞庭郡新識》，《考古》2016年第11期。
[6] 譚遠輝：《秦漢門淺、上衍二縣地望蠡測》，《湖南省博物館館刊》第15輯，岳麓書社2019年。

似是"妾"字殘筆。包山簡 171、181、183 等簡也有"少妾",陳偉老師認爲"用於未婚少女"。[1] 里耶簡所見"少妾"由於所在材料殘缺,具體性質如何,尚待考。

四、秭 歸

卅年五月戊午朔辛巳,司空守敵敢言之:冗戍士五(伍)□ I 歸高成免衣用當傳。謁遣吏傳。謁報。II 敢言之。III 8-666+8-2006
辛巳旦食時食時,隸臣殷行。 武□ 8-666+8-2006 背

"士五(伍)"下一字原釋文未釋。歸,原釋文作"過",《校釋一》注:[2]

似讀爲"遺",送交。《詩·齒風·鴟鴞序》:"成王未知周公之志,公乃爲詩以遺王。"孔疏:"遺者,流傳致達之稱。"高成,地名。《漢書·地理志》南郡、渤海郡屬縣皆有高成,治所分別在今湖北松滋縣南和河北鹽山縣東南。

今按:與"冗戍士五(伍)□歸高成免"文例相近的簡文有:

更戍士五城父陽翟執、更戍士五城父西中痤 8-110 背+8-669 背
更戍士五(伍)城父陽鄭得 8-850
更戍士五(伍)城父中里簡 1000

對比上揭文例可知"□歸"與"城父"地位相當,應是縣名。而高成與"西中""陽鄭""中里"地位相當。現在再看"歸"上一字作:

殘存筆畫與下列 8-1516"啓陵乘城卒秭歸□里士五(伍)順"的"秭"

---

[1] 陳偉:《包山楚簡初探》,武漢大學出版社 1996 年,第 114 頁。
[2] 陳偉主編,何有祖、魯家亮、凡國棟撰著:《里耶秦簡牘校釋(第一卷)》第 198 頁。

字上部形近。[1]

8-1516

秭歸，縣名，《漢書·地理志》屬南郡，治所在今湖北秭歸縣。免，人名。簡文"冗戍士五（伍）秭歸高成免衣用當傳"大意是來自秭歸縣高成的冗戍士伍免的衣用錢當用傳來送達。

"隸臣"下一字原釋文作"殷"，簡文作：

字左上从户，左下从口，右从攵，即"啓"字。下表列里耶秦簡所見啓、殷、段三字：

啓	8-73　　8-157
殷	8-2063 "遷陵少內殷"
段	8-785 "少內段"　　8-454 "鑄段（鍛）"

可以參看。我們注意到里耶簡有"少內殷"，也有"少內段"，二字寫法略有別。施謝捷先生曾指出，"段""殷"在漢時有混用的情況存在（如秦漢印中，複姓"段干"有作"殷干"的印例，人名"殷周"有作"段周"的印例）。[2] 里耶簡所見"少內殷"以及"少內段"由於各自

---

[1] 8-1516 "秭歸□里"中的未釋字疑从倉从邑。
[2] 蘇建洲：《戰國文字"殷"字補釋》（復旦大學出土文獻與古文字研究中心網站 2011 年 6 月 30 日）的文後評論部分第 2 樓，llaogui（施謝捷）的發言。

所在語境過於簡略，似還不能完全排除爲同一人的可能性。

"啓"在里耶簡中用作人名有 8-133 "酉陽具獄獄史啓"、8-1560 "令史朝走啓"。本簡所見"啓"，身份爲隸臣，曾在秦始皇卅年五月爲司空行書。

五、陽　陵

里耶 8-1888 號簡：

　　□□南里士五（伍）異斬首一級。

"南"上二字原釋文未釋，簡文作　　，疑即陽陵。陽陵，縣名。《漢書·地理志》屬左馮翊，治所在今陝西咸陽市東北。其詳可參《校釋一》8-1450 注釋[1]。[1]

六、合

　　□遷陵守丞銜告尉：故令佐Ⅰ
　　□□=□今□□□□□□□Ⅱ 8-2001
　　□履手。8-2001 背

"故"下一字原釋文作"令"，簡文作：

即"合"字。《公羊傳》襄公元年："仲孫蔑會齊崔杼、曹人、邾婁人、杞人，次於合。"

"今"上一字原釋文未釋，字左部殘，右部从甫。

七、臨　晉

　　□戌朔庚戌，臨晉河□□Ⅰ

---

[1] 陳偉主編，何有祖、魯家亮、凡國棟撰著：《里耶秦簡牘校釋（第一卷）》第 329 頁。

☒【敢】言之。八月己未，内☐☐Ⅱ
☐☐☐☐☐☐☐☒Ⅲ 8-2061

"庚戌"下一字，原釋文作"輸"。再下一字，原釋文作曹，《校釋一》疑讀爲"漕"，並注："《史記·蕭相國世家》：'關中事計户口轉漕給軍，漢王數失軍遁去，何常興關中卒，輒補缺。'索隱：'漕，水運也'《漢書·趙充國傳》：'臣前部士入山，伐材木大小六萬餘枚，皆在水次……冰解漕下。'顏注：'漕下，以水運木而下也。'"[1] 今按：此二字見下表左列，與右列相對應的字例比較可知，當釋作"臨晋"，縣名，《二年律令》443號簡"臨晋"整理者注："臨晋，屬左馮翊，漢初屬内史。"[2]

	8-66
	《春秋事語·三四》

"河"下一字，《校釋一》疑是"徒"。[3] 今存疑。

八、定　　地

令曹書一封，遷陵丞印，詣定地，卒☐☐貳春☐☐☒[4] 8-2028
昭行旁☒ 8-2028背

"曹"上一字，原釋文未釋，簡文作：

---

[1] 陳偉主編，何有祖、魯家亮、凡國棟撰著：《里耶秦簡牘校釋（第一卷）》第425頁。
[2] 張家山二四七號漢墓竹簡整理小組編：《張家山漢墓竹簡〔二四七號墓〕》第193頁。
[3] 陳偉主編，何有祖、魯家亮、凡國棟撰著：《里耶秦簡牘校釋（第一卷）》第425頁。
[4] "卒"下原釋文未釋，現從殘存筆畫看，應還有六個字，其中有"貳春"。

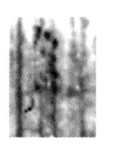

疑是"令"字。"令曹"見於 8-1859"廷令曹發"。

"書"下一字原釋文未釋，疑是"一"。

"卒"下第三、四字，從殘存筆畫看，疑是"貳春"。

"定"下一字，原釋文未釋，簡文作：

與下列"地"字作：

8-412　　8-1516　　8-1937

形同，當是"地"字。簡文上半段作"令曹書一封，遷陵丞印，詣定地"交代文書的發出單位、所蓋印、發往地。里耶簡類似文句有：

> 獄東曹書一封，丞印，詣無陽。·九月己亥水下三刻，走伀以來。5-22

> 獄南曹書三封，丞印，二詣酉陽、一零陽。/卅年九月丙子旦食時，隸臣羅以來。8-1886

可以參看。"定地"接在"詣"的後面，從現有郵遞文書的格式來看，當是地名。《漢書·地理志》有"定陶""定陵"等地，《二年律令》有"定陽""定陵"。簡文"定地"所指爲何處暫不能確定。另，里耶 9-1444"軍人略地"、9-2301"已盡略齊地"，"定地卒"或許有可能是與略地卒相似。[1]

昭行旁，旁，原釋文未釋。8-158"守府快行旁"、8-155"守府

---

[1] 此承黃浩波先生提示。

"快行少內",可參考。"旁",似作爲一個獨立的書信簽收單位。

九、鐔　成

8－2305 釋文作：

☒□戍嗇☒

"嗇"前二字原釋文作"□戍",簡文作：

相似的寫法也見於 8－1373 "鐔成"：

可知此二字當釋作"鐔成",縣名。《漢書·地理志》記載屬武陵郡,治所在今湖南靖縣南。"鐔成嗇"下殘,可補"夫"字。"鐔成嗇夫"即鐔成縣嗇夫。8－657 "洞庭守禮謂縣嗇夫聽書從事"有"縣嗇夫",8－61+8－293+8－2012 有"遷陵嗇夫"。睡虎地秦簡《秦律十八種·倉律》21 號簡云"入禾倉,萬石一積而比黎之爲戶。縣嗇夫若丞及倉、鄉相雜以印之",也提及"縣嗇夫",且其位置在"丞"之前,當是縣官之長。[1] "鐔成嗇夫"即是鐔成縣官長。

第二節　里耶秦簡所見"譾曹""譾書"

《里耶秦簡(貳)》爲我們瞭解"譾曹""譾書"提供了新的材料。

---

[1] 參看鄭實:《嗇夫考——讀雲夢秦簡札記》,《文物》1978 年第 2 期；裘錫圭:《嗇夫初探》,《雲夢秦簡研究》,中華書局 1981 年,收入《裘錫圭學術文集·古代歷史、思想、民俗卷》,復旦大學出版社 2012 年。

本節擬通過一枚簡牘的綴合復原，探討秦"讞曹"的職責，通過里耶秦簡、嶽麓秦簡的互證，揭示"讞書"的詳情。

一

《里耶秦簡（壹）》有二枚殘簡，其釋文作：[1]

☑主貳春☑
☑吏卒☑ 8-389
☑都鄉、問所☐☐☐
☑黔首及奴婢☐8-404

整理者在釋文部分指出與"與389綴合"。《校釋一》釋文作：[2]

主貳春、都鄉、☐☐☐☐☐Ⅰ
吏卒、黔首及奴婢☐Ⅱ 8-389+8-404

並指出：

"都鄉"後二字，原釋文作"問所"。今按，看字形、文意，疑是"啓陵"。

我們注意到"啓陵"下一字，當是"田"。"奴婢"下一字當是"讞"。現結合上列二家意見，將8-389+8-404釋文寫如下：

☑主貳春、都鄉、啓陵、田、☐☐Ⅰ
☑吏卒、黔首及奴婢讞Ⅱ

簡文可連讀作"主貳春、都鄉、啓陵、田、☐☐吏卒、黔首及奴婢讞"。"貳春、都鄉、啓陵、田、☐☐"似是遷陵縣下的諸鄉與官曹的並列，此處當是詳細列舉這些單位管轄範圍內"吏卒、黔首及奴婢"之讞。這使我們聯想到9-1701號簡：

---

[1] 湖南省文物考古研究所編：《里耶秦簡（壹）》第29、30頁。
[2] 陳偉主編，何有祖、魯家亮、凡國棟撰著：《里耶秦簡牘校釋（第一卷）》第142頁。

☑□曹 A
主令[1] ☑ BⅠ
主三族從人【讞】。☑ BⅡ
主盜賊發讞[2]。☑ BⅢ

曹，原釋文未釋，今據殘筆釋出。8-389+8-404"主貳春、都鄉、啓陵、田、□□吏卒、黔首及奴婢讞"，與 9-1701"主三族從人【讞】""主盜賊發讞"，在表述上接近，在內容上並無重復，可以互補。

不過，9-1701 與 8-389+8-404 之間茬口並不能全部吻合，如 9-1701 號簡"主三族從人讞"之"讞"下部筆畫略有脫落，其殘筆不見於 8-389+8-404。但 9-1701 與 8-389+8-404 寬度相同，二者皆有的"主"及"讞"字的筆迹接近，[3] 文意關聯互補，且 9-1701 二"讞"字中間的略凹進去的紋路，可以與 8-389+8-404 遥遥呼應。這些在文本內容與物理特徵等方面的密切關聯，讓我們懷疑 9-1701、8-389+8-404 可綴合。9-1701+8-389+8-404 釋文作：

☑□曹 A
主令。BⅠ
主三族從人【讞】。BⅡ
主盜賊發讞。BⅢ
主貳春、都鄉、啓陵、田、□□CⅠ吏卒、黔首及奴婢讞。CⅡ

二

9-1701+8-389+8-404"主"四見，皆用作動詞，指主管、負責

---

[1] 主，原釋文作"巫"。此從里耶秦簡牘校釋小組（何有祖執筆）：《〈里耶秦簡（貳）〉校讀（一）》，簡帛網 2018 年 5 月 17 日。
[2] 盜，原釋文未釋，此從周海鋒先生釋（周海鋒：《〈里耶秦簡（貳）〉初讀（一）》，簡帛網 2018 年 5 月 15 日）。
發，原釋文从門从斗。此從里耶秦簡牘校釋小組（何有祖執筆）：《〈里耶秦簡（貳）〉校讀（一）》，簡帛網 2018 年 5 月 17 日。
[3] 8-389+8-404 的"讞"，與 9-1701"讞"字形同且筆迹接近，疑是同一人所寫。

某事。

主令，指負責令。"□曹"負責的諸事中"主令"排在首位，這與"廷令曹"（8-1859）的職事似有重合。不過後者主要在令的傳發，"□曹"恐着重在"令"的執行。

"主三族從人譿"，排在"主令"與"主盜賊發譿"之間，顯示這一時期對"三族從人"的重視。里耶簡8-777有："從人論報、擇、免歸致書具此中。"是與從人有關的文書集合，可惜只有簽牌，暫不可知其詳情。周海峰先生懷疑"三族"或是"夷三族"之省，"三族從人"指那些罪大惡極當夷三族的從人。[1] 嶽麓伍77號簡：

☑從人家吏、舍人可（何）以□三族從人者？[2] ·議：令縣治三族從人者，必

有關於三族從人的詳情，可惜簡文殘缺，不知如何界定三族從人。

"主貳春、都鄉、啓陵、田、□□CⅠ吏卒、黔首及奴婢譿"則注重對吏卒、黔首及奴婢等訊息的譿求。

總的來說，本牘開頭的"□曹"除了負責令之外，所負責的其餘事務"主三族從人譿""主盜賊發譿""主貳春、都鄉、啓陵、田、□□CⅠ吏卒、黔首及奴婢譿"，皆與"譿"有關。

這裏可對"□曹"略作推測。"曹"上所缺字左部似是"言"之殘，頗疑字是"譿"。"譿曹"見於9-2326號簡"譿曹譿書當布求之笥。卅年下到遷陵"，12-851號簡有"遷陵主譿發洞庭"。[3] 里耶秦簡牘校釋小組指出：[4]

---

[1] 周海鋒：《〈里耶秦簡（貳）〉初讀（一）》，簡帛網2018年5月15日。
[2] 原簡僅存"言"形，雷海龍《〈嶽麓書院藏秦簡（伍）〉釋文與注釋》（稿本）疑是"論"。齊繼偉釋作"謂"。"謂"通"爲"（齊繼偉《讀〈嶽麓書院藏秦簡（伍）〉札記（三）》，簡帛網，2018年3月9日）。今存疑。
[3] 宋少華、張春龍、鄭曙斌、黃樸華編著：《湖南出土簡牘選編①》，嶽麓書社2013年。
[4] 釋文參看里耶秦簡牘校釋小組（魯家亮執筆）：《新見里耶秦簡牘資料選校（三）》，簡帛網2015年8月7日。

讞，似指某一類事務或機構，類似辭例如 8－303 "遷陵主薄（簿）發"、8－922 "遷陵主倉發"。又 8－944+8－1646 有 "讞求"、9－981 有 "讞問"，此二處的 "讞" 爲法律用語，指搜尋、推究。9－1227 號簡也有 "廷主讞發"。簡文中的 "主讞發" 負責 "讞"。孫聞博先生曾分析遷陵縣諸曹，指出廷 "主某"，又被稱作 "某曹"，如：[1]

"廷戶曹" 有時可徑省作 "廷戶"（8－1、8－283、8－878），或作 "廷主戶"（8－156、8－266、8－746、8－1142、8－1395、8－1650、8－1752、8－1925、8－1955）。

倉曹（8－496、8－776、8－1201、8－1463、8－1777+8－1868）。[2] 又有作 "廷倉曹"（8－500、8－1288）。此外，里耶簡還見 "遷陵主倉發洞庭"（8－922）。

吏曹（8－98、9－982[3]）。更多作 "廷吏曹"（8－241、8－554、8－699、8－829、8－1126、8－1700），或 "廷主吏"（8－52、8－347、8－709、8－1305、8－1651、8－1701、8－1750、8－1869、8－1881）。

里耶簡 "遷陵主讞"，對應的是 "讞曹"。我們曾推測 "遷陵主讞" 或 "讞曹" 應是專門負責 "讞" 的機構，其職責涉及 "讞" 書的製作、發布及據讞書追捕、詢問等事宜。[4] 9－1701+8－389+8－404 給我們帶來了 "讞曹" 職事的更多信息。

三

李洪財先生的《秦簡牘 "從人" 考》，[5] 披露了嶽麓秦簡伍的一條

---

[1] 孫聞博：《秦縣的列曹與諸官——從〈洪範五行傳〉一則佚文説起》，《簡帛》第 11 輯，上海古籍出版社 2015 年。
[2] 原注：簡 8－496 作 "司空【倉】曹期"，兩行書寫。"司空" 二字爲一行。對照圖版，此爲一枚楬，上端已殘，簡首塗黑，墨迹尚存。這裏或即指司空曹、倉曹期會。
[3] 湖南省文物考古研究所等：《湖南龍山里耶戰國—秦代古代一號井發掘簡報》第 33 頁。
[4] 何有祖：《里耶秦簡所見通緝類文書新探》，簡帛網 2017 年 1 月 30 日。
[5] 見載於《文物》2016 年第 12 期。

材料：

> ·諸治從人者，具書未得者名、族、年、長、物色、疵瑕，移讂縣道，縣道官謹以讂窮求，得輒以智巧譖潛訊。其所智從人、從人屬、舍人，未得而不在讂中者，以益讂求，皆捕論之。（1021、1019）

李洪財先生認爲"讂"是一種通緝文書。甚是。簡文提及對"從人"的信息詳加記載，形成"讂"書，並將"讂"書移送縣道，縣道官根據該"讂"書"窮求"從人，如果得知從人、從人屬、舍人等並沒有書寫在"讂"書中，則需要添加相應內容到"讂"書。由此可知，"讂"書被用於通緝、追捕，其內容因具體情況會逐漸增補，以便於增加捕得逃亡嫌疑犯的可能性。這雖是針對"從人"的律文，但也透露出了讂曹運作的過程，尤其是"讂"書的製作過程。

里耶秦簡有些簡記載失蹤逃亡人員的詳細情況，沒有標明是"讂"書，但應可看作是"讂"書的具體實物。如謝坤先生《里耶秦簡所見逃亡現象及相關問題》所綴合的 8-439+8-519+8-537+8-1899，其釋文作：[1]

> 廿五年九月己丑，將奔命校長周爰書：敦長買、什長嘉皆告曰：徒士五（伍）右里繚可，行到零陽廡溪橋亡，不智（知）外內，恐爲盜賊，敢告。Ⅰ
>
> 繚可年可廿五歲，長可六尺八寸，赤色，多髮，未產須，衣絡袍一、絡單胡衣一，操具弩二、絲弦四、矢二百、鉅劍一、米一石五斗。Ⅱ

該牘是校長周提交的一份通緝盜賊的文書，顯示"讂"書的更多細節。秦始皇廿五年九月己丑，校長周在該文書第一列提及敦長買、什長嘉懷疑繚可恐是盜賊，並在第二列詳細交代繚可的年齡、身高等體貌特徵、

---

[1] 謝坤：《里耶秦簡所見逃亡現象——從"繚可逃亡"文書的復原說起》，《古代文明》2017年第1期。

所着衣物、武器及所携帶米的數量等信息。這件文書並未明確標明是何種文書。謝坤先生指出該文書應具有"通緝令"的性質。頗具啓發意義。此件當是用來追索疑爲盜賊的文書,可與 9－1701+8－389+8－404 "主盜賊發譊"這一職事相對應。

里耶秦簡有一些文書與之類似,如:

1. 故邯鄲韓審里大男子吳騷,爲人黄晣色,隋(橢)面,長七尺三寸☐ Ⅰ
   年至今可六十三、四歲,行到端,毋它疵瑕,不智(知)衣服、死產、在所☐ Ⅱ 8－894

2. ☐☐言爲人白晢色,隋,惡髮須,長可七尺三寸,年可六十四。Ⅰ
   ☐燕,今不智(知)死產、存所,毋内孫。Ⅱ 8－534

3. 簪子大男☐,爲人圜面,【惡】……☐☐不智(知) Ⅰ
   【死】產。Ⅱ 8－1863+8－1866
   ☐……☐ 8－1866 背

4. ☐李廣☐客,晢色,長可七尺,年丗歲,衣☐☐ 12－140

5. 廿六年端月己丑,上輎鄉爰書☐ Ⅰ
   人黑色,長面,大目,六尺九寸☐☐ Ⅱ
   端月甲戌,上☐鄉奊敢言之☐ Ⅲ
   二月癸丑,新武陵丞赾敢告☐☐ Ⅳ 15－259[1]

6. 丹子大女子巍(魏)嬰娸,一名曰姘,爲人大女子☐ Ⅰ
   年可七十歲,故居巍(魏)箕李☐☐☐☐,今不☐ Ⅱ 8－2098+8－2150

上揭第 1—5 份文書,内容與 8－439+8－519+8－537+8－1899 對繚可的特徵描述用語多有相似之處,應是性質相同的一類文書。里耶秦簡還有

---

[1] 釋文參看里耶秦簡牘校釋小組(魯家亮執筆):《新見里耶秦簡牘資料選校(三)》,簡帛網 2015 年 8 月 7 日。

一些殘簡，如：

　　　　☒☐爲人晢☒8－2402

　　　　☒☐少髮【須】☒8－1003

是對人體貌特徵的描述，其中"爲人"的用語，見於第1—5。或是相似文書的殘簡。

第6份文書有"年可""故……今"一類的表述，似也存在類似此種"通緝令"的可能。

與第6份文書相類的記錄還有：

　　　　☒丹子大女子巍（魏）並，並爲人中大女子青黑☐☒8－1070

　　　　☒年可卅歲，故居巍（魏）箕攻8－2133

其中"爲人""年可""故"等用語與第6份文書相似，或是相似文書的殘簡，其性質待考。

以上文書有一些可以確定屬於"謑"書，如8－439+8－519+8－537+8－1899、8－894等。但秦對此類文書如何稱呼？我們可以從里耶秦簡9－2315得到綫索，該牘釋文作：

　　　　廿八年九月戊戌朔癸亥，貳春鄉守畸敢言之：廷下平Ⅰ春君居叚（假）舍人南昌平智大夫加謑書曰：各謙（廉）求其界中。Ⅱ得弗得，亟言，薄留日。今謙（廉）求弗得，爲薄留一牒下。敢言Ⅲ之。Ⅳ9－2315

　　　　九月☐卯旦，南里不更除魚以來。/徹半。　　壬手。9－2315背

上揭簡文記載秦始皇廿八年九月癸亥，貳春鄉守畸根據遷陵縣廷所下達的"加"的"謑書"，搜求"加"。這裏的"謑書"應有對"加"詳細記載，以方便各地官吏廉求其人。

四、結　語

"謑曹"職責涉及"謑"書的製作等事宜。9－1701+8－389+8－404

的綴合有助於我們瞭解"讞曹"的職事範圍。這有可能是一枚記載"讞曹"的職事範圍的律令規範。嶽麓秦簡、里耶秦簡的互相印證，使我們能確認諸如 8‐439+8‐519+8‐537+8‐1899、8‐894 等文書即里耶秦簡 9‐2315 所見的"讞書"。

附錄一:《里耶秦簡(壹)》新綴圖版[1]

一、5-9+6-35　　　二、5-16+5-30　　　三、8-5+8-37

---

[1] 本附錄所用殘簡圖版皆采用湖南省文物考古研究所編:《里耶秦簡(壹)》。

附錄一:《里耶秦簡(壹)》新綴圖版　　379

四、8-45+8-270　　五、8-51+8-641+8-640　　六、8-53+8-88

七、8-77+8-108+8-2　　　　八、8-98+8-1168+8-546　　　九、8-117+8-89

附錄一：《里耶秦簡（壹）》新綴圖版　　381

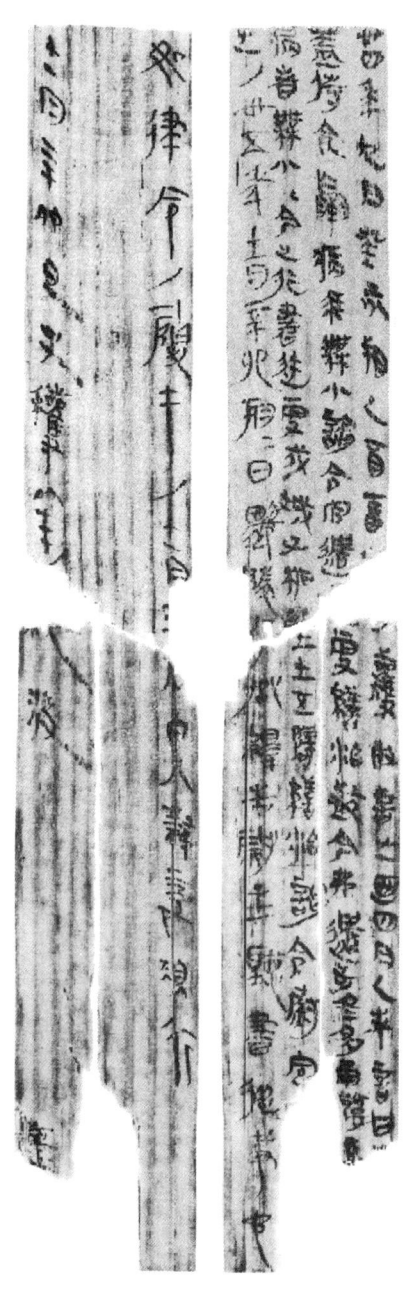

一〇、8-143+8-2161+8-69　　　　　　一一、8-160+8-363

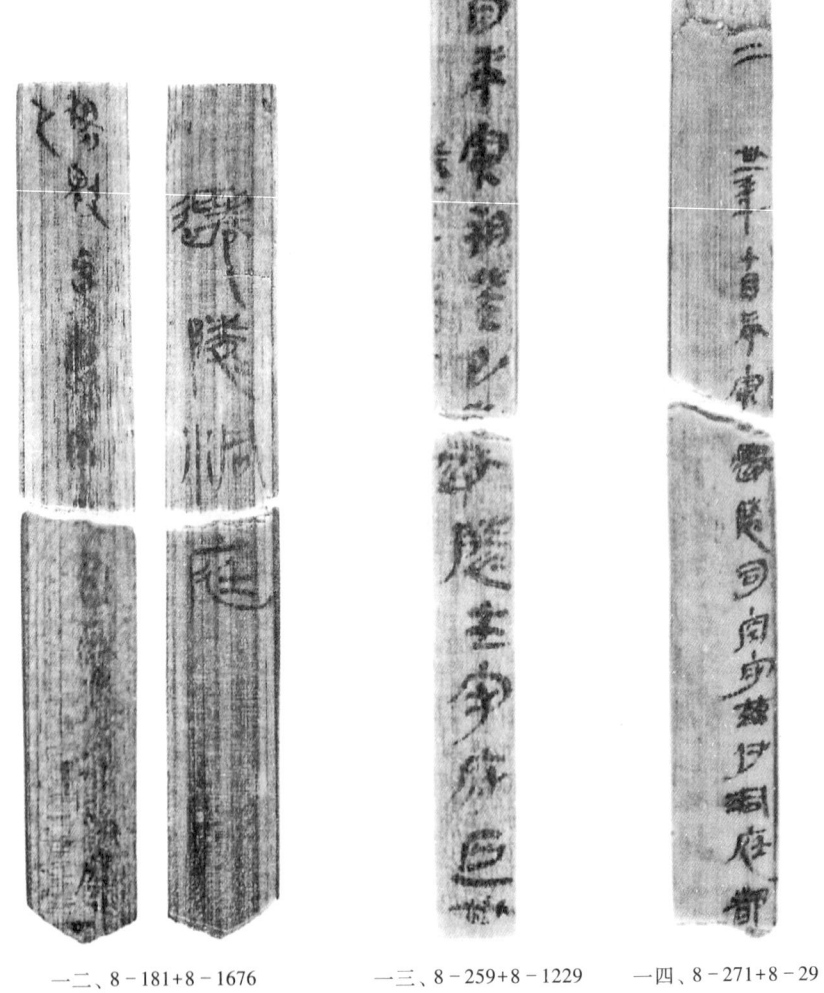

一二、8-181+8-1676　　一三、8-259+8-1229　　一四、8-271+8-29

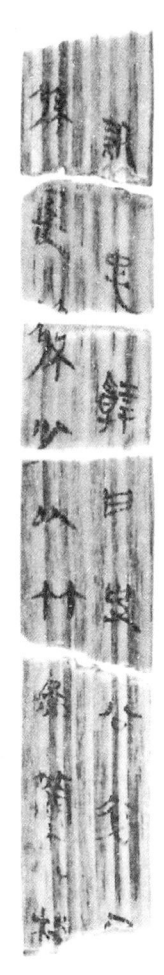

附錄一:《里耶秦簡(壹)》新綴圖版　　383

一五、8－294+8－40+
8－93+8－292+8－113

一六、8－306+8－282

一七、8－359+8－343

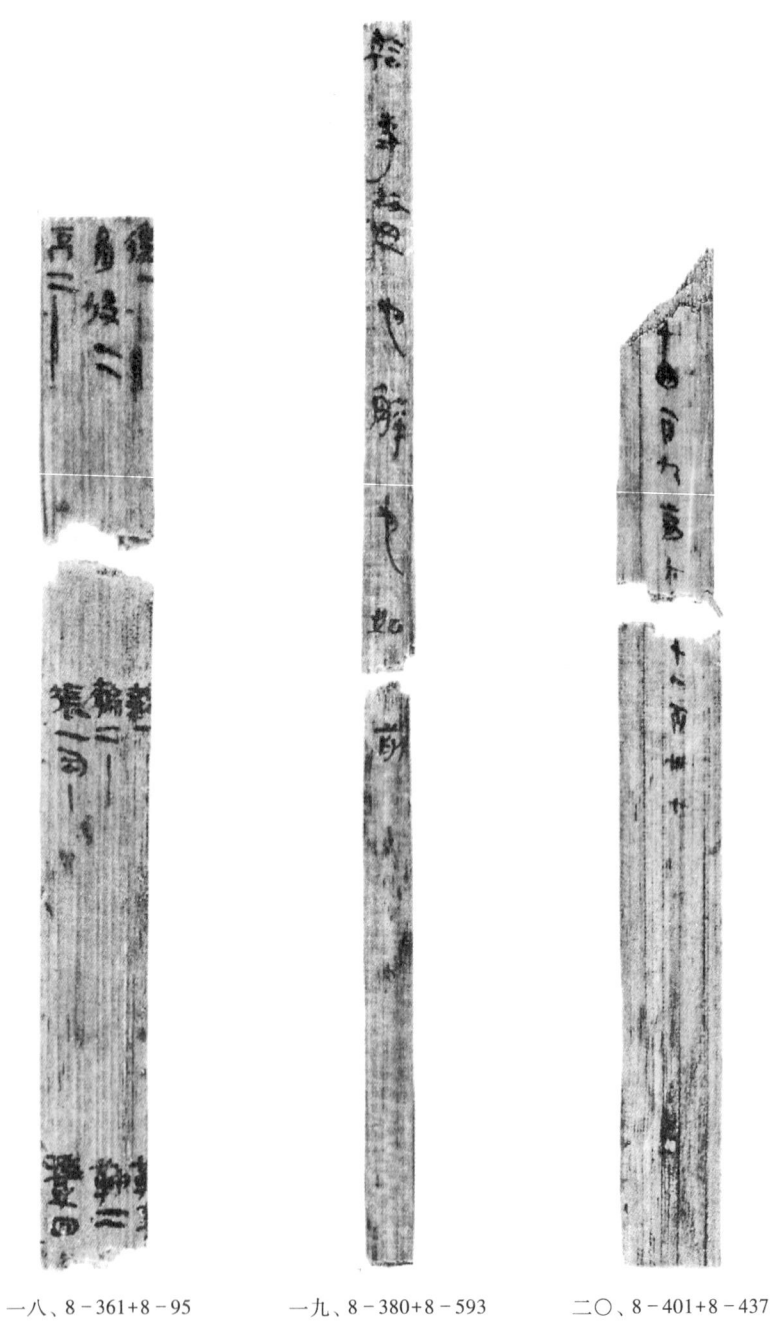

一八、8-361+8-95　　　一九、8-380+8-593　　　二〇、8-401+8-437

附録一：《里耶秦簡（壹）》新綴圖版　　385

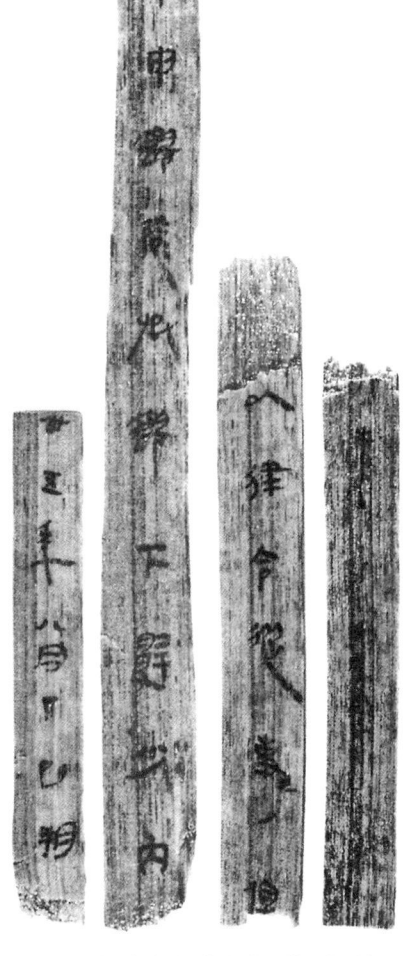

二一、8-498+8-2037　　　二二、8-514+8-378+8-131+8-22

386　里耶秦簡新研

二三、8－517+8－619　　二四、8－547+8－1068　　二五、8－559+8－367

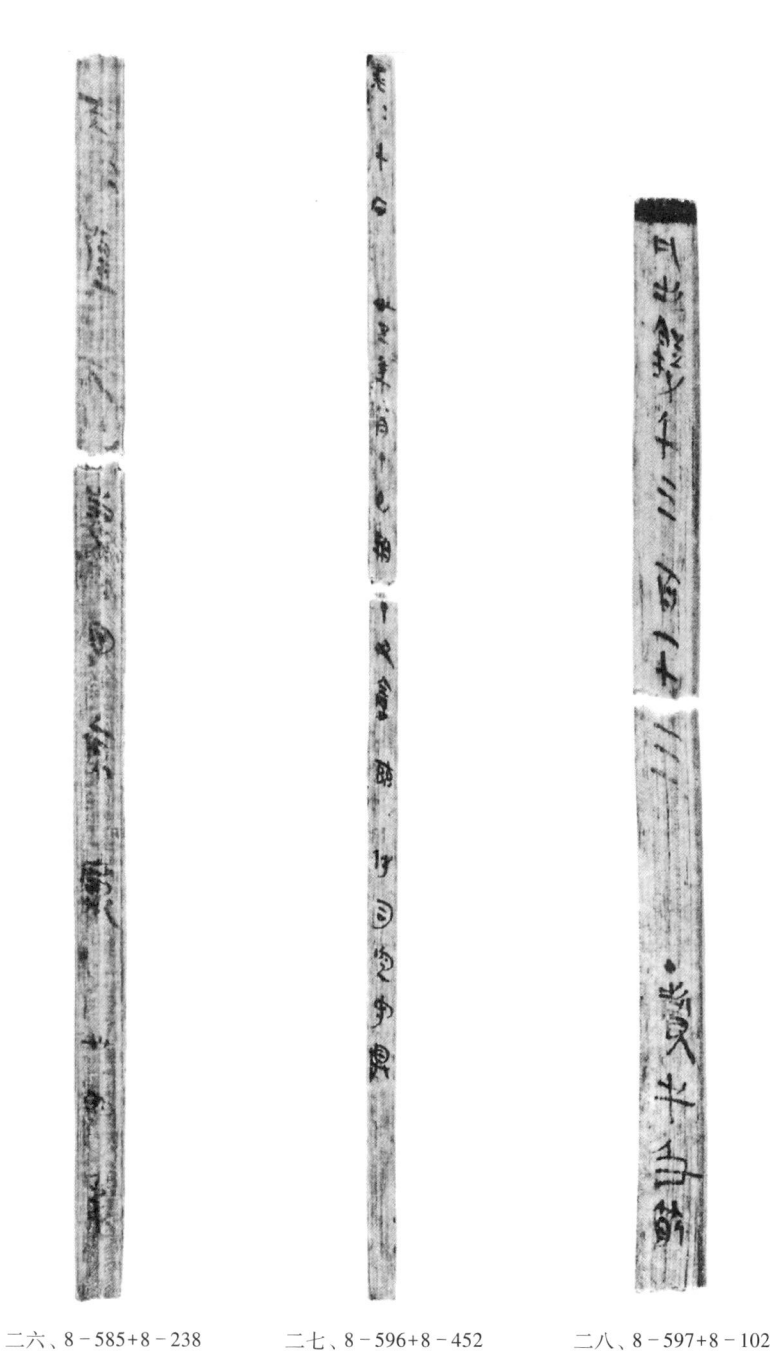

附錄一：《里耶秦簡（壹）》新綴圖版　　387

二六、8－585+8－238　　二七、8－596+8－452　　二八、8－597+8－102

388　里耶秦簡新研

二九、8-598+8-624　　　三〇、8-600+8-637+　　　三一、8-625+8-1067
　　　　　　　　　　　　　　　8-1890

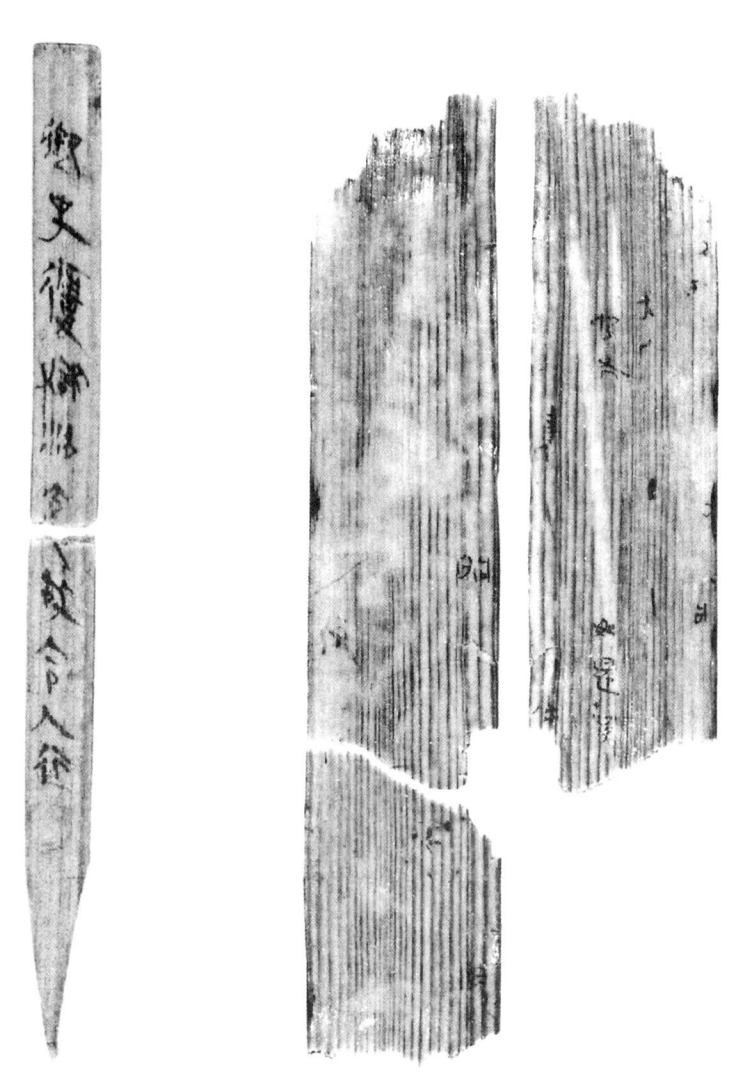

附録一：《里耶秦簡（壹）》新綴圖版　　389

三二、8－632+8－631　　　　　　三三、8－675+8－2020

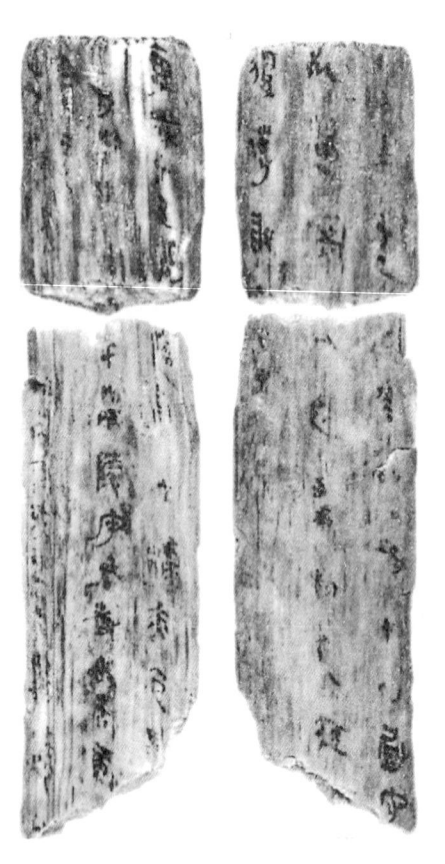

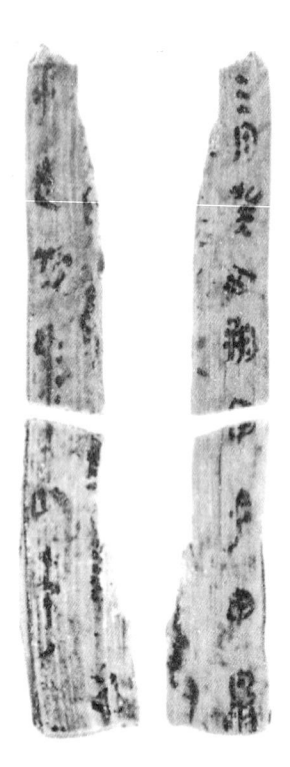

三四、8－694+8－85　　　　　　　三五、8－725+8－1528

附録一:《里耶秦簡(壹)》新綴圖版　　391

三六、8－738+8－74　　　　　三七、8－743+8－79

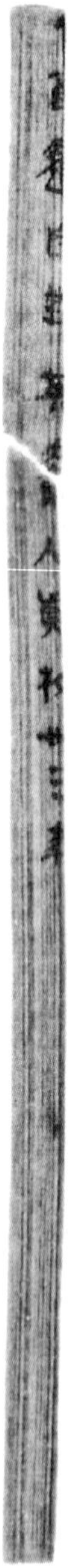

三八、8-784+8-943 　　三九、8-795+8-1820+8-562 　　四〇、8-803+8-866

附錄一：《里耶秦簡（壹）》新綴圖版　　393

四一、8-846+8-861　　四二、8-868+8-621　　四三、8-877+8-966

四四、8－946+8－1895　　　四五、8－977+8－1821　　　四六、8－1039+8－222

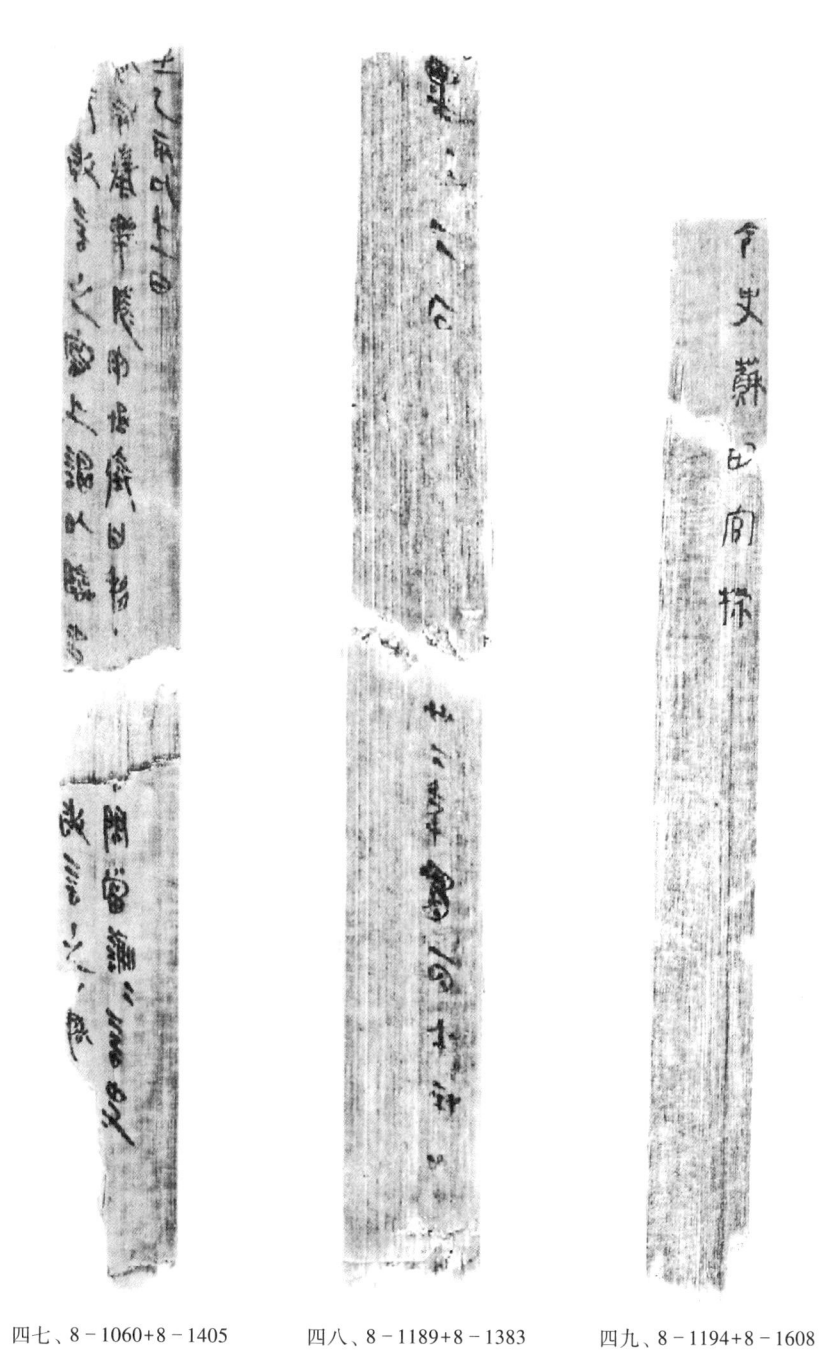

附録一：《里耶秦簡（壹）》新綴圖版

四七、8－1060+8－1405　　四八、8－1189+8－1383　　四九、8－1194+8－1608

396　里耶秦簡新研

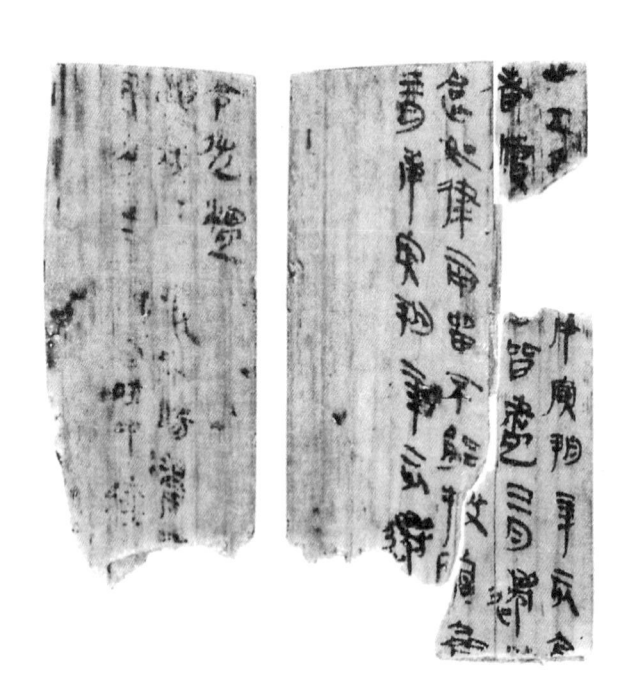

五〇、8-1203+8-110+8-669　　　　　　　五一、8-1245+8-1374

附錄一：《里耶秦簡（壹）》新綴圖版　　397

五二、8－1264+8－1122　　五三、8－1265+8－1252　　五四、8－1276+8－1697

五五、8－1327+8－787　　　五六、8－1335+8－1115　　　五七、8－1354+8－1298

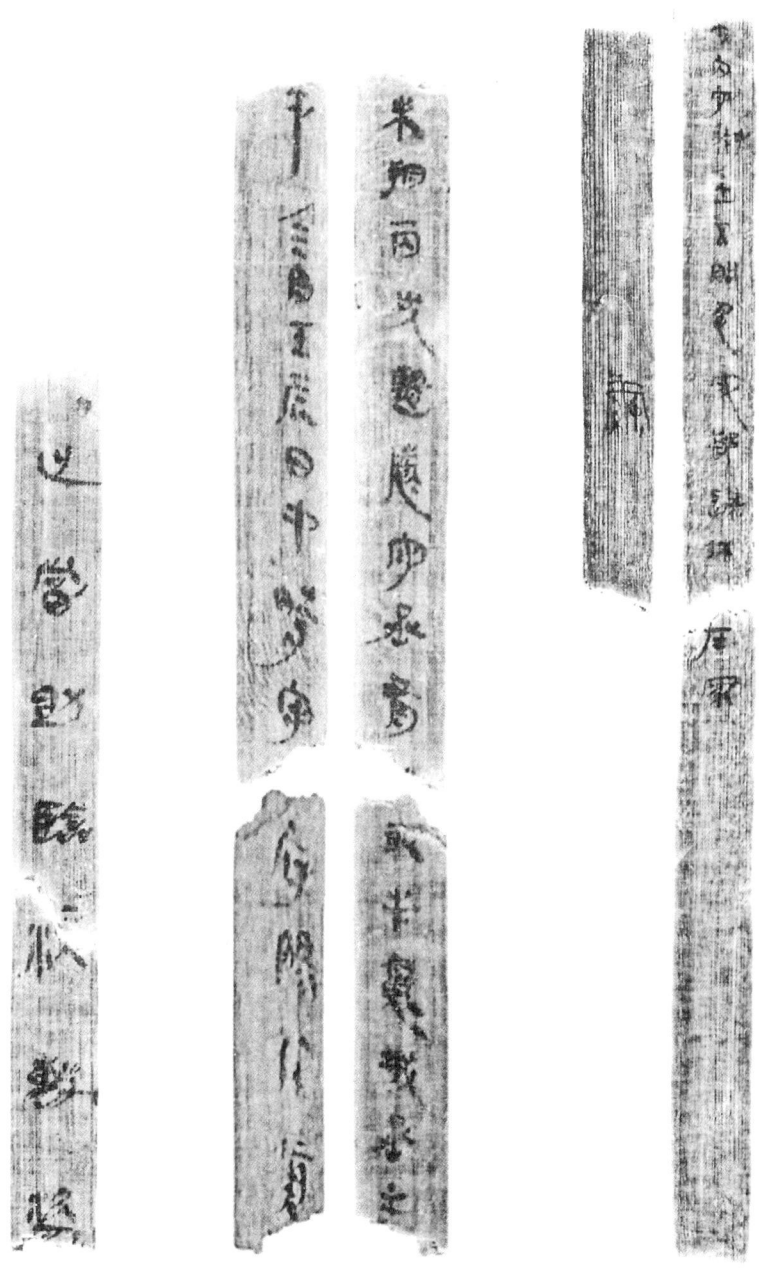

附錄一：《里耶秦簡（壹）》新綴圖版　　399

五八、8-1416+8-268　　五九、8-1439+8-975　　六〇、8-1469+8-1304

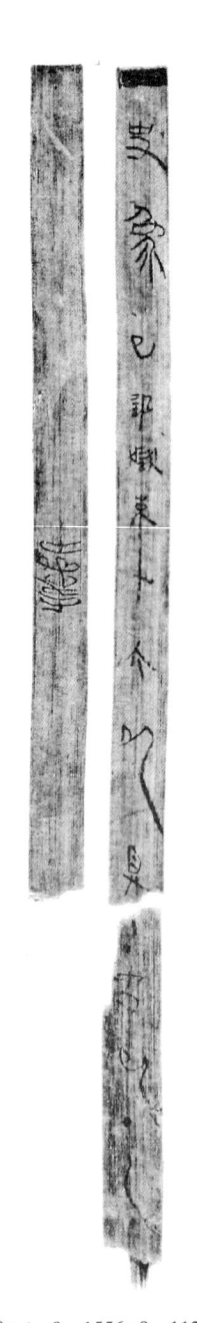

六一、8－1477+8－1141　　　　六二、8－1556+8－1120　　　六三、8－1603+
　　　　　　　　　　　　　　　　　　　　　　　　　　　　　　　　　8－1818

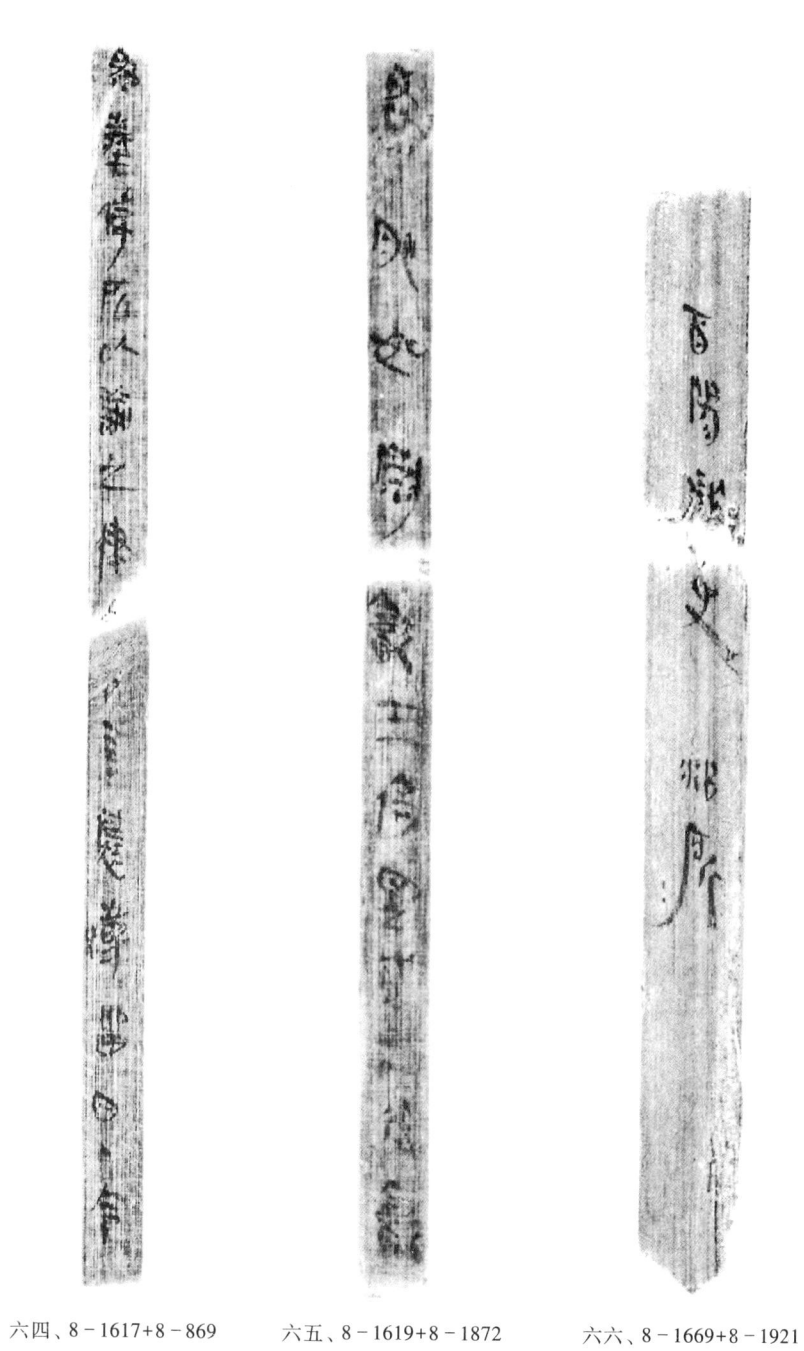

附錄一：《里耶秦簡（壹）》新綴圖版　　401

六四、8-1617+8-869　　六五、8-1619+8-1872　　六六、8-1669+8-1921

402　里耶秦簡新研

六七、8-1715+8-1893　　六八、8-1749+8-2165　　六九、8-1756+8-1054

附錄一:《里耶秦簡(壹)》新綴圖版　　403

七〇、8-1786+8-1339+
　　8-225+8-302

七一、8-1871+8-1542

七二、8-1946+8-1873

七三、8-1953+8-1989　　七四、8-1988+8-1918　　七五、8-2010+8-64

附録一:《里耶秦簡(壹)》新綴圖版　　405

七六、8-2098+8-2150　　七七、8-2111+8-2136

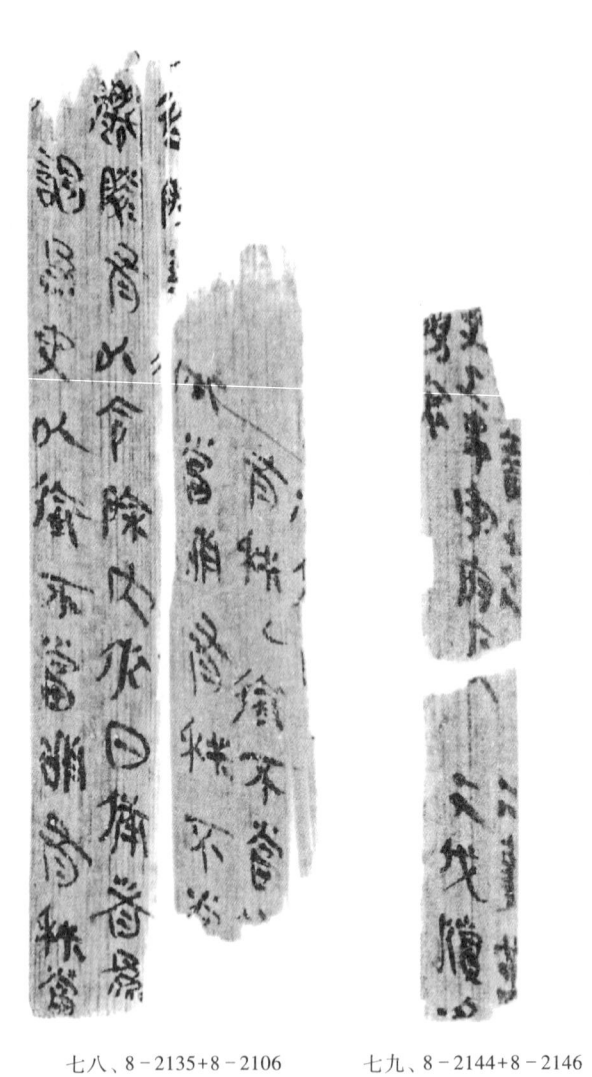

七八、8−2135+8−2106 　　　七九、8−2144+8−2146 　　　八〇、8−2147+8−2068+8−2145

附録一：《里耶秦簡（壹）》新綴圖版　　407

八一、8-2149+8-2121　　八二、8-2151+8-2169　　八三、8-2155+
　　　　　　　　　　　　　　　　　　　　　　　　　　8-2128

八四、8-2157+8-733　　　　　八五、8-2159+8-740

附錄一：《里耶秦簡（壹）》新綴圖版　　409

八六、8－2160+8－1925+8－1663　　　八七、8－2212+8－2205

八八、8-2239+8-1830+8-1815　　　　八九、8-2243+8-2022

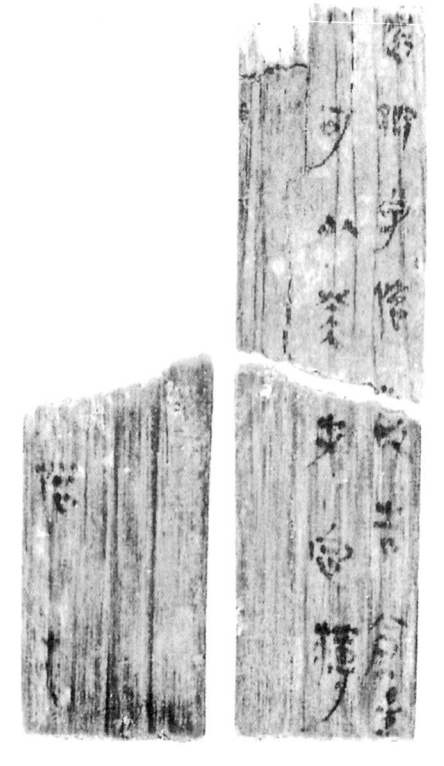

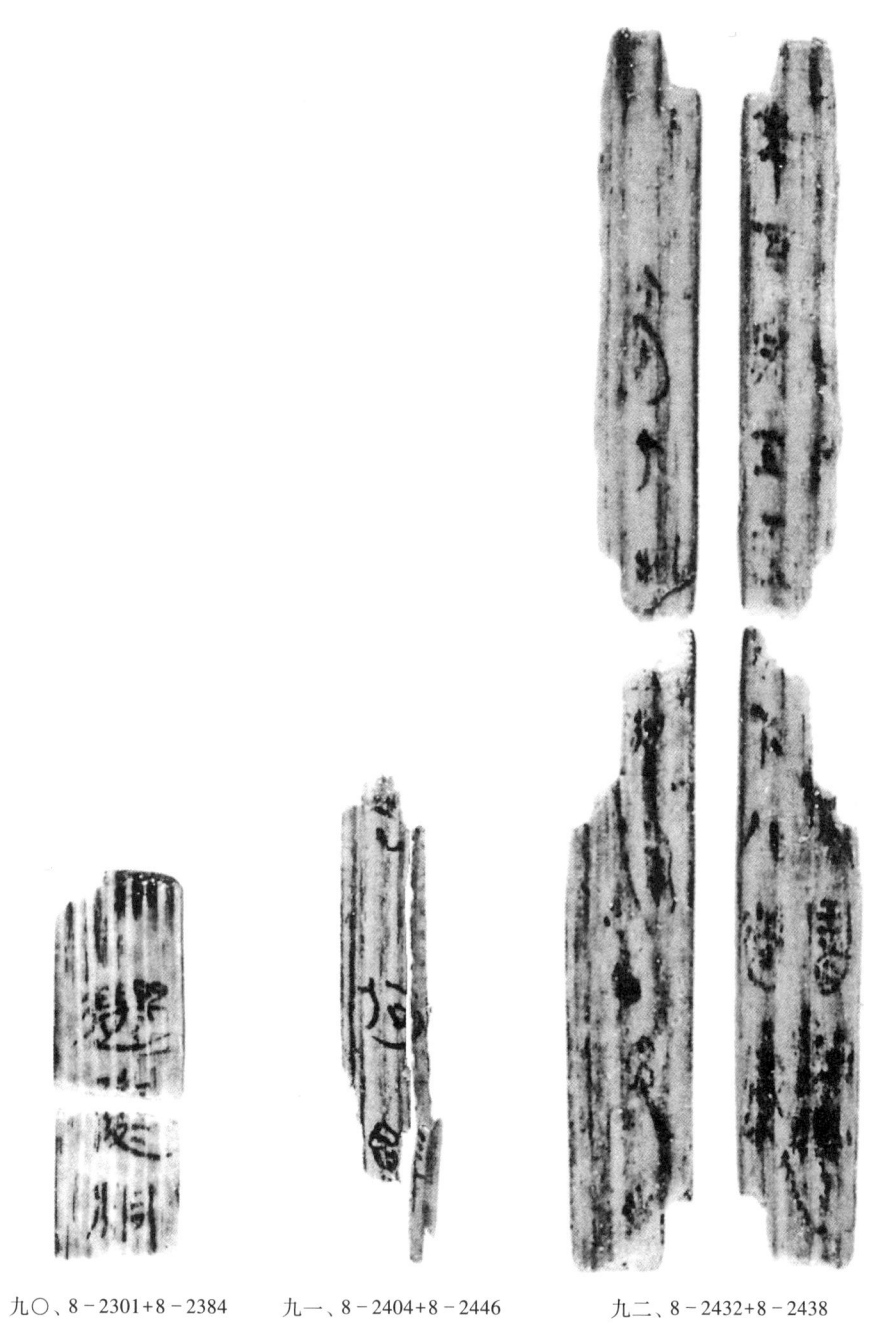

附錄一：《里耶秦簡（壹）》新綴圖版　411

九〇、8-2301+8-2384　　九一、8-2404+8-2446　　九二、8-2432+8-2438

附錄二:《里耶秦簡(貳)》新綴圖版[1]

一、9-83+9-783　　二、9-172+9-1267+9-1404　　三、9-299+9-175

---

[1] 本附錄所用殘簡圖版皆采用湖南省文物考古研究所編:《里耶秦簡(貳)》。

附錄二:《里耶秦簡(貳)》新綴圖版　　413

四、9-416+9-449　　五、9-417+9-324　　六、9-605+9-861

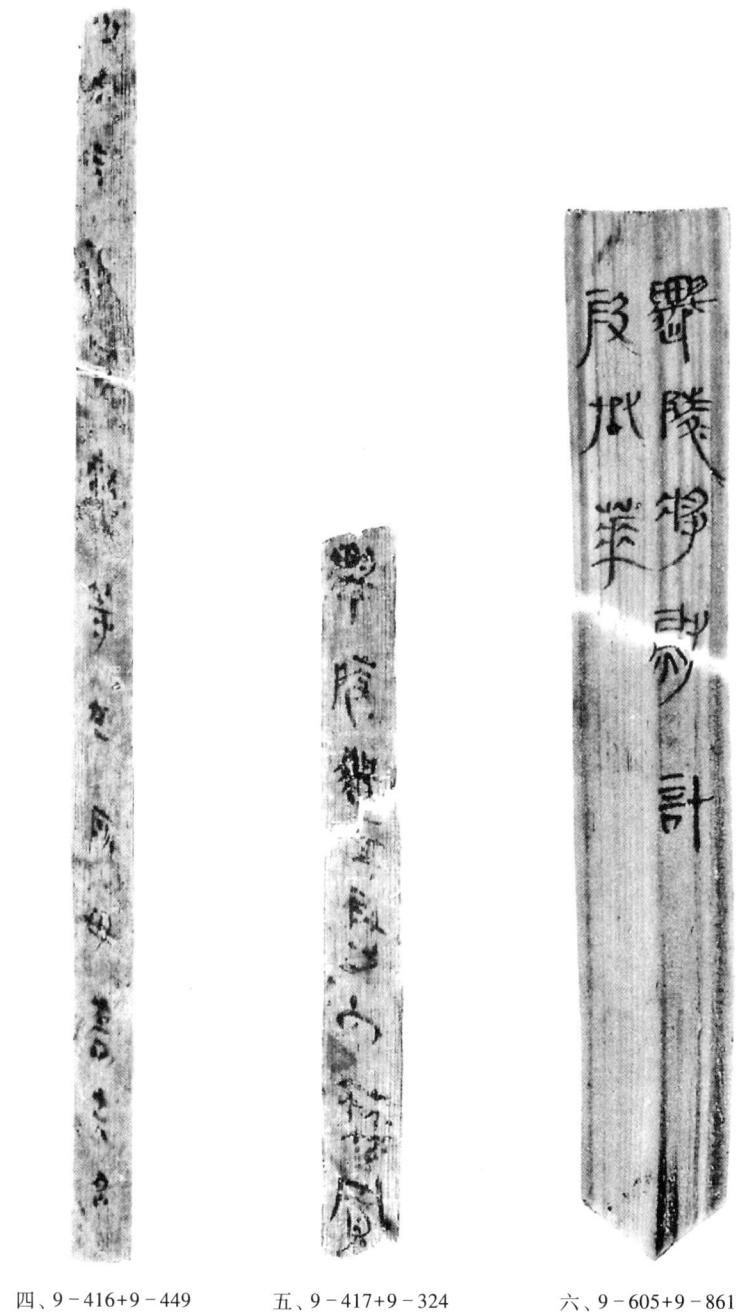

七、9-655+9-862　　　八、9-979+9-572　　　九、9-884+9-817+9-569

附録二:《里耶秦簡(貳)》新綴圖版　415

一〇、9-1294+9-1223

一一、9-1758+8-419+8-612

一二、9－1780+
9－682

一三、9－1843+9－2783+9－3172

一四、9－1972+
9－1269

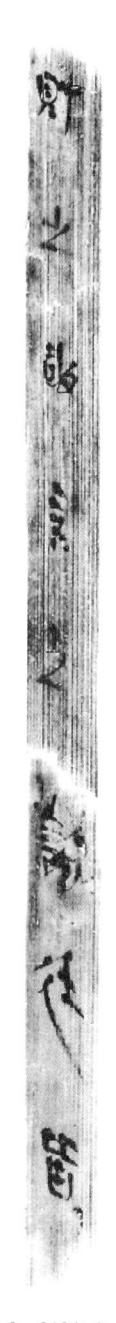

附録二：《里耶秦簡（貳）》新綴圖版　　417

一五、9-2184+9-2080 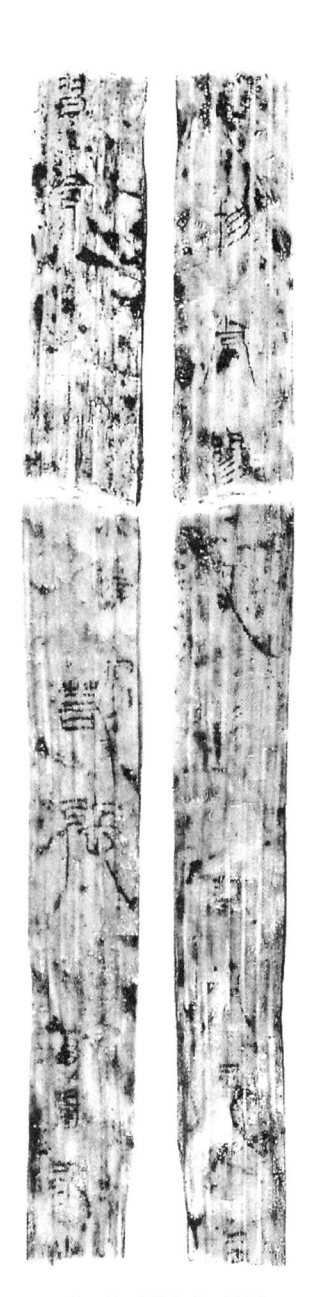　　一六、9-2464+9-1104

一七、9-2679++
9-2949

一八、9-2803+9-
2779+9-2818

一九、9-3179+9-3180

附錄二:《里耶秦簡(貳)》新綴圖版　　419

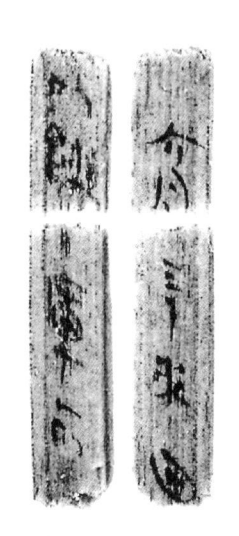

二〇、9-3185+9-3184　　　　　二一、9-3370+9-3255

附錄三：本書綴合編聯成果文章出處

一、發表紙質刊物目錄：

1. 何有祖：《里耶秦醫方簡の綴合について（二則）》，《中國出土資料研究》第 17 號，中國出土資料學会，2013 年；又《里耶秦簡綴合札記（二則）》，《中國文字》新四十四期，（臺北）藝文印書館 2019 年。

2. 何有祖：《里耶秦簡牘綴合（七則）》，《簡帛》第 9 輯，上海古籍出版社 2014 年。

3. 何有祖：《里耶秦簡牘綴合札記（四則）》，《簡帛研究二〇一四》，廣西師範大學出版社 2014 年。

4. 何有祖：《里耶秦簡"取寄爲傭"諸簡的復原與研究》，《出土文獻》第 11 輯，中西書局 2017 年。

5. 何有祖：《里耶秦簡"讒曹"、"讒書"解》，《出土文獻》第 13 輯，中西書局 2018 年。

6. 何有祖：《里耶秦簡綴合札記（四則）》，《出土文獻》第 14 輯，中西書局 2019 年。

7. 何有祖：《里耶秦簡（貳）綴合札記》，《簡帛》第 20 輯，上海古籍出版社 2020 年。

8. 何有祖：《與"物故"有關的幾枚里耶秦簡牘的綴合、釋讀》，《古文字研究》第 33 輯，中華書局 2020 年；又《與"物故"有關的幾枚里耶秦簡牘的綴合、釋讀（修訂稿）》，簡帛網 2020 年 11 月 9 日。
9. 何有祖：《談三枚里耶秦簡牘的復原》，《荊楚文物》第 5 輯，科學出版社 2021 年。
10. 何有祖：《略談兩枚里耶秦醫方簡的連讀問題》，成都中醫藥大學中國出土醫學文獻與文物研究院編：《中國出土醫學文獻與文物研究國際學術會論文集刊（2019）》，巴蜀書社 2021 年。
11. 何有祖：《里耶秦簡殘簡新綴（五則）》，《中國國家博物館館刊》2022 年第 6 期。
12. 何有祖：《里耶秦簡綴合札記（九則）》，《出土文獻綜合研究集刊》第 16 輯，巴蜀書社 2022 年。
13. 何有祖：《里耶秦簡 8－294 等簡的綴合及相關問題討論》，武漢大學歷史地理研究所編：《石泉先生百年誕辰紀念文集》，武漢大學出版社 2023 年。

二、發表網絡文章目錄：

1. 何有祖：《里耶秦簡牘綴合（七則）》，簡帛網 2012 年 5 月 1 日。
2. 何有祖：《里耶秦簡牘綴合（二）》，簡帛網 2012 年 5 月 14 日。
3. 何有祖：《里耶秦簡牘綴合（三）》，簡帛網 2012 年 5 月 17 日。
4. 何有祖：《里耶秦簡牘綴合（四）》，簡帛網 2012 年 5 月 21 日。
5. 何有祖：《里耶秦簡牘綴合（五）》，簡帛網 2012 年 5 月 26 日。
6. 何有祖：《里耶秦簡牘綴合（六）》，簡帛網 2012 年 6 月 4 日。
7. 何有祖：《里耶秦簡牘綴合（七）》，簡帛網 2012 年 6 月 25 日。
8. 何有祖：《里耶秦簡牘綴合（二則）》，簡帛網 2012 年 7 月 30 日。
9. 何有祖：《里耶秦簡牘綴合（六則）》，簡帛網 2012 年 12 月 24 日。
10. 何有祖：《里耶秦簡牘綴合（八則）》，簡帛網 2013 年 5 月 17 日。
11. 何有祖：《里耶秦簡牘綴合（三則）》，簡帛網 2013 年 7 月 12 日。
12. 何有祖：《里耶秦簡牘綴合（四則）》，簡帛網 2013 年 10 月 4 日。
13. 何有祖：《里耶秦簡牘綴合（八）》，簡帛網 2014 年 2 月 12 日。

14. 何有祖:《里耶秦簡牘綴合札記（四則）》，簡帛網 2015 年 2 月 18 日。
15. 何有祖:《里耶秦簡綴合札記（二則）（修訂稿），簡帛網 2015 年 3 月 2 日。
16. 何有祖:《里耶秦簡牘綴合（九）》，簡帛網 2015 年 11 月 23 日。
17. 何有祖:《里耶秦簡牘綴合（十）》，簡帛網 2016 年 6 月 10 日。
18. 何有祖:《里耶秦簡綴合一則》，簡帛網 2018 年 6 月 13 日。

附錄四：本書文字考釋成果文章出處

一、發表紙質刊物目錄：

1. 何有祖：《新出里耶秦簡札記二則》，《出土文獻研究》第 11 輯，中西書局 2012 年。

2. 何有祖：《〈里耶秦簡（壹）〉校讀札記（三則）》，《出土文獻研究》第 14 輯，中西書局 2015 年。

3. 何有祖：《里耶秦簡牘釋讀札記（五則）》，《出土文獻研究》第 15 輯，中西書局 2016 年。

4. 何有祖：《里耶秦簡所見古藥方與後世解毒方"地漿水"》，《簡帛》第 15 輯，上海古籍出版社 2017 年。

5. 何有祖：《里耶秦簡 8－650+8－1462 解讀並論相關問題》，史亞當主編：《出土文獻與物質文化》（饒宗頤國學院國學叢書），中華書局 2018 年。

6. 何有祖：《里耶秦簡（壹）釋地四則》，《考古與文物》2019 年第 2 期。

7. 高婷婷、何有祖：《〈里耶秦簡（貳）〉補釋》，《簡帛》第 21 輯，上海古籍出版社 2020 年。

8. 何有祖：《讀〈里耶秦簡（壹）〉札記（五則）》，《出土文獻》2021 年第 1 期。

9. 何有祖：《里耶秦簡所見人名"僕足"考》，徐少華、（日）谷口滿、

（美）羅泰主編：《楚文化與長江中游早期開發國際學術研討會論文集》，武漢大學出版社 2021 年。

10. 何有祖、李林澤：《里耶秦簡牘零釋（七則）》，《出土文獻研究》第 20 輯，中西書局 2022 年。

11. 何有祖、吳桑：《讀〈里耶秦簡（貳）〉札記》，《簡帛》第 24 輯，上海古籍出版社 2022 年。

12. 何有祖：《里耶古城 1 號井所出一枚秦令目録殘牘新釋》，《中國社會科學報》2022 年 8 月 18 日第 006 版。

13. 何有祖、張志鵬：《〈里耶秦簡（貳）〉新釋（十一則）》，《出土文獻研究》第 21 輯，中西書局 2022 年。

14. 何有祖、趙翠翠：《讀里耶秦簡札記（八則）》，《荆楚文物》第 6 輯，科學出版社 2023 年。

15. 何有祖：《〈里耶秦簡（壹）〉新釋》，《簡帛》第 27 輯，上海古籍出版社 2023 年。

二、發表網絡文章目録：

1. 何有祖：《讀秦簡札記（二則）》，簡帛網 2013 年 4 月 13 日。
2. 何有祖：《釋里耶秦簡牘"炭"字》，簡帛網 2014 年 9 月 16 日。
3. 何有祖：《讀里耶秦簡札記（四則）》，簡帛網 2015 年 6 月 10 日。
4. 何有祖：《讀里耶秦簡札記（一）》，簡帛網 2015 年 6 月 17 日。
5. 何有祖：《讀里耶秦簡札記（二）》，簡帛網 2015 年 6 月 23 日。
6. 何有祖：《讀里耶秦簡札記（三）》，簡帛網 2015 年 7 月 1 日。
7. 何有祖：《讀里耶秦簡札記（四）》，簡帛網 2015 年 7 月 8 日。
8. 何有祖：《讀里耶秦簡札記（五）》，簡帛網 2015 年 7 月 15 日。
9. 何有祖：《讀里耶秦簡札記（六）》，簡帛網 2015 年 8 月 16 日。
10. 何有祖：《讀里耶秦簡札記（七）》，簡帛網 2015 年 10 月 27 日。
11. 何有祖：《里耶秦簡牘釋讀札記（二則）（修訂稿）》，簡帛網 2015 年 11 月 13 日。

12. 何有祖：《讀里耶秦簡札記（八）》，簡帛網 2016 年 6 月 2 日。
13. 何有祖：《里耶秦簡 15－259 號簡補釋》，簡帛網 2016 年 8 月 20 日。
14. 何有祖：《里耶秦簡 14－469、14－638 號簡補釋》，簡帛網 2016 年 8 月 21 日。
15. 何有祖：《里耶秦簡 9－14 號簡補釋》，簡帛網 2016 年 8 月 24 日。
16. 何有祖：《讀秦漢簡札記（二則）》，簡帛網 2017 年 1 月 3 日。
17. 何有祖：《里耶秦簡所見通緝類文書新探》，簡帛網 2017 年 1 月 30 日。
18. 何有祖：《里耶秦簡 8－135"至今"補說》，簡帛網 2017 年 10 月 2 日。
19. 何有祖：《里耶秦簡所見人名"僕足"試考》，簡帛網 2018 年 5 月 6 日。
20. 何有祖：《釋里耶秦簡 8－458"遷陵庫真見兵"》，簡帛網 2018 年 5 月 15 日。
21. 何有祖：《里耶秦簡所見官牒的尺寸》，簡帛網 2018 年 8 月 10 日。

參考文獻

一、傳世文獻

［漢］司馬遷撰，［南朝宋］裴駰集解，［唐］司馬貞索隱，［唐］張守節正義：《史記（修訂本）》，中華書局 2014 年。

［清］王先謙：《漢書補注》，中華書局 1983 年。

［漢］許慎撰：《説文解字》，中華書局 1963 年。

二、簡牘和考古資料

1. 秦簡牘資料

睡虎地秦墓竹簡整理小組編：《睡虎地秦墓竹簡》，文物出版社 1990 年。

朱漢民、陳松長主編：《嶽麓書院藏秦簡（壹）》，上海辭書出版社 2010 年。

朱漢民、陳松長主編：《嶽麓書院藏秦簡（貳）》，上海辭書出版社 2011 年。

朱漢民、陳松長主編：《嶽麓書院藏秦簡（叁）》，上海辭書出版社 2013 年。

陳松長主編：《嶽麓書院藏秦簡（肆）》，上海辭書出版社 2015 年。

陳松長主編：《嶽麓書院藏秦簡（伍）》，上海辭書出版社 2017 年。

陳松長主編：《嶽麓書院藏秦簡（陸）》，上海辭書出版社 2020 年。

陳松長主編：《嶽麓書院藏秦簡（柒）》，上海辭書出版社 2022 年。

湖南省文物考古研究所編著：《里耶秦簡（壹）》，文物出版社 2012 年。

湖南省文物考古研究所編著：《里耶秦簡（貳）》，文物出版社 2017 年。

宋少華、張春龍、鄭曙斌、黃樸華編著：《湖南出土簡牘選編》，嶽麓書社 2013 年。

里耶秦簡博物館、出土文獻與中國古代文明研究協同創新中心中國人民大學中心編著：《里耶秦簡博物館藏秦簡》，中西書局 2016 年。

陳偉主編，何有祖、魯家亮、凡國棟撰著：《里耶秦簡牘校釋（第一卷）》，武漢大學出版社 2012 年。

陳偉主編，魯家亮、何有祖、凡國棟撰著：《里耶秦簡牘校釋（第二卷）》，武漢大學出版社 2018 年。

陳偉主編：《秦簡牘合集》，武漢大學出版社 2014 年。

陳偉主編：《秦簡牘合集》（釋文注釋修訂本），武漢大學出版社 2016 年。

2. 漢簡牘資料

王國維著，胡平生、馬月華校注：《簡牘檢署考校注》，上海古籍出版社 2004 年。

王國維、羅振玉撰，何立民點校：《流沙墜簡》，浙江古籍出版社 2013 年。

謝桂華、李均明、朱國照編：《居延漢簡釋文合校》，文物出版社 1987 年。

簡牘整理小組：《居延漢簡》（壹—肆），"中研院"歷史語言研究所，2014—2017 年。

胡平生、張德芳編撰：《敦煌懸泉漢簡釋粹》，上海古籍出版社 2001 年。

張家山二四七號漢墓竹簡整理小組編：《張家山漢墓竹簡〔二四七

號墓〕》，文物出版社 2001 年。

張家山二四七號漢墓竹簡整理小組編：《張家山漢墓竹簡〔二四七號墓〕》（釋文修訂本），文物出版社 2006 年。

彭浩、陳偉、（日）工藤元男主編：《二年律令與奏讞書——張家山二四七號漢墓出土法律文獻釋讀》，上海古籍出版社 2007 年。

甘肅簡牘保護研究中心等編：《肩水金關漢簡（壹、貳）》，中西書局 2011、2012 年。

甘肅簡牘博物館等編：《肩水金關漢簡（叁—伍）》，中西書局 2013、2015、2016 年。

甘肅簡牘博物館等編：《懸泉漢簡（壹—叁）》，中西書局 2019、2020、2023 年。

3. 考古發掘報告

湖南省文物考古研究所編著：《里耶發掘報告》，嶽麓書社 2007 年。

李小波：《重慶市彭水縣鬱山鎮古代鹽井考察報告》，《鹽業史研究》2001 年第 2 期，也見於李水城、羅泰主編：《中國鹽業考古》，科學出版社 2006 年。

三、研究論著（按姓氏拼音排序）

C

陳劍：《讀秦漢簡札記三篇》，《出土文獻與古文字研究》第 4 輯，上海古籍出版社 2011 年，。

陳松長：《〈湘西里耶秦代簡牘選釋〉校讀（八則）》，《簡牘學研究》第 4 輯，甘肅人民出版社 2004 年。

陳松長：《嶽麓書院藏秦簡中的行書律令初論》，《中國史研究》2009 年第 3 期。

陳松長：《秦漢時期的縣與縣使》，《湖南大學學報（哲學社會科學版）》2014 年第 4 期。

陳偉：《秦蒼梧、洞庭二郡芻論》，《歷史研究》2003 年第 5 期。

陳偉:《燕説集》,商務印書館 2011 年。

陳偉:《里耶秦簡中的"夬"》,簡帛網 2013 年 9 月 26 日。

陳偉:《里耶秦簡釋字(二則)》,簡帛網 2013 年 9 月 27 日。

陳偉:《里耶秦簡所見的"田"與"田官"》,《中國典籍與文化》2013 年第 4 期。

陳偉:《"廢戍"與"女陰"》,簡帛網 2015 年 5 月 30 日。

陳垠昶:《里耶秦簡 8‑1523 編連和 5‑1 句讀問題》,簡帛網 2013 年 1 月 8 日。

陳治國:《里耶秦簡"守"和"守丞"釋義及其他》,《中國歷史文物》2006 年第 3 期。

程鵬萬:《簡牘帛書格式研究》,上海古籍出版社 2017 年。

D

戴衛紅:《湖南里耶秦簡所見"伐閲"文書》,《簡帛研究二〇一三》,廣西師範大學出版社 2014 年。

戴衛紅:《秦漢功勞制及其文書再探》,《出土文獻研究》第 16 輯,中西書局 2017 年。

戴衛紅:《里耶秦簡所見功勞文書》,《簡帛研究二〇一七(秋冬卷)》,廣西師範大學出版社 2018 年。

鄧亞欣:《〈里耶秦簡(貳)〉文字編》,碩士學位論文,東北師範大學 2020 年。

F

凡國棟:《里耶秦簡研究回顧與前瞻》,《簡帛》第 4 輯,上海古籍出版社 2009 年。

凡國棟:《出土文獻視域下秦郡新探》,博士學位論文,武漢大學 2010 年。

方懿林、周祖亮:《〈里耶秦簡〉(壹)醫藥資料初探》,《中醫文獻雜志》2012 年第 6 期。

方勇:《讀〈里耶秦簡(壹)〉札記(三)》,簡帛網 2012 年 5 月 21 日。

（法）風儀誠：《秦代諱字、官方詞語以及秦代用字習慣從——從里耶秦簡說起》，《簡帛》第 7 輯，上海古籍出版社 2012 年。

G

高一致：《〈里耶秦簡（壹）〉校釋四則》，《簡帛》第 8 輯，上海古籍出版社 2013 年。

高一致：《讀秦簡雜記》，《簡帛》第 9 輯，2014 年。

高震寰：《從〈里耶秦簡（壹）〉"作徒簿"管窺秦代刑徒制度》，《出土文獻研究》第 12 輯，中西書局 2013 年。

（日）宮宅潔：《里耶秦簡"訊敬"簡册識小》，《簡帛》第 15 輯，上海古籍出版社 2017 年。

（日）宮宅潔：《關於里耶秦簡 8－755～759 號與 8－1564 號的編聯》，《簡帛》第 18 輯，上海古籍出版社 2019 年。

（日）廣瀨薰雄：《簡帛研究論集》，上海古籍出版社 2019 年。

H

韓織陽：《〈里耶秦簡（壹）〉文字小識（一）》，簡帛網 2015 年 9 月 3 日。

韓織陽：《〈里耶秦簡（壹）〉文字補識》，《簡帛》第 13 輯，上海古籍出版社 2016 年。

何旭紅：《對長沙穀山被盜漢墓漆器銘文的初步認識》，《湖南省博物館館刊》第 6 輯，嶽麓書社 2009 年。

賀靚艷、宋超、蔡萬進：《〈里耶秦簡（壹）〉釋文校補一則》，簡帛網 2012 年 5 月 3 日。

胡平生：《胡平生簡牘文物論稿》，中西書局 2012 年。

胡平生：《讀〈里耶秦簡（壹）〉筆記》，《出土文獻研究》第 11 輯，中西書局 2012 年。

華楠：《〈里耶秦簡（貳）〉校釋五則》，《簡帛》第 19 輯，上海古籍出版社 2019 年。

黄浩波：《〈里耶秦簡（壹）〉所見稟食記錄》，《簡帛》第 11 輯，上海古籍出版社 2015 年。

黃浩波:《里耶秦簡牘所見"計"文書及相關問題研究》,《簡帛研究二〇一六（春夏卷）》,廣西師範大學出版社 2016 年。

黃浩波:《〈里耶秦簡（貳）〉讀札》,簡帛網 2018 年 5 月 15 日。

黃浩波:《秦代文書傳遞相關問題研究》,博士學位論文,武漢大學 2020 年。

J

賈麗英:《里耶秦簡牘所見"徒隸"身份及監管官署》,《簡帛研究二〇一三》,廣西師範大學出版社 2014 年。

蔣非非:《漢代的功次制度初探》,《中國史研究》1997 年第 1 期。

蔣偉男:《里耶秦簡疑難字零札》,《出土文獻》第 13 輯,中西書局 2018 年。

姜慧:《里耶秦簡 8－95+8－361 再讀》,《湖州師範學院學報》2014 年第 9 期。

（日）角谷常子:《論里耶秦簡的單獨簡》,《簡帛》第 8 輯,上海古籍出版社 2013 年。

L

雷海龍:《里耶秦簡試綴五則》,簡帛網 2014 年 3 月 15 日,又見於《簡帛》第 9 輯,2014 年。

黎明釗、唐俊峰:《里耶秦簡所見秦代縣官、曹組織的職能分野與行政互動——以計、課爲中心》,《簡帛》第 13 輯,上海古籍出版社 2016 年。

李静、謝坤:《〈里耶秦簡（貳）〉綴合七則》,《簡帛研究二〇二〇（春夏卷）》,廣西師範大學出版社 2020 年。

李均明:《秦漢簡牘文書分類輯解》,文物出版社 2009 年。

李均明:《里耶秦簡"真見兵"解》,《出土文獻研究》第 11 輯,中西書局 2012 年。

李均明:《里耶秦簡"計録"與"課志"解》,《簡帛》第 8 輯,上海古籍出版社 2013 年。

　　李力：《論"徒隸"的身份——從新出土里耶秦簡入手》，《出土文獻研究》第 8 輯，中西書局 2007 年。

　　李美娟：《〈里耶秦簡（壹）〉零札》，《簡帛》第 17 輯，上海古籍出版社 2018 年。

　　李美娟：《〈里耶秦簡（貳）〉札記》，《出土文獻》第 14 輯，中西書局 2019 年。

　　李零：《"邦無飤人"與"道毋飤人"》，《文物》2012 年第 5 期。

　　李明曉、趙久湘：《散見戰國秦漢簡帛法律文獻整理與研究》，西南師範大學出版社 2011 年。

　　李天虹：《漢簡"致籍"考辨——讀張家山〈津關令〉札記》，《文史》2004 年第 2 輯。

　　李學勤：《〈奏讞書〉解說（上）》，《文物》1993 年第 8 期。

　　李學勤：《〈奏讞書〉解說（下）》，《文物》1995 年第 3 期。

　　李學勤：《初讀里耶秦簡》，《文物》2003 年第 1 期。

　　梁煒傑：《〈里耶秦簡（壹）〉〈吏缺〉簿册復原》，簡帛網 2015 年 4 月 7 日。

　　林獻忠：《讀里耶秦簡札記六則》，簡帛網 2015 年 4 月 20 日。

　　劉建民：《讀〈里耶秦簡（壹）〉醫方簡札記》，《簡帛》第 11 輯，上海古籍出版社 2015 年。

　　劉海年：《秦律刑罰考析》，《雲夢秦簡研究》，中華書局 1981 年。

　　劉樂賢：《秦漢文獻中的"迺"與"乃者"》，《出土文獻與古文字研究》第 1 輯，復旦大學出版社 2006 年。

　　劉樂賢：《里耶秦簡和孔家坡漢簡中的職官省稱》，《文物》2007 年第 9 期。

　　劉樂賢：《談秦漢文獻中"所"字的一種用法》，《中國文字學報》第 3 輯，商務印書館 2010 年。

　　劉樂賢：《談里耶簡中的"遷陵公"》，簡帛網 2012 年 3 月 20 日。

劉平、雷海龍:《里耶秦簡綴合一則》,簡帛網 2014 年 4 月 26 日。

劉瑞:《里耶秦代木牘零拾》,《中國文物報》2003 年 5 月 30 日。

劉松清:《〈里耶秦簡（貳）〉綴合一則》,簡帛網 2018 年 10 月 11 日。

劉自穩:《里耶秦簡中的追書現象——從睡虎地秦簡一則行書律說起》,《出土文獻研究》第 16 輯,中西書局 2017 年。

劉自穩:《里耶秦簡所見秦的文書行政研究》,博士學位論文,中國人民大學 2019 年。

魯家亮:《小議里耶秦簡 8-985 中的兩個人名》,《出土文獻研究》第 11 輯,中西書局 2012 年。

魯家亮:《〈里耶秦簡·壹〉所見法律文獻校讀（二則）》,《出土文獻與法律史研究》第二輯,上海人民出版社 2013 年。

魯家亮:《里耶秦簡"令史行廟"文書再探》,《簡帛研究二〇一四》,廣西師範大學出版社 2014 年。

魯家亮:《讀里耶秦簡牘札記（三則）》,《出土文獻研究》第 14 輯,中西書局 2015 年。

魯家亮:《再讀里耶秦簡 8-145+9-2294 號牘》,《簡帛研究二〇一七（春夏卷）》,廣西師範大學出版社 2017 年。

魯家亮:《里耶秦簡所見秦遷陵縣吏員的構成與來源》,《出土文獻》第 13 輯,中西書局 2018 年。

魯家亮:《里耶秦簡所見秦遷陵縣的令史》,《簡牘學研究》第 7 輯,甘肅人民出版社 2018 年。

陸德富:《試說戰國至秦代的縣級職官名稱"守"》,《中國國家博物館館刊》2013 年第 1 期。

吕静:《里耶秦簡所見私人書信之考察》,《簡帛》第 15 輯,上海古籍出版社 2017 年。

M

馬怡:《里耶秦簡選校》,《中國社會科學院歷史研究所學刊》第 4 集,商務印書館 2007 年。

馬怡:《里耶秦簡中幾組涉及校券的官文書》,《簡帛》第 3 輯,上海古籍出版社 2008 年。

(日)籾山明著,胡平生譯:《刻齒簡牘初探——漢簡形態論》,《簡帛研究譯叢》第二輯,湖南人民出版社 1998 年。

(日)籾山明:《卒史覆獄試探——以里耶秦簡 J1⑧134 爲綫索》,《里耶古城・秦簡與秦文化研究——中國里耶古城・秦簡與秦文化國際學術研討會論文集》,科學出版社 2009 年。

P

彭浩:《談〈奏讞書〉中的西漢案例》,《文物》1993 年第 8 期。

彭浩:《河西漢簡中的"獄計"及相關文書》,《簡帛研究二〇一八(春夏卷)》,廣西師範大學出版社 2018 年。

Q

齊繼偉:《〈里耶秦簡(貳)〉綴補一則》,簡帛網 2018 年 7 月 1 日。

裘錫圭:《裘錫圭學術文集》,復旦大學出版社 2012 年。

裘錫圭主編:《長沙馬王堆漢墓簡帛集成》,中華書局 2014 年。

R

日安:《里耶識小》,簡帛研究網 2003 年 11 月 2 日。

S

單印飛:《〈里耶秦簡牘校釋(第一卷)〉人名統計表》,《簡帛研究二〇一四》,廣西師範大學出版社 2014 年。

單印飛:《秦代縣級屬吏的遷轉路徑——以里耶秦簡爲中心》,《魯東大學學報(哲學社會科學版)》2018 年第 1 期。

沈剛:《〈里耶秦簡〉[壹]中的"課"與"計"——兼談戰國秦漢時期考績制度的流變》,《魯東大學學報(哲學社會科學版)》2013 年第 1 期。

沈剛:《〈里耶秦簡(壹)〉所見秦代公田及其管理》,《簡帛研究二〇一四》,廣西師範大學出版社 2014 年。

沈剛:《秦簡中的"吏僕"與"吏養"》,《人文雜志》2016 年第 1 期。

（日）水間大輔：《里耶秦簡〈遷陵吏志〉初探——通過與尹灣漢簡《東海郡吏員簿》的比較》，《簡帛》第 12 輯，上海古籍出版社 2016 年。

孫聞博：《秦縣的列曹與諸官——從〈洪範五行傳〉一則佚文説起》，簡帛網 2014 年 9 月 17 日；又見於《簡帛》第 11 輯，上海古籍出版社 2015 年。

T

唐强：《〈里耶秦簡〉綴合及補説一則》，簡帛網 2018 年 12 月 16 日。

唐强：《〈里耶秦簡〉（壹）釋文校補》，碩士學位論文，西南大學 2020 年。

（日）陶安《里耶秦簡綴合商榷》，《出土文獻研究》第 16 輯，中西書局 2017 年。

W

王俊梅：《秦漢郡縣屬吏研究》，博士學位論文，中國人民大學 2008 年。

王朔：《秦對沅澧流域的統治》，博士學位論文，武漢大學 2019 年。

王偉：《秦璽印封泥職官地理研究》，中國社會科學出版社 2014 年。

王偉：《里耶秦簡"付計"文書義解》，《魯東大學學報（哲學社會科學版）》2015 年第 5 期。

王勇：《里耶秦簡所見秦代地方官吏的徭使》，《社會科學》2019 年第 5 期。

王彦輝：《〈里耶秦簡〉（壹）所見秦代縣鄉機構設置問題蠡測》，《古代文明》2012 年第 4 期。

王子今：《秦漢"小女子"稱謂再議》，《文物》2008 年第 5 期。

鄔文玲：《里耶秦簡所見"户賦"及相關問題瑣議》，《簡帛》第 8 輯，上海古籍出版社 2013 年。

鄔文玲：《里耶秦簡所見"續食"簡牘及其文書構成》，《簡帛學研究》第 5 輯，甘肅人民出版社 2014 年。

鄔文玲：《簡牘中的"真"字與"算"字——兼論簡牘文書分類》，

《簡帛》第 15 輯，上海古籍出版社 2017 年。

鄔文玲：《里耶秦簡〈欣與吕柏書〉試析》，《甘肅省第三届簡牘學國際學術研討會論文集》，上海辭書出版社 2017 年。

吴方基：《里耶秦簡"日備歸"與秦代新地吏管理》，《古代文明》2019 年第 3 期。

吴方基：《里耶秦簡"遷陵以郵行洞庭"新解》，《簡帛》第 19 輯，上海古籍出版社 2019 年。

吴方基：《里耶秦簡"檢"與"署"》，《考古學集刊》第 22 集，社會科學文獻出版社 2019 年。

吴方基：《里耶秦簡（貳）所見秦代鄉倉初探》，《湖南社會科學》2020 年第 1 期。

X

謝坤：《〈里耶秦簡（壹）〉綴合四則》，《簡帛》第 12 輯，上海古籍出版社 2016 年。

謝坤：《里耶秦簡所見逃亡現象——從"繚可逃亡"文書的復原説起》，《古代文明》2017 年第 1 期。

謝坤：《秦簡牘所見倉儲制度研究》，上海古籍出版社 2021 年。

邢義田：《"手、半"、"曰忤曰荆"與"遷陵公"》，簡帛網 2012 年 5 月 7 日。

熊賢品：《出土文獻所見秦、楚食鹽産地的分布》，《鹽業史研究》2016 年第 1 期。

許名瑲：《秦曆朔日復原——以出土簡牘爲綫索》，簡帛網 2013 年 7 月 27 日。

Y

晏昌貴：《秦簡牘地理研究》，武漢大學出版社 2017 年。

楊芬：《出土秦漢書信匯校集注》，博士學位論文，武漢大學 2010 年。

楊先雲：《里耶秦簡識字三則》，簡帛網 2014 年 2 月 27 日。

楊先雲：《里耶秦簡釋文補正與殘簡試綴》，《楚學論叢》第 7 輯，湖北人民出版社 2018 年。

姚登君:《〈里耶秦簡(壹)〉文書分類》,碩士學位論文,中國石油大學(華東)2014 年。

姚磊:《里耶秦簡牘札記(三則)》,《簡帛》第 12 輯,上海古籍出版社 2016 年。

伊強:《里耶秦簡"展……日"的釋讀》,《簡帛研究二〇一六(秋冬卷)》,廣西師範大學出版社 2016 年。

游逸飛:《里耶 8-461 號"秦更名方"選釋》,簡帛網 2013 年 8 月 1 日。

游逸飛:《再論里耶秦牘 8—157 的文書構成與存放方式》,《簡帛研究二〇一二》,廣西師範大學出版社 2013 年。

Z

張春龍:《里耶秦簡祠先農、祠窨和祠堤校券》,《簡帛》第 2 輯,上海古籍出版社 2007 年。

張春龍、龍京沙:《湘西里耶秦代簡牘選釋》,《中國歷史文物》2003 年第 1 期。

張德芳主編,馬智全著:《居延新簡集釋(四)》,甘肅文化出版社 2016 年。

趙棨然、李若飛、平曉婧、蔡萬進:《里耶秦簡綴合與釋文補正八則》,《魯東大學學報(哲學社會科學版)》2015 年第 2 期。

趙岩:《里耶秦簡札記(十二則)》,簡帛網 2013 年 11 月 19 日;又刊於《簡帛》第 9 輯,2014 年。

趙岩:《里耶秦簡專題研究》,博士後出站報告,吉林大學 2014 年。

鄭威:《出土文獻所見秦洞庭郡新識》,《考古》2016 年第 11 期。

鄭威:《秦洞庭郡屬縣小議》,簡帛網 2019 年 5 月 9 日,又刊於《江漢考古》2019 年第 5 期。

鍾煒:《里耶秦簡所見遷陵的鄉里結構》,簡帛網 2005 年 12 月 5 日。

鍾煒:《秦洞庭、蒼梧兩郡源流及地望新探》,簡帛網 2005 年 12 月

18日。

鍾煒：《洞庭與蒼梧郡新探》，《南方論刊》2006年第10期。

鍾煒：《里耶秦簡所見縣邑考》，《河南科技大學學報（社會科學版）》2007年第2期。

鄭實：《嗇夫考——讀雲夢秦簡札記》，《文物》1978年第2期。

周波：《〈二年律令〉錢、田、□市、賜、金布、秩律諸章集釋》，碩士學位論文，武漢大學2005年。

周波：《里耶秦簡醫方校讀》，《簡帛》第15輯，上海古籍出版社2017年。

周海鋒：《秦律令研究——以〈嶽麓書院藏秦簡〉（肆）爲重點》，博士學位論文，湖南大學2016年。

周振鶴：《西漢政區地理》，人民出版社1987年。

莊小霞：《〈里耶秦簡（壹）〉所見秦代洞庭郡、南郡屬縣考》，《簡帛研究二〇一二》，廣西師範大學出版社2013年。

鄒水傑：《秦代縣行政主官稱謂考》，《湖南師範大學社會科學學報》2006年第2期。

鄒水傑：《里耶簡牘所見秦代縣廷官吏設置》，《咸陽師範學院學報》2007年第3期。

鄒水傑：《簡牘所見秦漢縣屬吏設置及演變》，《中國史研究》2007年第3期。

鄒水傑：《也論里耶秦簡之"司空"》，《南都學壇》2014年第5期。

鄒水傑：《再論秦簡中的田嗇夫及其屬吏》，《中南大學學報（社會科學版）》2014年第5期。

鄒水傑：《簡牘所見秦代縣廷令史與諸曹關係考》，《簡帛研究二〇一六（春夏卷）》，廣西師範大學出版社2016年。

鄒水傑：《秦簡"有秩"新證》，《中國史研究》2017年第3期。

後　記

呈現在大家面前的是我的第二本書。

2009年7月我有幸留在武漢大學簡帛研究中心，在開始爲生計、前途惶惑不已的時候，也開始着手里耶秦簡牘的校釋工作。里耶秦簡量大且碎片過多，所以很多時間是在與殘牘斷簡做溝通，希冀能管窺簡牘背後的故事。在做了一些殘簡綴合、文字考釋、解讀文句的工作後，我對里耶簡熟悉了起來。不過現在看來，這種熟悉只能算是停留在釋文層面，對里耶秦簡的載體，即簡牘本身其實並不是太熟悉，看到釋文，其實無法聯想起來對應的實物簡。在2012年的春節前提交卷一的校釋後，深深的疲憊感讓我竭力想遠離里耶秦簡。我在2012年的上半年只有一門課程，即甲骨文與金文研讀，時間算是比較多，儘管如此，接近有3個月没看里耶秦簡，没有寫過新的文字考釋文章，也没有再綴合里耶秦簡的打算。當然，遠離里耶秦簡也許是自以爲在没有新的研究方法的情况下，自己未必能做得比以前更好。

改變的契機在於開始對簡牘研究方法的調整。當然這種調整的思路早在整理里耶秦簡之初就已經開始萌芽，那時嘗試利用寬度數據來尋找配對殘片，在接近2 500條數據中檢索同一寬度的簡牘，然後一一查驗。曾向校釋小組介紹這種辦法，但由於效率的低下讓我自己都覺得底氣不足。我一直有一種野望，即能找到一種如公安系統安檢中能快捷匹配有效臉譜的軟件，也曾與武漢大學信管學院的老師接觸，但在開發與知識產權方面皆有難度的情况下，轉而退求其次，選擇一種相對原始的辦法，即根據寬度對里耶簡先分類再綴合、編聯，但一想到要付出的工作量，就畏懼不已。

也許是好久沒看里耶簡了，我忍不住在2012年的4月份又開始看里耶簡，但注意力只集中在簡牘的綴合，這時也談不上有什麼好的辦法，大致沿襲之前的思路。也許是放置許久後的新鮮感在起作用，開始有零星的發現，逐漸積累成文章並發在簡帛網上，一發不可收拾，這種情形持續到7月份。放暑假了，教學的壓力徹底消失，讓我下定決心一勞永逸地把綴合的底子打好。我開始製作基於寬度的綴合文檔，即根據每1毫米差別的寬度數據來建立文件夾，把相同寬度的簡牘一一複製放進來。這項工作花費了接近兩周時間。由於還存在這樣做是否有用的疑慮，在建立若干個基於寬度的文件夾後，就開始嘗第一口鮮，發現綴合的效率提高了不少，也發現以前花費很大精力所得的綴合，在現在看來，或許是比較容易的事情。在對里耶壹的簡牘做完這種硬性分類（如果用寬度來劃分也算一種分類的話）的工作後，人也就鬆了一口氣。把分好類的文檔傳給校釋小組的各位先生後，我就開始一一熟悉每一個文件夾，只是看文件夾內的圖片，反覆地瀏覽、記憶，尋找共性、差異。

2012年9月至2013年8月底，我在芝加哥大學東方語言與文明系做了一年的訪問學者，感謝恩師陳偉教授的推薦，也非常感謝顧立雅古文字中心的夏含夷教授提供的寶貴機會。這一年在解放思想、開拓眼界之餘，我依然在熟悉着每一個文件夾內的殘片，陸續有幾篇文章發在簡帛網上。

我開始體會劃分寬度前後綴合方法的差別，對文例、茬口、簡的色澤、紋路等方面對綴合的影響有了更爲深入的認識。也意識到寬度分類不是萬能的，里耶秦簡牘由於其本身的複雜性、廢弃方式帶來的不確定性，再加上現有資料公布的不完整，對這一大批材料的復原整理將是一個漫長的、漸進的過程，需要結合包含寬度分類在內的各種方法來尋找線索。

我還開始關注簡牘的編聯。現有寬度分類用來做綴合還可以，但用來編聯則明顯不夠。於是我又進入一個考慮用長度來加以分類，但又畏懼工作量大而等待積累足夠衝動的過程中。在對簡越來越熟悉的情況下，後續又在文字辨認方面陸續有一些發現。有所發現後的論證環節就是水磨工夫了：一點點收集資料、推敲論證的合理性、必要性，一點點的心力、時間投入，在一次次面對新問題後改進論文細節。小書正是在這樣的情況下逐漸積累構成的。學途漫漫，無有終始。2024年7月隨着項目順利結項，我決定抓緊時間出版，爲過去十年多的讀里耶簡做一個標記。

小書由多篇論文集結而成，這些論文在寫作過程中曾得到陳偉、李天虹、胡平生、王子今、趙平安、徐富昌、陳劍、晏昌貴、魏斌、鄭威、魯家亮、凡國棟、羅小華、黃啓書、方勇、譚競男、楊小亮、孫聞博、劉洪濤、游逸飛等師友的教正，深表謝意！

小書能得以出版，要感謝武漢大學人文社科研究院、歷史學院、簡帛中心領導、師友們的大力支持，以及上海古籍出版社考古與古文字編輯室余念姿、顧莉丹等諸位同仁的辛勞付出與真誠幫助。我還要感謝家人對我進行科研工作的默默支持。

圖書在版編目（CIP）數據

里耶秦簡新研／何有祖著. -- 上海：上海古籍出版社, 2024. 8. -- ISBN 978-7-5732-1300-6

Ⅰ. K877.54

中國國家版本館 CIP 數據核字第 2024KD6542 號

里耶秦簡新研

何有祖　著

上海古籍出版社出版發行

（上海市閔行區號景路 159 弄 1－5 號 A 座 5F　郵政編碼 201101）

（1）網址：www.guji.com.cn

（2）E-mail：guji1@guji.com.cn

（3）易文網網址：www.ewen.co

啟東市人民印刷有限公司印刷

開本 700×1000　1/16　印張 28.25　插頁 2　字數 393,000

2024 年 8 月第 1 版　2024 年 8 月第 1 次印刷

ISBN 978-7-5732-1300-6

K・3676　定價：128.00 元

如有質量問題，請與承印公司聯繫